Andreas Zumach

Reform oder Blockade
Welche Zukunft hat die UNO?

Andreas Zumach

Reform oder Blockade

Welche Zukunft hat die UNO?

Rotpunktverlag

Für Kristin Flory

Der Rotpunktverlag wird vom Bundesamt für Kultur mit einem Strukturbeitrag für die Jahre 2021–2024 unterstützt.

www.rotpunktverlag.ch

Umschlag und Satz: Patrizia Grab
Druck und Bindung: Friedrich Pustet, Regensburg

ISBN 978-3-85869-911-4
1. Auflage 2021

Dieser Titel ist auch als E-Book erhältlich.

Inhalt

Einleitung

Die Vision bleibt

Runde Geburtstage sind in der Regel ein Grund zum Feiern, zumal im höheren Alter. Doch im 75. Gründungsjahr der UNO gab es zum Feiern wenig Lust und kaum Möglichkeiten. 2020 war bestimmt durch die Corona-Pandemie und dramatisch eskalierende humanitäre Katastrophen, durch die seit vier Jahren ständig verschärfte UNO-Feindschaft der USA unter Donald Trump und durch das Scheitern aller Bemühungen, laufende Kriege zu beenden und neue Gewaltkonflikte zu verhindern. Ende Dezember überstieg die weltweite Zahl der von der UNO registrierten Flüchtlinge und Vertriebenen die traurige Rekordmarke von 80 Millionen. Zudem blieben dringend erforderliche Reformen des UNO-Systems, für die den Mitgliedstaaten seit 2005 detaillierte Vorschläge vorliegen, weiterhin aus. Einziger Lichtblick war die im Oktober 2020 erfolgte 50. Ratifikation des UNO-Abkommens zum Verbot von Atomwaffen, damit das völkerrechtliche Verbot derartiger Massenmordinstrumente über 75 Jahre nach ihrem Einsatz in Hiroshima und Nagasaki am 22. Januar 2021 endlich in Kraft treten konnte.

Wegen der Corona-Pandemie war 2020 für viele Menschen auf der Erde das schlimmste Krisenjahr seit dem Zweiten Weltkrieg. Bis Mitte Januar 2021 registrierte die Weltgesundheitsorganisation (WHO) bereits über 100 Millionen Infizierte und fast 2,2 Millionen Tote. Betroffen waren Menschen in sämtlichen 193 UNO-Mitgliedsländern sowie in weiteren 20 Territorien und Gebieten. Damit hatte die Pandemie bereits nach nur zwölf Monaten noch globalere Auswirkungen als der Klimawandel, über dessen Bekämpfung die UNO-Staaten bereits seit den achtziger Jahren verhandeln. Wird sich die Corona-Pandemie 2021 noch weiter verschärfen und in den Kriegs- und Notstandsgebieten dieser Welt zur größten humanitären Katastrophe seit dem Zweiten Weltkrieg führen, wie UNO-Generalsekretär Antonio Guterres im Dezember 2020 befürchtete? Oder wird es gelingen, diese Pandemie durch Impfprogramme und andere Maßnahmen einzudämmen oder gar ganz zu überwinden? Und dies nicht nur in den reichen Industrieländern, sondern überall auf der Welt? Das hängt ganz wesentlich davon ab, ob die Industriestaaten Solidarität mit den ärmeren Ländern und gerechte Kooperation im Rahmen der WHO nicht nur ankündigen, sondern endlich auch umsetzen. Und ob alle Mitgliedstaaten bereit sind, die seit den achtziger Jahren betriebenen neoliberalen Fehlentwicklungen in der globalen und in den nationalen Gesundheitspolitiken zu korrigieren und die WHO wie auch die eigenen Gesundheitssysteme bei der Prävention und Bekämpfung von Pandemien wieder handlungsfähig oder handlungsfähiger zu machen.

Die Reform der WHO war einer von über 100 Vorschlägen zur Stärkung des UNO-Systems, die Generalsekretär Kofi Annan den Mitgliedstaaten zum 60. Geburtstag im Jahr 2005 vorgelegt hatte. Unter dem prophetischen Titel »In größerer Freiheit: auf dem Weg zu Entwicklung, Sicherheit und Menschenrechten für alle« machte Annan detaillierte Vorschläge für politische, strukturelle und finanzielle Reformen, um die Handlungsfähigkeit der UNO zur Bewältigung der globalen Herausforderungen sowie zur Eindämmung zwischen- und innerstaatlicher Gewaltkonflikte zu stärken. Damals herrschte noch eine gewisse Aufbruchstimmung. Die Generalversammlung im Herbst 2005 nahm Annans Reformvorschläge zustimmend zur Kenntnis. Über 90 Prozent von Annans Vorschlägen harren allerdings weiterhin der Umsetzung.

Auch zum 70. UNO-Geburtstag im Jahr 2015 bekundeten die Mitgliedstaaten noch einmal den Willen zu gemeinsamen Fortschritten. Die Generalversammlung verabschiedete nach zweijährigen intensiven Verhandlungen die ambitionierte Agenda 2030 mit Zielen für eine nachhaltige Entwicklung, die die Mitgliedstaaten bis zum Jahr 2030 erreichen wollen. Die erste, Ende 2020 vorgelegte Zwischenbilanz fiel allerdings enttäuschend aus. Die meisten Staaten sind bei der Umsetzung ihrer Agendaverpflichtungen zum Teil erheblich im Verzug. Ähnliches lässt sich für die Umsetzung des Pariser Klimaabkommens feststellen, das im November 2016 in Kraft trat.

Nach vier Jahren UNO-Feindschaft der USA

Am 20. Januar 2021 endeten vier Jahre, in denen die USA, das seit 1945 gewichtigste Mitglied der UNO, stärker als je zuvor auf Konfrontationskurs gingen gegen die Weltorganisation, das Völkerrecht und andere multilaterale Institutionen, Verträge und Normen. Seinen ersten Auftritt vor der UNO-Generalversammlung im September 2017 missbrauchte Präsident Donald Trump für eine völkerrechtswidrige Vernichtungsdrohung mit »atomarem Feuer« gegen Nordkorea. Danach vollzogen die USA den Austritt aus der UNO-Organisation für Erziehung, Wissenschaft und Kultur (UNESCO), aus der WHO und aus dem Pariser Klimaabkommen. Die USA kündigten das vom UNO-Sicherheitsrat einstimmig abgesegnete Abkommen über das iranische Nuklearprogramm, den wichtigsten außenpolitischen Erfolg von Trumps Vorgänger Barack Obama. Zudem verhängte die Trump-Administration völkerrechtswidrige Sekundärsanktionen gegen ausländische Banken und Unternehmen, um diese zum Abbruch von Wirtschaftsbeziehungen mit Iran zu nötigen. Mit ebenfalls völkerrechtswidrigen Sanktionen und der Festnahme bedrohte die Trump-Administration auch die Mitarbeiterinnen und Mitarbeiter des Internationalen Strafgerichtshofs (IStGH), um sie von Ermittlungen wegen mutmaßlicher Kriegsverbrechen von US-Soldaten in Afghanistan und Irak abzuhalten.

Der neue Präsident Joe Biden hat mit der Rückkehr der USA in die WHO und in das Pariser Klimaabkommen zwar erste Korrekturen der verheerenden Politik seines Vorgängers vollzogen und zudem die Bereitschaft seiner Administration zu »multilateraler Kooperation« versprochen. Zugleich erheben Biden und andere Mitglieder seiner Regierung aber sehr deutlich den Anspruch auf eine »globale Führungsrolle« der USA. Wie wird sich diese widersprüchliche Zielformulierung in der künftigen praktischen Politik der USA auswirken? Ist eine unipolare Führungsrolle der USA, die sich bereits seit den neunziger Jahren zumindest ökonomisch in einem relativen Machtabstieg befinden, in einer inzwischen multipolaren Welt mit mehreren anderen Global Players – China, Russland, EU, bald auch Indien und andere – überhaupt möglich? Wie sich die USA und – zum Teil in Reaktion auf die Politik Washingtons – die anderen Global Players künftig verhalten, wird ganz entscheidend die Handlungsfähigkeit des UNO-Sicherheitsrats und anderer Institutionen des UNO-Systems bestimmen. Das Worst-Case-Szenario wäre, die USA entscheiden sich für einen harten, auch militärisch unterfütterten Konfrontationskurs gegen Peking und versuchen die EU sowie ihre pazifischen Verbündeten, Japan, Australien und andere, einzubinden in eine Allianz gegen China, mit dem sich dann wahrscheinlich Russland verbünden wird. Und beide Allianzen bemühen sich, Indien auf ihre Seite zu ziehen. Das würde zu einem neuen globalen Kalten Krieg und einer Totalblockade des Sicherheitsrats führen.

Neben den USA lieferten auch andere Global Players in den letzten fünf Jahren besorgniserregende Beispiele für die Missachtung völkerrechtlicher Normen, internationaler Institutionen sowie humanitärer Grundprinzipien und Verpflichtungen. Die Regierung Chinas warf das Urteil in den Papierkorb, mit dem der internationale Ständige Schiedshof in Den Haag 2016 auf eine Klage der Philippinen hin Pekings Hoheitsansprüche auf weite Teile des Südchinesischen Meers als Verstoß gegen das UNO-Seerechtsabkommen verurteilte. Russland verfestigte seine Kontrolle über die 2014 völkerrechtswidrig annektierte Krim – unter anderem mit dem Bau der Brücke über das Asowsche Meer – und setzt die Unterstützung der Sezessionskrieger in der Ostukraine fort. Gemeinsam erzwangen Russland und China 2020 im UNO-Sicherheitsrat mit ihrem Veto, dass drei von ursprünglich vier offenen Grenzübergängen für die Lieferung humanitärer Überlebensgüter an die notleidende syrische Bevölkerung geschlossen werden mussten. Und die EU-Staaten verstoßen nach einer Ende Januar 2021 veröffentlichten Analyse des UNO-Hochkommissariats für Flüchtlinge (UNHCR) mit ihrer Behandlung und Zurückweisung von Geflüchteten an den Außengrenzen der EU in immer stärkerem Maße gegen die Genfer Flüchtlingskonvention der UNO von 1951.

Das Verhalten der Global Players lässt die Aussicht, regionale Kriege und Spannungen sowie innerstaatliche Gewaltkonflikte durch Vermittlung oder Friedensmissionen der UNO zu beenden und politische Lösungen herbeizuführen, noch geringer werden. Bereits die letzten fünf Jahre waren in dieser Hinsicht sehr enttäuschend. Die im Januar 2016 begonnenen Genfer UNO-Verhandlungen über eine Nachkriegsordnung in Syrien verliefen auch in ihrer inzwischen neunten Runde im Januar 2021 erfolglos. Ähnliches gilt für die Bemühungen der UNO im Libyenkonflikt. Im opferreichen Jemenkrieg ist die UNO darauf beschränkt, eine der schlimmsten humanitären Krisen und Hungerkatastrophen seit dem Zweiten Weltkrieg mit völlig unzureichenden Mitteln wenigstens etwas abzumildern. Im anhaltenden Sezessionskrieg in der Ostukraine und im Konflikt um die von Russland völkerrechtswidrig annektierte Krim ist die UNO weiterhin zur Untätigkeit verdammt. Dasselbe galt für den Krieg, der im Herbst 2020 zwischen Armenien und Aserbeidschan stattfand. Die Türkei erhielt für ihren im Oktober 2019 begonnenen Krieg gegen die Kurden in Nordsyrien sogar grünes Licht von den USA und von Russland, zwei ständigen Mitgliedern des Sicherheitsrats, dessen vorrangige Verantwortung »die Bewahrung des Friedens und der internationalen Sicherheit« ist. Und im israelisch-palästinensischen Konflikt hat Donald Trump unter mehrfacher Missachtung des Völkerrechts Fakten geschaffen, die den Konflikt nicht befrieden, sondern weiter anheizen werden. Zumal es bislang keine Anzeichen dafür gibt, dass Präsident Biden vorhat, diese völkerrechtswidrigen Akte seines Vorgängers wieder zu korrigieren. Im seit 2002 geführten »Krieg gegen den Terrorismus« unter Führung der USA, der von fast allen UNO-Staaten mehr oder weniger unterstützt wird, gab es mit der Vertreibung der meisten Kämpfer des »Islamischen Staats« (IS) aus Syrien und Irak lediglich einen Etappenerfolg. Dieser ist nicht nachhaltig, und keine der Ursachen für islamistisch gerechtfertigten Terrorismus wurde bislang überwunden.

Schon seit 2014 – lange vor der Corona-Pandemie und vor Beginn der UNO-feindlichen und völkerrechtswidrigen Politik der Trump-Administration ab Januar 2017 – hatten die Ausbreitung und Eskalation von scheinbar unkontrollierbaren Epidemien (Ebola) und Gewaltkonflikten (Ukraine/Krim, Irak, Syrien, Gazastreifen) und die dadurch ausgelösten humanitären Krisen und Flüchtlingsbewegungen nach Europa bei vielen Menschen den Eindruck von einem »globalen Chaos« erzeugt. Noch verstärkt wurden dieser Eindruck und die damit verbundenen Bedrohungsgefühle durch den schnellen erfolgreichen Eroberungsfeldzug des IS im Irak und in Syrien sowie die spektakulären und opferreichen islamistischen Terroranschläge der Jahre 2015 bis 2017 in Paris, Nizza, Berlin, Manchester und anderen europäischen Städten.

Die UNO ist mit ihren Bemühungen zur Eindämmung und Beendigung dieser Krisen und Gewaltkonflikte entweder gescheitert, oder sie hat erst gar keine unternommen. Das hatte den Eindruck vom »globalen Chaos« und von einer »aus den Fugen geratenen Welt« noch verstärkt und zu der Meinung geführt, die 1945 gegründete UNO sei inzwischen überflüssig geworden.

Doch anders als die Rede vom »globalen Chaos« nahelegt, sind Kriege und Krisen, die die letzten Jahre seit 2014 geprägt haben, weder ein unausweichliches Schicksal noch eine Naturkatastrophe oder gar göttlicher Wille. Das gilt auch für all die anderen opferreichen Gewaltkonflikte und Krisen vor allem auf dem afrikanischen Kontinent, die weitgehend durch das Raster der Wahrnehmung westlicher Medien fallen. Für sämtliche dieser Gewaltkonflikte und Krisen existieren analysierbare und benennbare kurz-, mittel- und langfristige Ursachen, seien es absichtsvolle Handlungen oder Fehler und Versäumnisse. Und es gibt Täter und Verantwortliche für diese Handlungen, Fehler und Versäumnisse.

Für all die genannten Krisen und Gewaltkonflikte lässt sich auch erklären, warum die UNO mit ihren Vermittlungs- und Eindämmungsbemühungen gescheitert ist oder warum sie derartige Bemühungen erst gar nicht unternommen hat. Und es lässt sich auch beschreiben, was geschehen müsste und welche Reformen erforderlich sind, damit die UNO künftig wieder handlungsfähiger wird sowohl in inner- und zwischenstaatlichen Konflikten als auch gegenüber globalen Herausforderungen wie der Corona-Pandemie und dem Klimawandel, der Finanzkrise oder dem islamistisch gerechtfertigten Terrorismus.

»Die UNO«

Die Zweifel an der UNO und an ihrer weiteren Nützlichkeit sind allerdings nicht erst 2014 und in der Folge entstanden. Sie wurden bereits im ersten Jahrzehnt nach dem Ende des Kalten Krieges genährt. Dieses Ende war zunächst mit großen Hoffnungen auf eine Weltorganisation verbunden, die, befreit von der Blockade der Ost-West-Konfrontation, nun endlich uneingeschränkt handlungsfähig sei und den Blick frei auf alle Ziele und Aufgaben richten könne, die in der Gründungscharta von 1945 definiert worden waren. Warum hat die UNO die Völkermorde von Ruanda und Srebrenica nicht verhindert? Wieso tut die UNO nichts gegen die völkerrechtswidrige Besatzung der palästinensischen Gebiete durch Israel? Was ist das Völkerrecht noch wert, nachdem es vor allem vom gewichtigsten UNO-Mitglied USA seit Ende der neunziger Jahre immer häufiger gebrochen wurde? Warum tut die UNO nicht mehr, um verbindliche Arbeits-, Sozial- und Umweltnormen auch gegenüber großen Konzernen durchzusetzen? Wieso halten sich die fünf Vetomächte des UNO-Sicherheitsrats nicht an ihre Verpflichtungen zur Abrüstung von Atomwaffen? Warum kommen die Bemühungen der UNO um das Verbot von Kleinwaffen, Uranmunition und anderen grausamen Rüstungsgütern nicht voran? Wieso hat die UNO nicht auf die globale Finanzkrise von 2008 und ihre Folgen reagiert?

Auf all diese Fragen will dieses Buch versuchen, detaillierte Antworten zu liefern. Wobei sich all diese Antworten auf eine oftmals übersehene Tatsache gründen: »Die UNO« als ein eigenständig handlungsfähiges Subjekt existiert nicht, sondern die UNO ist ein kompliziertes Netzwerk von inzwischen 193 souveränen Nationalstaaten mit oftmals sehr unterschiedlichen Interessen. Dieser Satz ist zwar banal, aber man muss ihn sich immer wieder in Erinnerung rufen. In der Alltagssprache von Medien und Politik taucht »die UNO« alltäglich als Subjekt auf, das »beschließt, fordert, verurteilt, handelt, untersucht, scheitert« und so weiter. Durch diese undifferenzierte Sprache von Politik und Medien wird in der Wahrnehmung der Öffentlichkeit immer wieder neu die Vorstellung genährt, es gebe »die UNO« als eigenständiges Subjekt, das uneigennützig und nach objektiven Maßstäben zur Schlichtung und Lösung von Konflikten wie ein unabhängiger Richter eingreifen könne. Jedes Mal, wenn sich diese Vorstellung dann als Illusion erweist, entsteht Enttäuschung über die Weltorganisation.

Tatsächlich bestimmen die Mitgliedstaaten das Handeln der UNO. Ob sich die UNO überhaupt um ein Problem kümmert oder nicht, ob sie dabei erfolgreich ist oder scheitert – das ist immer das Ergebnis der Interessen von Mitgliedstaaten, die sich bei den Entscheidungen des Sicherheitsrats, der Generalversammlung oder anderer Gremien und Institutionen des UNO-Systems entweder durchsetzen oder nicht. Allerdings setzen sich die Mitgliedstaaten mit hohem politischem, wirtschaftlichem und militärischem Gewicht besonders häufig durch und bestimmen das Handeln der UNO. Diese Tatsache sowie der Umstand, dass einige dieser übergewichtigen Mitgliedstaaten, insbesondere die USA, die UNO-Charta und andere Bestimmungen des Völkerrechts in den letzten Jahren in besonders eklatanter Weise gebrochen haben, ohne dass diese Verstöße irgendwelche Folgen hätten, haben inzwischen selbst bei vielen langjährigen Befürwortern der UNO zur resignativen bis zynischen Abkehr von der Weltorganisation geführt.

Diese Haltung ist zwar verständlich, aber sie übersieht, dass die UNO trotz aller auch in diesem Buch beschriebenen Unzulänglichkeiten und Widersprüche in den letzten 75 Jahren viel erreicht hat. Und diese Haltung der Abkehr von der UNO gibt auch keine Antwort auf die Frage, was denn die Alternative wäre.

Die letzten 75 Jahre ohne die UNO?

Gemessen an dem in der Gründungscharta von 1945 formulierten Hauptziel, »künftige Generationen vor der Geißel des Krieges zu bewahren«, ist die UNO, oder besser, sind ihre inzwischen 193 Mitgliedstaaten gescheitert. Das ist sicher richtig. Über 265 bewaffnete Konflikte fanden in den letzten 75 Jahren statt, oftmals verbunden mit Völkermord und anderen schweren Menschenrechtsverletzungen.

Doch ohne die UNO und ihre Bemühungen zur Beilegung gewaltsamer Auseinandersetzungen hätten viele dieser Konflikte noch länger gedauert, noch mehr Tote und Verwundete gefordert und noch mehr Zerstörungen hinterlassen. Ohne die UNO wäre es wahrscheinlich zu einem dritten Weltkrieg gekommen, möglicherweise sogar unter Einsatz atomarer Waffen. Zahlreiche Situationen, in denen die Welt sehr nahe am Abgrund eines atomaren Krieges stand – wie im Oktober 1962 während der Krise wegen der sowjetischen Raketen auf Kuba –, wurden im UNO-Sicherheitsrat entschärft. Und ohne die UNO und ihre humanitären Unterorganisationen wären in den letzten 75 Jahren Hunderte Millionen Opfer von Naturkatastrophen, Hungersnöten und gewaltsamen Vertreibungen nicht versorgt worden. Schließlich bot die UNO den Rahmen für die Vereinbarung zahlreicher internationaler Normen, Regeln und Verträge zu Rüstungskontrolle und Abrüstung, Menschenrechten, Umweltschutz, Sozialstandards und auf zahlreichen anderen Gebieten. Diese Normen, Regeln und Verträge haben die Erde zwar nicht in ein Paradies verwandelt. Aber sie trugen und tragen immerhin dazu bei, die Lebensbedingungen für viele der inzwischen über sieben Milliarden Erdbewohner in zahlreichen Bereichen zu verbessern.

Eine Auflösung der 1945 gegründeten UNO bedeutete den Rückfall in die Barbarei weitgehend ungeregelter zwischenstaatlicher Beziehungen.

Eine handlungsfähige Weltorganisation – heute mindestens so dringend nötig wie 1945

Tatsächlich bedarf es heute einer funktionierenden und handlungsfähigen Weltorganisation mindestens so dringend wie 1945. Unterentwicklung, Aids, Hunger, Umweltzerstörung, Terrorismus, Massenvernichtungswaffen, Konflikte um Wasser, fossile Energieträger und andere Ressourcen – das sind heute die zentralen globalen Herausforderungen. Die Völker und Staaten dieser Erde werden diese Herausforderungen, wenn überhaupt, nur durch vermehrte kooperative Anstrengungen im Rahmen einer politisch, finanziell und strukturell gestärkten UNO bewältigen können. Die Vorschläge von Kofi Annan aus dem Jahr 2005 sind heute noch alle aktuell und richtig, und ihre Umsetzung ist noch dringender geworden.

In den letzten fünfzehn Jahren wurden vor allem von Nichtregierungsorganisationen noch weiter gehende Reformvorschläge entwickelt – etwa zur Finanzierung der UNO oder zur Durchsetzung verbindlicher Menschenrechts-, Arbeits-, Sozial- und Umweltnormen für Wirtschaftsunternehmen.

Koalition williger Multilateralisten statt Weltordnung der G2, G8 oder G20

Eine Umsetzung all dieser Vorschläge zur Stärkung der UNO und ihrer Handlungsfähigkeit hängt davon ab, ob sich unter den 193 Mitgliedstaaten der Generalversammlung eine strategische Koalition williger Multilateralisten zusammenfindet. Eine Koalition, die bereit ist, diese Vorschläge auch dann umzusetzen, wenn sich die USA, China, Russland oder andere Vetomächte und gewichtige Mitgliedstaaten zunächst nicht beteiligen oder sogar ausdrücklich dagegen sind. Zu dieser Koalition müssten neben den europäischen Staaten erklärte Multilateralisten aus anderen Weltregionen gehören wie zum Beispiel Kanada, Mexiko, Brasilien, Indien, Südafrika, Ägypten und Australien.

Das UNO-Abkommen zum Verbot von Atomwaffen, die Schaffung des Internationalen Strafgerichtshofs, die Vereinbarung des Kyoto-Protokolls und des nachfolgenden Pariser Abkommens zum Klimaschutz sowie die drei Konventionen zum Verbot von Antipersonenminen und von Streumunition sowie zur Kontrolle des konventionellen Waffenhandels – jeweils durchgesetzt ohne Beteiligung oder gar gegen den erklärten Willen der USA, teilweise zunächst auch Russlands und Chinas – sind sechs erfolgreiche Beispiele für derartige Koalitionen aus den letzten 25 Jahren. In allen sechs Fällen bestand die ursprüngliche Koalition zunächst nur aus einer kleinen Minderheit von maximal zwei Dutzend der UNO-Mitgliedstaaten, die – angetrieben und unterstützt von Nichtregierungsorganisationen – in der Generalversammlung für ihre Ziele warben. Bis Ende 2020 haben 189 Staaten das Pariser Klimaabkommen unterschrieben und ratifiziert sowie jeweils über 150 Staaten – also über drei Viertel der UNO-Mitglieder – die Verbotskonventionen zu Antipersonenminen und Streumunition. 123 Staaten sind trotz massiven Gegendrucks aus Washington dem Internationalen Strafgerichtshof beigetreten.

Die konsequente Weiterverfolgung der Strategie einer die Weltregionen übergreifenden Koalition engagierter Multilateralisten, die zur Bewältigung der globalen Herausforderungen auf das kollektive System der UNO setzen – das wäre die Alternative zu dem gefährlichen Versuch, eine neue, militärisch definierte multipolare Machtbalance oder gar nur eine neue bipolare Weltordnung der G2 (USA und China) zu errichten.

Andreas Zumach, Genf und Berlin, 16. März 2021

»Entwicklung, Sicherheit und Menschenrechte für alle« – die überfällige Reform der UNO

Die UNO hat in ihren ersten 75 Jahren zahlreiche Reformdebatten erlebt. Dabei verbanden die beteiligten Akteure mit ihren Forderungen nach »Reformen« durchaus unterschiedliche bis widersprüchliche Ziele. Die Regierungen der USA seit der Reagan-Administration der achtziger Jahre meinten mit »Reform« der UNO in erster Linie die »Entbürokratisierung« der Weltorganisation, finanzielle und personelle Einsparungen und »schlankere Strukturen«. Dahinter stand in vielen Fällen das mehr oder weniger deutlich artikulierte Ziel, Abteilungen oder gar ganze Unterorganisationen des UN-Systems, gegen deren Tätigkeit Washington politische Einwände hatte, bis zur Wirkungslosigkeit zu schwächen oder ganz abzuschaffen. In einigen Fällen gelang das auch.

Andere Länder verbanden mit der Forderung nach »Reform der UNO« in erster Linie das Interesse, die eigene Stellung innerhalb der Weltorganisation zu stärken. Das gilt zum Beispiel für die deutschen Bundesregierungen, deren Rufe nach einer Reform der UNO sich seit 1993 im Wesentlichen auf den Sicherheitsrat beschränken und zum Ziel haben, in diesem Gremium einen ständigen Sitz für Deutschland zu erhalten, möglichst mit Vetorecht. Drittens gibt es Staaten wie China oder Pakistan, die seit dem Ende des Kalten Krieges vollzogene positive

Schritte zur Demokratisierung der Weltorganisation – zum Beispiel die stärkeren Beteiligungsmöglichkeiten für Nichtregierungsorganisationen im Menschenrechtsrat und anderen Bereichen des UNO-Systems – wieder rückgängig machen wollen.

Im Kontrast zu all diesen beschränkten, eigensüchtigen oder rückwärtsgewandten Vorstellungen stehen die Vorschläge für eine umfassende UNO-Reform, die Generalsekretär Kofi Annan den Mitgliedstaaten vorlegte. Unter dem Titel »In größerer Freiheit. Auf dem Weg zu Entwicklung, Sicherheit und Menschenrechten für alle« empfahl der Generalsekretär weit über hundert konkrete Reformmaßnahmen mit dem Ziel, die Handlungsfähigkeit der UNO im 21. Jahrhundert zur Bewältigung globaler Herausforderungen und zur Verhinderung und Beendigung von Gewaltkonflikten zu stärken. Doch 90 Prozent von Annans weiterhin hochaktuellen Vorschlägen harren immer noch einer Umsetzung durch die Mitgliedstaaten.

»In größerer Freiheit …«, www.un.org/Depts/german/gs_sonst/a-59-2005-ger.pdf; Zusammenfassung, www.un.org/Depts/german/gs_sonst/a-59-2005-exesumm.pdf (sämtliche Websites in diesem Buch wurden im März 2021 zuletzt geprüft).

»In größerer Freiheit. Auf dem Weg zu Entwicklung, Sicherheit und Menschenrechten für alle«

Im März 2005 präsentierte Generalsekretär Kofi Annan der Generalversammlung die ambitionierteste und umfassendste Blaupause für eine Reform der UNO seit Gründung der Weltorganisation. Mit dem Titel »In größerer Freiheit. Auf dem Weg zu Entwicklung, Sicherheit und Menschenrechten für alle« nahm er ausdrücklich Bezug auf die Ziele und Versprechen aus der Präambel der Gründungscharta der UNO von 1945.

Präambel der 1945 in San Francisco von fünfzig Staaten beschlossenen UNO-Charta

Wir, die Völker der Vereinten Nationen – fest entschlossen,

künftige Geschlechter vor der Geißel des Krieges zu bewahren, die zweimal zu unseren Lebzeiten unsagbares Leid über die Menschheit gebracht hat,

unseren Glauben an die Grundrechte des Menschen, an Würde und Wert der menschlichen Persönlichkeit, an die Gleichberechtigung von Mann und Frau sowie von allen Nationen, ob groß oder klein, erneut zu bekräftigen,

Bedingungen zu schaffen, unter denen Gerechtigkeit und die Achtung vor den Verpflichtungen aus Verträgen und anderen Quellen des Völkerrechts gewahrt werden können,

den sozialen Fortschritt und einen besseren Lebensstandard in größerer Freiheit zu fördern,

und für diese Zwecke

Duldsamkeit zu üben und als gute Nachbarn in Frieden miteinander zu leben,

unsere Kräfte zu vereinen, um den Weltfrieden und die internationale Sicherheit zu wahren,

Grundsätze anzunehmen und Verfahren einzuführen, die gewährleisten, dass Waffengewalt nur noch im gemeinsamen Interesse angewendet wird, und

internationale Einrichtungen in Anspruch zu nehmen, um den wirtschaftlichen und sozialen Fortschritt aller Völker zu fördern –

haben beschlossen, in unserem Bemühen um die Erreichung dieser Ziele zusammenzuwirken.

Drei Hauptkapitel seines Reformplans überschreibt Annan mit »Freiheit von Not«, »Freiheit von Furcht« und »Freiheit in Würde zu leben«. Das war eine bewusste Anlehnung des UNO-Generalsekretärs an die berühmte Rede über die »vier wesentlichen Freiheiten des Menschen«, die US-Präsident Franklin D. Roosevelt im Januar 1941 hielt. »Freiheit von Not«, erklärte Roosevelt, erfordere »wirtschaftliche Verständigung, die jeder Nation gesunde Friedensverhältnisse für ihre Einwohner gewährt – überall auf der Welt«. Mit dieser Schwerpunktsetzung formuliert Generalsekretär Annan einen Kontrapunkt zur neoliberalen, auf militärische Sicherheit für das eigene Land fixierten Politik der Nachfolger Roosevelts von Ronald Reagan (1980–1988) bis George Bush (2000–2008).

Verträge und Verpflichtungen umsetzen

In seinem Reformplan mahnte Generalsekretär Annan die Mitgliedstaaten an erster Stelle, ihren zahlreichen noch unerfüllten Verpflichtungen aus bereits bestehenden zwischenstaatlichen Abkommen auf den Gebieten Entwicklung, Sicherheit und Menschenrechten endlich nachzukommen. In den Mittelpunkt stellte Annan dabei die fristgemäße Erfüllung der »Millenniumsziele zur Halbierung der weltweiten Armut bis zum Jahr 2015«, die die Generalversammlung 2000 beschlossen hat. Konkret schlug Annan vor, dass die Industriestaaten des Nordens sich zur Erfüllung ihres bereits 1977 gegebenen Versprechens, ihre öffentlichen Entwicklungshilfeausgaben auf 0,7 Prozent des Bruttosozialprodukts zu erhöhen, »umgehend« auf folgenden Zeitplan verpflichteten: »spätestens 2006« solle »ein erster deutlicher Schritt der Erhöhung« stattfinden; 2009 sollten mindestens 0,5 Prozent erreicht sein und »spätestens 2015« dann das Ziel von 0,7 Prozent. Zudem sollten die Industriestaaten zusätzliche Schuldenstreichungen für die besonders hoch verschuldeten Länder des Südens durchführen. Die Entwicklungsländer forderte Annan auf, noch im selben Jahr nationale Strategiepläne zur Erfüllung ihrer Verpflichtungen zu den Millenniumszielen vorzulegen. Entwicklungsländer, die dieser Aufforderung nachkommen, sollten spätestens ab 2006 »deutlich erhöhte« Entwicklungshilfegelder erhalten.

Schließlich appellierte Annan an die Industriestaaten, ihre Importzölle und andere Einfuhrhemmnisse für Produkte aus den 48 nach UNO-Definition »am wenigsten entwickelten Staaten« umgehend aufzuheben und »dafür zu sorgen«, dass in der seit 2001 laufenden Verhandlungsrunde der Welthandelsorganisation WTO die damals gemachten Versprechungen an die Entwicklungsländer auch tatsächlich erfüllt würden.

Die meisten der Vorschläge und Forderungen Annans von 2005 zum Thema Entwicklung waren auch fünfzehn Jahre später nicht erfüllt. Die Millenniumsziele zur Halbierung der weltweiten Armut bis 2015 wurden nur teilweise erreicht.

Beim Thema Sicherheit drängte der Generalsekretär die offiziell anerkannten Atomwaffenstaaten USA, Russland, China, Frankreich und Großbritannien, ihren Abrüstungsverpflichtungen aus dem Atomwaffensperrvertrag (NPT) endlich nachzukommen. Umgekehrt sollten – eventuell durch Zusatzprotokolle zum NPT – für die Nichtatomwaffenstaaten »freiwillige Anreize« geschaffen werden, auf Verfahren der Urananreicherung und der Plutoniumproduktion zu verzichten. Zur Atomstromgewinnung erforderliche Brennstoffe könnten die einzelnen Staaten künftig von der Internationalen Atomenergieorganisation zugeteilt bekommen. Zudem mahnte Annan die noch ausstehende Ratifizierung des Vertrags über das umfassende Verbot von nuklearen Testversuchen (englisch Comprehensive Nuclear-Test-Ban Treaty, CTBT) an, damit dieses Abkommen endlich in Kraft treten könne. Der Vertrag wurde bereits 1996 von der Generalversammlung beschlossen und seitdem von 184 Staaten unterzeichnet und von 168 ratifiziert. Für sein Inkrafttreten muss das Verbot aber zuvor von allen 44 Staaten unterzeichnet und ratifiziert worden sein, die seit seiner Vereinbarung im Jahr 1996 über Kerntechnologie verfügen. Ende 2020 fehlten immer noch die Ratifikationen von acht der 44 Staaten: USA, China, Israel, Indien, Pakistan, Iran, Nordkorea und Ägypten.

Leerstellen durch neue Normen und Verträge füllen

Zum Zweiten schlug Annan den Mitgliedstaaten die Vereinbarung von weiteren Abkommen und völkerrechtlichen Normen vor, um bestehende Leerstellen zu füllen und die gemeinsame Handlungsfähigkeit im Rahmen der UNO zu stärken – beim Umwelt-und Klimaschutz, bei der Rüstungskontrolle und Abrüstung, bei der Terrorismusbekämpfung, beim Schutz vor Völkermord und anderen schweren Menschenrechtsverletzungen.

Seither gab es einige, wenn auch unzureichende Fortschritte wie etwa das Pariser Klimaabkommen. Andere Errungenschaften, wie die im September 2005 von der Generalversammlung im Konsens verabschiedete Resolution zur Schutzverantwortung *(responsibility to protect)* im Falle von schweren Menschenrechtsverletzungen, sind wegen ihrer selektiven Interpretation und Anwendung durch westliche Regierungen – zum Beispiel 2011 im Libyenkonflikt – heute wieder umstritten.

Auf dem Feld der Rüstungskontrolle und Abrüstung erfolgte ein großer Durchbruch mit dem 2017 von der Generalversammlung beschlossenen Verbotsabkommen für Atomwaffen, dem sich bislang allerdings alle Staaten, die Atomwaffen besitzen, und alle NATO-Staaten verweigern. Zudem vereinbarten die UNO-Mitgliedstaaten seit Annans Reformplan den Vertrag über die Begrenzung des Handels mit konventionellen Waffen (Arms Trade Treaty, ATT), der im Dezember 2014 in Kraft trat. Alle Bemühungen – sei es innerhalb oder außerhalb der Genfer Abrüstungskonferenz – um dringend erforderliche Abkommen zum Verbot oder zumindest der Kontrolle von bewaffneten Drohnen, von Weltraumwaffen und von hochradioaktiver DU-Munition scheiterten jedoch ebenso wie die Verhandlungen über ein Kontrollregime für den Vertrag zum Verbot biologischer Waffen.

Zur Verbesserung der Terrorbekämpfung bezeichnete Annan es als »unerlässlich«, dass die Mitgliedstaaten der Generalversammlung noch 2005 die »Anti-Terrorismus-Konvention« verabschiedeten, über die seit 1998 verhandelt wird. Damals lag bereits ein Entwurf für eine Konvention vor, in der allerdings eine entscheidende Lücke klafft. Es fehlt eine Definition von »Terrorismus«, auf die sich die Mitgliedstaaten wegen dreier Streitfragen bisher nicht einigen konnten: Wie sind »Freiheitskämpfer« von »Terroristen« zu unterscheiden? Ist Gewalt gegen völkerrechtswidrige Besatzung (z. B. in Palästina) Terrorismus oder legitimer Widerstand? Soll »Staatsterrorismus« in die Definition mit aufgenommen werden? Annan machte einen Vorschlag für eine Definition, der aber von der Generalversammlung bis heute nicht angenommen worden ist.

Der Menschenrechtsrat – nach einem Schweizer Konzept

Zum Dritten machte der Generalsekretär konkrete Vorschläge für strukturelle und institutionelle Reformen des UNO-Systems. Vollständig umgesetzt wurde der Ersatz der ehemaligen UN-Menschenrechtskommission durch einen verkleinerten Menschenrechtsrat. Die frühere Kommission war lediglich ein Unterorgan des Wirtschafts- und Sozialrats der UNO (ECOSOC) gewesen. Die 53 Kommissionsmitglieder wurden durch intransparente Kungelrunden der Regionalgruppen bestimmt. Der neue Rat hingegen ist ein direktes Unterorgan der Generalversammlung, erhielt also einen höheren Status. Die 47 Mitglieder werden in der Generalversammlung mit absoluter Mehrheit für eine Amtszeit von jeweils drei Jahren gewählt. Bei der Kandidatur in der Generalversammlung müssen die Bewerberstaaten ihre Menschenrechtsbilanz darlegen.

Erfolg der Schweiz

An dieser Reform hatte die Schweiz mit der 2003 ins Amt gekommenen Außenministerin Michelin Calmy-Rey einen großen Anteil. Im Auftrag der Ministerin erstellte der Berner Völkerrechtsprofessor Walter Kälin das Detailkonzept für den neuen Menschenrechtsrat, das Calmy-Rey dann im Herbst 2004 Generalsekretär Annan vorlegte. Die eidgenössischen UNO-Diplomatinnen und -Diplomaten in New York und Genf leisteten viel Lobbyarbeit, um die Zustimmung der übrigen 192 UNO-Staaten zu dem Konzept zu gewinnen, und dies gegen erheblichen Widerstand insbesondere seitens der USA. Die damals in Washington regierende Bush-Administration wollte statt eines Menschenrechtsrats mit universeller Beteiligung lieber einen engen, überwiegend westlichen Länderklub der Verfechter der Menschenrechte mit ständiger Mitgliedschaft der USA. Die Schweizer Lobbyarbeit war erfolgreich. Bei der Abstimmung in der UNO-Generalversammlung im März 2006 votierten 186 der 193 Mitgliedstaaten für den Reformvorschlag aus Bern. Dagegen stimmten lediglich die USA, Israel und zwei winzige Pazifikinseln. Weißrussland, Iran und Venezuela enthielten sich.

Dieses Beispiel zeigt, das auch »kleine« UNO-Mitglieder wie die Schweiz bei entsprechendem politischem Willen in der UNO durchaus Positives bewirken können. Bereits in den neunziger Jahren gehörte die Schweiz zu der Gruppe anfänglich nur kleinerer Staaten, darunter Trinidad und Tobago, Jordanien und Österreich, die die erfolgreiche Initiative zur Schaffung des Internationalen Strafgerichtshofs ergriffen – gegen den Widerstand zunächst noch aller ständigen Mitglieder des Sicherheitsrats.

Zusätzlich zur Schaffung des Menschenrechtsrats wurde die Universal Periodic Review eingeführt, ein öffentliches Verfahren, mit dem seit 2007 alle fünf Jahre die Menschenrechtslage in ausnahmslos sämtlichen 193 UNO-Mitgliedstaaten überprüft wird. Als Grundlage für die Überprüfungen dienen dabei nicht nur Berichte von Regierungen, sondern auch von Nichtregierungsorganisationen und von den Sonderberichterstattern des UNO-Hochkommissariats für Menschenrechte in Genf.

Sicherheitsrat – eine unauflösbare Quadratur des Kreises

Kein anderer Aspekt einer Reform der UNO war in den drei Jahrzehnten seit Ende des Kalten Krieges so stark und häufig Gegenstand von politischem Interesse, diplomatischem Engagement, medialer Aufmerksamkeit und öffentlicher Diskussion wie die Veränderung des Sicherheitsrats. Fast völliger Konsens herrscht über die Feststellung, die Zusammensetzung des vor 75 Jahren geschaffenen Gremiums, die Zuteilung der Privilegien einer ständigen Mitgliedschaft und des Vetorecht an die vier Siegermächte des Zweiten Weltkrieges sowie an China seien »historisch überholt«. Auch in der UNO-Generalversammlung teilen mit Ausnahme der fünf derzeitigen ständigen Vetomächte fast alle Mitgliedstaaten diese Auffassung.

Anfang 1993 richtete die Generalversammlung eine ständige Verhandlungsgruppe ein, nachdem zuvor 90 Staaten beim damaligen UNO-Generalsekretär Butros Butros Ghali Vorschläge für eine Reform des Sicherheitsrats eingereicht hatten. Sie forderten, der Sicherheitsrat müsse »demokratisiert«, seine Zusammensetzung durch Erweiterung um neue ständige und/oder nichtständige Sitze globalpolitisch gerechter gestaltet werden.

»Demokratisierung« könnte durchaus auch bedeuten, Privilegien wie den ständigen Sitz und das Vetorecht schrittweise ganz abzuschaffen. Einen entsprechenden Vorschlag legte Italien Mitte der neunziger Jahre vor, verbunden mit einem Modell, nach dem alle UNO-Staaten, egal ob groß oder klein, reich oder arm, mächtig oder ohnmächtig, die gleiche Chance hätten, zeitweise dem Sicherheitsrat anzugehören. Denn in fünfzig Jahren UNO hatten erst lediglich 79 ihrer Mitgliedstaaten überhaupt einmal die Möglichkeit bekommen, dem Sicherheitsrat als nichtständiges Mitglied für zwei Jahre anzugehören, und die meisten von ihnen auch nur einmal. Die Schwergewichte wiederum waren in den fünf Regionalgruppen der Generalversammlung – wie zum Beispiel Japan und Indonesien in Asien, Brasilien in Lateinamerika, Kanada in der westlichen Staatengruppe – schon mehrfach im höchsten UNO-Gremium vertreten. Wenn in den fünf Regionalgruppen die Nominierung der Kandidaten für die nächste Wahlrunde in der Generalversammlung zur Bestimmung der nichtständigen Mitglieder des

Sicherheitsrats bevorsteht, setzen sich jeweils die größeren, gewichtigeren Länder durch; daran hat sich bis heute wenig geändert. Das italienische Alternativmodell sieht die Bildung von 20 Regionalgruppen der Generalversammlung mit jeweils 19 bis 20 Mitgliedern vor, aus denen die Staaten in alphabetischer Reihenfolge für jeweils zwei Jahre in den Sicherheitsrat einziehen sollen.

Der italienische Vorschlag einer weitgehenden Demokratisierung und Chancengleichheit für alle UNO-Mitgliedstaaten stieß anfangs auf Sympathien bei einer Mehrheit der Mitglieder in der Generalversammlung. Doch er scheiterte am Widerstand derjenigen Mittelmächte, die sich von einer Reform des Sicherheitsrats in erster Linie eigene Privilegien erhofften. Ab 1993 erhoben zunächst Deutschland und Japan den völlig illusionären Anspruch auf einen ständigen Sitz im Sicherheitsrat mit Vetorecht – ausgerechnet die beiden Verlierer des Zweiten Weltkrieges, für die damals noch die in den Artikeln 53, 77 und 107 der UNO-Charta formulierte »Feindstaatenklausel« galt. Erst im Herbst 1995 erklärte die Generalversammlung die Klausel für »politisch obsolet«, ohne die Charta allerdings zu ändern. Im nächsten Schritt erhofften sich Deutschland und Japan bessere Chancen mit einem Fünferpaket, in dem sie auch Brasilien für Lateinamerika, Indien für Asien und Nigeria für den afrikanischen Kontinent vorschlugen. Der Vorschlag »übersah«, dass aus Lateinamerika auch Argentinien und Mexiko, aus Asien auch Pakistan und Indonesien und aus Afrika auch Ägypten und Südafrika ihr Interesse an einem ständigen Ratssitz angemeldet hatten. Anfang des Jahrtausends verständigte sich die Vierergruppe aus Deutschland, Japan, Indien und Brasilien (G4) dann auf einen Vorschlag, der ständige Sitze ohne Vetorecht für die G4- Staaten sowie für zwei namentlich nicht genannte afrikanische Länder vorsah. Doch dieser Vorschlag hatte ebenso wie weitere Modelle, die bis 2005 von verschiedener Seite vorgeschlagen wurden, nicht einmal die Chance auf die erforderliche Zweidrittelmehrheit von mindestens 128 der 193 UNO-Mitglieder. Ganz abgesehen von der ebenfalls erforderlichen Zustimmung aller fünf ständigen Vetomächte des Rats (Permanent Members, P5).

Angesichts dieser kontroversen Debattenlage wollte sich Generalsekretär Annan in seinem Reformplan vom März 2005 nicht auf einen einzigen Vorschlag festlegen. Daher unterbreitete er den Mitgliedstaaten zwei Modelle zur Erweiterung des Sicherheitsrats von heute 15 auf 24 Mitglieder. Das erste Modell sieht zusätzlich zu den derzeitigen fünf ständigen Mitgliedern mit Vetorecht sechs neue ständige Ratssitze ohne Vetorecht und neun – statt bislang sechs – nichtständige Sitze für jeweils zwei Jahre ohne Möglichkeit zur direkt anschließenden Wiederwahl vor. Nach dem zweiten Modell soll es keine zusätzlichen ständigen Ratssitze geben, sondern acht Sitze mit vierjähriger Amtszeit und der Möglichkeit zur direkt anschließenden Wiederwahl sowie elf Sitze mit zweijähriger Amtszeit ohne direkte Wiederwahloption. In beiden Modellen Annans wären die vier Weltregionen Afrika, Asien-Pazifik, Amerika und Europa mit jeweils sechs Ratssitzen vertreten.

Doch auch diese beiden Modelle haben keine Chance auf Realisierung. Eine wie auch immer geartete Erweiterung des Sicherheitsrats verringerte die Macht der heutigen P5 relativ, selbst wenn diese ihre bisherigen Privilegien des ständigen Sitzes und des Vetos ohne Einschränkung behielten. Das lehnen nicht nur die drei Großen, USA, China und Russland, strikt ab. Auch Frankreich und Großbritannien zeigen bislang nicht die geringste Bereitschaft, sich auf eine Veränderung des Sicherheitsrats einzulassen, die ihre nationale Sonderstellung schmälerte.

Jegliche Veränderung des Sicherheitsrats erfordert eine Veränderung der UNO-Charta. Diese ist nur möglich, wenn mindestens zwei Drittel der 193 Mitgliedstaaten zustimmen, darunter die P5. Angesichts dieser Realitäten sollten die Mitgliedstaaten nicht weiter Zeit und politische Energie auf eine Reform des Sicherheitsrats verwenden, sondern sich für die zahlreichen Reformen des UNO-Systems engagieren, die auch ohne Zustimmung des Sicherheitsrats möglich sind. Das gilt für die allermeisten der bis heute unerledigten Vorschläge Annans.

Agenda 2030, mehr Geld und eine ständige UNO-Truppe

Unter den vielen Einzelmaßnahmen aus Annans Reformplan waren und sind auch weiterhin drei von zentraler Bedeutung für die künftige Handlungsfähigkeit der UNO: die Umsetzung der Agenda 21 für eine gerechte globale Entwicklung, eine ausreichende und verlässliche Finanzierung des UNO-Systems sowie die Schaffung von UNO-eigenen Polizei- oder Militäreinheiten.

Die Agenda 21 für eine gerechte globale Entwicklung war aus den Ergebnissen der acht großen UNO-Weltkonferenzen der neunziger Jahre hervorgegangen. Zu ihrer Umsetzung hatte die Generalversammlung im Herbst 2000 die »Acht Millenniumsziele zur Halbierung der weltweiten Armut bis zum Jahr 2015« beschlossen. Diese Ziele wurden zum Teil erreicht.

Nachfolger der »Millenniumsziele« ist die im September 2015 von einem UNO-Gipfel verabschiedete »Agenda 2030 für nachhaltige Entwicklung«. Sie versteht sich gemäß ihrer Präambel als ein globaler »Aktionsplan für die Menschen, den Planeten und den Wohlstand«, der den universellen Frieden in größerer Freiheit festigen möchte. Kernelement der Agenda 2030 sind die siebzehn Ziele für nachhaltige Entwicklung, die im Rahmen des Aktionsplans über 160 konkrete und überprüfbare Maßnahmen und Zielsetzungen für eine nachhaltigere Entwicklung vorgeben.

Die Agenda 2030 steht unter dem Titel »Transformation unserer Welt« und verdeutlicht somit den Anspruch, grundlegende Veränderungen hin zu einer nachhaltigen Welt voranzutreiben. So strebt die Agenda 2030 zwar weltweite Entwicklungen an, beispielsweise um Menschen aus Armut und Hunger zu befreien oder sie durch gute Arbeitsplätze an Wohlstand teilhaben zu lassen, möchte diese jedoch in nachhaltige Bahnen lenken. Grundvorstellung der Agenda 2030 ist, dass eine nachhaltige Entwicklung und wahres Wohlergehen jenseits von reinem materiellem und finanziellem Wohlstand nur dann möglich sind, wenn Umwelt und Klima geschützt und erhalten werden und alle Menschen gleichberechtigt sind und nicht ausgebeutet werden.

Entwicklung darf und kann nicht auf Kosten des Planeten oder der Lebensumstände anderer Menschen und anderer Gesellschaften geschehen.

Dabei verfolgt die Agenda 2030 einen universellen Anspruch, der nicht nur die armen Länder des globalen Südens, sondern ausnahmslos alle Staaten der Welt zu »Entwicklungsländern« mit Nachholbedarf erklärt, ausdrücklich auch die Industriestaaten, die eine besondere Verantwortung tragen, weil ihre Wirtschaftsweise oft auf der Ausbeutung anderer Regionen aufbaut. Die Agenda 2030 benennt Maßnahmen, wie die Industriestaaten ihre Politik in den Bereichen Energie, Umwelt, Verkehr, Warenproduktion, Handel nachhaltiger gestalten könnten.

Um den Umsetzungsstand der Agenda 2030 zu beurteilen, sind alle Mitgliedstaaten aufgefordert, regelmäßig umfassende Überprüfungen der Fortschritte auf nationaler und subnationaler Ebene durchzuführen.

Text der Agenda 2030: www.un.org/Depts/german/gv-70/band1/ar70001.pdf

Mit welchen konkreten Maßnahmen die siebzehn Ziele der Agenda bis zum Jahr 2030 umgesetzt werden könnten, ist sehr detailliert und anschaulich in der Broschüre »Gut leben *global*« beschrieben, die die deutsche Sektion von Terre des hommes und die Nichtregierungsorganisation Global Policy Forum veröffentlicht haben.

www.tdh.de/was-wir-tun/arbeitsfelder/kinderrechte/meldungen/gut-leben-global

Fünf Jahre nach Verabschiedung der Agenda 2030 hat das Global Policy Forum im Dezember 2020 zudem eine erste, sehr gemischt ausfallende Zwischenbilanz vorgelegt unter dem Titel »Agenda 2030. Wo steht die Welt? Fünf Jahre SDGs« vorgelegt.

www.globalpolicy.org/component/content/article/265-policy-papers-archives/53260-agenda-2030-wo-steht-die-welt.html

Zu wenig Geld für immer mehr Aufgaben

Die UNO ist – entgegen manch feindlicher Propaganda insbesondere in ihrem bislang gewichtigsten Mitgliedstaat USA – keine Weltregierung. Sie verfügt weder über eine eigene Flotte schwarzer Hubschrauber, noch hat sie eine Notenbank und kann sich eigenes Geld drucken. Die UNO darf sich noch nicht einmal Geld bei Banken leihen oder Kredite aufnehmen. Jeder Cent, der für die vielfältigen Ausgaben des weltweiten UNO-Systems ausgegeben wird, muss zunächst von den Mitgliedstaaten bereitgestellt werden.

Wäre die UNO ein kommerzielles Unternehmen, hätte sie bereits vor einem Vierteljahrhundert Bankrott anmelden müssen. Ende 1994 fehlten in der UNO-Kasse 3,2 Milliarden Dollar. Durch die umfangreichen militärischen Friedensmissionen in Exjugoslawien, Kambodscha und Somalia mit insgesamt über 150 000 Blauhelmsoldaten waren die Kosten für Peacekeeping-Operationen der UNO in den ersten vier Jahren nach Ende des Kalten Krieges fast um das Zehnfache gestiegen. Zugleich war die Zahlungsmoral der damals 184 Mitgliedstaaten auf einem historischen Tiefpunkt. Lediglich 56 Staaten hatten ihre Beiträge für 1994 voll bezahlt. Seitdem haben die globalen Herausforderungen an das UNO-System und seine von den Mitgliedstaaten beschlossenen Aufgaben und Aktivitäten noch erheblich zugenommen – und damit auch die Kosten. Mit dem bisherigen Finanzierungsmodell für die UNO lassen sich diese Kosten nicht mehr decken. Es bedarf auch hier einer grundlegenden Reform.

Humanitäre Überlebenshilfen müssen eingestellt werden

Die UNO sowie ihre Sonderorganisationen und Spezialprogramme erhalten von ihren Mitgliedstaaten viel zu wenig Geld, um den Auftrag der Charta von 1945 und die vielen Aufgaben zu erfüllen, die die Mitglieder in den letzten 75 Jahren beschlossen haben. Wobei die Herausforderungen an die Weltorganisation und die zu ihrer Bewältigung erforderlichen Finanzmittel im letzten Vierteljahrhundert seit Ende des Kalten Krieges besonders stark gestiegen sind. Bereits 2014 – einem Jahr mit vielen andauernden und neuen Gewaltkonflikten – zeigte sich die Finanznot auf bis dato nicht gekannte dramatische Weise. Sogar die humanitäre Überlebenshilfe der zuständigen UNO-Organisationen für Opfer von Kriegen und Naturkatastrophen war nicht mehr gewährleistet. Häufiger und in größerem Umfang als je zuvor mussten das UNO-Hochkommissariat für Flüchtlinge (United Nations High Commissioner for Refugees, UNHCR) und das Welternährungsprogramm (World Food Programme, WFP) die Nahrungsmittelhilfen für bedürftige Menschen kürzen oder gar ganz streichen.

Wegen ausbleibender Finanzmittel von den Mitgliedstaaten sahen sich das UNHCR und das WFP zum 1. November 2014 zunächst gezwungen, die Nahrungsmittelhilfe für 1,7 Millionen registrierte syrische Flüchtlinge in den Nachbarländern Jordanien, Libanon, Irak, Türkei und Ägypten um ein Drittel zu kürzen. Der mit dieser Maßnahme verbundene dringende Appell an die Mitgliedstaaten, mehr Geld zu überweisen, fruchtete wenig. Der damalige UNO-Hochkommissar für Flüchtlinge und heutige UNO-Generalsekretär Antonio Guterres kehrte von seinen mehrfachen Bettelreisen im Herbst 2014 nach Berlin, Paris, London und anderen Hauptstädten jeweils mit leeren Händen nach Genf zurück. Daraufhin mussten UNHCR und WFP die Ausgabe von Lebensmittelgutscheinen an die 1,7 Millionen Flüchtlinge zum 1. Dezember 2014 einstellen. Mit diesen Gutscheinen konnten die Flüchtlinge in den lokalen Läden ihrer Fluchtorte Lebensmittel einkaufen. Bis zum 1. Dezember waren über dieses Gutscheinprogramm rund 800 Millionen US-Dollar in die Wirtschaft der fünf Hauptaufnahmeländer für syrische Flüchtlinge geflossen. Nur dank einer über Twitter und Facebook lancierten Spendenkampagne – ein bisher einmaliger Vorgang in der Geschichte der Finanzierung von UNO-Maßnahmen – gelang es dem WFP, 80 Millionen US-Dollar einzusammeln. Damit war die Wiederaufnahme und Fortsetzung des Gutscheinprogramms erst einmal bis Mitte Januar 2015 möglich.

Diese dramatische Finanzkrise von UNHCR und WFP in der zweiten Jahreshälfte 2014 war der Grund, warum bereits ab Dezember 2014 die Zahl syrischer Flüchtlinge, die nach Europa kamen, signifikant anstieg, und nicht erst die »Wir schaffen das«-Rede der deutschen Bundeskanzlerin Angela Merkel vom 31. August 2015, wie viele Kritiker und Gegner ihrer Flüchtlingspolitik wider alle Fakten bis heute behaupten. 90 Prozent der syrischen Flüchtlinge, die ab Dezember 2014 in immer größeren Zahlen nach Deutschland und in andere EU-Staaten kamen, waren nicht unmittelbar aus Syrien geflohen. Sie kamen aus den Flüchtlingslagern in Syriens Nachbarstaaten, weil dort ihre Versorgung mit überlebenswichtigen Gütern nicht mehr gewährleistet war.

Bereits zum 1. Juli 2014 hatten UNHCR und WFP die täglichen Nahrungsmittelrationen für zunächst 800 000 Flüchtlinge in der Zentralafrikanischen Republik und fünf weiteren afrikanischen Staaten um durchschnittlich ein Drittel kürzen müssen – von 2100 Kalorien auf 1400. Das war ein bisher einmaliges Vorgehen in der Geschichte der humanitären UN-Organisationen seit 1945. Ein dringender Hilfsappell von UNHCR und WFP an die 193 UNO-Staaten zur schnellen Bereitstellung von 189 Millionen US-Dollar zur Wiederaufstockung der Nahrungsmittelhilfe für die afrikanischen Flüchtlinge erreichte sein Ziel nicht.

Die Zahl der Menschen, die von Kriegen und anderen Gewaltkonflikten betroffen sind, von Hungerkrisen und Seuchen wie Ebola und aktuell seit 2020 der Corona-Pandemie oder von – zunehmend auch durch den Klimawandel ausgelösten – Naturkatastrophen, ist seit Beginn des Jahrtausends stärker angewachsen als in den vorherigen 55Jahren der UNO-Geschichte. So hat sich die Zahl der vom UNHCR weltweit registrierten Flüchtlinge seit 2000 von damals rund 27 Millionen bis Ende 2014 auf über 50 Millionen fast verdoppelt. Bis Ende 2020 war die Zahl der Flüchtlinge auf 80 Millionen angestiegen.

Seit dem extremen Krisenjahr 2014 hat sich die Schere zwischen den für die humanitäre Versorgung der betroffenen Menschen erforderlichen Finanzmitteln und den Beträgen, die die Mitgliedstaaten für diesen Zweck tatsächlich zur Verfügung stellen, noch weiter geöffnet. Noch im Herbst 2020 fehlten dem UNHCR 50 Prozent der für dieses Jahr benötigen Haushaltsmittel.

Verschärfend kommt hinzu, dass manche Mitgliedstaaten die von ihnen zunächst zugesagten Mittel überhaupt nicht, nicht vollständig oder nur mit großer Verspätung an das UNHCR überweisen. Diese Diskrepanz zwischen Zusagen der Mitgliedstaaten und tatsächlich gezahlten Geldern erleben auch andere humanitäre Organisationen wie das UNO-Kinderhilfswerk (United Nations Childrens Fund, UNICEF) und das UNO-Entwicklungsprogramm (United Nations Development Programme, UNDP), auch das Genfer Büro der UNO zur Koordinierung humanitärer Maßnahmen (Office for the Coordination of Humanitarian Affairs, OCHA) häufig. Ein besonders dramatisches Beispiel geschah 2015. Das UN-Hilfswerk für die Palästinenser (UNRWA) musste Ende Januar den Wiederaufbau der im Gazakrieg vom Sommer 2014 durch israelische Luftangriffe zerstörten Wohnungen von über 100 000 Menschen und anderer lebenswichtiger Infrastruktur abbrechen. Auf einer vom OCHA organisierten Geberkonferenz im Oktober 2014 hatten die Teilnehmerstaaten zwar 4,3 Milliarden US-Dollar zur Finanzierung der Wiederaufbaumaßnahmen im Gazastreifen zugesagt. Doch bis Ende Januar 2015 wurde nur ein Bruchteil der versprochenen Gelder an die Kasse von OCHA überwiesen.

Seit die USA im September 2019 ihre Beitragszahlungen an die UNWRA völlig eingestellt haben, hat sich die Finanzkrise weiter verschärft.

Fast 250 Dollar pro Erdbewohner für Rüstung und Militär, aber nur sieben Dollar für die UNO

Die wachsende Deckungslücke bei den Haushalten der humanitären Organisationen der UNO mit all ihren unmittelbaren negativen Auswirkungen für viele Millionen hilfs- und versorgungsbedürftige Menschen unterstreicht zwei grundsätzliche Probleme der Finanzierung des UNO-Systems, die sich seit Ende des Kalten Krieges erheblich zugespitzt haben. Die allermeisten Mitgliedstaaten sind nicht bereit, der Arbeit des UNO-Systems grundsätzlich größere Priorität einzuräumen und entsprechend mehr Finanzmittel bereitzustellen. Das zweite Problem ist die bisherige Finanzierungsstruktur des UNO-Systems. Nur ein sehr geringer Teil seiner jährlichen Haushaltsmittel wird durch völkerrechtlich verbindliche Pflichtbeiträge der Mitgliedstaaten aufgebracht. Der weitaus größte Teil der Haushaltsmittel kommt aus freiwilligen Beiträgen der Staaten. Diese Finanzstruktur beeinträchtigt die Planungssicherheit für die Arbeit der UNO und erlaubt es einzelnen Staaten, durch die Gewährung beziehungsweise die Verweigerung freiwilliger Beiträge, in oftmals problematischer Weise die Arbeit der UNO entsprechend ihrer jeweiligen nationalen Interessen zu steuern.

Im Jahr 2019 gaben die 193 UNO-Mitgliedstaaten laut dem Stockholmer Institut für Friedensforschung (SIPRI) knapp 1,92 Billionen US-Dollar (1920 Milliarden) für Rüstung und militärisches Personal aus. Das war inflationsbereinigt die höchste Summe seit Ende des Kalten Krieges. Allein zwischen 2018 und 2019 stiegen die weltweiten Militärausgaben um 3,8 Prozent, der größte Zuwachs seit 2010. 1,92 Billionen US-Dollar waren 2,3 Prozent des weltweiten Bruttoinlandproduktes (BIP) von 87,55 Billionen US-Dollar oder 248 US-Dollar pro Kopf der 7,71 Milliarden Menschen, die Ende 2019 auf der Erde lebten. Für das gesamte UNO-System hatten die 193 Mitgliedstaaten 2019 jedoch lediglich rund 53 Milliarden US-Dollar übrig, 0,065 Prozent des weltweiten BIP, weniger als sieben US-Dollar pro Erdbewohner.

Der SIPRI-Bericht für das Jahr 2020 lag bei Redaktionsschluss dieses Buches noch nicht vor, doch nach einer Übersicht über die nationalen Haushalte der 193 UNO-Staaten dürften die globalen Militärausgaben auch 2020 weiter angestiegen sein. Und die bis Ende Dezember 2020 bereits verabschiedeten Militärbudgets der USA, Russlands, Chinas, Deutschlands und anderer Länder für 2021, die alle zum Teil deutliche Steigerungen aufweisen, lassen eine Fortsetzung dieses Negativtrends erwarten. Zugleich wird die UNO 2021 und wahrscheinlich auch in den Folgejahren mehr Geld als je zuvor benötigen, vor allem wegen der dramatischen humanitären Auswirkungen der Corona-Pandemie. Bereits bis Ende 2020 stieg die Zahl der weltweit Hungernden auf über 800 Millionen. Das Genfer Koordinationsbüro für humanitäre Angelegenheit der UNO (OCHA) erwartet, dass 2021 mehr Menschen auf humanitäre Überlebenshilfe und Unterstützung angewiesen sein werden als je zuvor.

Die Finanzierungsstruktur des UNO-Systems beruht auf den folgenden vier Säulen.

Regulärer Haushalt der UNO

Der »reguläre« oder auch »ordentliche Haushalt« der UNO wird von der Generalversammlung in New York für jeweils zwei Jahre beschlossen und durch verbindlich festgelegte prozentuale Pflichtbeiträge der Mitgliedstaaten finanziert. Aus diesem Haushalt werden die Betriebs-, Personal- und Programmkosten der Organe der fünf Kerninstitutionen der UNO bestritten. Das sind das Generalsekretariat, die Generalversammlung, der Sicherheitsrat, der Internationale Gerichtshof und der Wirtschafts- und Sozialrat (Economic and Social Council, ECOSOC) nebst den von ihm koordinierten Spezialprogrammen und Regionalbüros.

Laut Artikel 17 der UNO-Charta muss der reguläre Haushalt von sämtlichen Mitgliedstaaten nach einem von der Generalversammlung festzulegenden Verteilungsschlüssel finanziert werden. Ein Mitglied verliert sein Stimmrecht in der Generalversammlung, wenn es mit der Zahlung seiner finanziellen Beiträge für zwei Jahre im Rückstand ist (Artikel 19 der UNO-Charta).

Die prozentualen Pflichtbeiträge der Mitgliedstaaten zum regulären Haushalt werden alle drei Jahre neu festgelegt. Der Beitragsschlüssel orientiert sich an der relativen Zahlungsfähigkeit der Mitgliedstaaten. Als wichtigster Maßstab hierfür gilt das Bruttonationaleinkommen eines Landes, wobei die Werte der letzten sechs Jahre in die Berechnung einfließen. Für Länder mit hoher Außenverschuldung und/oder niedrigem Pro-Kopf-Einkommen errechnen sich zum Teil hohe Abschläge auf den Beitragssatz, die bei den Industrieländern zu entsprechenden Zuschlägen auf den Beitragssatz führen. Der minimale Beitragssatz für die ärmsten oder kleinsten Länder liegt bei 0,001 Prozent.

Am oberen Ende der Beitragsskala lagen seit UNO-Gründung immer die USA mit einem damals festgesetzten Anteil von 25 Prozent am regulären Haushalt und weitem Abstand zu den nächstgroßen Beitragszahlern. Bereits bei der Gründungsversammlung der UNO 1945 in San Francisco hatte sich Schweden vergeblich dafür eingesetzt, den Pflichtanteil eines Mitgliedslandes am regulären UNO-Haushalt durch eine entsprechende Charta-Bestimmung grundsätzlich auf maximal 10 Prozent zu begrenzen, um die finanzielle Erpressbarkeit der Weltorganisation und ihre daraus folgende politische Abhängigkeit von einigen wenigen wirtschaftlich starken Ländern zu verhindern.

Im Jahr 2002 beschloss die Generalversammlung auf Druck aus Washington für den Beitragssatz der USA eine Kappungsgrenze von 22 Prozent. Damit liegen die USA allerdings inzwischen seit achtzehn Jahren unter dem Beitragssatz, den sie auf Grund ihres Bruttonationalprodukts und der übrigen für die Bemessung gültigen Kriterien bezahlen müssten.

Die derzeit geltende Beitragsskala für die Jahre 2019 bis 2021 wurde im Dezember 2018 von der UNO-Generalversammlung verabschiedet. Danach tragen die vier größten Beitragszahler USA (22 Prozent), China (12 Prozent), Japan (8,6 Prozent) und Deutschland (6,1 Prozent) zusammen 49 Prozent des regulären Haushalts der UNO. Die auf den Rängen sechs bis zehn nachfolgenden Länder Großbritannien, Frankreich, Italien, Brasilien, Kanada und Russland kommen für weitere 20 Prozent auf. Die Schweiz steht mit einem Anteil von 1,05 Prozent auf Platz siebzehn der Beitragsskala.

Budget für die UNO-Friedensoperationen

Zusätzlich zum regulären Haushalt der Vereinten Nationen leisten die Mitgliedstaaten Pflichtbeiträge zur Finanzierung der Friedensoperationen mit bewaffneten Blauhelmsoldaten oder unbewaffneten Militärbeobachtern (Blaumützen). Für diese Friedensoperationen gilt ein modifizierter Verteilungsschlüssel, der die Mitgliedstaaten in zehn verschiedene Ländergruppen einteilt und Entwicklungsländern mit niedrigem Pro-Kopf-Einkommen zusätzliche Abschläge einräumt. Deren Kosten werden von den fünf ständigen Mitgliedern des Sicherheitsrats als Zuschlag auf deren Basisbeitragssätze getragen. Darin kommt auch die besondere politische Verantwortung der ständigen Mitglieder des UNO-Sicherheitsrats für die Erhaltung von Frieden und Sicherheit zum Ausdruck.

Für die USA galt auch hier ursprünglich ein fester Beitragsanteil in Höhe von 30 Prozent. In den neunziger Jahren setzte Washington zunächst eine Absenkung auf 25 Prozent durch, die unter der Obama-

Administration zeitweise auf über 27,8 Prozent erhöht wurde. Die Trump-Adminsitration senkte den Beitrag wieder auf 25 Prozent. Auch die andern vier ständigen Ratsmitglieder Frankreich, Großbritannien, China und Russland entrichten prozentual höhere Pflichtbeiträge an dieses Budget als an den regulären UNO-Haushalt. Da Anzahl und Dauer der Friedensoperationen schwanken und derartige Einsätze nicht langfristig planbar sind, variieren das Budget und die von den Mitgliedstaaten zu entrichtenden Beiträge stärker als der reguläre UNO-Haushalt und dessen prozentuale Pflichtanteile. Aus diesem Grund wird das Budget für die Friedensmissionen auch immer nur für ein Jahr beschlossen.

Budgets der Strafgerichtshöfe für Ex-Jugoslawien und Ruanda

Über je eigene reguläre Haushalte verfügten die vom Sicherheitsrat 1993/94 etablierten Internationalen Strafgerichtshöfe für Ruanda und für das ehemalige Jugoslawien, die ihre Arbeit 2014 beziehungsweise Ende 2017 beendeten. Die Beitragszahlungen wurden je zur Hälfte nach der Skala für den regulären UNO-Haushalt und derjenigen für Friedensoperationen erhoben.

Haushalte der Sonderorganisationen und der Spezialprogramme des UNO-Systems

Die achtzehn Sonderorganisationen des UNO-Systems sind rechtlich, organisatorisch und finanziell selbständige internationale Organisationen, die gemäß Artikel 63 der UNO-Charta durch völkerrechtliche Verträge mit der UNO verbunden sind. Die Zusammenarbeit dieser Organisationen mit den Vereinten Nationen und auch untereinander wird durch den Wirtschafts- und Sozialrat (ECOSOC) koordiniert. Daher finanzieren sich diese Sonderorganisationen auch autonom von der UNO durch Pflichtbeiträge und freiwillige Zahlungen ihrer jeweiligen Mitgliedstaaten, die auch den jährlichen oder zweijährlichen Haushalt der Organisationen beschließen.

Die achtzehn Sonderorganisationen des UNO-Systems

a) Technische Organisationen
- Weltpostverein (WPV, engl. UPU) in Bern (Schweiz)
- Weltorganisation für Meteorologie (WMO) in Genf (Schweiz)
- Internationale Zivilluftfahrtorganisation (ICAO) in Montréal (Kanada)
- Internationale Seeschifffahrts-Organisation (IMO) in London (Großbritannien)
- Internationale Fernmeldeunion (ITU) in Genf (Schweiz)

b) Sozialer, kultureller und humanitärer Bereich
- Internationale Arbeitsorganisation (IAO, engl. ILO) in Genf (Schweiz)
- Weltgesundheitsorganisation (WHO) in Genf (Schweiz)
- Organisation der Vereinten Nationen für Erziehung, Wissenschaft und Kultur (UNESCO) in Paris (Frankreich)
- Organisation der Vereinten Nationen für industrielle Entwicklung (UNIDO) in Wien (Österreich)
- Ernährungs- und Landwirtschaftsorganisation der Vereinten Nationen (FAO) in Rom (Italien)
- Weltorganisation für Tourismus (UNWTO) in Madrid (Spanien)
- Weltorganisation für geistiges Eigentum (WIPO) in Genf (Schweiz)

c) Finanzorganisationen
- Internationaler Währungsfonds (IWF) in Washington D.C. (USA)
- Weltbank-Gruppe in Washington D.C. (USA)
- Internationale Bank für Wiederaufbau und Entwicklung (IBRD)
- Internationale Entwicklungsorganisation (IDA)
- Internationale Finanz-Corporation (IFC)
- Internationaler Fonds für landwirtschaftliche Entwicklung (IFAD) in Rom (Italien)

Bei allen achtzehn Sonderorganisationen machen die freiwilligen Zahlungen der Mitgliedstaaten einen weit größeren Anteil der Finanzierung aus als die Pflichtbeiträge.

Dasselbe gilt für die dreizehn Spezialprogramme und Fonds der Vereinten Nationen wie das Umweltprogramm (UNEP), das Hochkommissariat für Flüchtlinge (UNHCR), das Kinderhilfswerk (UNICEF) und das Welternährungsprogramm (WFP) und das Entwicklungsprogramm (UNDP). Diese Spezialprogramme und Fonds sind im Unterschied zu den achtzehn Sonderorganisationen zwar nicht rechtlich unabhängig von der UNO, doch ihre Arbeit wird nur zu einem sehr geringen Teil aus dem regulären UNO-Haushalt finanziert und ist zu über 90 Prozent abhängig von freiwilligen Beiträgen der 193 UNO-Mitgliedsländer.

Von den insgesamt rund 53 Milliarden US-Dollar, die für die Finanzierung aller Aktivitäten des weltweiten UNO-Systems 2019 budgetiert wurden, sollten lediglich knapp 40 Prozent durch völkerrechtlich verbindliche Pflichtbeiträge erbracht werden. Der größere Anteil von 60 Prozent war abhängig von freiwilligen Beiträgen der Mitgliedstaaten. Dieses Verhältnis hat sich in den dreißig Jahren seit Ende des Kalten Krieges, in denen sich die Gesamtkosten des UNO-Systems wegen der ständig gestiegenen Anforderungen von 10 auf 53 Milliarden Dollar erhöhten, immer stärker zuungunsten der Pflichtbeiträge verschoben. Das ist eine sehr unsolide Finanzierungsstruktur. Denn sie führt zu immer größerer Abhängigkeit des UNO-Systems von kurzfristigen Interessen und Entscheidungen der Mitgliedsländer und macht eine verlässliche längerfristige Planung immer weniger möglich.

Notwendige Reformen der Finanzierung des UNO-Systems

Voraussetzung für eine grundlegende Reform der Finanzierung des UNO-Systems, die seine Handlungsfähigkeit und Wirksamkeit garantiert, wäre die Bereitschaft der Mitgliedstaaten, ihre Beiträge an die Weltorganisation deutlich aufzustocken und einen möglichst großen Anteil dieser Beiträge nicht freiwillig, sondern auf einer völkerrechtlich verpflichtenden Basis zu leisten.

Eine Möglichkeit wäre es, die UNO-Beiträge nach einem festen Prozentsatz des weltweiten Bruttoinlandproduktes (BIP) zu bestimmen. 0,06 Prozent des globalen BIP im Jahr 2019 in Höhe von 87,55 Billionen US-Dollar, aufgebracht durch verbindliche Pflichtzahlungen der Mitgliedsländer in Höhe von 0,06 Prozent ihres jeweiligen nationalen BIP, hätten verlässliche Finanzmittel für das UNO-System in Höhe von 52,5 Milliarden US-Dollar erbracht statt der unverbindlich budgetierten, zu 80 Prozent in Form freiwilliger Beiträge zugesagten 53 Milliarden.

Möglich wäre die verlässliche und ausreichende Finanzierung des UNO-Systems auch durch eigens zu diesem Zweck erhobene

Steuern. Das könnten ausdrücklich »UNO-Steuern« sein, die jeder UNO-Mitgliedstaat von allen steuerpflichtigen Bürgern erhebt. Denkbar wäre auch, eine künftig international erhobene Finanztransaktionssteuer für die Finanzierung des UNO-Systems zu nutzen oder auch eine Treibhausgassteuer, mit der gleichzeitig weltweit die Wende hin zu klimafreundlichen, erneuerbaren Energien befördert werden könnte.

Für eine UNO-Treibhausgassteuer und einen Marshall-Plan der Energiewende

Den folgenden detaillierten Vorschlag für eine Treibhausgassteuer legte der Kreisverband Kiel der deutschen Grünen der Bundesdelegiertenkonferenz der Partei bereits 2014 als Antrag vor.

»Die globalen Herausforderungen des 21. Jahrhunderts erfordern neue Formen der internationalen Zusammenarbeit. Klimawandel, Armut, Hunger, Rohstoffkrise und Rüstungswettlauf – keines der großen Probleme unserer Zeit kann für sich gelöst werden und kein Staat der Welt kann sie allein meistern. Der Schlüssel liegt darin, gemeinsam Verantwortung zu übernehmen und die internationalen Institutionen zu stärken.

- Die globale Treibhausgasfreisetzung nimmt weiterhin zu, dies zeigt ein Bericht der Vereinten Nationen (UNO). Bündnis 90/Die Grünen werden sich daher dafür einsetzen, dass die Vereinten Nationen das Recht auf eine global zu erhebende Steuer erhalten, die UNO-Treibhausgassteuer. Bei der Erhebung dieser Steuer ist die UNO von den staatlichen Steuerbehörden zu unterstützen.
- Ziel der UNO-Treibhausgassteuer ist die Finanzierung der UNO. Dies umfasst insbesondere ihre wichtigen Friedensmissionen, den Internationalen Gerichtshof, die ständigen UN-Hilfsprogramme sowie die Sonderorganisationen.
- Die UNO sollte sich selbst finanzieren durch diese im Idealfall global zu erhebende Steuer auf Kohlendioxid- und andere Treibhausgasemissionen. Das Ziel ist die Steuererhebung insbesondere zulasten derjenigen großen Unternehmen und Organisationen, die erhebliche Mengen Treibhausgasemissionen zu verantworten haben. Dies kann durch eine Besteuerung erheblich klimaschädlicher Ressourcen (in erster Linie Kohle, Erdöl, Erdgas, Methanfreisetzung und so weiter) abhängig von der Klimaschädlichkeit erfolgen, um die Steuerverwaltung relativ einfach zu gestalten. Auch bei im Idealfall sinkendem Treibhausgasausstoß kann sich die UNO konstant finanzieren, indem dann jährlich die Steuer äquivalent zur Emissionsminderung angehoben wird und so noch mehr Anreiz zur Reduzierung bietet. Staaten, welche noch keine UNO-Treibhausgassteuer entrich-

ten, haben beim Export ihrer Produkte in teilnehmende Staaten einen Steueraufschlag hinzunehmen. Umgekehrt wird der Export von Produkten aus teilnehmenden Staaten in nichtteilnehmende Staaten von der UNO-Treibhausgassteuer befreit. Somit könnte der Startschuss in Europa oder auch nur in wenigen Staaten erfolgen: Dort verbrauchte Produkte würden zur UNO-Treibhausgassteuer herangezogen, importierte Produkte würden nachversteuert, in nichtteilnehmende Staaten exportierte Produkte würden von der Steuer befreit. Der Vorteil dabei ist, dass die Besteuerung auch schon im kleineren Maßstab, also etwa ›nur‹ in Europa, funktioniert, ohne wettbewerbsverzerrend zu sein. Die Bestimmungen der Welthandelsorganisation sind entsprechend anzupassen.

– Bei der Verteilung eventueller Steuerüberschüsse bekommen Staaten, aus denen viel UNO-Treibhausgassteuergeld geflossen ist, auch einen großen Anteil der Steuerüberschüsse, um damit im Idealfall einen nationalen Marshall-Plan der Energiewende zu finanzieren und in den folgenden Jahren weniger UNO-Treibhausgassteuer entrichten zu müssen. Diese Rückerstattung der Überschüsse der UNO-Treibhausgassteuer ist geeignet, die Chancen zur Einführung derselben zu erhöhen.«

Ständige UNO-Truppe scheitert an nationalem Souveränitätsanspruch der Mitgliedstaaten

Die »Bewahrung des Friedens und der internationalen Sicherheit« ist laut UNO-Charta eine der zentralen, wenn nicht sogar die wichtigste Aufgabe der Weltorganisation. Doch zu keinem Zeitpunkt seit ihrer Gründung haben die Mitgliedstaaten auch die ausreichenden zivilen wie militärischen Mittel und Instrumente zur Erfüllung dieser Aufgabe zur Verfügung gestellt. In den ersten 45 Jahren bis zum Ende des Kalten Krieges fiel dieses Defizit weniger auf. Denn es gehörte zur politischen Logik der Ost-West-Konfrontation, dass fast sämtliche Gewaltkonflikte und Verletzungen des Friedens, an denen die USA und die Sowjetunion oder auch die beiden anderen westlichen Vetomächte des Sicherheitsrats, Frankreich und Großbritannien, in den Jahren 1945 bis 1990 beteiligt waren, für den Sicherheitsrat und damit für die gesamte UNO tabu waren.

In den übrigen Gewaltkonflikten konnten von der UNO entsandte Unterhändler in vielen Fällen erfolgreich zumindest die Vereinbarung von Waffenstillständen zwischen den Konfliktparteien vermitteln, manchmal sogar eine politische Lösung des Konflikts. 13-mal entsandte der Sicherheitsrat zwischen 1948 und 1988 Peacekeeping-Soldaten, für die sich wegen ihrer in UNO-Blau gefärbten Helme der Name »Blauhelme« einbürgerte. Derartige Peacekeeping-Missionen waren in der UNO-Charta gar nicht vorgesehen. Die Voraussetzung für ihre Entsendung und ihre Einsatzregeln wurde erst nach der ersten Mission, die 1948 zur Überwachung des Waffenstillstands zwischen Israeli und Palästinensern entsandt wurde, vom Sicherheitsrat festgelegt: Es muss ein vertraglich vereinbarter Waffenstillstand vorliegen mit einer klar definierten Waffenstillstandslinie. Beide Konfliktparteien müssen der Stationierung von UNO-Blauhelmsoldaten entlang dieser Linie vorab zustimmen. Einzige Aufgabe der Blauhelme ist es, die Einhaltung des Waffenstillstands zu überwachen. Sie sind ausschließlich zum Zwecke der Selbstverteidigung mit leichten Waffen ausgerüstet.

Alle 13 Peacekeeping-Missionen, die der Sicherheitsrat von 1948 bis 1988 entsandte, waren erfolgreich beziehungsweise sind es bis heute. Denn einige dieser Missionen dauern nach wie vor an – zum Beispiel die seit 1950 an der indisch-pakistanischen Grenze und die seit 1974 entlang der Grünen Linie zwischen dem griechischen und dem türkischen Teil Zyperns. Im Jahr 1988 wurden die Peacekeeping-Missionen der UNO mit dem Friedensnobelpreis ausgezeichnet. Damit endete auch die Erfolgsgeschichte.

Von der Friedenserhaltung zur Friedenserzwingung

Nach Ende des Kalten Krieges änderte sich der Charakter der Blauhelmoperationen der UNO erheblich; es ging nicht mehr nur um Friedenserhaltung, sondern um seine Durchsetzung. Am deutlichsten zeigte sich dies zunächst in den jugoslawischen Zerfallskriegen zwischen 1991 und 1995, die sich im Wesentlichen in den beiden Republiken Kroatien und Bosnien-Herzegowina abspielten. Verlässliche Waffenstillstände kamen in diesen Gewaltkonflikten trotz aller damals gemeinsamen Vermittlungsbemühungen von UNO und EU nie zustande.

Dennoch entsandte der Sicherheitsrat ab 1992 UNO-Schutztruppen (United Nations Protection Forces, UNPROFOR) nach Kroatien und Bosnien-Herzegowina. Ihre Aufgabe war es zunächst, humanitäre Hilfstransporte nach Sarajevo und in andere damals in erster Linie von

Milizen der nationalistischen Serben belagerte Städte zu begleiten. Dies gelang, wenn überhaupt, nur gegen den Widerstand der Belagerer. Später kam als Aufgabe die Bewachung der vom Sicherheitsrat zu »UNO-Schutzzonen« erklärten Städte hinzu.

Doch das Mandat, die Einsatzregeln und die Ausrüstung der Blauhelme waren völlig unzureichend. Und für die Bewachung der UNO-Schutzzonen war die Zahl der dort stationierten Blauhelme viel zu gering. Das zeigte sich besonders dramatisch, als im Juli 1995 die 300 leicht bewaffneten niederländischen Blauhelme in der UNO-Schutzzone Srebrenica von 12 000 mit schweren Waffen ausgerüsteten serbischen Angreifern überrannt wurden. Die serbischen Angreifer ermordeten in der Folge fast 8000 männliche muslimische Einwohner Srebrenicas.

Mangelndes Interesse an der Verhinderung des Völkermords in Ruanda

Bereits im Frühjahr 1994 waren in Ruanda über 800 000 Menschen einem Völkermord zum Opfer gefallen. Auch dieser Völkermord hätte bei entsprechendem Willen der UNO-Mitglieder, insbesondere der fünfzehn Staaten im Sicherheitsrat, verhindert werden können. Der Kommandeur der kleinen UNO-Blauhelmtruppe, die bis kurz vor Beginn des Völkermords in Ruanda mit einem reinen Beobachtungsauftrag stationiert war, hatte dem damaligen UNO-Generalsekretär Boutros Boutros-Ghali und der von seinem späteren Nachfolger Kofi Annan geleiteten Abteilung für Peacekeeping-Operationen (DPKO) umfangreiche und stichhaltige Beweise für die Planung und Vorbereitung des Völkermords der Hutu an den Tutsi übermittelt.

Boutros-Ghali und Annan legten diese Beweise dem Sicherheitsrat vor und plädierten nachdrücklich für die Stationierung einer robusten Blauhelmtruppe zwischen den verfeindeten Volksgruppen der Hutu und der Tutsi, um den drohenden Völkermord zu verhindern. Doch im Sicherheitsrat erhob sich keine einzige Hand zur Unterstützung dieser Forderung. Denn kein Mitglied des Sicherheitsrats war bereit, für eine solche Truppe eigene Soldaten, Waffen, Transportmittel oder sonstige Ausrüstung zur Verfügung zu stellen. Es gab kein ausreichendes nationales Eigeninteresse, sich für die Verhinderung des drohenden Völkermords in Ruanda zu engagieren.

Der damalige US-Außenminister Warren Christopher hatte seinen für Afrika zuständigen Beamten sogar ausdrücklich untersagt, mit Blick auf Ruanda von einem drohenden »Völkermord« zu sprechen. Das, so Christophers Befürchtung, hätte die USA unter politisch-moralischen Handlungsdruck gesetzt. Denn die UNO-Konvention zur Verhinderung von Genozid (Völkermord) von 1948 verpflichtete die Vertragsstaaten zum Eingreifen.

Ruanda ist bis heute der klarste Beleg dafür, dass die UNO eine ständige Truppe benötigt. Damit sie auch dann zur Verhinderung oder Beendigung von Völkermord und von Verbrechen gegen die Menschlichkeit militärisch handlungsfähig ist, wenn es unter den Mitgliedstaaten kein ausreichendes Interesse und keine Bereitschaft gibt, UNO-Soldaten und militärische Ausrüstung zur Verfügung zu stellen. Seit dem Völkermord in Ruanda gibt es eine Reihe weiterer Gewaltkonflikte insbesondere auf dem afrikanischen Kontinent, bei der die UNO trotz eines entsprechenden Beschlusses des Sicherheitsrats nicht oder nur sehr unzureichend handlungsfähig war, weil die Mitgliedstaaten sich weigerten, das benötigte militärische Personal und die Ausrüstung zur Verfügung zu stellen.

Bereits vor den Völkermorden von Srebrenica und Ruanda hatte UNO-Generalsekretär Boutros Boutros-Ghali in seiner im Mai 1992 vorgelegten »Agenda für den Frieden« betont, dass die UNO in erster Linie verstärkte und bessere zivile Instrumente zur Bearbeitung von Konflikten benötige. Boutros-Ghali hielt allerdings auch eine ständige UNO-Truppe unter gemeinsamem Kommando des Sicherheitrats und des Generalsekretärs für unverzichtbar.

Doch da die drei westlichen Vetomächte des Sicherheitsrats, USA, Frankreich und Großbritannien, Boutros-Ghalis Vorschlag rundweg ablehnten, musste sich die Abteilung für Peacekeeping-Operationen in der New Yorker UNO-Zentrale um die »zweitbeste Lösung« bemühen. In den Jahren 1993/94 wurden sämtliche UNO-Mitgliedsregierungen ersucht, nationale »Stand-by-Kontingente« an Soldaten, Waffen, Transportmitteln oder logistischer Ausrüstung zu definieren, die der

UNO im Bedarfsfall schnell zur Verfügung stehen sollten. Auf diese Weise sollte wenigstens die Planungssicherheit für Peacekeeping-Operationen erhöht werden.

Doch auch dieser Ansatz scheiterte. Bis Ende 1993 erklärten sich zunächst lediglich 23 Staaten »im Prinzip« bereit, der UNO insgesamt rund 35 000 Soldaten nebst Ausrüstung anzubieten. Doch keiner dieser Staaten machte diese prinzipielle Bereitschaftserklärung auch in Form einer formalen Vereinbarung mit der UNO verbindlich. Und auf das dringende Ersuchen des DPKO, sich an einer Blauhelmtruppe für Ruanda zu beteiligen, reagierten alle 23 Staaten negativ. Für den DPKO-Chef und späteren UNO-Generalsekretär Kofi Annan war das eine »bittere Enttäuschung«.

In den Jahren nach dem Völkermord von Ruanda erklärten zwar weitere 64 Mitgliedstaaten in Vereinbarungen mit dem DPKO in New York über sogenannte Stand-by-Kontingente ihre »prinzipielle Bereitschaft«, der UNO bei Bedarf Soldaten oder militärische Ausrüstung auszuleihen. Doch ausnahmslos alle Staaten behielten sich in den Vereinbarungen mit dem DPKO ausdrücklich das Recht vor, in jedem konkreten Fall einer UNO-Anfrage zu entscheiden, ob sie in diesem Fall tatsächlich Soldaten und Ausrüstung zur Verfügung stellten. Das grundsätzliche Problem, so DPKO-Chef Annan, sei denn auch weniger die Finanzierung von Operationen als »der fehlende politische Wille der Mitgliedstaaten«, im militärischen Bereich auch nur einen kleinen Teil nationaler Souveränität aufzugeben. Das ist bis heute unverändert das Problem, an dem die Aufstellung einer dringend erforderlichen ständigen UNO-Truppe scheitert.

Corona und Klimawandel – größte Herausforderungen für die Weltgemeinschaft

»Unsere Welt steht vor einem gemeinsamen Feind: COVID-19. Das Virus macht keinen Unterschied zwischen Nationalität oder ethnischer Zugehörigkeit, Gruppierung oder Glauben. Es greift alle an, unerbittlich. Währenddessen wüten bewaffnete Konflikte auf der ganzen Welt. Es ist an der Zeit, bewaffnete Konflikte zu beenden und sich gemeinsam auf den wahren Kampf unseres Lebens zu konzentrieren. Deshalb rufe ich heute zu einem sofortigen globalen Waffenstillstand in allen Teilen der Welt auf.« Mit diesem Appell wandte sich UNO-Generalsekretär Antonio Guterres im März 2020 an die Mitgliedstaaten und die Weltöffentlichkeit. Vergeblich. Keiner der damals laufenden Kriege und Bürgerkriege wurde beendet. Im Oktober 2020 wiederholte der UNO-Generalsekretär seinen Appell. Erneut vergeblich.

Dem Generalsekretär blieb zum Ende des 75. Gründungsjahrs der UNO nur eine düstere Bilanz: »Konflikte, Klimawandel und COVID-19 haben zur größten humanitären Herausforderung seit dem Zweiten Weltkrieg geführt«, erklärte Guterres im Dezember 2020 und bat die Mitgliedstaaten geradezu flehentlich, endlich deutlich mehr Geld als zuvor bereitzustellen zur Bewältigung der akuten humanitären Krisen. Zudem müsse »die Weltgemeinschaft mehr daran arbeiten, die Ursachen von Konflikten und Katastrophen zu bekämpfen. Denn der

Klimawandel sorgt für mehr Brände, Überschwemmungen und heftige Stürme und verschärft damit Konflikte um lebenswichtige Ressourcen.« Das ist keine neue Erkenntnis. Dennoch blieben über 140 der 193 UNO-Mitgliedstaaten 2020 hinter ihren Verpflichtungen zur Umsetzung des Pariser Klimaabkommens von 2015 zurück. Wird die Corona-Pandemie längerfristig zu mehr globaler Solidarität führen und damit auch zu mehr multilateraler Kooperation im Rahmen der UNO? Oder wird diese globale Herausforderung Verteilungskonflikte verschärfen und den Trend zur egoistischen Durchsetzung nationalstaatlicher Interessen verstärken? Die Entwicklungen im ersten Jahr der Pandemie deuten eher in die negative Richtung.

Von globaler Verflechtung zu globalen Bedrohungen

»Globalisierung« ist seit vielen Jahren einer der am häufigsten benutzten Begriffe in der Sprache von Politik, Wirtschaft, Wissenschaft und Medien. Er bezeichnet die immer engere weltweite Verflechtung in den Bereichen Wirtschaft, Finanzen, Politik, Kultur und Medien. Der Begriff kam Anfang der neunziger Jahre auf, als dieser Verflechtungsprozess, der in Teilen der Welt schon lange vorher begonnen hatte, nach dem Wegfall der Ost-West-Spaltung auch bis dato verschlossene Länder und Regionen der Erde erfasste und sich zudem infolge neuer technologischer Entwicklungen und Kommunikationsinstrumente rasant beschleunigte.

In der ersten Hälfte der neunziger Jahre war erstmals auch die Rede von »globalen Herausforderungen oder Bedrohungen«. Auf der UNCED, der ersten großen Weltgipfelkonferenz der UNO nach Ende des Kalten Krieges, die sich 1992 in Rio de Janeiro mit Umwelt- und Entwicklungsfragen befasste, wurden die schon länger drängenden Probleme Hunger und Armut als globale Herausforderungen oder Bedrohungen eingestuft.

Die Staats- und Regierungschefs der teilnehmenden 178 UNO-Staaten berieten auch über die globale Erwärmung und Maßnahmen zu ihrer Begrenzung. In dieser Frage hatte der bereits 1988 gemeinsam vom Umweltprogramm der Vereinten Nationen (UNEP) und der Weltorganisation für Meteorologie eingesetzte Zwischenstaatliche Ausschuss für Klimaänderungen (IPCC), in dem rund 2000 Wissenschaftler und Wissenschaftlerinnen aus aller Welt mitarbeiten, für ein wachsendes Problembewusstsein unter den Teilnehmern des Rio-Gipfels gesorgt.

Erfolgreiche Klimaverhandlungen in der UNO

Der Gipfel in Rio 1992 verabschiedete die UN-Rahmenkonvention zum Klimawandel (UNFCCC). Die Konvention verankerte völkerrechtlich verbindlich das Ziel, einen gefährlichen und menschlich verursachten Eingriff in das Klimasystem der Erde zu verhindern. Ausdrücklich wurde das Vorsorgeprinzip vereinbart, nach dem durch die Staatengemeinschaft auch bei noch nicht absoluter wissenschaftlicher Sicherheit über den Klimawandel konkrete Klimaschutzmaßnahmen getroffen werden sollten.

Im Jahr 1997 vereinbarten die Vertragsstaaten der Konvention das Kyoto-Zusatzprotokoll mit ersten konkreten Verpflichtungen zunächst nur für die Industriestaaten, ihren Ausstoß von klimaschädlichem Kohlendioxyd zu verringern.

Terrorismus wichtiger als Klimawandel?

Die Fragen, welche Probleme als »globale Herausforderungen oder Bedrohungen« einzustufen sind und wer ihnen – alleine oder mit Verbündeten – mit welchen Mitteln begegnen soll oder darf, sind allerdings nicht nur von gesicherten wissenschaftlichen Erkenntnissen abhängig, sondern auch von Interessen, Machtverhältnissen und von zur Verfügung stehenden Mitteln und Ressourcen. Es ist eine hochpolitische Frage. Zumindest in den ersten zwanzig Jahren nach Ende des Kalten Krieges 1989/90 herrschte in dieser Frage nicht immer internationaler Konsens.

Nach dem Gipfel von Rio über Umwelt und Entwicklung 1992 berieten die Regierungen der UNO-Mitgliedstaaten in den neunziger Jahren auf sechs weiteren Weltgipfeln über Menschenrechte (Wien

1993), Bevölkerungsfragen (Kairo 1994), soziale Entwicklung (Kopenhagen 1995), die Rolle von Frauen (Peking 1995), Wohn-und Siedlungsfragen (Istanbul 1996) und Ernährungsprobleme (Rom 1996). Auch Hunderte von Nichtregierungsorganisationen aus aller Welt nahmen an diesen Gipfeln teil. Die Ergebnisse dieser sechs thematischen Gipfel flossen in die »Millenniumsziele zur Halbierung der weltweiten Armut« ein, die die Generalversammlung im September 2000 verabschiedete.

Ein weiterer Weltgipfel der UNO im südafrikanischen Durban Anfang September 2001 unter Leitung der damaligen UN-Hochkommmissarin für Menschenrechte Mary Robinson befasste sich mit »Rassismus, rassistischer Diskriminierung, Fremdenfeindlichkeit und damit zusammenhängende Intoleranz«. Der Konferenzort Durban wurde ausgewählt, um den Kampf gegen die Apartheid symbolisch zu würdigen. Der Gipfel verabschiedete ein Aktionsprogramm, in dem alle Regierungen zur Verabschiedung eigener nationaler Aktionspläne aufgefordert werden.

Doch mit den Anschlägen vom 11. September 2001, vier Tage nach Abschluss der Konferenz von Durban, war es zunächst einmal mit der seit Ende des Kalten Krieges entstandenen Übereinstimmung unter den UNO-Mitgliedstaaten über globale Problemlagen und die Notwendigkeit gemeinsamen Handelns vorbei.

Die Bush-Administration in Washington nahm in Reaktion auf die Anschläge vom 11. September nur noch »islamistischen Terrorismus« und den »Besitz von Massenvernichtungswaffen« in von den USA als »Schurkenstaaten« eingestuften Ländern als »globale Herausforderungen oder Bedrohungen« wahr. Washington drängte die UN-Organisation und die anderen 192 Mitgliedstaaten dazu, sich ebenfalls auf die Bewältigung und Bekämpfung dieser beiden Bedrohungen zu konzentrieren. Viele Regierungen gaben dem Druck nach. Für sich selbst nahm die Bush-Administration das Recht in Anspruch, auch mit Krieg, Folter und anderen völker- und menschenrechtswidrigen Mitteln zu re- beziehungsweise zu agieren, selbst dann, wenn – wie 2003 im Irak – überhaupt keine Bedrohung vorlag. Und die USA nötigten andere Staaten dazu, diese völkerrechtswidrigen Handlungen zu tolerieren, zu unterstützen oder sich sogar aktiv daran zu beteiligen.

In Reaktion auf die Verengung der Wahrnehmungen und Handlungen auf »islamistischen Terrorismus« und den »Besitz von Massenvernichtungswaffen» beschwor UNO-Generalsekretär Kofi Annan zur Eröffnung der Vollversammlung im September 2003 die Mitgliedstaaten – vor allem die im Norden –, sozioökonomische und ökologische Probleme wie Armut, Hunger, Unterentwicklung, Aids oder Umweltzerstörung als Herausforderung und Bedrohung der globalen Sicherheit ebenso ernst zu nehmen wie den Terrorismus und die Verbreitung von Massenvernichtungsmitteln.

Welche Maßnahmen erforderlich seien, um die Handlungsfähigkeit der UNO zur Bewältigung all dieser Herausforderungen und Bedrohungen zu stärken, beschrieb Annan dann konkret und detailliert in eben dem Reformprogramm »In größerer Freiheit. Auf dem Weg zu Entwicklung, Sicherheit und Menschenrechten für alle«, das er der Generalversammlung März 2005 vorlegte und mit Dringlichkeit zur zügigen Umsetzung empfahl.

Unter der ab 2009 regierenden Obama-Administration ließen sich die USA zumindest zum Teil wieder auf das von Annan skizzierte Gesamtspektrum globaler Herausforderungen und Bedrohungen ein. Zugleich entwickelte sich international der Konsens, dass der Klimawandel die drängendste globale Herausforderung oder Bedrohung ist und daher entschlossenes gemeinsames Handeln möglichst aller Staaten erfordert. Ende 2015 wurde das Pariser Klimaabkommen vereinbart, mit dem sich sämtliche inzwischen 189 Vertragsstaaten zur Reduktion ihrer klimaschädlichen Emissionen verpflichten. Ziel des Abkommens ist es, die Erderwärmung bis Ende des Jahrhunderts auf »deutlich unter 2 Grad Celsius, besser noch auf 1,5 Grad zu begrenzen«. Auch die USA hatten das Abkommen zunächst unterschrieben. Die Trump-Administration vollzog 2019 allerdings den Austritt.

Der neue Präsident Biden hat für den Tag seiner Amtsführung die Rückkehr der USA in das Abkommen zugesagt. Bereits im Präsidentschaftswahlkampf legte Biden ein detailliertes Klimaschutzprogramm vor, das im Vergleich zur Politik aller seiner fünf Amtsvorgänger (Trump, Obama, Bush, Clinton, Bush sen.) seit Beginn der internationalen Klimaverhandlungen Ende der achtziger Jahre sehr ambitioniert ist. Sollte die Umsetzung von Bidens Programm gelingen, besteht eine reelle Chance, dass die USA bis 2050 den Rückstand auf andere hochentwickelte Industriestaaten in Europa und Asien bei der Reduzierung klimaschädlicher Emissionen, der Nutzung erneuerbarer Energien sowie dem Einsatz umweltfreundlicher und energieeffizienter Technologien aufholen werden.

Dabei sind auch die Maßnahmen, die etwa die EU-Staaten und Japan in den letzten drei Jahrzehnten seit der Gründung des IPCC und der Gipfelkonferenz von Rio unternommen haben und zu denen sie sich auf Basis des Pariser Abkommens für die nächsten dreißig Jahre verpflichtet haben, keineswegs ausreichend, um das erklärte Ziel bis Ende des Jahrhunderts zu erreichen, selbst wenn die bislang angekündigten Maßnahmen auch tatsächlich termingerecht erreicht werden sollten. Und das wird nur gelingen, wenn der Klimawandel auch weiterhin als prioritäre globale Herausforderung oder Bedrohung begriffen wird. Das sah allerdings Ende 2020 nicht so aus; lediglich ein Viertel der Vertragsstaaten des Pariser Abkommens hatten ihre Verpflichtungen erfüllt.

Die Corona-Pandemie verdrängt das Klimathema

Im Jahr 2020 wurde der Klimawandel in seiner prioritären Rolle von der Corona-Pandemie abgelöst. Das gilt nicht nur für die Wahrnehmungsebene, sondern auch mit Blick auf die Maßnahmen und Ressourcen, die zur Bewältigung dieser Herausforderung oder Bedrohung ergriffen und bereitgestellt wurden. Dabei dürfte es nach Lage der Dinge Anfang 2021 bis mindestens Ende dieses Jahres auch bleiben. Für diese Prioritätenverschiebung gibt es eine Reihe von Gründen.

Zum bislang schon erfolgten Klimawandel und zu möglichen Szenarien seiner künftigen Entwicklung liegen zwar dank der Arbeit des IPCC Erkenntnisse und Prognosen vor, die so umfangreich, detailliert und international abgesichert sind wie bei kaum einem anderen wissenschaftlichen Forschungsgegenstand. Auch sind die Folgen des Klimawandels schon konkret spürbar. Global ist das allerdings noch nicht in allen Staaten dieser Erde der Fall. Und in vielen Ländern des Südens sind die negativen Auswirkungen auf Umwelt, Lebensbedingungen und Ernährungsmöglichkeiten bislang sehr viel stärker als in den Ländern des Nordens. Letztere haben lediglich häufiger schwere Stürme erlebt sowie zwischen 2010 und 2020 neun der zehn heißesten Sommer und höchsten Jahresdurchschnittstemperaturen, die seit Beginn der Wetteraufzeichnungen im Jahr 1881 gemessen wurden.

Aber trotz aller bisherigen Erfahrungen und vorliegenden wissenschaftlichen Erkenntnisse ist der Klimawandel zumindest im Vergleich zur Corona-Pandemie für die meisten Menschen insbesondere im globalen Norden noch immer eine relativ abstrakte Bedrohung. Das politisch im Pariser Klimaabkommen vereinbarte Zieldatum 2100, bis zu dem der Temperaturanstieg auf maximal 2 Grad Celsius (besser 1,5 Grad) begrenzt werden solle, liegt außerhalb der absehbaren Lebenszeit der allermeisten Menschen, die 2020 den Planeten bevölkerten. Selbst die Jahre 2050 und 2060, bis zu denen alle Vertragsstaaten das erste wichtige Zwischenziel der Emissionsfreiheit und damit Klimaneutralität erreichen sollen, liegen noch weit entfernt.

Hingegen hat die Corona-Pandemie seit den ersten im Dezember 2019 aus China gemeldeten Erkrankungen unmittelbar fast überall auf der Welt mit aller Härte zugeschlagen. Bis Mitte März 2021 wurden weltweit über 120 Millionen Menschen infiziert und sind 2,65 Millionen an oder mit COVID-19 gestorben. Beobachter rechneten mit einem weiteren Anstieg und erwarteten einen Rückgang der globalen Infektionszahlen infolge der Impfungen frühestens ab Sommer 2021. Von den Menschen, die in den Statistiken als von dem Virus »genesen« aufgeführt wurden, klagten viele über zum Teil schwerwiegende Langzeitfolgen. Infektionen, Erkrankungen und Todesfälle wurden aus 215 Ländern, Territorien und kleinsten Inselatollen gemeldet.

Das Gefühl einer akuten Bedrohung durch die Corona-Pandemie wird noch verstärkt, weil auch über ein Jahr nach dem mutmaßlich ersten Auftritt des COVID-19-Virus auf einem Markt im chinesischen Wuhan viele Fragen noch immer nicht erforscht und verlässlich beantwortet waren. Wie genau verbreitet sich das Virus? Ist eine Person nach einer ersten Infektion immun gegen das Virus? Sind Kinder tatsächlich in geringerem Maße als Erwachsene Überträger des Virus? Wie lange hält die Wirkung der Impfung vor? Und verhindert sie auch die Ansteckung anderer Personen? Das Auftreten von aggressiveren, daher gefährlicheren Mutationen des Virus ab Dezember 2020 zunächst in Großbritannien und Südafrika schürte weiterhin Angst und Verunsicherung.

Beim Klimawandel verhält es sich genau umgekehrt. Wissenschaftlich erforscht wird er bereits seit der ersten Hälfte des 19. Jahrhunderts. Erste Erkenntnisse und Hinweise auf eine menschengemachte Erwärmung durch die Emission von Kohlendioxid und anderen Treibhausgasen liegen seit Anfang des 20. Jahrhunderts vor. Seit den fünfziger Jahren verdichteten sich die Erkenntnisse. Auf der ersten Weltklimakonferenz der UNO 1979 wurde der Klimawandel im Konsens als »ernstes Problem« eingestuft. In der Folge wurde 1988 der IPCC eingesetzt – übrigens auch auf Betreiben des damaligen US-Präsidenten Ronald Reagan, eines konservativen Republikaners.

Inzwischen sind alle Facetten des menschengemachten Klimawandels und seiner Auswirkungen unter denkbar breitester internationaler Beteiligung erforscht und alle Fragen beantwortet. Dokumentiert wurde das gesicherte Wissen in inzwischen fünf Sachstandsberichten und zwölf Sondergutachten, die der IPCC zwischen 1990 und 2018 vorgelegt hat. Der menschengemachte Klimawandel ist eine bestens bewiesene Tatsache, die geradezu rational ist im Vergleich zu dem heimtückischen, unberechenbaren Corona-Virus. Wer in der Vergangenheit oder sogar bis heute grundsätzliche Zweifel an der globalen Erwärmung oder auch nur an den davon ausgehenden Gefahren hatte oder hat, für den war oder ist der Klimawandel dann ja auch keine Bedrohung. Wer, wie viele evangelikale Christen in den USA, aber auch in Europa, zwar den Klimawandel nicht leugnet, ihn aber nicht für das Ergebnis korrigierbarer menschlicher Handlungen hält, sondern für Gottes Wille, hat auch nichts Neues zu befürchten.

Ein weiterer Grund, warum die Corona-Pandemie den Klimawandel zunächst in den Hintergrund gerückt hat, ist der Umstand, dass im Unterschied zu allen früheren Epidemien und Pandemien in den Jahrzehnten seit dem Zweiten Weltkrieg die meisten Infektionen und Todesfälle erstmals nicht in einem armen Land des Südens registriert wurden, sondern in einem der reichsten Länder des Nordens, in den

USA. Sie verzeichneten bis Mitte März 2021 über 29 Millionen Infizierte (fast dreimal so viele wie das arme Indien mit seiner fast viermal so großen Bevölkerung) und über 530 000 Tote (dreieinhalb mal so viele wie Indien). Die Zahl der täglich neuinfizierten Menschen in den USA erreichte am 2. Januar 2021 die traurige Rekordmarke von über 299 000. Das sind die mit weitem Abstand höchsten absoluten Zahlen im internationalen Vergleich. Auch bei der Zahl der Toten proportional zur Bevölkerung eines Landes lagen neben den USA mit Belgien, Italien, Tschechien, Großbritannien, Spanien und Frankreich insgesamt acht Industriestaaten des Nordens unter den ersten zehn aller insgesamt von der Corona-Pandemie betroffenen 215 Länder, Territorien und Inselatollen.

Die mediale und politische Aufmerksamkeit und das Interesse für epidemische Gesundheitskrisen, Gewaltkonflikte oder Naturkatastrophen und ihre Opfer war schon immer größer, wenn diese Ereignisse in den reichen Industriestaaten des Nordens stattfanden, als wenn Länder und Menschen im globalen Süden betroffen waren, ebenso die Bereitschaft, schnell Gegenmaßnahmen zu ergreifen und finanzielle oder andere Ressourcen zu mobilisieren.

Auswirkungen der Corona-Pandemie für den Süden stärker und längerfristig

Die Konzentration auf die hohen Infektions- und Todeszahlen in den USA und anderen reichen Industriestaaten des Nordens in den ersten zwölf Monaten der Corona-Pandemie sollte allerdings nicht darüber hinwegtäuschen, dass im weltweiten Vergleich die Mehrheit der unmittelbar betroffenen Menschen im globalen Süden leben. In den meisten Ländern Afrikas, Asiens und Lateinamerikas waren auch die Gesundheitssysteme noch viel weniger auf eine Pandemie derartigen Ausmaßes vorbereitet als in den USA, Italien und anderen nördlichen Industriestaaten. Wegen der Überlastung der Gesundheitssysteme durch die Corona-Pandemie mussten in einigen Ländern zudem Impfprogramme gegen Krankheiten wie Masern unterbrochen werden.

In den Ländern des Südens sind auch die indirekten negativen Auswirkungen der Pandemie sehr viel größer. Insbesondere in den fünfzig fast ausschließlich afrikanischen Staaten, die von der UNO wegen ihrer schwachen Wirtschaft und ihrer hohen Armutsraten offiziell als »am wenigsten entwickelte Länder (*least developed countries*, LDC) eingestuft werden. Durch die Corona-bedingten Einschränkungen für die Wirtschaft und weite Teile des öffentlichen Lebens haben Millionen Menschen, die auch bereits vor der Pandemie in prekären Verhältnissen lebten und ihr Geld im informellen Sektor verdienten, Arbeit und Einkommen verloren. Verschärfend kommt der Ausfall von Aufträgen und Bestellungen von Unternehmen aus den Industriestaaten hinzu, der zu einem Zusammenbruch globaler Lieferketten führte. Auch die für viele Familien überlebenswichtigen Geldüberweisungen von Verwandten, die im Ausland in besseren finanziellen Verhältnissen leben, gingen zurück. Die meisten Länder des Südens waren und sind nicht in der Lage, die Einkommensverluste ihrer Bürger und Bürgerinnen durch milliardenschwere staatliche Überbrückungshilfen zu kompensieren oder zumindest abzumildern, wie dies in den meisten reichen Staaten des Nordens 2020 möglich war und auch für 2021 beschlossen wurde. Am dramatischsten ist die Situation in Ländern und Regionen wie Jemen oder der syrischen Provinz Idlib, in denen 2020 weiterhin Krieg geführt wurde und Millionen Menschen nicht oder nur völlig unzureichend mit lebensnotwendigen Gütern versorgt werden konnten. Corona-Tests, die Quarantäne von Infizierten und die Versorgung von Erkrankten waren und sind in diesen Kriegsgebieten weiterhin nicht möglich.

Corona verschärft die Folgen des Klimawandels und die humanitäre Krise

Viele Länder in der südlichen Hemisphäre leiden bereits seit über zehn Jahren immer stärker unter den Auswirkungen des Klimawandels. Die Zahl klimabedingter Naturkatastrophen steigt. Vier von fünf solcher Katastrophen seit 2010 waren nach einer Studie des Roten Kreuzes auf extremes Wetter und die Auswirkungen der globalen Erwärmung zurückzuführen. Ernteausfälle in Folge von extremen Dürren oder Heuschreckenplagen vernichten die Ernährungsgrundlagen. Immer mehr Länder und ihre Bevölkerungen werden abhängig von humanitärer

Versorgung von außen. Bereits seit Beginn der 2000er Jahre ist der globale Bedarf an humanitärer Hilfe um das Zehnfache gestiegen, stellte das für die Koordination dieser Hilfe zuständige Büro der UNO in Genf (OCHA) im Dezember 2020 fest.

Die Corona-Pandemie hat die Not in vielen Ländern und Regionen des Südens noch weiter verschärft. Die Zahl der weltweit Hungernden ist 2020 wieder auf 800 Millionen Menschen angewachsen, nachdem sie von 2017 bis 2019 von über 800 auf 673 Millionen zurückgegangen war. »Es drohen Hungersnöte, die man längst überwunden glaubte«, warnte OCHA-Chef Mark Lowcock Anfang Dezember 2020. Das Welternährungsprogramm (WFP) der UNO meldete für 2021 einen Finanzbedarf von mindestens 15 Milliarden US-Dollar an, um rund 138 Millionen Menschen direkt mit Nahrungsmitteln zu versorgen, die ansonsten verhungern müssten.

Wesentlich bedingt durch die Auswirkungen der Corona-Pandemie, stieg die Zahl der Menschen, die weltweit auf humanitäre Versorgung durch die UNO oder das Rote Kreuz angewiesen waren bereits 2020 deutlich, von 2019 146 Millionen auf 168 Millionen. Für 2021 rechnet OCHA mit 235 Millionen Hilfsbedürftigen – ein Zuwachs von 40 Prozent. Wenn alle diese Notleidenden in einem einzigen Land lebten, wäre das das Land mit der fünftgrößten Bevölkerung der Welt.

»Konflikt, Klimawandel und COVID-19 sorgen für die größte humanitäre Herausforderung seit dem Zweiten Weltkrieg.« Mit diesen Worten appellierte UNO-Generalsekretär Antonio Guterres Anfang Dezember 2020 an die Mitgliedstaaten, deutlich mehr Geld zur Bewältigung dieser Herausforderungen bereitzustellen. Bis dahin hatte die OCHA noch nicht einmal die Hälfte der für das Jahr 2020 benötigten Finanzmittel erhalten.

Für 2021 haben die UNO-Organisationen, die an der Versorgung von Menschen mit humanitärer (Überlebens)Hilfe beteiligt sind, bei den Mitgliedstaaten einen dringenden Finanzbedarf von 35 Milliarden US-Dollar angemeldet. Die Aussichten, dass die benötigten Gelder bereitgestellt werden, waren nicht groß, denn die meisten Industriestaaten des Nordens hatten sich bereits 2020 mit hohen Ausgaben zur Bewältigung der Corona-Folgen im eigenen Land extrem verschuldet und planten dies auch für 2021. Pro 100 US-Dollar, die die Industriestaaten 2020 zur Unterstützung der eigenen Bevölkerung in der Corona-Krise ausgaben, stellten sie weniger als fünf US-Cent für die soziale Absicherung von Menschen in ärmeren Ländern zur Verfügung.

Impfnationalismus statt globaler Solidarität

Auch mit Blick auf die Verteilung und den Einsatz von Impfstoffen gegen das Corona-Virus demonstrierten die Industriestaaten zunächst nationalen Egoismus statt globaler Verantwortung. Bei der Jahresversammlung der Weltgesundheitsorganisation (WHO) Mitte Mai 2020 klang das noch anders. Damals stimmten mit Ausnahme der USA alle anderen 192 WHO-Mitgliedstaaten einer Resolution zu, wonach alle Menschen auf der Erde in gleicher Weise Zugang zu Impfstoffen erhalten sollten, sobald diese entwickelt und verfügbar seien. Die Resolution wies der WHO und der UNO eine führende Rolle bei der Koordination der Maßnahmen zur Bekämpfung der Pandemie zu.

Und die Resolution verwies ausdrücklich auf die Ausnahmeregeln in dem Abkommen zum Schutz handelsbezogenen geistigen Eigentums (TRIPS), das in den neunziger Jahren im Rahmen der Welthandelsorganisation (WTO) vereinbart wurde. Dass auch Patente auf Medikamente, Impfstoffe und andere medizinische Güter unter diese Schutzbestimmungen fallen, hatte damals der US-Pharmakonzern Pfizer durchgesetzt. Nach den Ausnahmeregeln des TRIPS-Abkommens können die Patentrechte von Pharmakonzernen in Gesundheitskrisen wie einer Pandemie ausgesetzt werden. Damit soll ermöglicht werden, dass andere Unternehmen Lizenzen erhalten, damit sie preiswerte Generika herstellen und in solche Länder exportieren können, in denen großer Bedarf an Medikamenten oder Impstoffen besteht. Generika sind Arzneimittel, die bei gleicher Zusammensetzung und Wirkung nicht den Markennamen tragen und deshalb um einiges preisgünstiger sind. Vereinbart wurden die TRIPS-Ausnahmeregeln auf den Ministerkonferenzen der WTO in den Jahren 2001 und 2003 unter dem Druck der AIDS-Pandemie. Seitdem konnten viele Millionen HIV-Infizierte vor allem in afrikanischen Ländern, die sich die überteuerten AIDS-Präparate der großen Pharmakonzerne aus den USA, der EU,

Japan und der Schweiz nicht leisten können, mit preislich erschwinglichen Generika versorgt werden. Diese werden in Indien, Südafrika und Brasilien produziert.

Doch als Indien und Südafrika Anfang Oktober 2020 bei der WTO den Antrag stellten, die Ausnahmeregeln des TRIPS-Abkommens jetzt auch für Corona-Impfstoffe anzuwenden, stimmten nicht nur die USA, sondern auch die EU und weitere Industriestaaten dagegen. Und dies, obwohl schon damals offenkundig war, dass die Patentrechte der großen westlichen Pharmakonzerne bereits in der Anfangsphase der Corona-Pandemie die Versorgung ärmerer Länder mit Schutzkleidung und -masken, Atemgeräten und anderen dringend benötigten medizinischen Gütern stark behindert hatten. Die große Mehrheit von über 140 der 164 WTO-Mitgliedstaaten unterstützte den indisch-südafrikanischen Antrag. Doch WTO-Beschlüsse sind nur mit Konsens aller Mitgliedstaaten möglich, und die Industriestaaten blieben auch in zwei weiteren Beratungsrunden im November und Dezember 2020 bei ihrer Ablehnung.

COVAX – zweitbeste Lösung, aber kaum umgesetzt

Als zweitbeste Lösung zur Umsetzung der WHO-Resolution vom Mai 2020 mit dem Ziel, dass alle Länder, unabhängig von ihrer Kaufkraft, zügigen Zugang zu Impfstoffen gegen COVID-19 erhalten, wurde die COVAX Facility ins Leben ins Leben gerufen. COVAX steht für »COVID-19 Vaccines Global Access«. Beteiligt an der Einrichtung sind neben der WHO auch die privat-öffentlichen Impfstoffallianzen Gavi (Global Alliance for Vaccines and Immunizations), in der Pharmakonzerne und die Bill and Melinda Gates Foundation eine wichtige Rolle spielen, und CEPI (Coalition for Epidemic Preparedness Innovations). Die Einrichtung soll zum einen die Entwicklung und Produktion von Impfstoffen beschleunigen. Vor allem aber ist sie dafür zuständig, Impfstoffdosen bei Herstellerfirmen zu kaufen und allen Staaten zuzuteilen, die ihre Teilnahme an COVAX erklärt haben. Bis Ende 2020 beschlossen 190 von insgesamt rund 200 Staaten weltweit ihre Teilnahme an COVAX, darunter 98 wohlhabendere Länder und 92 Staaten mit niedrigem und mittlerem Einkommen.

Erklärtes Ziel von COVAX ist, bis Ende 2021 mindestens zwei Milliarden qualitätsgesicherte und bedarfsgerechte Impfstoffdosen bereitzustellen, um die akute Phase der Pandemie zu beenden. Mindestens 1,3 Milliarden dieser Impfdosen sollen an ärmere Länder gehen, damit sie 2021 wenigstens 20 Prozent ihrer Bevölkerung schützen können. Wohlhabendere Nationen zahlen den vollen Preis, den die COVAX Facility mit Impfstoffherstellern aushandelt. Ärmere Länder werden um eine finanzielle Beteiligung gebeten, haben aber, falls ihnen das nicht möglich ist, Anspruch auf Gratislieferungen. Außerdem gibt es Länder wie Deutschland, Frankreich oder Spanien, die zwar via COVAX keinen Impfstoff bestellen, aber die Beschaffung für andere finanziell unterstützen. Hinter diesem Modell steht der Gedanke der Solidarität und die Überzeugung, dass die COVID-19-Pandemie sich in einer eng verflochtenen Welt nur eindämmen lässt, wenn alle Regionen ausreichend geschützt sind.

Noch beim Gipfel der G20-Staaten Ende November 2020 bekräftigte die deutsche Bundeskanzlerin Angela Merkel in ihrer damaligen Funktion als Ratsvorsitzende der EU dieses Ziel mit den Worten: »Der Zugang zur Impfung muss für alle Länder möglich und bezahlbar sein.« Ähnlich äußerte sich die EU-Kommissionsvorsitzende Ursula von der Leyen.

Doch die Realität hinter diesen wohlklingenden Resolutionen und Erklärungen sah anders aus. Die USA, die der COVAX Facility ohnehin nicht beigetreten waren, sowie die EU, Großbritannien, Kanada, Japan, Australien, Israel und andere zahlungskräftige Industriestaaten, in denen insgesamt lediglich 13 Prozent der Weltbevölkerung leben, sicherten sich im zweiten Halbjahr 2020 durch exklusive Vorverträge mit sechs potenziellen westlichen Herstellerfirmen die Option auf insgesamt 3,85 Milliarden Impfdosen. Die meisten dieser Länder haben dabei mehr Impfstoff bestellt, als sie selbst bei zweimaliger Impfung für die eigene Bevölkerung benötigen. Spitzenreiter ist Kanada, das für seine 40 Millionen Einwohner 300 Millionen Impfdosen bestellte. Die EU sicherte sich 1,965 Milliarden Impfdosen für die 450 Millionen EU-Bürger im Wert von über 25 Milliarden Euro. Die USA orderte 800 Millionen Dosen für 330 Millionen Einwohner. Großbritannien und

Australien bestellten für jeden Einwohner jeweils mehr als 2,5 Impfdosen.

Insgesamt sicherten sich die Industriestaaten 51 Prozent der 7,55 Milliarden Impfdosen, deren Herstellung und Lieferung die sechs westlichen Unternehmen auf Grund ihrer Produktionskapaziät bis Ende 2021 zusagen konnten. Allerdings hatten bis Mitte März 2021 lediglich die zwei Impfstoffe des deutsch-amerikanischen Konsortiums Biontech/Pfizer und des US-Konzerns Moderna alle nach wissenschaftlichen Standards erforderlichen Test- und Prüfverfahren abgeschlossen und eine Zulassung in der EU, in Großbritannien und in den USA erhalten; der Impfstoff des schwedisch-britischen Konzerns AstraZeneca war zunächst nur in Großbritannien zugelassen. Der US-Konzern Johnson & Johnson, das deutsche Unternehmen Curevac sowie das französisch-britische Konsortium Sanofi/GlaxoSmithKline warteten noch auf die Zulassung.

Doch selbst wenn diese drei Hersteller ebenfalls die Zulassung erhalten sollten und darüber hinaus auch weitere sieben Unternehmen, die nach einer Untersuchung der Johns-Hopkins-Universität im Dezember 2020 mit der Entwicklung eines Impfstoffs am weitesten fortgeschritten waren, könnten bis Ende 2021 optimistisch geschätzt maximal 5,96 Milliarden Impfeinheiten, bestehend aus jeweils zwei Impfdosen, produziert werden. Damit würde rund ein Fünftel der Weltbevölkerung frühestens ab 2022 Zugang zu einem Impfstoff haben. Und für die allermeisten Menschen in den Ländern des Südens würde die Impfung auch erst in der zweiten Hälfte des Jahres 2021 beginnen. In dieser Kalkulation sind logistische Schwierigkeiten bei der Lieferung, sachgerechten Lagerung und Verteilung der Impfstoffe sowie eventuelle Finanzierungsprobleme noch gar nicht berücksichtigt.

Oder die armen Länder wären abhängig von Präparaten wie dem von Russland seit Ende 2020 international angebotenen Impfstoff »Sputnik V«. Anfängliche Bedenken gegen den Impfstoff wegen zunächst unzureichender Testverfahren konnten zwar ausgeräumt werden, allerdings hatte Sputnik V von der Zulassungsbehörde der EU bis Ende Januar 2021 noch keine Freigabe erhalten.

Wie viele Menschen müssen weltweit geimpft werden?

Aber wie viele Menschen müssen überhaupt geimpft werden? Das hat ein zweites Forscherteam um Wei Wang von der Fudan-Universität in China untersucht. Dabei gingen sie von drei Gruppen aus, die besonders dringend geimpft werden müssen: Angehörige sogenannter »systemrelevanter Berufe« im Gesundheitssystem und anderen Bereichen, Risikogruppen wie Alte und Vorerkrankte und die Menschen, die besonders leicht zu Multiplikatoren der Infektion werden können, weil sie, wie zum Beispiel Lehrer, täglich für viele Stunden auf engem Raum mit vielen anderen Menschen zusammenkommen.

Ausgehend von diesen Auswahlkriterien, kommen die Wissenschaftler in ihrer Mitte Dezember 2020 veröffentlichten Studie auf eine prioritär zu impfende Zielgruppe von 5,2 Milliarden Menschen. Rechnet man diejenigen ab, die bereits eine Corona-Infektion hinter sich haben, bleiben noch 4,78 Milliarden Personen übrig. Diese sind aber global nicht gleich verteilt. Der größte Teil lebt in Asien, rund 2,8 Milliarden vordringlich zu Impfende. Europa und Amerika folgen mit je 700 Millionen, und in Afrika gehören 500 Millionen zur priorisierten Zielgruppe.

Doch vielen ärmeren Ländern, in denen die große Mehrheit dieser vordringlich zu impfenden Menschen leben, fehlen die Mittel, um genügend Impfstoff zu kaufen. Vor allem die neuartigen mRNA-Vakzine von Biontech/Pfizer und von Moderna, die unter allen bislang bekannten Impfstoffen mit 94- bis 96-prozentiger Effektivität die wirkungsvollsten sind, kosten 37 bis 79 US-Dollar pro doppelte Dosis, sind also sehr teuer. Bis auf Brasilien und Indonesien hatte bis Dezember 2020 kein Land mit mittleren und geringen Einkommen Vorbestellungen für Impfstoffe getätigt. Doch diese Staaten vertreten 85 Prozent der Weltbevölkerung.

Die COVAX Facility der WHO erhielt von den 190 beteiligten Staaten bis Ende 2020 nur rund fünf Milliarden US-Dollar. Lediglich 500 Millionen US-Dollar dieser Summe kamen von der EU, die sich zugleich für über 25 Milliarden US-Dollar Impfdosen zum Schutz der eigenen Bevölkerung sicherte. Um die angestrebten zwei Milliarden Impfstoffdosen bis Ende 2021 zur Verfügung stellen zu können, würde die COVAX

Facility 2021 weitere 6,8 Milliarden US-Dollar benötigen. Dabei sollen 800 Millionen US-Dollar in Forschung und Entwicklung fließen, 4,6 Milliarden in die Bereitstellung von Impfstoffen für ärmere Länder und 1,4 Milliarden in die Lieferunterstützung.

»Diese Pandemie ist erst zu Ende, wenn sie für alle zu Ende ist«

Bei den Maßnahmen im Rahmen der »globalen Impfstrategie gegen die Corona-Pandemie«, deren Existenz seit der WHO-Generalversammlung im Mai 2020 vor allem von westlichen Regierungen behauptet wird, gab es nach Feststellung der Wissenschaftler der Johns-Hopkins-Universität zumindest bis Anfang 2021 »erhebliche Diskrepanzen zwischen Angebot und Nachfrage einerseits und dem medizinisch-ökonomisch Notwendigen andererseits«. Die Probleme bei der Verteilung, der Zulieferung und dem Zugang bestimmten, »wie effektiv diese Impfungen den Verlauf der Corona-Pandemie beeinflussen können«.

Das egoistische Verhalten, das die reichen Industriestaaten zumindest bis Anfang 2021 demonstrierten, stieß auf deutliche Kritik selbst bei der Organisation für wirtschaftliche Zusammenarbeit und Entwicklung (OECD), der die 37 am weitesten entwickelten Industriestaaten der Erde angehören. »Einige Länder haben viel zu viel Impfstoff, andere haben gar nichts«, monierte Generalsekretär Angel Gurría Mitte Dezember 2020. »Warum denken wir nicht an die fünf Milliarden Menschen in ärmeren Ländern?«

Gurría, der vor seiner Funktion als OECD-Generalsekretär Außen- und Finanzminister in Mexiko war, forderte eine »gerechtere Verteilung« der Impfstoffe. »Das wäre klug für alle. Denn dieses Virus wird erst besiegt sein, wenn es überall auf der Welt besiegt ist.« Ähnlich äußerte sich die Nichtregierungsorganisation Medico International, die sich seit Jahrzehnten für eine global gerechtere und von wirtschaftlichen Profitinteressen unabhängigere Gesundheitspolitik engagiert. »Die Corona-Pandemie ist erst zu Ende, wenn sie für alle zu Ende ist«, erklärt Medico-Sprecherin Anne Jung Anfang Januar 2021 in einem Interview mit der Berliner *tageszeitung* (taz).

Doch Plädoyers für eine global solidarische und auch aus wohlverstandenem Eigeninteresse kluge Politik gingen Anfang 2021 zumindest in einigen EU-Staaten weitgehend in einem Chor nationalegoistischer Stimmen unter. Das lag auch daran, dass die Infektions- und Todeszahlen in der zweiten Corona-Welle ab Oktober 2020 wieder deutlich angestiegen waren. Trotz mehrfach verschärfter Lockdown-Maßnahmen war bis Mitte März 2021 keine relevante Entspannung absehbar. Und bei den ab Ende Dezember 2020 angelaufenen Impfmaßnahmen hatte es zahlreiche Pannen gegeben. Vor diesem Hintergrund gerieten selbst die Regierungen Deutschlands, Frankreichs und anderer Staaten, die wesentlich mitverantwortlich sind für das unsolidarische Verhalten der EU gegenüber ärmeren Ländern, innenpolitisch in die Kritik, sie hätten sich noch nicht nationalegoistisch genug verhalten, weil sie nicht schnell genug eine ausreichende Zahl von Impfdosen für die eigenen Bürger beschafft hätten. Wirtschaftsliberale Parteien und Politiker, die in der Vergangenheit die Vergabe von Lizenen für die Produktion preiswerter Generika zur Versorgung von Menschen in armen Ländern immer grundsätzlich als »Eingriff in den freien Markt« abgelehnt hatten, forderten auf einmal, einheimische Pharmaunternehmen zur Vergabe von Lizenzen für die Herstellung ihres Corona-Impfstoffs an andere Unternehmen zu verpflichten, um so die Gesamtproduktion zu erhöhen zwecks Versorgung der einheimischen Bevölkerung.

Profitiert das Klima von der Corona-Pandemie?

Die Corona-Pandemie hat die Herausforderung der globalen Erwärmung 2020 in den Schatten gestellt. Zugleich hatte die Pandemie einen positiven Effekt auf den Klimawandel, zumindest kurzfristig. Wegen der Maßnahmen und Einschränkungen zur Bekämpfung der Pandemie gingen Industrieproduktion, Handelsverkehr, Flugreisen und auch die Nutzung von Autos erheblich zurück. In der Folge sank auch der weltweite Ausstoß von fossilem Kohlendioxid im Vergleich zum Vorjahr um 2,4 Milliarden Tonnen auf 34 Milliarden Tonnen – oder um den Rekordwert von 7 Prozent. Für den größten Teil des Rückgangs war der Transportsektor verantwortlich. Die Emissionen aus dem Straßen- und Luftverkehr lagen im Dezember 2020 noch um bis zu 40 Prozent unter dem Niveau des Vorjahrs.

Besonders groß war der Rückgang in den Industriestaaten. Spitzenreiter waren die USA und die EU mit einem Minus von 12 beziehungsweise 11 Prozent. Auf Platz drei bei den stärksten Emissionsrückgängen landete Indien mit einem Minus von 9 Prozent. China als einer der größten Emittenten von fossilem CO_2 weltweit verzeichnete dagegen nur einen Rückgang um 1,7 Prozent. Damit die Zahlen im Pariser Klimaabkommen erreicht werden, müsste der globale Ausstoß von fossilem CO_2 zwischen 2020 und 2030 jedes Jahr um zwei Milliarden Tonnen zurückgehen.

Die große Frage ist, ob die positive Entwicklung des Corona-Jahres 2020 anhält. Oder ob sich wieder ein Negativtrend entwickelt, so wie das nach dem zeitweisen Rückgang der fossilen CO_2-Emissionen infolge der globalen Finanz- und Bankenkrise 2007/08 der Fall war. Nach einem vorübergehenden Rückgang stiegen die Emissionen, als es der Wirtschaft wieder besser ging, allein 2010 um 5 Prozent an. Die weitere Entwicklung in den nächsten Jahren wird sehr davon abhängen, ob die billionenschweren staatlichen Corona-Hilfen und -Subventionen, die allein in den USA und in der EU beschlossen und zum Teil bereits ausgezahlt wurden, zu einer Wiederaufnahme und Fortsetzung von bislang üblichen klima-und umweltschädlichen Produktionsweisen und Mobilitätsverhalten führen. Oder ob die große, historische Chance dieser Pandemie für eine ökologische Transformation hin zu nachhaltigen, energieeffizienteren und damit klima- und umweltfreundlicheren Formen von Produktion, Handel und Mobilität genutzt wird.

Corona, Ebola – Gesundheit als Ware statt öffentliches Gemeingut

Die Corona-Pandemie hat die schon lange bestehenden Unzulänglichkeiten vieler nationaler Gesundheitssysteme, die Krise der globalen Gesundheitspolitik und den Reformbedarf der für diese Politik zuständigen UNO-Organisation WHO verschärft. Zugleich wurden diese Probleme wie nie zuvor einer breiten Weltöffentlichkeit deutlich. Darin liegt zumindest die Chance auf grundlegende Veränderungen und Verbesserungen, die über den – vielleicht gelingenden – Sieg über das Corona-Virus hinausgehen. Gesundheitsversorgung ist ein öffentliches, für alle Menschen erschwingliches Gemeingut und keine an Profitlogik orientierte Ware. Es geht darum, die Weltgesundheitsorganisation durch politische, strukturelle und finanzielle Reformen in ihrer Handlungsfähigkeit und ihre Unabhängigkeit von Pharmakonzernen zu stärken.

Die Ebola-Epidemie als Warnsignal

Die gravierenden Defizite globaler und nationaler Gesundheitspolitiken wurden bereits 2014 durch den bis dato schwersten Ausbruch einer Ebola-Epidemie seit Entdeckung dieses heimtückischen Virus im Jahr 1976 sehr deutlich. Bis Ende Januar 2015 erkrankten vor allem in den drei westafrikanischen Staaten Sierra Leone, Liberia und Guinea fast 23 000 Menschen an Ebola; 9200 dieser infizierten Personen starben.

Die Epidemie führte zu massiven Rückschlägen für die Volkswirtschaften dieser drei Staaten, die sich nach schweren inneren Unruhen und Bürgerkriegen gerade erst wieder einigermaßen stabilisiert hatten. Das Entwicklungsprogramm der UNO (United Nations Development Programme, UNDP) bezifferte Mitte Oktober 2014 die wirtschaftlichen Folgen für die Haushalte seit Ausbruch von Ebola im März des Jahres. Laut UNDP sank in Guinea das Einkommen im Schnitt bereits um 12,7 Prozent, in Sierra Leone um 29,7 Prozent und in Liberia um 35 Prozent. In Sierra Leones Seuchengebieten lagen ein halbes Jahr nach Ausbruch von Ebola bereits 40 Prozent aller landwirtschaftlichen Betriebe brach; in Liberia waren es außerhalb der Hauptstadt Monrovia sogar 60 Prozent. Ernten wurden nicht eingeholt, lokale Märkte geschlossen. Und es gab einen dramatischen Preisanstieg, beim Grundnahrungsmittel Maniok in Monrovia um 150 Prozent.

Im Laufe des Jahres 2015 stieg die Zahl der Hungernden in Liberia, Sierra Leone und Guinea nach Angaben des für die internationale Nahrungsmittelhilfe zuständigen Welternährungsprogramms der UNO (World Food Programme, WFP) von 2,3 Millionen Menschen auf über drei Millionen. Erst mit der langsamen Eindämmung der Ebola-Epidemie in den folgenden Jahren sank auch die Zahl der Hungernden wieder. Ende 2019 galt Ebola als überwunden. Doch Anfang 2021 wurden in Guinea und in der Demokratischen Republik Kongo neue Ebola-Fälle registriert. Die WHO warnte vor einer Ausbreitung auf die Nachbarländer.

Das Versagen der Weltgesundheitsorganisation

Dass die Ebola-Epidemie im Jahr 2014 außer Kontrolle geriet und so viele Opfer forderte, lasteten viele Gesundheitsexperten der Weltgesundheitsorganisation (WHO) in Genf an. Mit über 7000 Mitarbeiterinnen und Mitarbeitern in der Genfer Zentrale sowie in 150 Länder- und Regionalbüros ist die WHO die größte der achtzehn Sonderorganisationen des UNO-Systems. Ihr Budget ist das zweitgrößte nach dem regulären Haushalt der UNO. Gegründet wurde die WHO 1948. Mit Ausnahme Liechtensteins gehören ihr sämtliche UNO-Mitgliedstaaten an. Die Schweiz trat der WHO bereits Jahrzehnte vor der Aufnahme des Landes in die UNO im Jahre 2002 bei.

Laut ihrem Gründungsauftrag soll die WHO internationale Gesundheitsfragen koordinieren und Regierungen der Mitgliedstaaten beim Ausbau ihrer öffentlichen Gesundheits- und Fürsorgedienste beraten und unterstützen. Insbesondere soll die WHO globale Krankheiten ausrotten, und dies nicht zuletzt, indem sie die Normen für medizinische Ausbildung und wissenschaftliche Forschung sowie für das öffentliche Gesundheitswesen aufstellt und die Mitgliedstaaten bei der Umsetzung dieser Normen unterstützt.

Doch gemessen an diesem Auftrag, habe die WHO in der aktuellen Ebola-Krise versagt, monierten die Kritiker. Die WHO habe den Ernst der Lage zu spät erkannt, zu spät Maßnahmen ergriffen, um die Ausbreitung der Ebola-Epidemie zu verhindern, und die Koordination internationaler Hilfskampagnen nur zögerlich initiiert.

Zu den schärfsten Kritikern gehörte die internationale Nichtregierungsorganisation Médecins Sans Frontières (MSF, Ärzte ohne Grenzen), die selbst rund 20 000 Ärzte, Krankenschwestern und Pfleger in die von Ebola am meisten betroffenen drei westafrikanischen Staaten entsandte. Bereits im März 2014 wies MSF die WHO darauf hin, dass sich seit Dezember 2013 das Ebola-Virus in Guinea unkontrolliert ausbreite. Schon damals warnte die Organisation vor einer »Epidemie nie dagewesenen Ausmaßes«. Doch die WHO spielte die Gefahr zunächst herunter.

Erst Monate nach Ausbruch der Krankheit, als sich auch in Guineas Nachbarländern Sierra Leone und Liberia immer mehr Menschen mit dem Ebola-Virus infiziert hatten, nahm die WHO endlich ihre Verantwortung wahr. Am 8. August 2014 rief WHO-Generaldirektorin Margaret Chan wegen der Ebola-Epidemie den Internationalen Gesundheitsnotstand aus.

»Wir sind frustriert, weil wir seit Monaten mit der WHO darüber reden, dass mehr gemacht werden muss. Und diese Sachen passieren nicht, obwohl wir seit Monaten darauf hinweisen, dass es passieren muss«, äußerte der Geschäftsführer der deutschen MSF-Sektion, Florian Westphal, im September 2014 in einem Interview mit dem deutschen ARD-Fernsehen seine Enttäuschung über die Zurückhaltung der WHO.

»Ungeachtet von Anforderungen durch Ärzte ohne Grenzen, ist die WHO nicht vor Juli aufgewacht«, kritisierte auch der belgische Mikrobiologe Peter Piot, der das Ebola-Virus 1976 im damaligen Zaire mit entdeckte, das Versagen der Weltgesundheitsorganisation.

Selbst ehemalige Angestellte der WHO übten öffentlich Kritik an der viel zu späten Reaktion der WHO. Petra Dickmann, einstige Mitarbeiterin des Robert Koch-Instituts im Zentrum für Biologische Sicherheit der WHO, erklärte im September 2014 gegenüber dem deutschen ARD-Fernsehen: »Ärzte ohne Grenzen sind vor Ort und haben viel Erfahrung vor Ort. Die haben lange gesagt: Hier passiert etwas, was nicht normal ist. Das ist etwas, was wir vorher nicht erlebt haben. Die haben lange schon die Trommel geschlagen. Wir haben ihnen zu spät zugehört. Und ich denke, dass die internationale Gemeinschaft und auch die Weltgesundheitsorganisation sehr spät darauf reagiert hat.« Darüber hinaus kritisierte Dickmann, dass die Weltgesundheitsorganisation, statt das Personal in den betroffenen Ländern aufzustocken, sogar »relativ zügig wieder Personal abgezogen« habe. »Und das war mit Sicherheit ein Fehler.«

Auch bereits in der Zeit vor dem Ebola-Ausbruch wurden den zuständigen WHO-Regionalbüros in Afrika zahlreiche Stellen gestrichen, die Teams verkleinert.

Die Genfer WHO-Zentrale und ihre Generaldirektorin Chan reagierten bis Anfang 2015 nicht auf diese konkreten Kritikpunkte. Stattdessen versuchte man, die Flucht nach vorn zu ergreifen. Nachdem die WHO im August 2014 mit mehrmonatiger Verspätung endlich den internationalen medizinischen Notstand ausgerufen hatte, erklärte ihr Sprecher Pieter Desloovere: »Ich denke nicht, dass wir mit dem Finger aufeinander zeigen sollten: Wer hat zu spät reagiert, wer hat schon reagiert, wer nicht? Ich denke wirklich, wir sollten jetzt nach vorne schauen, darauf, was jetzt passieren kann, um die Epidemie einzudämmen.«

Erst Ende Januar 2015 räumte Generaldirektorin Chan erstmals zumindest einige Versäumnisse ein. Die WHO müsse ihr »Krisenmanagement verbessern«, erklärte Chan auf einer Sitzung des Exekutivrats der WHO in der Genfer Zentrale. Die Verfahren zur Rekrutierung von Einsatzkräften bei einem Ausbruch von Seuchen seien »zu langsam«. Darüber hinaus sollten sich alle Staaten intensiver auf solche Krisen vorbereiten und Spezialteams als Teil ihres Gesundheitssystems aufbauen. »Ich dränge darauf, dass wir die Ebola-Krise als eine Gelegenheit nutzen, unsere Systeme zu stärken«, betonte Chan. Zugleich behauptete die Generaldirektorin, die von ihr geführte WHO habe bei der Bekämpfung von Ebola »die Trendwende geschafft und das Schlimmste verhindert«.

Corona-Schlagabtausch zwischen USA, WHO und China

Auch nach Beginn der Corona-Pandemie, die nach bisherigem Stand der Erkenntnis im November 2019 auf einem Markt im chinesischen Wuhan ausbrach, wurde die WHO zunächst heftig kritisiert. Schärfster Kritiker war der damalige US-Präsident Donald Trump. Er warf der WHO vor, sie sei eine »Marionette« Chinas. Peking habe über den Ursprung des Virus und die Umstände seines Ausbruchs »gelogen« und die WHO habe diese Lügen weiterverbreitet, behauptete Trump. Auch habe die WHO es nach der Verbreitung des Virus über die Grenzen Chinas hinaus Anfang 2020 versäumt, vor internationalen Reisen zu warnen. Daher seien »China und die WHO gemeinsam verantwortlich für die weltweite Verbreitung des Virus«. Zeitweise behauptete Trump, das Corona-Virus sei aus einem »chinesischen Labor zur Herstellung biologischer Waffen« entwichen. Trump vollzog den Austritt der USA aus der WHO. Bis zum Ende seiner Amtszeit bezeichnete er das Corona-Virus als »China-Virus«. Damit versuchte der US-Präsident vergeblich, von der eigenen, in jeder Hinsicht verantwortungslosen und katastrophalen Politik zur Bekämpfung der Corona-Pandemie abzulenken, die er unter anderem als »harmlose Erkältungskrankheit« oder als »Erfindung der Demokraten« im Präsidentschaftswahlkampf abtat.

Trumps krasse Falschbehauptungen und Lügen sind längst widerlegt und können getrost als reine Propaganda abgelegt werden. Es gab allerdings zumindest in der Anfangsphase der Pandemie Anlass zu Kritik an China und zu Unzufriedenheit mit der WHO-Führung unter Generaldirektor Tedros Adhanom Ghebreyesus. Bereits im November 2019 traten in der chinesischen Stadt Wuhan Fälle einer bis dahin unbekannten Lungenerkrankung auf. Doch erst am 31. Dezember 2019 meldete Peking diese Fälle an die WHO. Vor diesem Datum, aber auch danach wurden chinesische Ärzte und Gesundheitsexpertinnen sowie Journalistinnen und Journalisten, die frühzeitig vor dem Virus gewarnt und Vertuschungsmanöver der eigenen Regierung kritisiert hatten, mundtot gemacht. Dennoch fand der WHO-Generaldirektor bei seiner ersten Pressekonferenz zum Thema am 23. Januar 2020, nach seinem Pekinger Treffen am 28. Januar 2020 mit dem chinesischen Staatschef Xi Jinping und auch bei allen weiteren öffentlichen Erklärungen bis Anfang März 2020 stets nur lobende Worte für die Maßnahmen der chinesischen Führung zur Bekämpfung des Corona-Virus. Das trug dem Generaldirektor den Vorwurf »zu großer Gutgläubigkeit« gegenüber Peking und Rücktrittsforderungen ein. Verteidiger des Generaldirektors weisen darauf hin, er habe bei seinen internen Gesprächen mit chinesischen Regierungsvertretern deutliche kritische Worte gefunden, bei seinen öffentlichen Erklärungen aber darauf Rücksicht nehmen müssen, dass China inzwischen neben den USA das gewichtigste Mitglied der WHO sei. Anfang Januar 2021 äußerte sich der Generaldirektor »sehr enttäuscht« darüber, dass die chinesische Regierung die Einreise einer Expertendelegation der WHO, die die Ursprünge des Pandemieausbruchs 2019 untersuchen soll, immer wieder verzögerte. Mitte Januar 2021 durfte die Delegation endlich einreisen, allerdings nur unter erheblichen Restriktionen. Ob unter diesen Umständen die offenen Fragen jemals geklärt werden können, bleibt abzuwarten.

Die Probleme in der Anfangsphase der Corona-Pandemie weisen auf ein grundsätzliches Dilemma der WHO hin, das auch bei früheren Epidemien und Pandemien schon auftrat. Die WHO hat bis heute keinerlei Handhabe, um nach Auftreten einer bis dato unbekannten Krankheit in einem Mitgliedsland dort eigenständige, von der jeweiligen Regierung unabhängige Nachforschungen über diese Krankheit und ihre Ursachen anzustellen.

Notwendig wären neue, rechtsverbindliche Befugnisse für die WHO, wie sie der Präsident Südkoreas Moon Jae-in bei der Generalversammlung im Mai 2020 vorschlug. Am wichtigsten wäre die Stationierung ständiger WHO-Beobachter in allen 194 Mitgliedsländern mit uneingeschränkten Kompetenzen zur Informationsbeschaffung bei Regierungsbehörden wie bei nichtstaatlichen Akteuren. Doch hätte die lautstark nach Reformen der WHO rufende Trump-Administration die dauerhafte Anwesenheit von internationalen Beobachtern im eigenen Land akzeptiert? Auf die Gefahr hin, dass diese dann möglicherweise Informationen über die krankheits- und epidemiefördernden Mängel im US-Gesundheitssystem sammelten? Wahrscheinlich nicht. Die Trump-Administration stimmte bereits bei der WHO-Generalversammlung im Mai 2020 gegen eine Resolution mit der Forderung, mit einer »unparteiischen, unabhängigen und umfassenden Evaluierung« die Reaktion auf die Corona-Pandemie zu untersuchen – und zwar nicht nur in China, sondern »weltweit«, damit auch in den USA.

Mangelnde öffentliche Finanzierung der WHO und zunehmende Abhängigkeit von privaten Spendern

Die Kritik am Versagen der WHO gegenüber der 2014 ausgebrochenen Ebola-Epidemie ist berechtigt. Zugleich ist diese Kritik aber wohlfeil, ja häufig verlogen, wenn sie von Regierungen der WHO-Mitgliedstaaten geäußert wird. Denn die Mitgliedstaaten sind dafür verantwortlich, dass die größte Sonderorganisation des UNO-Systems schon seit Jahrzehnten chronisch unterfinanziert ist. Seit Ende des Kalten Krieges ist die WHO in immer stärkere Abhängigkeit von Pharmakonzernen, Stiftungen und anderen privaten Geldgebern geraten. Die Interessen dieser privaten Geldgeber bestimmen heute in erheblichem Ausmaß die

Politik der WHO – stärker als bei jeder anderen Sonderorganisation der UNO. Diese Entwicklung hat dazu geführt, dass die WHO ihren Kernauftrag, die Errichtung von funktionierenden öffentlichen Gesundheitssystemen zu unterstützen und damit zur Verwirklichung des Menschenrechts auf Gesundheit in allen Ländern dieser Erde beizutragen, zunehmend vernachlässigt.

Die hochproblematische Entwicklung der WHO stößt schon seit langem auf scharfe Kritik von Medico International und anderen im Gesundheitsbereich engagierten Nichtregierungsorganisationen (NGO). Diese WHO-kritischen NGOs haben sich international im People's Health Movement vernetzt.

Die Kritik von Medico International am mangelnden Interesse der Pharmaindustrie und der reichen Mitgliedstaaten der WHO, schon lange vor der aktuellen Ebola-Epidemie in die Forschung nach Medikamenten zur Bekämpfung der Seuche zu investieren, wird auch von anderen Gesundheitsfachleuten geteilt.

Nach Überzeugung der Ärztin Gisela Schneider, Direktorin des Deutschen Instituts für Ärztliche Mission (Difäm), hätte die Forschung bereits nach den ersten größeren Ebola-Ausbrüchen in der Demokratischen Republik Kongo (1995) und in Uganda (2000) intensiviert und staatlich gefördert werden müssen. Nun brauche es »so eine furchtbare Epidemie, damit auch mehr öffentliche Gelder zur Verfügung stehen«.

Stattdessen standen der WHO aber nicht einmal genug Gelder zur Verfügung, um auf die Ebola-Epidemie des Jahres 2014 angemessen reagieren zu können. Denn im Vergleich zum vorherigen Zweijahreshaushalt 2012/13 hatte das Budget 2014/15 der Weltgesundheitsorganisation mehr als 50 Prozent der Gelder für Krankheits- und Krisenmanagement eingebüßt. Von den noch 469 Millionen US-Dollar (knapp 375 Mio. Euro) für 2012/13 verblieben für 2014/15 nur noch 228 Millionen US-Dollar (ca. 180 Mio. Euro). Dies jedoch war genau die Summe, die der Organisation damals eigentlich hätte zur Verfügung stehen müssen, um nur angemessen auf Ebola reagieren zu können. Stattdessen konnte die WHO in ihrem Haushaltsplan ledglich 71 Millionen US-Dollar (rund 57 Mio. Euro) veranschlagen für die Umsetzung des Ebola-

Programms – ein solches Defizit würde gar nicht existieren, wenn die Mitgliedstaaten den Etat zur Krisenintervention nicht um mehr als die Hälfte gekürzt hätten. Sie 2014 ist die Schere zwischen den finanziellen Mitteln, die die WHO benötigt, um ihren Auftrag zu erfüllen, und den Mitteln, die die Mitgliedstaaten der Organisation in Form fester Beiträge zur Verfügung stellen, noch weiter aufgegangen. Damit hat auch die Abhängigkeit der WHO von der von Microsoft-Gründer Bill Gates und seiner Frau Melinda betriebenen Stiftung, von Wirtschaftsunternehmen und anderen privaten Geldgebern weiter zugenommen.

Einfluss von Bill Gates bei der WHO – Verschwörungsmythen und Wahrheit

Bill Gates ist einer der Lieblingsfeinde von Corona-Leugnern und Gegnern von Maßnahmen zur Bekämpfung der Pandemie. Im Internet sowie bei Demonstrationen und Kundgebungen verbreiten sie zahlreiche Falschbehauptungen über die angebliche Rolle von Gates sowie seinen Einfluss in der WHO und auf die globale Gesundheitspolitik: Gates habe das Corona-Virus erfunden und in der Welt verbreitet, er wolle einen weltweiten Impfzwang durchsetzen, er finanziere über 80 Prozent des Haushalts der WHO. Das sind unhaltbare Verschwörungstheorien oder zumindest maßlose Übertreibungen, deren Verbreiter zum Teil mit falschen oder aus dem Zusammenhang gerissenen Zitaten von Gates operieren. Daher nachfolgend die Fakten zu Rolle und Einfluss von Gates und seiner Stiftung. Diese sind tatsächlich nicht unproblematisch, im Wesentlichen allerdings Folge des Versagens der Mitgliedstaaten von UNO und WHO seit den neunziger Jahren.

Die Bill & Melinda Gates Foundation ist die weltweit größte und bekannteste philanthropische Stiftung mit einem Vermögen von über 60 Milliarden US-Dollar. Laut dem Abschlussbericht der WHO über das Haushaltsdoppeljahr 2017/18 war die Gates-Stiftung 2018 mit einem Anteil von knapp 10 Prozent – über 250 Millionen US-Dollar – der mit Abstand größte nichtstaatliche Finanzier der WHO. Auf der Gesamtliste aller Geldgeber an die WHO lag die Gates-Stiftung knapp hinter den USA und vor Großbritannien. Indirekt war der finanzielle Einfluss der Gates-Stiftung sogar noch größer. Denn auf Platz vier der offiziellen Liste stand 2018 die GAVI, die Globale Allianz für Impfstoffe und Immunisierung. Zu dieser Allianz gehören Pharmakonzerne und Stiftungen, darunter als Mitglied mit dem größten Finanzierungsanteil von 17 Prozent die Gates-Stiftung.

Wie konnte es zu dem starken finanziellen Einfluss von Gates in der WHO kommen?

Bis Ende der neunziger Jahre kamen rund 80 Prozent aller Haushaltsmittel der WHO aus den Pflichtbeiträgen der 194 Mitgliedstaaten, waren also Gelder aus öffentlichen, zumeist von Parlamenten kontrollierten Steuergeldern der Mitgliedstaaten, mit denen die WHO fest rechnen und alle ihre Programm finanzieren konnte. Inzwischen stammen über 80 Prozent aller Haushaltsmittel für die WHO aus freiwilligen Beiträgen von Regierungen und eben von privaten Akteuren wie der Gates-Stiftung, beziehungsweise von Konzernen aus der Pharma- oder der Lebensmittelbranche. Um diese Mittel muss die WHO ständig neu werben. Diese Gelder werden fast immer nur zweckgebunden vergeben, das heißt, die Geber können erheblichen Einfluss auf die Verwendung der Mittel ausüben.

Welchen Einfluss nimmt die Stiftung auf die WHO, und wie macht sich das in der Arbeit der WHO bemerkbar?

Die Gates-Stiftung vergibt ihre zweckgebundenen Mittel an die WHO vorrangig für technische Maßnahmen gegen Infektionskrankheiten, zum Beispiel für Impfkampagnen und für die Verteilung von Medikamenten insbesondere in ärmeren Ländern des Südens. Damit leistet die Stiftung ohne Frage einen wichtigen Beitrag zur gesundheitlichen Versorgung von Menschen mit akutem Bedarf. Ihr technokratischer Ansatz berücksichtigt allerdings nicht die sozialen und ökonomischen Rahmenbedingungen, die überhaupt erst zur Ausbreitung von Infektionskrankheiten führen. Zugleich entspricht die Gates-Stiftung mit ihrer Finanzierungsstrategie den Interessen der Pharmakonzerne, bei denen die Gates-Stiftung milliardenschwere Aktienpakete besitzt. Als Folge ihrer zunehmenden Abhängigkeit von solchen zweckgebundenen Finanzbeiträgen hat die WHO ihren Auftrag zu einer präventiven Politik, insbesondere den Aufbau funktionierender Gesundheitssysteme in armen Ländern, in den letzten 25 Jahren zunehmend vernachlässigt.

Die Gates-Stiftung besitzt ein Kapitalvermögen von rund 60 Milliarden US-Dollar. Das Geld stammte ursprünglich aus dem Microsoft-Konzern, inzwischen aber zunehmend aus dem Besitz von Aktien der weltgrößten Pharmakonzerne (Pfizer, Novartis, Roche, GlaxoSmith-Kline, Sanofi, Gilead). Je mehr Gewinn diese Konzerne machen, desto mehr Geld kann die Gates-Stiftung an die WHO vergeben.

Bei der sogenannten Schweinegrippe im Jahr 2009 führte der Einfluss der Pharmaindustrie dazu, dass die WHO sehr schnell eine Pandemie ausrief. Die Pharmakonzerne erhöhten ihre Impfstoffproduktion. Mit ihren Warnungen vor der Pandemie löste die WHO eine weltweite Panik aus. Dadurch wurden wiederum die Regierungen unter Druck gesetzt, ihre Lager rasch mit Impfstoffen und Medikamenten gegen die Schweinegrippe zu füllen. Allein die deutsche Bundesregierung kaufte damals Impfstoffe und Grippemittel im Wert von 450 Millionen Euro. Als die Pandemie ausblieb, mussten die Medikamente vernichtet werden. Die Pharmakonzerne aber hatten Milliardengewinne gemacht.

In der aktuellen Corona-Krise sind alle Pharmakonzerne, an denen die Gates-Stiftung direkt oder indirekt Aktienanteile hält, an den Forschungen zur Entwicklung eines Corona-Impfstoffs beteiligt, zum Teil in scharfer Konkurrenz zueinander. Der US-Konzern Pfizer – zusammen mit der deutschen Firma Biontech – war Ende 2020 als erstes Unternehmen mit einem zugelassenen Impfmittel auf dem Markt. Mit dem britisch-französischen Konsortium aus GlaxoSmithKline und Sanofi und mit anderen Pharmakonzernen hatten die USA, die EU und weitere Länder lukrativere Verträge für über eine Milliarde Impfdosen abgeschlossen. die Gates-Stiftung dürfte ihr Vermögen in Folge der Corona-Pandemie auf jeden Fall erheblich steigern.

Neben ihren Anteilen an Pharmakonzernen hält die Gates-Stiftung auch milliardenschwere Aktienpakete an den weltgrößten Lebensmittelunternehmen (Coca Cola, PepsiCo, Unilever, Kraft Heinz, Mondelez und Tyson Foods) und Herstellern alkoholischer Getränke (Anheuser-Busch, Pernod). Darüber hinaus ist sie indirekt an einigen dieser Unternehmen beteiligt. Zum Beispiel hält sie Anteile im Wert von fast zwölf Milliarden US-Dollar am Berkshire Hathaway Trust des Investors Warren Buffett. Der Trust wiederum besitzt Aktien von Coca Cola im Wert von 17 Milliarden US-Dollar und von Kraft Heinz von 29 Milliarden US-Dollar.

Auch hier gilt für die Gates-Stiftung: Je mehr Profite die genannten Konzerne machen, desto mehr Geld kann sie für die WHO ausgeben. Für die WHO heißt das wiederrum, sie würde mit jeder Maßnahme gegen gesundheitsschädliche Aktivitäten der Süßgetränke-, Alkohol- und Pharmaindustrie die Gates-Stiftung daran hindern, Spenden für die WHO zu erwirtschaften. Kurz, die Weltgesundheitsorganisation steckt in einem klassischen Interessenkonflikt, der sie in ihren Handlungsmöglichkeiten einschränkt und der angesichts ihrer finanziellen Abhängigkeit von der Gates-Stiftung kaum aufzulösen ist.

Aggressives Marketing von zucker-, fett- und salzreichem Junkfood hat dazu geführt, dass heute zwei Milliarden Menschen übergewichtig sind – 2016 starben alleine in China 1,3 Millionen Menschen an Diabetes. Vom Einfluss der Nahrungsmittelindustrie auf die WHO und der weltweiten Pandemien Fettleibigkeit und Diabetes profitieren wiederum die Pharmakonzerne. Besonders gewinnträchtig sind unter anderem Medikamente gegen Folgeerkrankungen falscher Ernährung. Der weltweite Umsatz mit Diabetes-Medikamenten lag 2017 bei rund 55 Milliarden US-Dollar.

Außer im Gesundheitswesen engagiert sich die Gates-Stiftung im Bereich des UNO-Systems unter anderem auch für landwirtschaftliche Programme zur Bekämpfung des Hungers. Als die Stiftung nach ihrer Etablierung Mitte der neunziger Jahre begann, der New Yorker UNO-Zentrale Angebote zur Finanzierung bestimmter, von der Stiftung ausgewählter Programme und Aufgaben zu machen, befand sich die Weltorganisation gerade in ihrer bis dato schwersten Finanzkrise. Wesentlich verursacht wurde diese Krise durch die Weigerung der USA, rund 1,7 Milliarden US-Dollar völkerrechtlich verbindlicher Pflichtbeiträge an die UNO-Kasse zu überweisen. Ohne eine möglichst pünktliche Entrichtung der jährlichen Pflichtbeiträge durch die Mitgliedstaaten – die Finanzregeln der UNO schreiben hierfür als letzte Frist den 31. Januar vor – kann die UNO nicht funktionieren. Sie darf sich kein Geld bei Banken leihen oder sonstige Kredite aufnehmen.

In der im Wesentlichen von den USA verursachten finanziellen Erpressungssituation Mitte der neunziger Jahre nahm der damalige UNO-Generalsekretär Kofi Annan die Angebote der Gates-Stiftung und anderer privater Finanziers nur allzu bereitwillig an (siehe Kapitel »Ted Turner, Bill Gates, Nestlé und der Global Compact – die neoliberale Privatisierung der UNO und der wachsende Einfluss von Wirtschaftskonzernen«, S. 237). Doch aus der Abhängigkeit von privaten Finanziers, in die sich die Weltgesundheitsorganisation und andere Teile und Aufgabenbereiche der UNO wegen der extremen Finanzkrise in den neunziger Jahren begeben hatten, ist inzwischen längst ein Dauer- und Normalzustand geworden. Außer von einigen Nichtregierungsorganisationen wie dem in New York, Bonn und Brüssel ansässigen Global Policy Forum wird diese problematische Abhängigkeit kaum noch kritisch hinterfragt. Einer der wenigen, die sich die Mühe gemacht haben, die Auswirkungen der Finanzierung von Gesundheitsprogrammen der WHO und anderer Institutionen durch die Gates-Stiftung und andere private Geldgeber zu untersuchen, ist der britische Mediziner David McCoy. Er lehrt Public Health (öffentliche Gesundheit) an der Universität Queen Mary in London.

In einem Interview mit der Zeitschrift *Enorm. Wirtschaft für den Menschen* vom März 2014, geführt von der Journalistin Kathrin Hartmann, kommt McCoy zu einem vernichtenden Ergebnis: »Die Gates-Stiftung ist ein Mittel, um Macht und Einfluss auszuüben.« Er sagt: »Bill Gates nennt sich einen ›ungeduldigen Optimisten‹. Aber ich finde, dass seine Hoffnungen konservativ und unambitioniert sind. Ich will eine gerechte Entwicklung – nicht nur Charity. Ich bin hier der ungeduldige Optimist. Dennoch: Es scheint ihm ernst zu sein, Gutes für die Armen tun zu wollen. Deshalb würde ich mit ihm gerne öffentlich diskutieren. [...] Ich würde mit ihm über die Unzulänglichkeit des Systems geistiger Eigentumsrechte sprechen und ihn auffordern, sich für Banken-, Buchführungs- und Steuerreformen einzusetzen, die unterbinden würden, dass Hunderte Milliarden Dollar auf illegalem Weg Afrika verlassen. Über Handels- und Investitionsabkommen, von denen Investoren und Großkonzerne profitieren und unter denen Menschen und Umwelt leiden. Ich würde ihn fragen, ob er das unermessliche Vermögen des einen Prozents der Weltbevölkerung ökonomisch und ethisch begründen kann und ob das erbärmliche Gehalt Hunderttausender Krankenschwestern und Lehrer weltweit gerechtfertigt ist. Mir würde noch viel einfallen. Wir könnten stundenlang diskutieren.«

Der Ausweg aus dem Dilemma: Demokratisierung der WHO

Eine echte Reform der WHO und damit der Global Governance im Gesundheitsbereich müsste sich nach Überzeugung von Medico International und der übrigen im People's Health Movement vernetzten Nichtregierungsorganisationen an zwei Eckpfeilern orientieren: An der umfassenden Demokratisierung der WHO und an ihrer Konzentration auf das Menschenrecht auf Gesundheit sowie auf die Basisgesundheitsversorgung (Primary Health Care). Umfassende Demokratisierung der WHO meint vor allem die stärkere Beteiligung kritischer (Gesundheits-) Netzwerke aus der Zivilgesellschaft an den Verfahren zur Etablierung und Durchsetzung von Normen und Standards im Gesundheitsbereich. Im Fokus wären hier vor allem zivilgesellschaftliche Kräfte, die einen starken Bezug zu sozialen Bewegungen haben und somit ein wichtiges Korrektiv gegenüber der medizinisch-technokratischen Expertokratie großer Privatstiftungen und Unternehmen bilden.

Eine stärkere Ausrichtung der Weltgesundheitsorganisation an dem Menschenrecht auf Gesundheit und dem Primary-Health-Care-Ansatz hieße, sich bei den Beratungstätigkeiten und der Etablierung von Normen auf die Stärkung lokaler Gesundheitszentren und nationaler Gesundheitssysteme zu konzentrieren.

Denn um Krankheiten wie Ebola nachhaltig zu bekämpfen beziehungsweise erst gar nicht entstehen zu lassen, bedarf es sozialer Strukturpolitiken, die lokales, insbesondere zivilgesellschaftliches und damit kontextsensibles Wissen sowie auf die Partizipation der Betroffenen ausgerichtete Prozesse der Selbstorganisation zum Ausgangspunkt nehmen. Es geht darum, nicht nur einmal ausgebrochene Epidemien zu bekämpfen, sondern auch die sozialen und politischen Ursachen von Krankheit.

Damit die WHO diese Aufgaben übernehmen kann, bedarf es aber einer ernsthaften finanziellen Verpflichtung der internationalen Gemeinschaft zur globalen Gesundheitspolitik, die auf einem Bekenntnis zu öffentlichen und solidarischen Strukturpolitiken beruht. Denkbar wäre ein internationaler Gesundheitsfonds, der alle Staaten, die dazu in der Lage sind, ähnlich wie im deutschen Länderfinanzausgleich dazu verpflichtet, zu den Sozialbudgets der ärmeren Länder beizutragen. Das ist keine abstrakte Utopie, sondern eine konkrete Forderung, die sich aus dem Menschenrecht auf Gesundheit ergibt und bereits Eingang in die Diskussionen der UNO-Generalversammlung gefunden hat. Medico International hat diese Idee einer länderübergreifenden Gesundheitsfinanzierung bereits im Jahr 2011 entwickelt und arbeitet derzeit mit den Partnern aus dem People's Health Movement wie auch aus diversen internationalen Public-Health-Einrichtungen an einem völkerrechtlich wirksamen Rahmenabkommen (Framework Convention on Global Health), um die Regierungen der WHO-Mitgliedstaaten zur Finanzierung dieses Gesundheitsfonds zu verpflichten.

Über die Forderung nach einem Rahmenabkommen hinaus hat Medico International weitere Ziele für eine Reform der internationalen Gesundheitspolitik formuliert, für deren Umsetzung die Mitgliedstaaten der Weltgesundheitsorganisation verantwortlich wären (siehe Anhang »Fünf Schritte zur Reform der globalen Gesundheitspolitik«, Seite 339).

Von Woodrow Wilson zu Joe Biden – das Ende des amerikanischen Jahrhunderts und seine Konsequenzen für die UNO

Kein anderes Land hat die UNO in ihren ersten 75 Jahren so stark geprägt wie die bislang noch führende Weltmacht USA – im positiven wie im negativen Sinne. Mit dem relativen, zunächst zumindest ökonomischen Machtabstieg der USA und dem rasanten Aufstieg Chinas zur kommenden Weltmacht verändern sich auch die Rahmenbedingungen für die Handlungsmöglichkeiten, den Erfolg und das Scheitern der UNO. Wird die Weltorganisation ihren 100. Geburtstag 2045 noch erleben? Und wenn ja, in welcher Verfassung? Das wird im Wesentlichen davon abhängen, wie sich die USA in den nächsten Jahren gegenüber der UNO und innerhalb der Weltorganisation verhalten. Das liegt auch daran, dass die USA weiterhin eine Vorbildrolle haben, trotz des rapiden Ansehensverlusts, den das Land in den vier Trump-Jahren auch bei den Regierungen und Bevölkerungen befreundeter und verbündeter Staaten erlitten hat. Die Trump-Jahre lieferten sogar einen Negativbeweis für diese Vorbildrolle: In Brasilia, Ankara, Budapest und anderen Hauptstädten eiferten Regierungen mit nationalistischer Politik der »America first«-Ideologie des US-Präsidenten nach.

Ein relevanter Faktor für das künftige Verhalten der USA gegenüber und innerhalb der UNO ist der relative Machtabstieg des Landes im Vergleich zu anderen internationalen Akteuren. Führt dieser Abstieg bei den politischen Eliten in Washington zur Anerkennung der veränderten globalen Machtgewichte, zu mehr Bereitschaft und Fähigkeit zu multilateraler Kooperation sowie zur Umsetzung der seit Jahrzehnten überfälligen Reformen auf dem Feld der Wirtschafts-, Sozial-, Gesundheits-, Umwelt- und Energiepolitik? Oder aber führen der relative außenpolitische Macht- und Einflussverlust im Verbund mit weiterhin ungelösten gravierenden innenpolitischen Problemen zu nationalistischer Aufwallung und zum kostspieligen Festhalten an globaler militärischer Dominanz der USA bis hin zur Kriegsbereitschaft gegen China oder andere Konkurrenten?

»America First« – vier Jahre erklärte Feindschaft gegen die UNO

Einen Vorgeschmack auf das Negativszenario lieferte die Administration von Präsident Donald Trump mit ihrer »America first«-Ideologie und -Politik. Nie zuvor seit Gründung der UNO 1945 verhielten sich die USA so feindselig und destruktiv gegenüber der Weltorganisation wie in den vier Jahren nach dem Amtsantritt Trumps im Januar 2017. Zwar führte Trump im Unterschied zu seinen drei Vorgängern im Amt, Bill Clinton, George Bush und Barack Obama, keine neuen Kriege unter Verstoß gegen die UNO-Charta oder unter Missbrauch von Resolutionen des Sicherheitsrats. Allerdings setzte Trump die von Bush begonnenen und unter Obama eskalierten Drohnenmorde gegen tatsächliche oder vermeintliche islamistische Terroristen in noch einmal verschärfter Form fort.

Vom Unterlassen neuer heißer Kriege einmal abgesehen, verstießen die USA in den vier Trump-Jahren in vielen Fällen in eklatanter Weise gegen die UNO-Charta und andere Bestimmungen des Völkerrechts. Das gilt für sämtliche Maßnahmen der Trump-Administration mit Blick auf den Konflikt zwischen Israel und Palästina, für die »sekundären Sanktionen« gegen Unternehmen und Banken in Drittstaaten, die Wirtschaftsbeziehungen mit Iran unterhalten, für Trumps »Nukleares Feuer«-Vernichtungsdrohung gegen Nordkorea in seiner ersten Rede vor der UN-Generalversammlung im September 2017 und für die Drohungen und Sanktionsmaßnahmen gegen die Chefanklägerin, gegen Staatsanwälte und Richter des Internationalen Strafgerichtshofs, um diese von Ermittlungen und Verfahren zu Kriegsverbrechen von US-Soldaten und Geheimdienstagenten in Afghanistan und Irak abzuhalten.

Darüber hinaus vollzog Trump den Austritt der USA aus der Weltgesundheitsorganisation (WHO), aus der UNO-Organisation für Erziehung, Wissenschaft und Kultur (UNESCO) und aus dem Menschenrechtsrat der UNO sowie aus dem im Rahmen der UNO-Generalversammlung vereinbarten Pariser Klimaabkommen und aus dem vom Sicherheitsrat völkerrechtlich abgesegneten Vertrag zur Begrenzung des iranischen Nuklearprogramms auf zivile Zwecke. Schließlich strich die Trump-Administration die US-Beiträge für das UNO-Hilfswerk für die palästinensischen Flüchtlinge (UNWRA) und reduzierte eigenmächtig, ohne die in der UNO-Satzung vorgeschriebenen Konsultationen von den anderen Mitgliedstaaten, die Pflichtbeiträge der USA für die friedenserhaltenden Blauhelmmissionen der UNO. Ähnlich feindselig und destruktiv, entsprechend der von Präsident Trump vertretenen »America first«-Ideologie, verhielt sich die Regierung in Washington auch gegenüber anderen Institutionen, Verträgen und Normen multilateraler Kooperation.

Gleich zu Beginn seiner Amtszeit begann Trump einen Handelskrieg gegen China und belegte auch europäische Staaten mit rechtswidrigen Zöllen und Sanktionen, anstatt die wirtschaftlichen Interessengegensätze der Welthandelsorganisation (WTO) zur Schlichtung vorzulegen. Und seit 2018 blockieren die USA die Neubesetzung von Richterposten für die Schiedsverfahren bei (WTO) und verhindern damit auch die Schlichtung von Handelsstreitigkeiten zwischen anderen WTO-Staaten.

Die Trump-Administration kündigte die Mitgliedschaft der USA im »Open Skies«-Abkommen über vertrauensbildende Maßnahmen im

Luftraum, das 1990 im Rahmen der Konferenz und Organisation für Sicherheit und Zusammenarbeit (KSZE, OSZE) vereinbart wurde. Dabei wären entsprechende Maßnahmen unter aktiver Beteiligung der USA angesichts der Eskalation militärischer Manöver im Luftraum sowie entlang der Land- und Seegrenzen zwischen den NATO-Staaten und Russland heute mindestens so dringend wie 1990.

UNO-Gründer USA – zwischen Altruismus und Eigeninteressen

Angesichts der vier dunklen Jahre im Verhältnis zwischen den USA und der UNO ist es notwendig, an die Rolle und durchaus großen Verdienste der USA in der Gründungphase der Weltorganisation zu erinnern. Bereits im Januar 1918 – noch vor Ende des Ersten Weltkrieges – hatte der damalige US-Präsident Woodrow Wilson in einer Rede vor dem Kongress mit seinen vierzehn Punkten für eine Friedensordnung in Europa und weltweit den Anstoß für den UNO-Vorläufer Völkerbund gegeben, der dann 1919 gegründet wurde. Da der Kongress zur großen Enttäuschung Wilsons dann aber die Ratifizierung des Gründungsvertrags ablehnte, wurden die USA nicht Mitglied im Völkerbund. Die Abstinenz der USA – damals zwar noch keine Weltmacht, aber doch eine politisch, wirtschaftlich und militärisch zunehmend gewichtige und einflussreiche Großmacht – war neben dem Austritt und den völkerrechtswidrigen Kriegen Deutschlands, Japans und Italiens in den zwanziger und dreißiger Jahren der wesentliche Grund für das Scheitern des Völkerbundes. Zu Beginn des Zweiten Weltkrieges im September 1939 spielte der Völkerbund keine Rolle mehr.

Doch schon zwei Jahre vorher begann, erneut unter Initiative der USA, der zweite Anlauf zu einer internationalen Friedensorganisation. Am 5. Oktober 1937 rief US-Präsident Franklin D. Roosevelt in seiner »Quarantänerede« zu »gemeinsamen Anstrengungen der friedliebenden Nationen« gegen die zunehmend aggressivere Politik der drei Achsenmächte Deutschland, Japan und Italien auf.

Unter dem Eindruck der verheerenden Auswirkungen des Zweiten Weltkrieges entwarf Roosevelt dann die »Atlantik-Charta«, die er zusammen mit dem britischen Premierminister Winston Churchill am 14. August 1941 veröffentlichte. Darin wurden erstmals konkrete Rahmenbedingungen für eine zukünftige internationale Politik und Maßnahmen zur Friedenssicherung festgelegt, unter anderem auch die Schaffung einer internationalen Organisation zur Friedenssicherung. Am 1. Januar 1942 unterzeichneten 26 mit den USA im Krieg gegen Deutschland und Japan alliierte Länder diese »Deklaration der Vereinten Nationen« und bekräftigten damit die in der »Atlantik-Charta« gesteckten Ziele.

Auf der Gründungskonferenz der United Nations Organization 1945 in San Francisco vereinbarten fünfzig Staaten mit der 111 Artikel umfassenden UNO-Charta die Ziele und Prinzipien der Vereinten Nationen (siehe die Abschnitte »Der UNO-Vorgänger Völkerbund«, S. 324, und »1945 – der Neubeginn«, S. 328).

Globale Dominanz und Kontrolle der UNO

Spätestens mit dem Sieg über Nazideutschland und Japan waren die USA zur militärisch, wirtschaftlich und politisch führenden Weltmacht aufgestiegen. Dementsprechend konnten sie die achtwöchige Gründungskonferenz vollständig kontrollieren und ihre Vorstellungen von den Strukturen, Kompetenzen und politischen Zielen der künftigen Weltorganisation durchsetzen. Bereits die Auswahl des Konferenzortes San Francisco setzte die US-Regierung gegen diverse Alternativvorschläge europäischer Staaten durch. Die Delegationen der übrigen 49 Teilnehmerstaaten wurden bereits bei ihrer Anreise im Zug von New York nach San Francisco wie auch während des Aufenthaltes in ihren dortigen Hotels rund um die Uhr abgehört. So war die US-Delegation schon vor Beginn jedes Konferenztages immer bestens über die vorangegangenen internen Beratungen und die zu erwartenden Verhandlungspositionen der anderen Delegationen informiert.

Gegen die erheblichen Bedenken zahlreicher Teilnehmerstaaten setzte Washington für sich und dann auch für die drei anderen Siegermächte des Zweiten Weltkrieges, Sowjetunion, Großbritannien und Frankreich, einen ständigen Sitz mit Vetorecht im künftigen UN-Sicherheitsrat durch. Auch die mit den USA verbündete »Republik China« (Taiwan) erhielt dieses Privileg. Im Gegenzug mussten sich die Regierungen der beiden europäischen Großmächte in London und Paris allerdings zur Aufgabe ihrer Kolonien verpflichten, und damit zu einer deutlichen Entmachtung in Relation zu den USA.

Täuschung über Trump sollte zu Vorsicht bei Prognosen über Biden führen

Gesicherte Voraussagen über die Politik der USA unter der Adminstration von Präsident Joe Biden und seiner Vizepräsidentin Kamala Harris sind nicht möglich. Allein durch Ankündigungen und Worte erzeugte Erwartungen und Hoffnungen können enttäuscht werden. Erinnert sei an den ersten Präsidentschaftswahlkampf von Donald Trump 2016. Trotz seines Sexismus und Rassimus, die der New Yorker Immobilienhai schon damals unverblümt demonstrierte, und trotz seiner aggressiven Töne gegenüber China hielt so mancher Beobachter in Europa – auch in der Schweiz – den Republikaner damals aus friedenspolitischer Sicht für die bessere Option als seine demokratische Gegenkandidatin Hillary Clinton. Diese hatte in der Vergangenheit mehrfach Kriege und militärische Interventionen der USA befürwortet, darunter 2003 als Senatorin in Washington den völkerrechtswidrigen Irakkrieg von Präsident Bush und 2011 als Außenministerin von Obama die militärische Intervention in Libyien.

Trump hingegen, der 2016 erstmals überhaupt nach einem politischen Amt strebte, versprach im Wahlkampf, als künftiger Präsident auf weitere militärische Interventionen zu verzichten, die USA »aus den Händeln dieser Welt« herauszuhalten und die amerikanischen Truppen aus den Kriegen und Besatzungsmissionen in fernen Ländern nach Hause zu holen. Das kam auf beiden Seiten des Atlantiks sowohl bei Linken und Friedensbewegten gut an wie auch bei isolationistisch gestimmten Rechten innerhalb wie außerhalb der Republikanischen Partei der USA. Trumps seit Juli 2016 wiederholte Erklärungen, die NATO sei »obsolet«, die europäischen Verbündeten müssten selbst für ihre Sicherheit sorgen und könnten sich nicht mehr auf die (nukleare) Beistandsgarantie der USA verlassen, schürten bei manchen Gegnern und Kritikern der Militärallianz sogar die Hoffnung auf ihren baldigen Zerfall und auf den Abzug der US-Atombomben aus den europäischen Stationierungsländern Deutschland, Niederlande und Belgien.

Die Realität seit Trumps Amtsantritt am 21. Januar 2017 sah dann sehr anders aus. Der Präsident entpuppte sich als Wolf im Schafspelz (siehe Abschnitt »›America first‹ – vier Jahre erklärte Feindschaft gegen die UNO«, S. 84). Einzig der von Trump angekündigte Rückzug der in Auslandseinsätzen in Irak, Afghanistan und Syrien befindlichen US-Soldaten wurde zumindest teilweise erfüllt. Im Dezember 2020 stoppte eine parteiübergreifende Mehrheit im Kongress weitergehende Absichten des Präsidenten zur Rückholung von Soldaten auch aus Deutschland. Zugleich erhöhte die Trump-Administration allerdings die Zahl der in Saudi-Arabien und anderen sunnitischen, mit Iran verfeindeten Golfstaaten stationierten US-Soldaten – worüber das Pentagon ab 2017 keine öffentlichen Angaben mehr machte. Ansonsten betrieben die USA unter Präsident Trump auf fast allen Feldern ihrer internationalen Beziehungen, in der Außen-, Sicherheits-, Militär-, Rüstungs-, Handels- und Umweltpolitik, eine gefährliche Linie der Konfrontation und Konfliktverschärfung. Und dies unter massiver Verletzung und Missachtung von Völkerrecht, multilateralen Verträgen und Institutionen sowie von seit 1945 entstandenen Normen und Regeln internationaler Kooperation und Kommunikation.

Mögliche Veränderungen der US-Außen-, Sicherheits- und Militärpolitik ab 2021

Der seit Januar 2021 amtierende US-Präsident Joe Biden unterscheidet sich zumindest in seinem Stil und Umgangston deutlich und wohltuend von seinem Vorgänger. Dasselbe gilt für seine Vizepräsidentin Kamala Harris im Vergleich zu ihrem Vorgänger Mike Pence, der der gefährlichste Ideologe in der Trump-Administration war. Dass Biden im Vorwahlkampf der demokratischen Präsidentschaftsbewerber 2008 seinen damaligen Rivalen Barack Obama in rassistischer, Trump durchaus ähnlicher Manier als »den ersten gewaschenen, artikulationsfähigen und im Kopf mal hellen Mainstream-Afroamerikaner« verhöhnte, scheint längst vergessen zu sein. Im Kontrast zu Trump wurde Biden seit seinem Wahlsieg am 3. November 2020 in vielen medialen Erzählungen unter Verweis auf seine Zeit als Senator in Washington (1973–2009) sowie als Vizepräsident von Barack Obama (2008–2016) als »kompromissfähig« beschrieben, als »Brückenbauer zwischen verschiedenen politischen Lagern« in Washington sowie als Befürworter multilateraler Kooperation mit anderen Staaten.

In diesem Bild des neuen US-Präsidenten fehlen allerdings wichtige Puzzleteile. Biden unterstützte – wie Hillary Clinton – den völkerrechtswidrigen Irakkrieg von 2003. Erst 2007 distanzierte er sich von dieser Position. Bidens damaliger Sicherheitsberater Antony Blinken, der von Biden zum Außenminister ernannt wurde, unterstützte den Irakkrieg und darüber hinaus auch die militärische Intervention in Libyen. Dasselbe gilt für Bidens nationalen Sicherheitsberater John Sullivan, der 2011 Chef des Planungsstabs von Außenministerin Clinton war. Und Ex-General Lloyd Austin, den Präsident Biden zum neuen Pentagonchef auserkoren hat, war als Kommandeur einer US-Truppeneinheit im Frühjahr 2003 sogar aktiv am völkerrechtswidrigen Irakkrieg beteiligt und in den folgenden Jahren Militärchef der ebenfalls völkerrechtswidrigen US-Besatzungsmacht im Irak. Linda Thomas-Greenfield, die designierte US-Botschafterin in der New Yorker UNO-Zentrale, ist im Unterschied zu ihren Vorgängern und Vorgängerinnen während der Trump-Administration eine Karrierediplomatin und bekennende Multilateralistin mit großer Auslandserfahrung in zahlreichen Ländern.

Die Vorgeschichte der genannten und weiterer Personen auf führenden Positionen der Biden/Harris-Administration bieten eine gewisse Basis für Prognosen, wie sich die USA in den nächsten Jahren gegenüber dem »Rest der Welt« und damit auch in und gegenüber der UNO verhalten werden. Hinzu kommen die nur wenigen konkreten außenpolitischen Aussagen und Ankündigungen, die Biden im Wahlkampf oder seit seinem Sieg am 3. November 2020 gemacht hat. Gewissen Aufschluss über die künftige Politik bieten auch die Meinungen gewichtiger Politiker und Politikerinnen der Demokratischen Partei im Kongress.

Im Einzelnen

Die Weltgesundheitsorganisation und die Corona-Pandemie

Biden hat angekündigt, er werde den von Trump nach Beginn der Corona-Pandemie im Frühjahr 2020 angedrohten und im Juli dann vollzogenen Austritt der USA aus der WHO gleich nach seinem Amtsantritt wieder rückgängig machen. Dieses Versprechen setzte der neue US-Präsident bereits an seinem ersten Amtstag um. Zugleich erteilte er Anweisung, die 90 Millionen US-Dollar Beitragsgelder, die die Trump-Administration der WHO im laufenden Haushaltsjahr 2020 verweigert hatte, an die WHO-Kasse zu überweisen. Und die Kooperationsprojekte zwischen den USA und der WHO, die Trump durch den Abzug fast aller US-amerikanischen Gesundheitsexperten und -expertinnen sowie Ärzte und Ärztinnen zum Erliegen gebracht hatte, sollen wieder aufgenommen werden.

Für Biden ist die Mitgliedschaft in der WHO mit Blick auf die Bekämpfung der Corona-Pandemie, die er zu seiner wichtigsten innenpolitischen Priorität erklärt hat, aktuell besonders wichtig. Diese Herausforderung dürfte zumindest sein erstes Amtsjahr im Weißen

Haus wesentlich bestimmen. Offen ließ Biden allerdings, ob die USA auch der internationalen Impfstoffplattform COVAX beitreten. Sie wurde auf der Generalversammlung der Weltgesundheitsorganisation (WHO) im Mai 2020 ins Leben gerufen. Ziel der COVAX ist die gemeinsame Entwicklung, Herstellung und global gerechte Verteilung eines COVID-19-Impfstoffs zu für alle Menschen erschwinglichen Preisen. An der gemeinsam von der WHO und der internationalen Impfallianz GAVI geführten COVAX sind über 110 Staaten beteiligt. Auf dem virtuellen G20-Gipfel am 21./22. November 2020 hatte Trump einen Beitritt der USA noch einmal ausdrücklich ausgeschlossen und bezüglich einer global gerechten Verteilung von Impfstoffen der beiden US-Pharmakonzerne Pfizer und Moderna noch einmal seine »America First«-Politik betont (siehe Kapitel «Corona und Klimawandel – größte Herausforderungen für die Weltgemeinschaft«, S. 47).

Globale Erwärmung, Pariser Klimaschutzabkommen

Auch ein zweites konkretes Wahlkampfversprechen machte Präsident Biden umgehend wahr. Noch am Tag seiner Amtseinführung am 20. Januar 2021 teilte er der New Yorker UNO-Zentrale die sofortige Rückkehr der USA in das Pariser Klimaschutzabkommen mit, das sein Vorgänger Trump 2018 aufgekündigt hatte. In Washington wurde damit gerechnet, dass der Präsident diesen Schritt in den ersten Wochen seiner Amtszeit vollziehen wird. Auch die nationale Umweltschutzbehörde EPA (Environmental Protection Agency), die Trump durch die Bestellung eines Lobbyisten der Kohleindustrie zum Behördenchef sowie durch den Entzug von Kompetenzen, Personal und Finanzen entmachtet und zur Wirkungslosikeit verdammt hatte, will Biden wieder funktionstüchtig machen. Zudem hat er in Aussicht gestellt, die von Trump erteilten Genehmigungen für umwelt- und klimapolitisch besonders fragwürdige Pipelineprojekte (zum Beispiel die Alaska-Pipeline) wieder aufzuheben.

Hoffnung schaffende Personalpolitik

Ein Indiz dafür, dass der neue US-Präsident tatsächlich eine deutliche klima- und umweltpolitische Kurskorrektur der USA beabsichtigt, ist auch seine Personalpolitik für diesen Bereich seiner Administration.

Auf die führenden, zum Teil neugeschaffenen Posten berief er ausnahmlos überzeugte Umwelt- und Klimaschutzpolitikerinnen.

Biden berief den während der Obama-Administration an der Aushandlung des Pariser Abkommens beteiligten damaligen Außenminister John Kerry zum Beauftragten für globale Klimafragen mit Sitz und Stimme im Nationalen Sicherheitsrat. Den ebenfalls neugeschaffenen Posten einer nationalen Klimaberaterin des Präsidenten besetzte Biden mit Gina McCarthy, die unter Obama die nationale Umweltschutzbehörde Environmental Protection Agency (EPA) geleitet hatte und dann von Trump entlassen wurde. Der neu ernannte Chef der EPA, Michael S. Regan, der erste Afroamerikaner auf diesem Posten, war seit 2018 Direktor der entsprechenden Behörde im Bundesstaat North Carolina und arbeitete zuvor bei der nichtstaatlichen Umweltschutzorganisation Environmental Defense Fund. Relevant für umwelt- und klimapolitische Fragen ist in den USA – anders als in Europa – auch das Innenministerium. Es entscheidet beispielsweise darüber, ob Naturschutzgebiete ausgewiesen werden oder ob Energiegewinnung wie Fracking erlaubt ist. Und es ist für die Verwaltung von bundeseigenem Land und für Bodenschätze verantwortlich. In den Zuständigkeitsbereich fallen auch die Indianerreservate. Die von Biden zur Innenministerin berufene Deb Haaland ist die erste indianischstämmige Ministerin in der fast 250-jährigen Geschichte der USA. Haaland gehört dem Pueblo-Stamm Laguna im Bundestaat New Mexico an, den sie seit 2018 im Abgeordnetenhaus in Washington vertrat. Hoffung auf eine umwelt-und klimapolitische Wende in der Verkehrs- und Mobilitätspolitik macht die Berufung von Bidens einstigem Konkurrenten im Vorwahlkampf um die demokratische Präsidentschaftskandidatur Pete Buttigieg zum Transportminister. In seiner früheren Funktion als Bürgermeister der Stadt South Bend im Bundesstaat Indiana setzte Buttigieg ein erfolgreiches Programm zur Sanierung maroder Stadtteile und zur Förderung des Fahrrad- und Fußgängerverkehrs durch.

Bei der Vorstellung der genannten, für Umwelt-, Klima-, Energie- und Verkehrspolitik verantwortlichen Mitglieder seiner Administration schuf Präsident Biden mit der Ankündigung, »dieses brillante, erprobte, bahnbrechende Team« werde »am ersten Tag bereitstehen, um der existenziellen Bedrohung des Klimawandels mit einer einheitlichen nationalen Antwort zu begegnen, die auf Wissenschaft und Gerechtigkeit beruht«, hohe Erwartungen.

Entscheidend für die umweltpolitische Bilanz der Biden/Harris-Administration nach den nächsten vier oder auch acht Jahren dürfte aber sein, ob sie tatsächlich auch die erforderlichen Maßnahmen zur Umsetzung der für die USA verbindlichen Ziele des Pariser Klimaabkommens ergreift und ob sie vom Kongress die dafür erforderlichen finanziellen Mittel erhält. Die Herausforderung ist riesig. In allen für die Klimapolitik relevanten Vergleichsdaten liegen die USA weit hinter anderen kapitalistischen Industriestaaten zurück. So ist der Pro-Kopf-Verbrauch an fossilen Energien (Öl, Kohle, Gas) und entsprechend der Ausstoß des klimaschädlichen Kohlendioxids (CO_2) in den USA Ende 2020 nach wie vor mehr als doppelt so hoch als in den EU-Staaten oder in Japan – wie 1994.

In jenem Jahr fand am UNO-Sitz in Genf die erste Konferenz über Maßnahmen zum Klimaschutz statt. Der damalige christdemokratische Bundesumweltminister aus Deutschland und spätere Direktor des UNO-Umweltprogramms (UNEP) Klaus Töpfer empfahl der US-amerikanischen Delegation dringend Maßnahmen zur Energieeinsparung sowie zur ökologischen Modernisierung von Industriebetrieben und Infrastruktur der USA, wie sie andere kapitalistische Industriestaaten in Europa und Asien damals bereits begonnen hatten. Töpfer wies die amerikanischen Freunde und Verbündeten auch darauf hin, dass ohne derartige Maßnahmen US-Unternehmen auf einem künftig entstehenden lukrativen globalen Markt für umwelt-und klimafreundliche Technologien keine Rolle spielen würden. Der deutsche Umweltminister wurde von den amerikanischen Verbündeten freundlich belächelt und sein Rat in den Wind geschlagen. Im Sommer 2004, zehn Jahre nach der Genfer Konferenz von 1994, lehnte US-Präsident Bush die Unterzeichnung des Klimaprotokolls von Kyoto – dem Vorgänger des Pariser Klimaabkommens – mit der Begründung ab, eine Umsetzung der in dem Protokoll vorgesehenen Maßnahmen würde »für die US-Wirtschaftsunternehmen viel zu teuer«. Dem Pariser Klimaabkommen traten die USA unter Präsident Obama im November 2016 bei. Doch schon wenige Monate später kündigte Obamas Nachfolger Trump den Ausstieg aus dem Abkommen an und begründete den Schritt mit angeblichen Nachteilen des Abkommens für Arbeiter, Unternehmen und Steuerzahler. Die vom Kongress in Auftrag gegebenen nationalen Klimaberichte der Jahre 2018 und 2019, in denen über 300 US-amerikanische Wissenschaftler und Wissenschaftlerinnen vor drastischen Folgen des Klimawandels auch für die wirtschaftliche Prosperität der USA warnten, tat Trump als »Unsinn« ab.

Die von den Präsidenten Bush 2004 und von Trump ab 2017 vorgebrachten Argumente gegen eine Beteiligung der USA an Klimaschutzverträgen im Rahmen der UNO sind äußerst kurzsichtig. Doch sie könnten in den nächsten Jahren erneut die Oberhand gewinnen, wenn es der Biden-Administration nicht gelingt, innenpolitisch die Einsicht durchzusetzen, dass die Schulterung hoher Kosten zur Umsetzung der Pariser Klimaschutzziele in den nächsten Jahren im langfristigen Eigeninteresse der USA und ihrer Wirtschaft liegt. Die Regierung in Washington sieht sich dabei viel stärker als Regierungen in anderen Ländern einer wohlorganisierten und finanziell gut ausgestatteten Kampagne gegenüber, die die Tatsache der globalen Erwärmung und ihre Auswirkungen entweder grundsätzlich leugnet oder zumindest ihre menschengemachten Ursachen bestreitet und auf ein gottgewolltes Schicksal verweist, das hinzunehmen sei. Diese Kampagne hat erheblichen Einfluss unter Wählerinnen, Mandats- und Amsträgern der Republikanischen Partei. Auch Trump bezeichnete den Klimawandel während seiner Amtszeit mehrfach als »Scherz« und als »Erfindung«.

Auf der anderen Seite bietet Anlass zu vorsichtigem Optimismus, dass es in den USA nicht nur eine breite Basisbewegung von Nichtregierungsorganisationen gibt, die sich für umwelt- und klimapolitische Maßnahmen engagieren, sondern auch viele Politiker und Politikerinnen auf der Ebene der Kommunen und Bundesstaaten, die derartige Maßnahmen umsetzen. Über 600 US-amerikanische Städte, Landkreise und Bundesstaaten traten dem Pariser Klimaabkommen bei, nachdem die Trump-Administration den Ausstieg der USA angekündigt hatte.

Konflikt mit Iran im Nuklearabkommen

Biden hat den Wiederbeitritt der USA zu dem Abkommen zur Begrenzung des iranischen Nuklcarabkommen auf zivile Ziele in Aussicht gestellt, aus dem die Trump-Administration im Mai 2018 ausgestiegen war. Als Vizepräsident unter Barack Obama war Biden neben Außenminister John Kerry an den inoffiziellen geheimen Vorsondierungen zwischen Washington und Teheran und den offiziellen Verhandlungen beteiligt, die dann im Juli 2015 zu dem gemeinsam mit Russland, China, Frankreich, Großbritannien und Deutschland vereinbarten Nuklearabkommen führte. Biden ist der Überzeugung, dass dieses Abkommen die beste Gewähr bietet, eine Entwicklung von Atomwaffen im Iran zu verhindern.

Den Wiederbeitritt der USA hat Biden allerdings davon abhängig gemacht, dass Iran zuvor alle bislang bekannt gewordenen Verstöße gegen das Abkommen einstellt. Die Führung in Teheran hatte vergeblich gehofft, sie könne mit begrenzten, schrittweisen Verletzungen des Abkommens die anderen Vertragsstaaten dazu bewegen, effektiv gegen die Sanktionen vorzugehen, mit denen die Trump-Administration inzwischen die iranischen Ölexporte drastisch reduziert und dem Land eine schwere Wirtschaftskrise beschert hat. Zugleich betonte die iranische Führung immer wieder ihren Willen zum Festhalten an dem Nuklearabkommen. Außenminister Mohammed Dschawad Sarif erklärte nach Bidens Wahlsieg, Teheran sei »verhandlungsbereit« und wolle alle Verstöße gegen das Abkommen rückgängig machen – allerdings erst nach Aufhebung der »illegalen« Sanktionen der USA. Ob die Biden-Administration bereit sein wird, den ersten Schritt zu tun, ist bislang nicht absehbar.

Erschwerend kommt hinzu, dass es auch unter Kongressmitgliedern und Sicherheitspolitikern der Demokraten Sympathien für die einst von der Trump-Administration erhobene Forderung gibt, das Nuklearabkommen zu erweitern um ein Verbot ballistischer (konventioneller) Raketen. Biden deutete Ende Dezember 2020 seine Offenheit für derartige Forderungen mit der Erklärung an, er strebe »Folgeverhandlungen« an mit dem Ziel, das Abkommen »zu verschärfen und zu verlängern«. Doch die iranische Führung lehnt eine Erweiterung des

Nuklearabkommens strikt ab. Sie wäre zwar bereit zu Verhandlungen über Rüstungskontrollbeschränkungen oder gar ein totales Verbot für ballistische Raketen in der gesamten Nahostregion. Aber nur unter Beteiligung aller Staaten, die derartige Waffen heute schon haben oder derzeit ihre Entwicklung beziehungsweise Anschaffung betreiben – darunter Israel, Saudi-Arabien, Ägypten und die Türkei. Ein selektives Verbot von ballistischen Raketen lediglich im Iran kommt für die Führung in Teheran nicht in Frage.

Israel und Palästina

Bei keinem anderen außenpolitischen Thema hat die Trump-Administration so viel Schaden mit nachhaltigen fatalen Auswirkungen angerichtet wie im Konflikt zwischen Israel und Palästina.

Biden hat bislang lediglich in Aussicht gestellt, seine Administration werde wieder zur von Trump 2018 aufgekündigten Zielsetzung einer Zweistaatenlösung zurückkehren und damit zur offiziellen Sprachregelung aller US-Regierungen seit 1967. Zudem kündigte seine Administration neue nationale Hilfsleistungen der USA für die Palästinenser an und wird möglicherweise auch die von Trump eingestellten Zahlungen an das UNO-Hilfswerk für palästinensische Flüchtlinge (UNWRA) wieder aufnehmen. Keine Hinweise gibt es bislang, dass Biden die in der Trump-Administration von dessen Vize Pence betriebene Verlagerung der US-Botschaft von Tel Aviv nach Jerusalem wieder rückgängig machen wird.

Offen ist bislang auch, ob die USA unter Biden zu der seit 1967 international gültigen und in vielen hundert UNO-Resolutionen, völkerrechtlichen Dokumenten und Verträgen verankerte Bezeichnung der Westbank, des Gazastreifens und Ostjerusalems als »Occupied Palestinian Territories« (OPT, besetzte palästinensische Gebiete) zurückkehren wird. Trumps Außenminister Pompeo hatte diese Bezeichung im Sommer 2018 aus allen US-Regierungsdokumenten getilgt und durch den Begriff »disputed territories« (umstrittene Gebiete) ersetzt. Bei einem Besuch in der von Israel besetzten Westbank im November 2020 erklärte Pompeo, dass die USA dieses Gebiet inzwischen sogar nicht mehr als »umstritten« einstufen, sondern – wie zuvor schon 2018 die besetzten syrischen Golanhöhen – als integralen Bestandteil des israelischen Staatsterritoriums betrachten. Auch Produkte aus diesen Gebieten mit der falschen Herkunftsbezichnung »aus Israel« sollten laut Pompeo künftig in die USA exportiert werden können.

Wird die Biden-Administration diese flagranten Verletzungen des Völkerrechts wieder rückgängig machen? Wird sie den von Trump im Frühsommer 2020 präsentierten sogenannten »Friedensplan« für Nahost, der zumindest auf eine Teilannexion bislang besetzter Gebiete durch Israel hinausläuft, für obsolet erklären? Mit den Debatten zur Nahostpolitik vertraute ExpertInnen in Washington sind eher skeptisch. Sie verweisen darauf, dass Biden für lange Zeit mit der Bewältigung der Corona-Pandemie und anderen großen innenpolitischen Herausforderungen beschäftigt sein wird. Zudem könne Biden und mit ihm die Demokratische Partei mit einem Engagement für eine gerechte Friedensregelung des israelisch-palästinensischen Konflikts innenpolitisch mit Blick auf künftige Wahlen nur wenig gewinnen.

Atomwaffen – UNO-Verbotsabkommen, New-START-Vertrag und INF

Am 22. Januar 2021, zwei Tage nach Amtsantritt von Präsident Biden, trat das UNO-Abkommen zum Verbot von Atomwaffen in Kraft. Es wurde im Juli 2017 von 122 Mitgliedstaaten der Weltorganisation vereinbart – gegen den massiven Widerstand der Trump-Administration. Doch auch die Obama-Administration mit Vizepräsident Biden hatte im Herbst 2016 bereits versucht, die Verhandlungen über dieses Abkommen in der UNO-Generalversammlung zu verhindern und die Verbündeten der USA innerhalb und außerhalb der NATO per Drohbrief auf einen Verhandlungsboykott eingeschworen. Zumindest bis zu seinem Amtsantritt lieferte Biden keine Hinweise, dass er von dieser Linie seiner beiden Vorgänger abweichen könnte.

Dasselbe gilt für das bereits unter Obama begonnene umfangreiche und sehr kostspielige Programm zur Erneuerung und »Modernisierung« des Atomwaffenarsenals der USA. Modernisierung ist mit Blick auf militärische Rüstung ein euphemistischer Begriff. Es geht immer darum, vorhandene Waffen und Munitionen effektiver, tödlicher, zerstörungsstärker, zielgenauer, flexibler einsetzbar und damit gefährlicher für den Feind zu machen. Zu den von der Obama-Administration eingeleiteten Maßnahmen gehört auch die Erneuerung der US-Atombomben, die in den NATO-Staaten Deutschland, Niederlande und Belgien stationiert sind. Im Rahmen der sogenannten »nuklearen Teilhabe« innerhalb der NATO können diese Atombomben im Fall eines Krieges von den USA auch an die Luftstreitkräfte der drei Stationierungsländer zum Einsatz übergeben werden.

Über diese bereits unter Obama begonnenen Modernisierungs- und Aufrüstungsmaßnahmen hinaus hat die Trump-Administration drei weitere problematische atomare Neuentwicklungen eingeleitet. Zum einen die Entwicklung von sogenannten »Mininukes« mit vergleichsweise geringer Sprengkraft – bis zu einer Kilotonne. Diese sollen in Europa stationiert werden, um eine laut Trump angeblich bestehende »Abschreckungslücke« gegenüber Russland zu schließen. Und zweitens begann das Pentagon unter Trump mit der Entwicklung neuer, mit Atomsprengköpfen ausrüstbarer Raketen zur Stationierung auf Kriegsschiffen und U-Booten der USA in den nordatlantischen Gewässern. Mit diesen seegestützten Raketen mittlerer Reichweite könnten die USA die Ziele in Russland erreichen, gegen die nach den bisherigen NATO-Planungen im Fall eines Kriegs Kampfflugzeuge mit den in Deutschland, Belgien und den Niederlanden stationierten Atombomben eingesetzt würden. Damit würden die USA die »nukleare Teilhabe« ihrer europäischen Bündnispartner aushebeln und könnten künftig alleine über den Einsatz von Atomwaffen in Europa entscheiden. Drittens hat der Kongress auf Antrag der Trump-Administration bereits 2017 erste Haushaltsmittel zur Entwicklung einer neuen landgestützten Mittelstreckenrakete mit Reichweiten von bis zu 5500 Kilometern bewilligt. Die tatsächliche Produktion und Stationierung derartiger Raketen würde gegen den 1987 zwischen den USA und der Sowjetunion vereinbarten Mittelstrecken-Nuklearstreitkräfte-Vertrag (INF), den Trump Anfang 2019 vorsorglich gekündigt hat, mit der bis heute nie bewiesenen – aber von der Regierung Putin auch nie eindeutig widerlegten – Begründung, der Vertrag werde bereits von Moskau verletzt.

Für eine Rückkehr der USA zu dem INF-Abkommen unter Präsident Biden gibt es keine Hinweise. Bis zu seinem Amtsantritt hatte Biden lediglich die vage Absicht erklärt, er wolle den New-START-Vertrag zur zahlenmäßigen Begrenzung der strategischen Atomwaffen und ihrer Trägersysteme, U-Boote, Fernbomber und landgestützten Interkontinentalraketen, retten. Dieses letzte noch bestehende Rüstungskontrollabkommen zwischen Washington und Moskau hatte eine Laufzeit bis zum 5. Februar 2021. Doch während der Präsidentschaft von Trump hatten beide Seiten nicht ernsthaft über ein Nachfolgeabkommen verhandelt. Russlands Präsident Wladimir Putin schlug im Oktober 2020 vor, den New-Start-Vertrag für zunächst einmal zwölf Monate weiterlaufen zu lassen, um Zeit für Verhandlungen zu gewinnen. Doch auf diesen Vorschlag ließ sich die Trump-Administration nicht ein. Biden erklärte im Dezember 2020 seine grundsätzliche Bereitschaft für eine Verlängerung bis zu fünf Jahren. In Washington gibt es allerdings auch unter Sicherheitspolitikern der Demokratischen Partei einflussreiche Stimmen, die verlangen, dass in künftige Abkommen über Atomwaffen und ihre Trägersysteme China miteingebunden werden müsse. Das lehnt Peking bislang kategorisch ab.

Rüstungsausgaben, konventionelle Rüstung und Rüstungsexporte

In den vier Jahren der Trump-Administration erfolgten erhebliche Steigerungen des Militäretats auf zuletzt 738 Milliarden US-Dollar für 2020. Unter den Demokraten in den beiden Kongresskammern leisteten nur wenige nennenswerten Widerstand. Im Senat wurden die Budgets jeweils mit großer Mehrheit der demokratischen Mitglieder verabschiedet. Einige von Bidens Konkurrenten im Vorwahlkampf der Demokraten kritisierten diese hohen Militärausgaben scharf und stimmten in Senat und Abgeordnetenhaus dagegen. Biden legte sich in dieser Frage bislang, zumindest öffentlich, nicht fest.

Trump bescherte der US-Rüstungsindustrie nicht nur mit den Beschaffungsvorhaben für die eigenen Streitkräfte eine glänzende Auftragslage, sondern auch durch milliardenschwere Rüstungsexporte. Allein bei seiner ersten Auslandsreise im Präsidentenamt, die ihn im

Mai 2017 nach Riad führte, vereinbarte Trump Waffenlieferungen an die islamistische Diktatur im Wert von über 250 Milliarden US-Dollar. Es wird in Washington zwar damit gerechnet, dass Biden die saudische und andere Diktaturen nicht mehr so vorbehaltlos unterstützen wird, wie Trump das getan hat. Aber ob das auch zu mehr Zurückhaltung der USA bei Rüstungsexporten führen wird, bleibt abzuwarten.

Eine offene Frage – wie sollen die USA mit dem Konkurrenten China umgehen

Wie sich die Rüstungsanstrengungen im konventionellen wie atomaren Bereich der global im relativen Machtabstieg befindlichen USA unter der Biden-Administration und darüber hinaus entwickeln, hängt wesentlich von der bislang in Washington – und auch in europäischen Hauptstädten – ungeklärten künftigen Strategie gegenüber dem aufstrebenden Weltmachtkonkurrenten China ab.

Soll man trotz aller harten und zunehmenden Interessengegensätze auf Kooperation mit dem strategischen Konkurrenten setzen, zumal in der Bewältigung globaler Herausforderungen wie der Klimakrise oder der Corona-Pandemie? Oder sind Konfrontation und der Ausbau der militärischen Präsenz der USA im Pazifik sowie im von Peking als »südchinesisch« reklamierten Asiatischen Meer unerlässlich? Alle Debatten zwischen den Vertretern dieser beiden Positionen führten bereits in den acht Jahren der Obama-Administration zu keinem Ergebnis.

Die Befürworter eines kooperativen Ansatzes gerieten allerdings zunehmend in die Defensive, spätestens, nachdem die chinesische Regierung im Juli 2016 das auf eine Klage der mit den USA verbündeten Philippinen erfolgte Urteil des Internationalen Seegerichtshofs gegen Chinas Besitzansprüche auf Inseln im »südchinesischen Meer« zurückwies. Inzwischen hat China in Dschibuti, am strategisch günstigen Schnittpunkt von Europa, Afrika, dem Nahen Osten und Asien, seine erste ausländische Militärbasis errichtet – gegen den massiven, aber vergeblichen Widerstand der USA und Frankreichs.

Der »Handelskrieg« gegen China, den Trump im Wahlkampf 2016 großspurig angekündigt und dann auch mit Zöllen, Sanktionen und anderen Maßnahmen fast vier Jahre lang geführt hat, ist weitgehend gescheitert – und hat der Wirtschaft der USA mehr geschadet als der Chinas. Die weltgrößte Freihandelszone RCEP mit fünfzehn asiatisch-pazifischen Staaten – darunter die drei US-Verbündeten Japan, Australien und Neuseeland –, die Mitte November 2020 unter Führung Chinas besiegelt wurde, ist ein weiterer Rückschlag für die USA, für den Trump hauptverantwortlich ist. In seiner ersten Amtshandlung als Präsident am 21. Januar 2017 hatte Trump die von seinem Vorgänger Obama ausgehandelte asiatisch-pazifische Freihandelszone unter Führung der USA, aber unter Ausschluss Chinas aufgekündigt und Peking damit das Feld überlassen.

»NATO obsolet«

»Die NATO ist obsolet.« Mit solchen und ähnlich abfälligen Sprüchen über die Militärallianz machte Trump seit seinem Wahlkampf 2016 immer wieder Schlagzeilen. Damit lieferte er Vorwände für Politiker und Politikerinnen in Brüssel, Berlin, Paris und anderen europäischen Hauptstädten, die eine Militarisierung der EU anstreben bis hin zu einem eigenständigen, von den USA unabhängigen atomaren Abschreckungspotenzial.

Doch mit den Interessen der USA hatten Trumps Sprüche nichts zu tun. Die NATO bleibt auch über dreißig Jahre nach Ende des Kalten Krieges für die USA weiterhin das wichtigste Instrument zur Einflussnahme in und Kontrolle über Europa. Das weiß Biden sehr genau. Der Druck aus Washington auf die europäischen NATO-Partner, innerhalb des Bündnisses einen größeren Teil der finanziellen Lasten und militärischen Aufgaben zu übernehmen, wird anhalten. Auch die Biden-Administration wird fordern, dass das 2014 von allen NATO-Staaten einstimmig beschlossene Ziel, die nationalen Militärausgaben bis 2024 auf mindestens 2 Prozent des Bruttosozialprodukts zu erhöhen, fristgemäß umgesetzt wird.

Das Verhältnis zu Russland

»Ich denke, die größte Bedrohung für Amerika ist aktuell Russland, was Angriffe auf unsere Sicherheit und die Spaltung unserer Allianzen angeht«, erklärte Biden in einem Interview mit dem US-Fernsehsender

CBS neun Tage vor der Präsidentschaftswahl im November 2020. China stufte er zugleich lediglich als »größten Wettbewerber« der USA ein. Trumps Antwort auf die CBS-Frage nach dem zentralen Gegenspieler des Landes war unterdessen China. »Sie sind ein Gegner, sie sind ein Wettbewerber, sie sind in vieler Hinsicht ein Feind.«

Sicher scheint zu sein, das seit langer Zeit erkennbare strategische Interesse der USA, gedeihliche kooperative Beziehungen zwischen der EU und Russland zu verhindern, wird unter der Präsidentschaft von Biden fortbestehen. Ein operativer Ausdruck dieses Interesses während der Trump-Administration waren unter anderem die massiven Drohungen und Sanktionen gegen den Bau der Nord-Stream-2-Pipeline vom russischen Wyborg durch die Ostsee bis zum ostdeutschen Greifswald, die auch von einer Mehrheit der Demokraten im US-Kongress unterstützt werden. Die Biden-Administration wird möglicherweise noch entschlossener gegen das Projekt vorgehen. Bereits als Vizepräsident kritisierte Biden die Pipeline als einen »fundamental schlechten Deal«. In einem während des Präsidentschaftswahlkampfs veröffentlichten Positionspapier zu den künftigen Beziehungen der USA mit Polen bekräftigte Biden diese Haltung: »In Fortführung der von der Obama-Biden-Regierung begonnenen Arbeit wird Präsident Biden versuchen, die Unabhängigkeit Europas im Energiebereich zu stärken.« Daher werde er »Nord Stream 2 weiterhin als ›fundamental schlechten Deal‹ [...] ablehnen.« Im US-Kongress einigten sich im November 2020 das von den Demokraten dominierte Repräsentantenhaus und der mehrheitlich republikanische Senat bereits auf neue Sanktionen. Diese zielen auf Versicherer und Zertifizierungsfirmen für die am Bau der Pipeline beteiligten Unternehmen.

Auch die Sanktionen, die die Obama-Administration nach der völkerrechtswidrigen Annexion der Krim durch Russland im März 2014 gegen Moskau verhängte, wird die Biden-Administration beibehalten oder noch verschärfen. Und das unbeschadet der Tatsache, dass diese Sanktionen gemessen an ihrem ursprünglich erklärten Ziel, Putin zu einer Korrektur seiner Ukrainepolitik zu bewegen, völlig gescheitert sind. Und da auch die EU-Staaten an dieser verfehlten Sanktionspolitik festhalten, ist eine weitere Verschlechterung der Beziehungen zwischen den NATO/EU-Mitgliedstaaten und Russland zu befürchten. Und damit dürfte sich auch die in den letzten Jahren zu beobachtende Konfrontation und Blockade im UNO-Sicherheitsrat und anderen Gremien der Weltorganisation fortsetzen bis verschärfen.

»Krieg gegen den Terrorismus«, Drohnenmorde, gezielte Tötungen

Präsident Biden wird den am 12. September 2001 von seinem Vorvorgänger George W. Bush erklärten »Krieg gegen den Terrorimus« mit all seinen völkerrechtswidrigen Methoden, gezielte Tötungen, Drohnenmorde, Folter und so weiter, uneingeschränkt weiterführen und bei angeblichem Bedarf auch noch verschärfen – so wie Barack Obama und Donald Trump das getan haben. Alles andere wäre eine große positive Überraschung, für die es allerdings nicht das geringste Anzeichen gibt.

Dieser seit nunmehr über neunzehn Jahren geführte »Krieg gegen den Terrorismus« ist inzwischen längst zum Alltag geworden und aus den Schlagzeilen verschwunden. Bei den Demokraten im US-Kongress stieß er nicht nur während der acht Präsidentschaftsjahre von Obama, sondern auch unter den Republikanern Bush und Trump weitgehend auf Unterstützung. Auch die sechs linken Konkurrenten Bidens im Vorwahlkampf der Demokraten machten diesen »Krieg« nicht zum Thema.

Die vereinzelte Kritik europäischer Regierungen in den ersten Jahren an bestimmten völkerrechtswidrigen oder besonders brutalen Methoden dieses »Krieges«, etwa an gezielten Tötungen, ist längst verstummt. Die USA werden auch ihre in Europa gelegene militärische und geheimdienstliche Infrastruktur – darunter vor alle die Airbase Ramstein in Deutschland – weiterhin für Drohnenmorde nutzen können. Und auf eine Begnadigung von Edward Snowden, Julian Assange oder Chelsea Manning, die einen Teil der in diesem »Krieg gegen Terrorismus« verübten Verbrechen von Soldaten und Geheimdienstlern der USA öffentlich gemacht hatten, ist auch unter Präsident Biden nicht zu hoffen.

Die kategorische Ablehnung des Internationalen Strafgerichtshofs

Es waren US-amerikanische Juristen, die 1946 bei den Kriegsverbrechertribunalen von Nürnberg und Tokio dafür sorgten, dass Völkermord, Verbrechen gegen die Menschlichkeit, Kriegsverbrechen und das Verbrechen des Angriffskriegs erstmals als Straftatbestände definiert wurden. Vor dem Hintergrund dieser Erfahrung beschloss die UNO-Generalversammlung schon damals die Einrichtung eines Internationalen Strafgerichtshofs (IStGH) mit globaler Zuständigkeit für diese vier Kernverbrechen und beauftragte einen Ausschuss mit renomierten Völkerrechtlern, ein Gründungsstatut für diesen Gerichtshof auszuarbeiten.

Doch die Umsetzung dieses Beschlusses der Generalversammlung scheiterte in den über vierzig Jahren des Kalten Krieges am Unwillen der vier ständigen Mitglieder des Sicherheitsrats USA, Sowjetunion, Frankreich und Großbritannien. Denn möglicherweise hätten sich auch Staatsbürger ihres Landes vor dem IStGH verantworten müssen für Verbrechen in Vietnam, Algerien, Afghanistan oder Nordirland.

Nach Ende des Kalten Krieges waren es erneut US-Juristen, die 1993/94 bei der Etablierung der vom UNO-Sicherheitsrat beschlossenen Sondertribunale zu den in Ex-Jugoslawien und in Ruanda verübten Verbrechen eine wichtige Rolle spielten. Doch als eine Konferenz von 122 Staaten 1998 in Rom nun endlich auch einen IStGH mit globaler Zuständigkeit schaffen wollte, stimmten die USA dagegen – gemeinsam mit lediglich sechs weiteren Staaten. US-Präsident war damals der Demokrat Bill Clinton. Die nachfolgende Administration des Republikaners Bush bedrohte Staaten mit massiven Sanktionen, um sie von der Auslieferung potenzieller Täter mit US-Staatsbürgerschaft an den Strafgerichtshof abzuhalten. Auch der Demokrat Barack Obama korrigierte die ablehnende bis feindliche Haltung der USA gegenüber dem IStGH nicht. Donald Trump verschärfte diese Haltung noch mit seinen völkerrechtswidrigen Drohungen und Sanktionsmaßnahmen gegen die Chefanklägerin, Staatsanwälte und Richter des IStGH. Diese Drohungen und Sanktionsmaßnahmen wird die Biden-Administration zwar nicht wiederholen und aufrechterhalten, aber ein Beitritt der USA zum IStGH, der seit 1998 auch von vielen US-Menschenrechtsorganisationen und ehemaligen Juristen bei den Nürnberger Prozessen wie dem damaligen Chefankläger Benjamin Ferencz immer wieder gefordert wird, ist auch unter der Biden-Administration nicht zu erwarten.

Das Blockadekalkül der Republikaner im Senat

Nachdem die Demokraten am 5. Januar 2021 beide Senatssitze des Bundesstaats Georgia gewonnen haben, verfügen sie im Senat mit der Möglichkeit des Stichentscheids für Vizepräsidentin Kamala Harris über die hauchdünne Mehrheit von 51 zu 50 Stimmen. Damit kann Präsident Biden, unter der Voraussetzung, dass die demokratischen Senatorinnen und Senatoren jeweils geschlossen zustimmen, zumindest alle seine Personalentscheidungen durch den Senat bringen und alle innen- und außenpolitischen Vorhaben, die keine Zweidrittelmehrheit erfordern. Das Kalkül des republikanischen Fraktionsführers Mitch McConnell, die Biden-Administration durch diesselbe destruktive Strategie der Totalblockade, die er bereits erfolgreich gegen die Obama-Administration angewandt hatte, in den meisten ihrer Vorhaben zum Scheitern zu bringen, damit die Republikaner im November 2024 das Weiße Haus zurückerobern können, wird daher voraussichtlich nicht aufgehen.

Globaler Führungsanspruch oder Anerkennung der multipolaren Realität

Vier lange Jahre wurden die USA von einem extrem nationalistischen »America First«-Ideologen und erklärten Feind internationaler Institutionen und Verträge angeführt, einem Präsidenten, der sich in der Innen- wie Außenpolitik als unwillig beziehungsweise unfähig zu rationalem, aufgeklärtem Dialog und zur Unterscheidung zwischen Fakten und »Fake News« erwies, einem Mann, der immer wieder durch rassistische und sexistische Sprüche und ebensolches Verhalten sowie Sympathiebekundungen für rechtsextremistische Akteure auffiel. Dieser Mann wurde im Januar 2021 durch einen Präsidenten abgelöst, der wieder rationalen Dialog und multilaterale Kooperation in Aussicht stellt und der in jeder Hinsicht ein anderes Verhalten an den Tag legt als sein Vorgänger. Das hat in den USA und fast weltweit große Erleichterung ausgelöst – sieht man einmal von Regierungschefs etwa in Brasilia, Ankara, Budapest, Tel Aviv oder Riad ab, die Trumps negativem Vorbild nacheiferten oder durch seine Administration besondere Unterstützung erfuhren für die eigene nationalistische, völkerrechtswidrige oder kriegerische Politik.

Bei aller Erleichterung über Trumps Abwahl wird allerdings gerne übersehen oder überhört, dass Präsident Biden bei seinen Bekenntnissen zu »multilateraler Koooperation« weiterhin ausdrücklich eine »Führungsrolle« für die USA reklamiert und diesen Anspruch mit Argumenten rechtfertigt, die sowohl historisch wie aktuell realpolitisch fragwürdig sind. »Amerika ist zurück, bereit die Welt zu führen«, erklärte Biden Ende November 2020 nach der Ernennung seiner Kandidatinnen und Kandidaten für die wichtigsten außenpolitischen Posten seiner Administration. Die USA müssten wieder »am Kopf des Tisches sitzen«.

Diesen Anspruch hatte Biden bereits während der Präsidentschaftsvorwahlen der Demokraten im Frühjahr 2020 in einem Artikel in der führenden außenpolitischen Zeitschrift der USA *Foreign Affairs* erhoben. Unter der Überschrift »Warum Amerika wieder führen muss« rechtfertigte Biden diesen Anspruch zum einen mit einer Behauptung über die Rolle der USA seit Gründung der UNO: »Seit siebzig Jahren haben die USA unter demokratischen wie republikanischen Präsidenten eine führende Rolle bei der Festlegung der Regeln zur Förderung von kollektiver Sicherheit und Wohlstand gespielt.« Mit anderen Worten: Weil die USA die Welt in der Vergangenheit so effektiv angeführt hätten, sollten sie sie auch weiterhin führen. Bidens zweite Rechtfertigung für den Führungsanspruch ist moralischer Natur: »Andere Nationen folgen unserer Führung, weil sie wissen, dass Amerika nicht nur die eigenen Interessen schützt, sondern versucht, die Bestrebungen auch aller anderen Staaten voranzubringen.«

Diese Beschreibung der Rolle der USA während der Phase des Kalten Krieges und in den drei Jahrhzehnten seit dessen Ende ist im besten Fall eine romantisierende Beschönigung der Geschichte unter Auslassung vieler hässlicher Flecken. Nur zwei von vielen möglichen Beispielen, die durch US-amerikanische Geschichts- und Politikwissenschaftler dokumentiert sind, sollen genügen. Allein zwischen 1945 und 1989 mischten sich die USA 63-mal in die demokratischen Wahlen in anderen Ländern mit dem Ziel ein, den Wahlausgang in Washingtons Interesse zu manipulieren. Diese Einmischungen und ähnliche Interventionen der Sowjetunion, dann Russlands in ausländische Wahlen dokumentierte der Pittsburgher Politikprofessor Dov H. Levin in seiner 2016 veröffentlichten Studie »When the Great Power Gets A Vote. The Effects of Great Power Electoral Interventions on Election Results«.

Die Brown University in Providence (Rhode Island), eine der renommiertesten Hochschulen der USA, veröffentlichte im Dezember 2020 eine Untersuchung über die Folgen der Kriege *(costs of war)*, die die USA seit den Terroranschlägen vom 11. September 2001 führten und führen. Danach wurden durch diese Kriege mehr als 37 Millionen Menschen vertrieben und zu Flüchtlingen; über 800 000 Menschen wurden durch direkte Kriegshandlungen getötet, darunter mehr als 335 000 Zivilisten. Noch um ein Vielfaches höher liegt die Zahl der indirekten Todesopfer dieser Kriege, also der Menschen, die starben, weil im Krieg überlebenswichtige Infrastruktur zur Wasser-, Nahrungsmittel-, Gesundheits- oder Stromversorgung zerstört wurden.

Auch der neue US-Außenminister Antony Blinken, zeitweise in Paris aufgewachsen, mehrsprachig und ein erklärter Multilateralist, zumindest nach amerikanischen Standards, hat Probleme, sich eine Kooperation mit anderen Staaten ohne Dominanz der USA vorzustellen. In einer Rede nach seiner Berufung zum neuen Außenminister rechtfertigte Blinken den fortgesetzten Führungsanspruch der USA mit ähnlich geschichtsvergessenen Behauptungen wie sein Chef Biden: »Ob es uns gefällt oder nicht, die Welt organisiert sich einfach nicht von selbst. Bis zum Beginn der Trump-Administration hatten die USA – unter demokratischen wie republikanischen Präsidenten – einen Großteil dieser Organisationsarbeit erledigt.«

Die Fakten sehen anders aus. Schon in den Jahren und Jahrzehnten vor der Trump-Administration haben sich die USA, unter demokratischen wie republikanischen Präsidenten, an wichtigen Organisationsbaustellen für eine globale Ordnung, Stabilität, Sicherheit und Prosperität überhaupt nicht beteiligt, haben die Bauarbeiten massiv behindert oder sich aus multilateralen und bilateralen Institutionen und Verträgen wieder zurückgezogen. So haben die USA als einzige der westlichen Demokratien bis heute den 1966 in der UNO vereinbarten Pakt für wirtschaftliche, soziale und kulturelle Menschenrechte nicht ratifziert. Auch weiteren zehn der achtzehn wichtigsten Menschenrechtsverträge des UNO-Systems sind die USA bis heute nicht beigetreten – darunter den Konventionen für die Rechte von Kindern, gegen die Diskriminierung von Frauen und zum Schutz von Menschen mit Behinderungen. Damit liegen die USA im unteren Viertel der 193 UNO-Mitgliedstaaten. Auch fehlen bis heute die Unterschriften und Ratifikationen aus Washington für die innerhalb oder außerhalb der UNO vereinbarten internationalen Abkommen über einen vollständigen atomaren Teststopp und für das Verbot von Antipersonenminen und Streubomben, zur Regulierung des internationalen Waffenhandels und zum Schutz der Ozeane. Keinem dieser genannten Abkommen sind sämtliche anderen 192 UNO-Mitgliedstaaten beigetreten, aber kein Land weist so viele Lücken bei der Unterzeichnung und Ratifzierung auf wie die USA.

In der Genfer Abrüstungskonferenz der UNO scheitert seit 2001 die Verabschiedung eines Zusatzprotolls mit Überwachungs-, Durchsetzungs- und Sanktionsmechanismen zum Verbotsvertrag für biologische Waffen einzig am Widerstand der USA. Die Verhandlungen der UNO-Generalversammlung über das Verbot von Atomwaffen ab 2016 versuchte die Obama-Administration durch massiven Druck und Drohungen gegen andere Staaten zu verhindern. Seit das Abkommen im Juli 2017 beschlossen wurde, setzte die Trump-Administration den Druck fort, um zu verhindern, dass die für das Inkrafttreten des Abkommens erforderliche Ratifikation durch mindestens fünfzig Staaten zustande kommt.

1998 votierten die USA unter Präsident Clinton gemeinsam mit lediglich sechs weiteren Ländern – China, Israel, Irak, Libyen, Jemen und Katar – gegen die damals von 122 Staaten beschlossene Schaffung des Internationalen Strafgerichtshofs und versuchen seitdem nach Kräften, die Arbeit des IStGH zu sabotieren.

Sabotage war auch die unter Präsident Ronald Reagan in den achtziger Jahren begonnene finanzielle Erpressung und Nötigung der UNO durch Zurückhaltung von Pflichtbeiträgen von zeitweise bis zu 1,7 Milliarden US-Dollar, um politische Interessen Washingtons in der Weltorganisation durchzusetzen. Und auch der zeitweilige oder dauerhafte Rückzug der USA aus in Washington missliebig gewordenen internationalen Institutionen oder Verträgen begann bereits unter Präsident Reagan mit dem erstmaligen Auszug der USA aus der UNO-Organisation für Erziehung, Wissenschaft und Kultur (UNESCO). Unter Präsident Bush traten die USA der UNESCO wieder bei, doch 2018 unter Trump wieder aus. Obama fror 2011 die Beitragszahlungen an die UNESCO ein, nachdem die übrigen 192 Mitgliedstaaten mit überwältigender Mehrheit beschlossen hatten, Palästina als Mitglied aufzunehmen.

Von den multilateralen oder bilateralen Verträgen, die die USA auch schon vor der Präsidentschaft von Trump aufgekündigt haben, war der 2001 von Bush aufgekündigte ABM-Vertrag zwischen Washington und Moskau zur Begrenzung von Raketenabwehrsystemen von besonderer Bedeutung für die globale Stabilität.

Angesichts dieser – unvollständigen – Bilanz wäre für die Zukunft keine »globale Führung« der USA erforderlich, sondern viel dringender eine globale Mitgliedschaft. Erinnert sei an die Protestrede »Eine Krise des Gewissens«, die Martin Luther King am 4. April 1967 in der New Yorker Riverside Church gegen den Vietnamkrieg hielt. Darin nannte King die damalige Regierung seines Landes »den größten Lieferanten von Gewalt in der heutigen Welt«. Eine solche Regierung solle »nicht den Eindruck erwecken, sie habe andere über alles zu belehren und selbst nichts von anderen zu lernen«. Statt dem Versuch, die Welt zu führen oder zu dominieren, sollten die USA »Solidarität mit der Welt zeigen, zunächst den eigenen Beitrag zum globalen Elend verringern und dann gemeinsam mit anderen Armut, Unsicherheit und Ungerechtigkeit bekämpfen«.

Der neue Außenminister Antony Blinken unterstellt, dieser über fünfzig Jahre alte Wunsch des afroamerikanischen Bürgerrechtlers und Vietnamkrieggegners, der genau ein Jahr nach der zitierten Rede ermordet wurde, sei inzwischen Realität geworden, und rechtfertigt damit den Führungsanspruch der USA. »Amerika hat eine größere Fähigkeit als irgendein anderes Land in der Welt, andere Akteure zu vereinen, um die globalen Probleme zu lösen«, erklärte Blinken nach seiner Nominierung. Mit Blick auf die Rückzüge der USA aus internationalen Institutionen und Verträgen in den vier Jahren der Trump-Administration seit Anfang 2017, zog Blinken die bedauernde Schlussfolgerung, dass »wir seitdem aber erfahren mussten, was passiert, wenn ein anderes Land versucht, unsere Rolle zu übernehmen, oder – vielleicht noch problematischer – wenn niemand dies tut und wir in einem Vakuum enden.«

Ein Vakuum ist allerdings nirgends entstanden. Dem Auszug der USA aus dem Pariser Klimaabkommen, der Weltgesundheitsorganisation, dem Nuklearabkommen mit Iran und dem UNO-Menschenrechtsrat ist kein einziger anderer Staat gefolgt. Auch mit ihrer Blockade der Welthandelsorganisation stehen die USA allein da. Beim Entzug der Gelder für die UNWRA machte – vorübergehend – lediglich die Schweiz mit. Den Austritt aus der UNESCO vollzog von den übrigen 192 Mitgliedstaaten einzig Israel.

Welches Land Blinken meint, das – offensichtlich zu seinem Missfallen – versucht habe, »die Rolle« der USA »zu übernehmen«, ließ der Außenminister offen. Sind es die westlichen Verbündeten Frankreich oder Deutschland, die ihre Finanzbeiträge an die Weltgesundheitsorganisation erhöhten, nachdem die Trump-Administration nach dem Austritt auch die Zahlung noch ausstehender Pflichtbeiträge für das Haushaltsjahr 2019 in Höhe von über 90 Millionen US-Dollar verweigerte?

Oder meinte der US-Außenminister China, den globalen Hauptkonkurrenten der USA? In einem Fall hat Peking tatsächlich die Rolle der USA nach deren Rückzug übernommen. In seiner ersten Amtshandlung im Weißen Haus hatte Präsident Trump am 21. Januar 2017 das Abkommen über eine transpazifische Freihandelszone in den

Papierkorb geworfen, das sein Vorgänger Obama mit den wirtschaftsstärksten Staaten Asiens, aber unter Ausschluss Chinas ausgehandelt hatte. Japan und Südkorea, die engsten Verbündeten der USA in Asien, waren entsetzt über die Entscheidung der Trump-Administration. Danach sammelte Peking die Scherben auf und besiegelte im Herbst 2020 die größte Freihandelszone der Welt, zu der nicht nur die größten Volkswirtschaften Asiens gehören, sondern auch die US-Verbündeten Australien und Neuseeland – nicht aber die USA.

Doch von diesem einen Beispiel abgesehen, vollzogen sich der Machtaufstieg und wachsende internationale Einfluss Chinas nicht erst in den vier Trump-Jahren, sondern bereits seit Anfang des Jahrtausends ohne vorherige Rückzüge der USA. Nach dem Beitritt Chinas zur Welthandelsorganisation (WTO) bildete Peking dort mit Indien, Brasilien, Südafrika und einer Reihe weiterer sogenannter »Schwellenländer« einen Gegenblock zu den vier Weltwirtschaftsmächten USA, EU, Japan und Kanada, die bis dato ihre gemeinsamen Interessen immer auch gegen die gesamte übrige Mitgliedschaft der WTO durchsetzen konnten. Das ist seit 2001 nicht mehr möglich.

In der WHO besetzte China bereits in den Jahren 2006 bis 2017 mit Margret Chan erstmals den Chefposten in einer Organisation des UNO-Systems. Auch in vielen anderen Bereichen dieses Systems betreibt Peking inzwischen eine erfolgreiche Personalpolitik. Dem strategischen Jahrtausendprojekt der »neuen Seidenstraße« von China durch Zentralasien, den Nahen und Mittleren Osten, das nördliche Afrika bis nach Europa ging keineswegs ein Rückzug der USA aus diesen Weltregionen voran. Auch Huawei und anderen chinesischen Hightechkonzernen, die wachsende globale Marktanteile erobern, haben ihre US-amerikanischen Konkurrenten keineswegs freiwillig das Feld überlassen. Und den Bau der Luftwaffenbasis in Dschibuti – Chinas erstem Militärstützpunkt im Ausland – setzte Peking gegen massiven Widerstand der USA durch.

Nicht erst parallel zu dem wachsenden Gewicht und Einfluss Chinas, sondern spätestens mit der Industrialisierung und dem wirtschaftlichen Aufstieg Japans und Westeuropas beziehungsweise der EU seit den zwei letzten Jahrzehnten des Kalten Krieges vollzieht sich zumindest ökonomisch ein relativer Machtabstieg der USA. 1950 hatte die US-Volkswirtschaft einen Anteil von 50 Prozent am weltweiten Bruttosozialprodukt. 1990 waren es noch 25 Prozent und 2020 nur noch 14 Prozent. In absehbarer Zeit werden neben China und der EU auch Indien und andere Akteure hinzukommen als zumindest ökonomisch relevante Konkurrenten der USA. Hinzu kommen die vor 75 Jahren und auch vor dreißig Jahren noch unbekannten globalen Herausforderungen, die von einem einzelnen Land, und sei es noch so stark und stärker als andere, nicht alleine bewältigt werden können.

Diese Verschiebungen der Machtgewichte und Veränderungen der globalen Rahmenbedingungen begründen den entscheidenen Einwand gegen fortgesetzte Führungsansprüche der Politikeliten in Washington, unabhängig davon, ob sie die Rolle der USA in den letzten 75 Jahren geschichtsklitternd beschönigen oder vollständig und mit selbstkritischer Ehrlichkeit beschreiben. Derartige Führungsansprüche sind irreal angesichts der heute wirklichen Verhältnisse. Der Versuch, diese Ansprüche dennoch umzusetzen, birgt die Gefahr der kriegerischen Eskalation von Konflikten bis hin zum Einsatz von Massenvernichtungswaffen.

Die entscheidende Frage für die Zukunft der UNO ist, ob die Politikeliten in Washington den relativen ökonomischen und politischen Macht- und Einflussverlust ihres Landes endlich akzeptieren und die multipolare Realität dieser Welt anerkennen. Sollten die USA aber weiterhin bei ihrem Anspruch auf eine Führungsrolle bleiben, untermauert von einer Politik der Stärke und unipolaren Überlegenheit im militärischen Bereich, dürfte dies die Aufrüstungsbestrebungen in Peking weiter verstärken und zu einer gefährlichen bipolaren Konfrontation mit China führen. Damit wäre für den UNO-Sicherheitsrat und andere Institutionen des UNO-Systems eine Blockade vorprogrammiert, ähnlich jener in den Jahrzehnten des Kalten Krieges zwischen den USA und der Sowjetunion. Die übrigen 191 Mitgliedstaaten gerieten zunehmend unter Druck, sich entweder auf die Seite der USA oder Chinas zu schlagen. Das würde eine effektive multilaterale Kooperation im Rahmen der UNO insbesondere auch zur Bewältigung der globalen Herausforderungen und Bedrohungen behindern. Und die Chancen für eine Umsetzung des überfälligen und notwendigen Reformprogramms »In größerer Freiheit. Auf dem Weg zu Entwicklung, Sicherheit und Menschenrechte für alle« mit über hundert konkreten Vorschlägen zur Stärkung der UNO, das Generalsekretär Annan den Mitgliedstaaten 2005 vorlegte, schwänden.

Syrien, Ukraine, Israel und Palästina – das Scheitern der UNO-Mitgliedstaaten in den aktuellen Krisen und Konflikten

Die Kriege in Syrien, der Ukraine und im Gazastreifen mit jeweils gewaltigen Zerstörungen und horrenden Zahlen an Toten, Verletzten und Flüchtlingen, die rasante Ausbreitung der Ebola-Seuche sowie der erfolgreiche Vormarsch der Terrormilizen des »Islamischen Staats« mit seinen über das Internet weltweit verbreiteten Greueltaten – insbesondere diese fünf scheinbar unkontrollierbaren Krisen und Gewaltkonflikte machten bereits das Jahr 2014 zum extremsten Krisenjahr seit Ende des Kalten Krieges und weckten bei immer mehr Menschen den Eindruck eines globalen Chaos. Dies umso mehr, als die UNO in keiner dieser Krisen und in keinem dieser Gewaltkonflikte eine wirksame Rolle spielte, um sie zu beenden oder um wenigstens weitere Eskalationen zu verhindern. Selbst die ausreichende humanitäre Versorgung der überlebenden Opfer dieser Krisen und Gewaltkonflikte konnte die UNO 2014 angesichts immer knapperer Ressourcen häufig nicht mehr gewährleisten. Keine dieser Krisen und Gewaltkonflikte wurde seitdem überwunden. Im Jemen und anderswo kamen neue Kriege hinzu, in denen sich die UNO ebenfalls als weitgehend handlungsunfähig erwies.

Diese Defizite und das Versagen der UNO sind allerdings weder Schicksal noch das Ergebnis von Unfähigkeit der weltweit tätigen UNO-Mitarbeiter. Verantwortlich für das Versagen der Vereinten Nationen – wie auch für ihre Erfolge – sind immer die Mitgliedstaaten. In allen fünf Krisen und Gewaltkonflikten gab es und gibt es auch weiterhin Alternativen für ein wirksames Handeln der UNO. Die Mitgliedstaaten müssen das nur wollen.

Syrien – die Dauerblockade des UNO-Sicherheitsrats

Bei keinem anderen Gewaltkonflikt seit Ende des Kalten Krieges sind sich weite Teile der öffentlichen und veröffentlichten Meinung derart einig, dass die Vereinten Nationen und insbesondere der UNO-Sicherheitsrat gescheitert sind, wie bei dem seit März 2014 stattfindenden Vielfrontenkrieg in und um Syrien. Im Völkermord in Ruanda im Frühjahr 1994 wurden zwar innerhalb der kurzen Zeitspanne von wenigen Wochen fast 900 000 Menschen niedergemetzelt. Und der Völkermord an fast 8000 muslimischen Jungen und Männern im ostbosnischen Srebrenica im Juli 1995 gilt auch deswegen als besonders gravierendes »Versagen der UNO«, weil dieser Völkermord in einer vom Sicherheitsrat proklamierten und von Blauhelmsoldaten bewachten UNO-Schutzzone stattfand. Zudem waren die weltweite mediale Aufmerksamkeit und Erschütterung auch deswegen so groß, weil dieser Völkermord in Europa stattfand. Vergleichbare Gewaltakte mit ähnlicher oder noch größerer Grausamkeit und Opferzahl auf dem afrikanischen Kontinent stoßen auf weit weniger Interesse.

Doch der nach ersten gewaltfreien Protesten gegen die Regierung von Präsident Bashar al-Assad im März 2011 entflammte Syrienkrieg zieht sich inzwischen schon zehn Jahre hin und ist in dieser Zeit fast ständig eskaliert. Bis Ende 2020 hat dieser Krieg mehr als 500 000 Todesopfer gefordert. Über 13 Millionen Syrerinnen und Syrer – das ist weit über die Hälfte der Vorkriegsbevölkerung – befinden sich inzwischen als Flüchtlinge im Ausland oder sind Binnenvertriebene innerhalb Syriens. Das ist die größte Flüchtlingskatastrophe und – neben dem seit 2015 eskalierenden Jemenkrieg – die größte Herausforderung für die humanitären Organisationen des UNO-Systems seit Ende des Zweiten Weltkrieges.

Erst im Dezember 2015 – über viereinhalb Jahre nach Beginn des Syrienkrieges – konnte sich der UNO-Sicherheitsrat mit seiner einstimmig verabschiedeten Resolution 2254 erstmals auf Vorschläge zur Lösung dieses Gewaltkonflikts einigen. Die Resolution enthält einen bis heute gültigen Fahrplan für die Beendigung des Krieges und die Aushandlung einer Nachkriegsordnung durch die Konfliktparteien. Doch abgesehen davon, dass Anfang 2016 ein von einem UNO-Vermittler moderierter, bislang aber fast völlig ergebnisloser Verhandlungsprozess begonnen hat, wurde keiner der Schritte der Resolution 2254 bis heute umgesetzt.

Rivalisierende Interessen der Vetomächte

Warum konnte die UNO sich bis Ende 2015 nicht einmal auf einen solchen Plan zur Beendigung des Syrienkrieges einigen? Hauptsächlich wegen der Interessengegensätze der fünf Vetomächte im Sicherheitsrat, insbesondere zwischen Russland und den USA. Als Ursache hinzu kommen die machtpolitischen, zum Teil religiös verbrämten Rivalitäten zwischen den mit jeweils einem dieser beiden UNO-Vetomächte verbündeten Nachbarstaaten Syriens, in erster Linie Iran und Saudi-Arabien.

Nach Tunesien, Ägypten, Libyen sowie zwischenzeitlich Bahrain war Syrien der fünfte Staat in der Region Nordafrikas und des Nahen Ostens, der seit Ende 2010 vom »arabischen Frühling« ergriffen wurde. Die Menschen in diesen Ländern gingen auf die Straße, protestierten gegen die autoritären, diktatorischen und korrupten Regime und forderten die grundlegenden Freiheits- und Menschenrechte für sich ein. Doch hier enden die Gemeinsamkeiten zwischen den fünf Staaten. Im Unterschied zu Tunesien, Ägypten und Libyen ist Syrien von erheblicher strategischer Bedeutung. Das gilt zwar auch für das kleine Ölemirat Bahrain, das direkt am Persischen Golf liegt, und wo die siebte

Flotte der US-Seestreitkräfte ihren wichtigsten Hafen hat. Aus diesem Grund wurden die gewaltfreien Demonstrationen der schiitischen Mehrheitsbevölkerung gegen das sunnitische Minderheitsregime in Bahrain im März 2011 schnell und effektiv von Truppenverbänden aus dem benachbarten Saudi-Arabien niedergeschlagen – unter offener Zustimmung der Regierungen in Washington und anderen westlichen Hauptstädten.

Syrien ist aber nicht nur wegen seiner geografischen Lage mit gemeinsamen Grenzen zu Irak, Libanon, Israel und der Türkei von strategischer Bedeutung und von großem Interesse für äußere Akteure, seien es globale Großmächte oder benachbarte Regionalmächte, sondern auch, weil Syrien unter der Herrschaft der aus der schiitisch-alawitischen Bevölkerungsminderheit stammenden Herrscherfamilie Assad die Verbindung zwischen dem schiitischen Iran und der schiitischen Hisbollah in Libanon ermöglichte. Zudem ist Syrien das einzige Land der gesamten Region von Marokko bis Pakistan, das während der viereinhalb Jahrzehnte des Kalten Krieges ein Verbündeter Moskaus war. Auch nach Ende des Kalten Krieges blieb dieses Bündnis erhalten. Die Marinebasis Tartus an der syrischen Küste, 90 Kilometer südlich der Stadt Latakia, ist der einzige Zugang der russischen Seestreitkräfte zum Mittelmeer und darüber hinaus die einzige russische Militärbasis außerhalb des Gebiets der früheren Sowjetunion. Diese Marinebasis ist für Russland so wichtig wie der Hafen in Bahrain für die USA. Auch nach Ende des Kalten Krieges blieb Syrien einer der größten Käufer russischer Waffen.

Vom politischen Aufstand zum Stellvertreterkrieg

Aus allen diesen Gründen eskalierte die Arabellion in Syrien von einem politischen Aufstand klar identifizierbarer innenpolitischer Oppositionsgruppen gegen das Assad-Regime zu einem Stellvertreterkrieg zwischen diversen äußeren Akteuren. Daher waren die Chancen der UNO, diesen Krieg zu beenden, von Anfang an sehr gering. Zwar konnten die UNO und die Arabische Liga im Februar 2012 den ehemaligen UNO-Generalsekretär Kofi Annan als Syrien-Vermittler gewinnen. Annan genoss bei fast allen politischen Akteuren in der Konfliktregion des Nahen und Mittleren Ostens großes Ansehen und Vertrauen. Wenn überhaupt jemand, dann hätte er es schaffen können, im Syrienkonflikt einen Waffenstillstand und dann vielleicht auch eine politische Lösung herbeizuführen. Dass Annan nicht einmal eine vorübergehende Waffenruhe bewirken konnte, ist nicht ihm anzulasten, dafür tragen die drei Vetomächte im UNO-Sicherheitsrat, Russland, China und USA, die Verantwortung. Ihre rhetorische Unterstützung für Annans Friedenspläne war immer unehrlich.

Bald nach seiner Ernennung Anfang 2012 unterbreitete Annan einen Sechs-Punkte-Friedensplan für die Beilegung des Syrienkonflikts. Der Plan sah einen dauerhaften Waffenstillstand vor, ungehinderten Zugang der Hilfsorganisationen zur bedürftigen Zivilbevölkerung im ganzen Land, einen Gefangenenaustausch, die Aufhebung der Medienzensur und schließlich eine Vereinbarung der syrischen Konfliktparteien über die politische Zukunft ihres Landes. Die Vetomächte im UNO-Sicherheitsrat stellten sich zwar hinter diesen Sechs-Punkte-Friedensplan und versicherten dem von ihnen beauftragten Syrien-Vermittler Annan immer wieder ihre Unterstützung. Hinter den Kulissen sabotierten sie Annan und seinen Plan aber nach Kräften.

Wie der UNO-Vermittler Annan sabotiert wurde

Die drei westlichen ständigen Ratsmitglieder und Vetomächte USA, Frankreich und Großbritannien gründeten Anfang 2012 zusammen mit Deutschland, der Türkei, Saudi-Arabien, Katar und weiteren Ländern die Staatengruppe der »Freunde Syriens«. Auf den Treffen der Außenminister dieser Ländergruppe legten Saudi-Arabien und Katar allein 100 Millionen US-Dollar auf den Tisch für Waffenlieferungen an die syrischen Rebellengruppen. Russland versorgte die Streitkräfte des Assad-Regimes weiterhin mit Waffen. Im UNO-Sicherheitsrat verhinderte Russland, unterstützt von China, durch Vetodrohungen die Verabschiedung westlicher Resolutionsentwürfe, in denen das Assad-Regime wegen seiner Menschenrechtsverletzungen kritisiert und zur Einstellung von Gewalt gegen die Zivilbevölkerung aufgerufen wurde.

Grund für diese von westlichen Regierungen immer wieder kritisierte »Blockadehaltung« waren aber nicht nur die nationalen Eigeninteressen Russlands in Syrien und das für Peking ganz besonders wichtige Prinzip der Nichteinmischung in die inneren Angelegenheiten von Staaten. Ausschlaggebend für die kompromisslose Haltung der beiden Vetomächte Russland und China war auch die Erfahrung mit der Libyen-Resolution des UNO-Sicherheitsrats vom März 2011. Damals hatten die westlichen Staaten im Rat sowie Libanon einen Resolutionsentwurf eingebracht zur Schaffung einer Flugverbotszone über Libyen. Mit dieser Maßnahme sollte die Zivilbevölkerung gegen Angriffe von Gaddafis Luftwaffe geschützt werden. Russland und China enthielten sich und ließen die Resolution damit passieren. Doch unter missbräuchlicher Anwendung dieser Resolution führten die drei NATO-Staaten Frankreich, USA und Großbritannien in der Folge einen Krieg gegen das Gaddafi-Regime bis zu dessen Sturz. Moskau und Peking fühlten sich hintergangen. »Nach dieser Erfahrung werden wir keiner Syrien-Resolution zustimmen, weder im Sicherheitsrat noch im Menschenrechtsrat der UNO«, erklärte Russlands UNO-Botschafter Witali Tschurkin damals unter beifälligem Nicken seines chinesischen Amtskollegen.

Mit Ausnahme der von Russland und den USA gemeinsam initiierten Resolution zur Beseitigung aller syrischen Chemiewaffen vom Oktober 2013 konnte sich der Sicherheitsrat wegen der rivalisierenden Interessen seiner gewichtigsten Mitglieder bis zur Resolution 2254 vom Dezember 2015 auf keine völkerrechtlich verbindliche Resolution zum Syrienkonflikt einigen. Der Rat verständigte sich lediglich auf einige unverbindliche Erklärungen seines Präsidenten. Der UNO-Menschenrechtsrat in Genf hat eine Reihe von Resolutionen beschlossen. In den meisten dieser Resolutionen werden nicht nur die schweren Menschenrechtsverletzungen des Assad-Regimes verurteilt, sondern auch die Verstöße der bewaffneten Oppositionskräfte. Zwar stimmten Russland und China gegen diese Resolutionen. Doch im Menschenrechtsrat haben die fünf ständigen Mitglieder des Sicherheitsrats kein Veto. Zudem etablierte der Menschenrechtsrat eine Unterkommission zur Lage in Syrien. Deren bisherige Berichte beruhen jedoch ausschließlich auf Zeugen und überlebenden Opfern, die außerhalb Syriens vor der UNO-Kommission aussagten. Denn das Assad-Regime gewährt den Mitgliedern der UNO-Untersuchungskommission bis heute keinen Zugang zu Syrien. Damit verstößt das Regime gegen seine völkerrechtlichen Verpflichtungen.

Der unbrauchbare Formelkompromiss der Genfer Syrien-Konferenz 2012

Ende Juni 2012 flammte noch einmal kurzfristig Hoffnung auf eine baldige Beendigung des syrischen Bürgerkriegs auf. In Genf fand die erste vom UNO-Sicherheitsrat initiierte Syrien-Konferenz statt. Teilnehmer waren neben Syrien-Vermittler Kofi Annan und den Außenministern aller fünf Vetomächte des Sicherheitsrats auch deren Amtskollegen aus der Türkei, Irak, Katar und Kuwait, die Außenbeauftragte der Europäischen Union (EU) sowie Vertreter des Syrischen Nationalrats (SNC). Der SNC, ein sehr heterogener Zusammenschluss von etwa 300 im Exil lebenden Kritikern des Assad-Regimes, galt den westlichen Regierungen damals als die wichtigste politische Oppositionsgruppe.

Die Genfer Konferenz endete mit einer Vereinbarung, welche die Schritte beschreibt von einem Waffenstillstand in Syrien über die Etablierung einer aus Vertretern von Regierung und Opposition gebildeten Übergangsregierung in Damaskus bis hin zu von der UNO überwachten freien Parlaments- und Präsidentschaftswahlen. Diese Vereinbarung vom Juni 2012 wird seitdem als »Erklärung von Genf 1« bezeichnet. Sie galt lange als Grundlage und Referenzpunkt für die weiteren diplomatischen Bemühungen der UNO um eine Beilegung des Syrienkonflikts. Allerdings beinhaltete diese Vereinbarung in der zentralen Streitfrage der künftigen Rolle Assads einen Formelkompromiss, der ihren politischen Gebrauchswert von Beginn an infrage stellte. Syrien-Vermittler Kofi Annan hatte in seinem Entwurf für die Vereinbarung vorgeschlagen, dass »jene Personen von der Übergangsregierung ausgeschlossen werden sollen, deren fortgesetzte Anwesenheit und Beteiligung die Glaubwürdigkeit der Transition untergraben und Stabilität und Versöhnung aufs Spiel setzen würden«. Mit diesem Passus waren Assad und andere führende Mitglieder des Regimes in Damaskus gemeint. Das zumindest war die Interpretation von neun der elf Teilnehmer der

Genfer Konferenz: der drei westlichen Vetomächte des Sicherheitsrats, USA, Frankreich und Großbritannien, der EU, der Türkei und der drei arabischen Staaten Irak, Kuwait und Katar.

Der Syrische Nationalrat ging sogar noch einen Schritt weiter als Vermittler Annan in seinem Entwurf: »Letztendlich wollen wir das Blutvergießen in Syrien beenden. Wenn dazu ein politischer Dialog nötig ist, sind wir dazu bereit«, erklärte SNC-Sprecher Chalid Saleh und fügte hinzu: »Wir sind aber nicht bereit, mit Assad und jenen zu verhandeln, die Syrer getötet haben. Wir werden nicht verhandeln, solange sie Syrien nicht verlassen haben.«

Russland und China stellten sich auf der Genfer Konferenz jedoch entschieden gegen den Vorschlag von UNO-Vermittler Annan. »Wir lehnen einen von außen erzwungenen Ausschluss Assads von einer Übergangsregierung oder von Verhandlungen entschieden ab«, erklärte der russische Außenminister Sergej Lawrow. »Unsere westlichen Partner wollen über das Ergebnis des politischen Prozesses in Syrien entscheiden, obwohl das eine Angelegenheit der Syrer ist«, monierte der Vertreter Moskaus.

Angesichts der Haltung Russlands und Chinas und um ein gänzliches Scheitern der Genfer Konferenz zu verhindern, wurde Annans Formulierungsvorschlag schließlich fallen gelassen. In dem Genfer Abschlussdokument heißt es stattdessen, »die Übergangsregierung aus Mitgliedern der derzeitigen Regierung und der Opposition« solle »auf Basis beiderseitigen Einverständnisses gebildet werden«.

Im Klartext heißt das: Vertreter des Regimes – darunter möglicherweise Assad selbst – sollen im Einverständnis mit Vertretern der Opposition darüber entscheiden, ob der Präsident und andere Mitglieder des Regimes an einer künftigen Übergangsregierung und an Verhandlungen über die Zukunft des Landes beteiligt sein sollen.

Dieses Szenario schien schon im Juni 2012 zumindest nach den bis dato erfolgten öffentlichen Festlegungen des Syrischen Nationalrats und anderer Oppositionsgruppen unvorstellbar.

Die Ausgrenzung Irans aus der Suche nach Beilegung des Syrienkonflikts

Russlands Außenminister Lawrow hatte in Genf den Vorschlag gemacht, auf einer weiteren Konferenz in Moskau eine Lösung für den Syrienkonflikt zu suchen. In Moskau sollten dann auch alle syrischen Konfliktparteien sowie Iran als engster Verbündeter der Regierung in Damaskus teilnehmen. Doch die USA wiesen diesen Vorschlag als »unannehmbar« zurück. Die Obama-Administration hatte mit ihrem Veto bereits verhindert, dass Iran zu der Genfer Konferenz im Juni 2012 eingeladen wurde. In Genf nahmen mit der Türkei, Katar und Kuwait auf Einladung der westlichen Vetomächte des UNO-Sicherheitsrats, USA, Frankreich und Großbritannien, drei Staaten aus der nahöstlichen Krisenregion teil, die die syrische Opposition unterstützen. Nicht nur Russland hatte vergeblich darauf gedrungen, auch die iranische Regierung nach Genf einzuladen. Auch Syrien-Vermittler Annan und UNO-Generalsekretär Ban Ki-moon hatten sich vehement für eine Einladung Teherans eingesetzt. Ihr Argument: Für eine Beendigung des Syrienkonflikts muss man sämtliche regionalen Akteure an den Verhandlungstisch holen, die im Syrienkonflikt eigene Interessen verfolgen und daran beteiligt sind durch finanzielle, militärische oder sonstige Unterstützung für die eine oder andere innersyrische Konfliktpartei. Doch mit ihrem Plädoyer für eine umfassende Beteiligung aller Konfliktakteure scheiterten Annan und Ban Ki-moon am Veto Washingtons.

Die Obama-Administration verfolgte im Jahr 2012 noch die Linie einer strikten internationalen Isolation Teherans und verweigerte zumindest offizielle Treffen und Gespräche mit Vertretern der iranischen Führung. Darüber hinaus setzte die Obama-Administration im Spätsommer 2012 UNO-Generalsekretär Ban Ki-moon und den damaligen ägyptischen Präsidenten Mohammed Mursi massiv unter Druck, nicht wie geplant zur Gipfelkonferenz der blockfreien Staaten Mitte Oktober nach Teheran zu reisen. Wie UNO-Generalsekretär Ban Ki-moon hielt auch der sunnitische Muslimbruder Mursi die Einbindung des schiitischen Iran in die Bemühungen um eine Beendigung des Syrienkonflikts für unerlässlich. Zudem wollte Mursi mit dem ersten Iranbesuch eines ägyptischen Präsidenten seit Abbruch der diplomatischen Beziehungen zwischen beiden Ländern im Jahre 1979 infolge der iranischen Revolution und des Friedensvertrags zwischen Ägypten und Israel das Verhältnis zwischen Kairo und Teheran wieder normalisieren.

Mursi gab dem Druck aus Washington nicht nach, reiste nach Teheran und vermied auch die daraufhin von Spindoktoren der Obama-Administration über die US-Medien verbreitete »Gefahr«, sich von seinen iranischen Gastgebern »instrumentalisieren« zu lassen. Sowohl in seiner Rede vor dem Plenum der Blockfreien-Gipfelkonferenz wie auch in seinen Unterredungen mit Irans Präsident Mahmud Ahmadinedschad und Religionsführer Ayatollah Khamenei übte Mursi deutliche Kritik an der iranischen Politik im Syrienkonflikt.

Auch UNO-Generalsekretär Ban Ki-moon, der sein Amt einer Absprache zwischen den USA und China verdankte, bewies erstmals in seiner Amtszeit Rückgrat gegenüber Washington und reiste nach Teheran. Die Strategie der Obama-Administration, Iran aus den Bemühungen um eine Beilegung des Syrienkonflikts herauszuhalten, war der letztlich ausschlaggebende Grund, warum UNO-Vermittler Kofi Annan sein Amt im August 2012 resigniert aufgab.

Iran – vom Feind zum Bündnispartner des Westens?

Erst im Laufe des Jahres 2013 weichte die Obama-Administration ihre Isolationsstrategie gegenüber Teheran zumindest mit Blick auf die Verhandlungen über das iranische Nuklearprogramm etwas auf. Bei der Bekämpfung der Milizen des sogenannten Islamischen Staats in Irak bestand seit Herbst 2014 sogar eine De-facto-Kooperation zwischen den USA und Iran, die von Washington allerdings offiziell nicht bestätigt wurde. Die Situation erinnert an die ersten Monate nach den Terroranschlägen vom 11. September 2001. Damals hielt Iran den gegen die Taliban und al-Qaida in Afghanistan kämpfenden US-amerikanischen Truppen im Länderdreieck Iran, Afghanistan und Pakistan den Rücken frei. Zudem lieferte Teheran zahlreiche Personen in die USA aus, die von der damaligen Bush-Administration der Unterstützung des Terrorismus bezichtigt wurden. Doch trotz dieser weitgehenden Kooperation bezeichnete Präsident George W. Bush Iran im Januar 2002 zusammen mit Nordkorea und Irak als Mächte einer »Achse des Bösen«, die den internationalen Weltfrieden bedrohen. Wenig später verkündete Bush eine »neue nationale Sicherheitsstrategie«, in der Iran namentlich genannt wird als potenzielles Ziel künftiger »präemptiver« militärischer Erstschläge der USA ohne Mandat des UNO-Sicherheitsrats gegen Staaten, die aus der Sicht Washingtons Terroristen unterstützen, Massenvernichtungswaffen entwickeln oder verbreiten und damit eine »Bedrohung« für die USA darstellen.

Iran, das frühere Persien, ist aus vielerlei Gründen das wichtigste Land im Nahen und Mittleren Osten – der Weltregion, in der seit Gründung der UNO vor siebzig Jahren die meisten und auch die für die übrige Welt folgenreichsten Gewaltkonflikte stattfinden. Iran ist das größte Land dieser Region. Es hat Außengrenzen zu acht anderen Staaten sowie über tausend Kilometer lange Küstengrenzen zum Kaspischen Meer und zum Persischen Golf, der strategisch wichtigsten Wasserstraße der Welt, durch die über 50 Prozent aller weltweiten Öltransporte verlaufen. Iran verfügt nach Saudi-Arabien und Irak über die drittgrößten Ölreserven der Welt und über die zweitgrößten Gasvorräte nach Russland. Die iranische Bevölkerung ist die jüngste im weltweiten Durchschnitt. Nirgendwo sonst ist der Anteil der unter 20-, 30- und 40-Jährigen so groß wie in Iran. Im Unterschied zu allen anderen Staaten im von westlichen Sicherheitsexperten häufig so bezeichneten »Krisenbogen von Marokko bis Pakistan« war Iran niemals Kolonie einer fremden Macht.

Gute Beziehungen zu Iran wären im Eigeninteresse der USA

Die USA verfolgen bereits seit der islamischen Revolution in Iran 1979, in deren Kontext Revolutionsstudenten die US-Botschaft in Teheran besetzten und amerikanische Diplomaten über 400 Tage als Geiseln hielten, eine Politik der Isolation und der Sanktionen gegen das wichtigste Land der Region. Umgekehrt gelten die USA den konservativen Kräften in der religiösen und politischen Führung Irans als der Hauptfeind auf dieser Welt. Die Gegnerschaft zwischen Washington und Teheran während der letzten 35 Jahre war ein wesentliches Hindernis für die Bemühungen der UNO um die Beilegung und politische Lösung von Konflikten im Nahen und Mittleren Osten.

In den USA wird die Feind- und Isolationspolitik gegenüber Iran schon seit langer Zeit nicht nur von Linken und Liberalen kritisiert. Einer der schärfsten Kritiker dieser Politik ist Zbigniew Brzeziński, der nationale Sicherheitsberater von Präsident Jimmy Carter in den Jahren 1976 bis 1980. Bereits 2003 kritisierte Brzeziński, es sei »dumm, gefährlich und kontraproduktiv«, dass die Bush-Administration nach den Terroranschlägen vom 11. September 2001 Iran – neben Irak und Nordkorea – zur »Achse des Bösen« in der Welt und zur »größten Bedrohung für die USA« dämonisierte. Brzeziński, kein Linker oder Pazifist, sondern ein harter Falke der US-Außenpolitik, brandmarkte Forderungen nach einem militärischen Vorgehen gegen Iran als »verantwortungsloses, aufrührerisches Geschwätz«.

Tatsächlich, so der ehemalige Sicherheitsberater, läge es »im wohlverstandenen strategischen Interesse der USA, mit Iran, dem wichtigsten Land im Mittleren Osten, auf allen Ebenen gute bilaterale Beziehungen zu unterhalten«. Eine Kooperation zwischen den USA und Iran würde auch die Chancen zur Beilegung des israelisch-palästinensischen Konflikts erhöhen.

2008 wurde Brzeziński für diese Haltung noch abgestraft. Unter dem massiven Druck der israelischen Regierungslobby in den USA musste er den Beraterkreis für Obamas Präsidentschaftswahlkampagne verlassen. Inzwischen hat die Einsicht, dass eine veränderte Politik Washingtons gegenüber Iran im wohlverstandenen nationalen Eigeninteresse der USA läge, in Washington parteiübergreifend an Unterstützung gewonnen. Erste konkrete Schritte zur Umsetzung dieser Einsicht waren die 2013 begonnen Verhandlungen der Obama-Administration mit Teheran. Das im Juli 2015 vereinbarte Abkommen über eine verlässliche Begrenzung des iranischen Nuklearprogramms auf rein zivile Zwecke im Juli 2015 war der größte außenpolitische Erfolg in den acht Präsidentschaftsjahren Obamas. Donald Trump missgönnte seinem verhassten Vorgänger diesen Erfolg, denunzierte ihn bereits in seinem Präsidentschaftswahlkampf 2016 als »das schlechteste Abkommen in der Geschichte der USA« und ließ sich dann von den ideologischen Iranfeinden in seiner Administration – John Bolton, Mike Pence, Jared Kushner und Mike Pompeo – zur Aufkündigung des Abkommens und zu einer Politik der harten Konfrontation und des »maximalen Drucks« gegen Teheran bewegen. Das war ein tragischer Rückschritt in der Iranpolitik Washingtons. Es bleibt zu hoffen, dass die Biden-Administration nicht nur zu dem Nuklearabkommen zurückkehrt, sondern auch darüber hinaus Abschied nimmt von der seit 1979 herrschenden Politik der Feindschaft der USA gegenüber Iran. Diese Politik hat im Ergebnis immer nur die außen- und innenpolitischen Hardliner und die Amerika-Hasser in Teheran gestärkt und die Spielräume für Reformer und demokratische Opposition verengt. Ohne eine derartige Kurskorrektur der US-Politik wird die UNO kaum in der Lage sein zu konstruktiven Bemühungen um die Überwindung der zahlreichen Konfliktursachen im Nahen und Mittleren Osten.

Unabhängige Konfliktbeobachtung durch UNO-Blaumützen nicht möglich

Bereits vor dem resignierten Rücktritt von Vermittler Kofi Annan Anfang August 2012 hatte die UNO ihre zu Beginn des Jahres entsandten 300 unbewaffneten Militärbeobachter – wegen ihrer UNO-blauen Baretts auch Blaumützen genannt – aus Syrien zurückziehen müssen. Die Blaumützen hatten den Auftrag, die Kampfhandlungen zu beobachten sowie Menschenrechtsverletzungen und Verstöße gegen die Regeln des humanitären Völkerrechts zu dokumentieren. An die Entsendung der Militärbeobachter knüpfte sich anfangs auch die Hoffnung, die Blaumützen könnten allein durch ihre Präsenz in Syrien deeskalierend auf den Konflikt wirken. Doch diese Hoffnung erwies sich sehr schnell als Illusion. Die Regierung Assad hatte der Stationierung der UNO-Mission zwar zugestimmt, ihr allerdings nur völlig unzureichende eigene Transportmittel erlaubt. Daher waren die UNO-Militärbeobachter für ihren Transport innerhalb des Landes weitgehend auf Fahrzeuge und Hubschrauber der syrischen Regierungsstreitkräfte angewiesen und folglich in ihrer Bewegungsfreiheit und Unabhängigkeit gravierend eingeschränkt. Zudem gerieten die Blaumützen immer häufiger unter Beschuss von Regierungssoldaten.

UNO stellt Täterschaft für das Massaker von Hula fest

Im September 2011 setzte der UNO-Menschenrechtsrat in Genf eine Sonderkommission ein zur Untersuchung von Menschenrechtsverletzungen aller Konfliktparteien in Syrien. Geleitet wird die Sonderkommission von dem brasilianischen Diplomaten Paulo Pinheiro, der zuvor bereits im UNO-Auftrag Menschenrechtsverletzungen in anderen Gewaltkonflikten untersucht hatte und als Sonderberichterstatter der UNO zur Verletzung von Kinderrechten fungierte. Doch die Regierung Assad verweigerte jegliche Kooperation mit der Sonderkommission und verwehrte ihr den Zutritt zu Syrien.

Trotz dieser massiven Behinderung legte die Sonderkommission dem Menschenrechtsrat bis Ende 2015 bereits vier umfangreiche Berichte vor. Darin sind Menschenrechtsverletzungen der syrischen Regierungsstreitkräfte und der mit ihr verbündeten Shabiha-Milizen ebenso dokumentiert wie Verstöße diverser bewaffneter Oppositionsgruppen und der Terrormilizen des sogenannten Islamischen Staats. Die Berichte der Kommission beruhen auf Aussagen von Zeugen und Überlebenden, die wegen der Einreiseverweigerung für die UNO-Kommission nur per Videokonferenz oder außerhalb Syriens befragt werden konnten. Bis Ende Juni 2012 flossen auch Beobachtungen der danach abgezogenen UNO-Blaumützen in die Berichte der Untersuchungskommission des Menschenrechtsrats ein. Der Kommission gelang es, die Täterschaft für das erste große Massaker an Zivilisten festzustellen, bei dem am 25. und 26. Mai 2012 in der syrischen Gemeinde Hula in der Provinz Homs 108 Menschen – 49 Kinder, 34 Frauen und 25 Männer – getötet sowie über 300 Menschen verletzt wurden. Die große Mehrheit der Getöteten wurde aus kürzester Entfernung in ihren Wohnungen erschossen, nur wenige der Opfer kamen in Gefechten oder durch Granatbeschuss ums Leben.

Die syrische Regierung wies jede Verantwortung für das Massaker zurück und machte aufständische Kämpfer dafür verantwortlich.

Demgegenüber erklärte die Untersuchungskommission des UNO-Menschenrechtsrats in ihrem abschließenden Bericht vom 15. August 2012, dass Truppen der syrischen Regierungsstreitkräfte sowie mit ihr verbündete Shabiha-Milizen für die Tötungen in Hula verantwortlich seien. Die Kommission stützte sich auf Analysen der Zugangswege zu den Tatorten, der Loyalitäten der Opfer, der Sicherheitslage in dem Gebiet zum Tatzeitpunkt, einschließlich der Position eines Kontrollpunktes der Regierungstruppen sowie der Auswertung von Aussagen von Überlebenden und Augenzeugen, und berücksichtigte dabei die im offiziellen Bericht der syrischen Regierung gemachten Angaben.

In einem vorläufigen, am 26. Juni 2012 veröffentlichten Bericht hatte die UNO-Kommission noch keine Gewissheit ausgedrückt, aufgrund der ihr damals vorliegenden Erkenntnisse aber bereits signalisiert, eine Verantwortung regierungstreuer Kräfte für wahrscheinlich zu halten. Regierungstreue Kräfte hätten von ihren Positionen nicht nur den leichteren Zugang zu den konkreten Tatorten gehabt, sondern die Tötungen wiesen auch Ähnlichkeiten zu anderen untersuchten Vorfällen der Vergangenheit auf, für die die Verantwortung des Regimes dokumentiert sei.

Die Beseitigung der syrischen Chemiewaffen zeigt das Potenzial der UNO

Die von Russland und den USA gemeinsam initiierte schnelle Beseitigung und Vernichtung des syrischen Chemiewaffenarsenals ab Herbst 2013 sowie die Einbindung Syriens in das Chemiewaffenverbotsabkommen der UNO von 1993 lassen eine Ahnung aufkommen, was die Weltorganisation zur Beilegung des Syrienkonflikts hätte beitragen können, wenn sich die beiden Vetomächte im Sicherheitsrat einig wären. Doch das gemeinsame Vorgehen von Russland und den USA in Sachen Chemiewaffen blieb nur eine Eintagsfliege. Wie kontrovers die Interessenlage zwischen Moskau und Washington ist, zeigte die zweite Genfer Syrien-Konferenz im Januar 2014. Auf Druck Washingtons erneut ohne Beteiligung Irans versandete die Konferenz nach pompösem Auftakt in einem Nobelhotel in Montreux in einem zynischen Feilschen zwischen den Vertretern der syrischen Regierung und der Opposition im Genfer UNO-Palast.

Als hilfloser Vermittler und Nachfolger Kofi Annans in dieser Rolle agierte Lakhdar Brahimi, ein algerischer Diplomat mit ebenfalls jahrzehntelanger Erfahrung in UNO-Diensten. Zwar hatten die Obama-

Administration und die Regierung Putin Brahimi versichert, sie hätten im Vorfeld der Genfer Konferenz Druck auf die syrische Regierung beziehungsweise auf die Opposition ausgeübt, konstruktive Verhandlungen zu führen. Doch selbst wenn es diesen Druck aus Moskau und Washington tatsächlich gegeben haben sollte, so war davon nichts zu spüren. Fünfzehn Tage lang gelang Brahimi nicht einmal, die Konfliktparteien zu einem direkten Gespräch miteinander zu bewegen, zunächst sogar nicht einmal zum gemeinsamen Aufenthalt in einem Raum des Genfer UNO-Gebäudes.

Stattdessen nutzten beide Konfliktparteien die große Anwesenheit internationaler Medien ausgiebig zur Propaganda für ihre jeweilige Sicht der Dinge. Mangels Unterstützung durch die relevanten Mächte des Sicherheitsrats beschränkte sich Brahimi schließlich darauf, von den Konfliktparteien wenigstens Zusagen zu erreichen für einige humanitäre Verbesserungen für die geschundene syrische Zivilbevölkerung. Insbesondere bemühte sich der UNO-Vermittler um ungehinderten Zugang humanitärer Hilfslieferungen zu den Menschen, die bereits seit vielen Monaten in Homs, Aleppo und anderen belagerten und umkämpften Städten eingeschlossen waren. Doch selbst diese Anstrengungen Brahimis wurden später missachtet, als die syrischen Regierungstruppen eine entsprechende Vereinbarung dazu missbrauchten, die Altstadt von Homs von Oppositionskämpfern zu »säubern«.

Krokodilstränen in den Hauptstädten der fünf Vetomächte der UNO

Bis zur Verabschiedung der Resolution 2254 des Sicherheitsrats Mitte Dezember 2015 hatte der Syrienkonflikt bereits über 270 000 Todesopfer gefordert. Die Verwundeten und Verstümmelten werden gar nicht erst gezählt. Über 12 Millionen der 22 Millionen Syrerinnen und Syrer lebten zum damaligen Zeitpunkt bereits als Flüchtlinge im Ausland oder als Binnenvertriebene im eigenen Land. Kostbare jahrtausendealte Kulturgüter wurden zerstört. Rund 50 Prozent des syrischen Territoriums wurden bis Mitte 2015 von den Terrormilizen des sogenannten Islamischen Staats und von anderen dschihadistischen Gruppierungen kontrolliert. Und der Syrienkonflikt destabilisierte zunehmend auch die Lage in den Nachbarstaaten Libanon, Jordanien und Irak, den Hauptaufnahmeländern für die syrischen Flüchtlinge.

Diese Entwicklung war spätestens ab Frühjahr 2012 absehbar, und sie wurde seinerzeit von manchen Experten auch so vorausgesagt. Damals kippte die zunächst noch relativ klare Konfrontation zwischen der Assad-Regierung und drei politischen Oppositionsgruppen nebst ihrem seit Herbst 2011 entstandenen bewaffneten Arm der Freien Syrischen Armee um in einen immer weniger überschaubaren Mehrfrontenkrieg mit unterschiedlichen, zum Teil von außen gesteuerten Gewaltakteuren. Die Resolution zur Verurteilung der Gewalttaten des Assad-Regimes, die die UNO-Generalversammlung Mitte Februar 2012 mit überwältigender Mehrheit verabschiedete, zeigte ebenso wenig Wirkung wie die mehrfach verschärften Sanktionen des Westens gegen Damaskus. »Priorität muss jetzt das Ende des Blutvergießens haben«, beteuerten damals unisono die Regierungen der fünf Vetomächte des Sicherheitsrats und aller anderen an der Debatte über Syrien beteiligten Länder. Wären diese Beteuerungen ernst gemeint gewesen, hätte die UNO das Blutvergießen beenden und eine weitere Gewalteskalation mit immer mehr Opfern verhindern können. Das hierzu geeignete Mittel wäre eine vom Sicherheitsrat im Konsens der fünf Vetomächte mandatierte Blauhelmtruppe für Syrien gewesen, im Idealfall mit Soldaten aus den USA, Russland, China, Frankreich und Großbritannien. Diese UNO-Blauhelmtruppe hätte die prioritäre Aufgabe haben müssen, sichere Landkorridore zur Versorgung der Bevölkerung mit überlebenswichtigen Gütern und zum Transport von Flüchtlingen und Verletzten zu schaffen, Städte und andere zivile Ziele vor Beschuss zu schützen, die Lieferung weiterer Waffen nach Syrien an jegliche Konfliktpartei zu unterbinden.

Mit der Umsetzung dieser Maßnahmen hätte die UNO den Bürgerkrieg in Syrien beenden können. Nach Eintreten eines von der Blauhelmtruppe überwachten Waffenstillstands hätten dann auch die weiteren Schritte des Sechs-Punkte-Friedensplans von Vermittler Kofi Annan umgesetzt werden können. Das Assad-Regime hätte einen Beschluss des UNO-Sicherheitsrats zur Entsendung einer Blauhelmtruppe möglicherweise zunächst noch abgelehnt als »unzulässige

Einmischung in die inneren Angelegenheiten« Syriens. Doch wenn tatsächlich nicht nur US-amerikanische, britische und französische, sondern auch russische und chinesische Blauhelmsoldaten in Syrien stationiert worden wären, ist schwer vorstellbar, dass Assads Streitkräfte gegen diese Truppen vorgegangen wären.

Chancen für ein Ende des Syrienkrieges und eine politische Konfliktlösung

Mit der Resolution des UNO-Sicherheitrats vom 18. Dezember 2015 mit dem Fahrplan für eine Lösung des Syrienkonflikts keimte erstmals seit Beginn des syrischen Bürgerkrieges eine begründete Hoffnung auf, dass dieser Krieg beendet und eine politische Nachkriegsordnung ausgehandelt werden könnte. Diese einstimmig verabschiedete Ratsresolution wurde möglich, weil sich in den acht Monaten zuvor einige wesentliche Rahmenbedingungen des Syrienkonflikts verändert hatten. Die wichtigste Veränderung war die Einbindung Irans in die diplomatischen Bemühungen um die Beilegung des Konflikts. Nachdem das Nuklearabkommen vom Juli 2015 nach der Billigung durch den Kongress in Washington und durch den Revolutionsrat sowie das Parlament in Teheran im Oktober 2015 endlich in trockenen Tüchern war, gab die Obama-Administration allmählich auch ihren Widerstand gegen eine Beteiligung Irans an der Syriendiplomatie auf. Mitte November 2015 nahm Iran in Wien dann erstmals gemeinsam mit den USA, Russland, Saudi-Arabien, der Türkei und zwölf weiteren Staaten sowie Vertretern von UNO, EU und Arabischer Liga an einer Syrienkonferenz teil. Diese Konferenz verständigte sich auf einen Fahrplan für einen Waffenstillstand und Verhandlungen über eine Nachkriegsordnung in Syrien. Dieser Fahrplan wurde dann durch die Resolution 2254 des Sicherheitrats zur völkerrechtlich verbindlichen Grundlage für alle am Syrienkonflikt direkt oder indirekt Beteiligten.

Zu dieser Vereinbarung hat auch das militärische Eingreifen Russlands in den Syrienkonflikt und das erhöhte diplomatische Engagement der Regierung von Präsident Wladimir Putin beigetragen. Seit Anfang September 2015 verstärkte Russland in seiner Marinebasis Tartus an der syrischen Mittelmeerküste und auf zwei Flughäfen in der westsyrischen Provinz Latakia seine militärische Präsenz. Am 30. September 2015 begannen russische Kampfflugzeuge mit Luftangriffen gegen Ziele des »Islamischen Staats« wie diverser bewaffneter Oppositionsmilizen.

In den EU-Staaten verstärkte die seit Anfang 2015 drastisch angestiegene Zahl von Flüchtlingen und Asylbewerbern aus Syrien den Druck, sich endlich aktiv um eine Beendigung des Syrienkrieges zu bemühen. Die Dringlichkeit wurde noch durch die – nach allen damals vorliegenden Erkenntnissen vom IS in Syrien gesteuerten – Terroranschläge in Paris vom 13. November 2015 unterstrichen, just am Vortag der Wiener Syrienkonferenz. Nach dem dort vereinbarten Fahrplan sollten Vertreter der Regierung Assad und diverser Oppositionsgruppen im Januar 2016 zu einer ersten Verhandlungsrunde in Genf zusammenkommen. Bis spätestens Mitte 2016 sollte dann in Damaskus eine mit Vertretern beider Seiten besetzte »glaubwürdige, inklusive und nicht sektiererische Übergangsregierung« installiert werden. Ihre wichtigste Aufgabe wäre gewesen, innerhalb weiterer maximal zwölf Monate eine neue Verfassung für Syrien auszuarbeiten. Nach Annahme der Verfassung durch eine Volksabstimmung sollten dann spätestens Mitte 2017 Präsidentschafts- und Parlamentswahlen stattfinden. Als Koordinator für die Umsetzung dieses Fahrplans wurde der UNO-Vermittler Staffan de Mistura bestimmt, der im Juli 2014 Lakhdar Brahimi ersetzt hatte. Brahimi war ebenso wie sein Vorgänger Annan unter deutlicher Kritik an den für die Blockade des Sicherheitsrats verantwortlichen Mächten zurückgetreten.

Friedensfahrplan bleibt weitgehend Makulatur

Doch der wohlklingende Friedensfahrplan vom Dezember 2015 blieb, zumindest bis Anfang 2021, weitgehend Makulatur.

Zunächst begann Anfang 2016 ein Gerangel um die Mitglieder für die Oppositionsdelegation am Genfer Verhandlungstisch. UNO-Vermittler de Mistura hatte nach monatelanger Analyse der komplizierten Konfliktlage in Syrien eine Einladung an alle konfliktbeteiligten Akteure geschickt, die nach seiner Überzeugung in Verhandlungen und eine Vereinbarung über die Zukunft Syriens eingebunden werden mussten, wenn diese Vereinbarung auf Dauer Bestand haben sollte. De Misturas Auswahlkritieren waren die Größe von Oppositionsgruppen und -milizen, ihre politische Relevanz und ihr Rückhalt in der Bevöllkerung, aber auch ihre militärische Stärke und die tatsächliche Macht, die sie damals über Teile des syrischen Staatsgebietes ausübten. Die Terrororganisation des sogenannten Islamischen Staat, die bis Ende 2015 über 50 Prozent des syrischen Territoriums unter ihre Kontrolle gebracht hatte, blieb allerdings ausgeschlossen.

Doch von dem UNO-Vermittler eingeladen wurden die syrischen Kurden, immerhin die größte ethnische Minderheit in Syrien, die zudem auf einem zusammenhängenden Gebiet entlang der Nordgrenze zur Türkei leben. Doch dann intervenierte der türkische Präsident Erdogan bei US-Präsident Barack Obama und bei der deutschen Bundeskanzlerin Angela Merkel vehement gegen eine Beteiligung der Kurden an den UNO-Verhandlungen. Erdogan drohte Obama, er werde den Luftwaffenstützpunkt Incerlik in der Südosttürkei – seit über vierzig Jahren die wichtigste Basis für Kriege, militärische Interventionen und Aufklärungsmissionen westlicher Staaten im Nahen und Mittleren Osten für die weitere Nutzung durch die USA und die NATO sperren. Der Bundeskanzlerin drohte Erdogan mit der Aufkündigung des – maßgeblich von Merkel ausgehandelten – Abkommens mit der EU, in dem er sich zur Zurückhaltung von Millionen syrischer Flüchtlinge in der Türkei verpflichtet hatte. Obama und Merkel gaben Erdogans Erpressungsdruck nach und drängten den damaligen UNO-Generalsekretär Ban Ki-moon, eine Beteiligung der syrischen Kurden an den Genfer Verhandlungen zu verhindern. Der UNO-Generalsekretär erteilte seinem Syrienbeauftragten de Mistura eine entsprechende Weisung. Dieser musste die syrischen Kurden, die Ende Januar 2016 als erste aller zur Teilnahme an der Verhandlungskonferenz Eingeladenen in Genf eingetroffen waren, wieder nach Hause schicken.

Vergebliche Bemühungen um eine Waffenruhe

Paralell zu den Genfer UNO-Verhandlungen bemühten sich 2016 auch die Außenminister der USA und Russlands John Kerry und Sergej Lawrow in zahlreichen Treffen und Telefonaten um eine Waffenruhe. Im

September 2016 verkündeten sie auf einer Pressekonferenz am Genfer UNO-Sitz eine in sich sehr widersprüchliche Vereinbarung. Danach sollten »auf dem gesamten Territorium Syriens« die Waffen schweigen, zugleich aber »terroristische Gruppen in ihren Stellungen weiterhin militärisch bekämpft werden dürfen«. Nachfragen, wie man sich dieses Szenario in der Praxis vorzustellen habe, konnten die beiden Außenminister nicht beantworten.

Hinzu kam als zentrales Problem, dass sich Washington und Moskau nicht darauf einigen konnten, welcher Akteur im syrischen Bürgerkrieg nebem dem »Islamischen Staat« und der »al-Nusra-Front«, einem Ableger der al-Qaida, als weiterhin zu bekämpfende »Terrororganisationen« einzustufen sei. Manche islamistische Milizen, die Washington für »gemäßigt« hielt und mit Waffen und Geld unterstützt hatte, und für die Waffenruhe gelten sollte – darunter Gruppen mit nachweislichen Verbindungen zur al-Nusra-Front – wurden von Moskau als weiterhin zu bekämpfende Terrororganisationen betrachtet. Wegen dieser Differenz konnten sich auch hohe Militärvertreter der USA und Russlands bei einem mehrtägigen Klausurtreffen in Genf nicht darauf einigen, in welchen Regionen Syriens die Waffenruhe gelten solle und gegen welche von »Terroristen« kontrollierte Gebiete weiterhin Luftwaffeneinsätze erlaubt seien.

Die Assad-Regierung hatte ohnehin vom ersten Tag des Bürgerkriegs im Jahr 2011 an sämtliche politischen Oppositionsgruppen und bewaffneten Milizen egal welcher Coleur als »Terroristen« bezeichnet, die es »zu vernichten« gelte. Die syrischen Regierungsstreitkräfte hielten sich ebensowenig an die im September 2016 von Kerry und Lawrow verkündete Vereinbarung wie die meisten der islamistischen Milizen.

Nach dem Wahlsieg von Donald Trump endeten die diplomatischen Kontakte und Bemühungen zwischen den USA und Russland im Syrienkonflikt. Lediglich bei den Luftangriffen auf Kämpfer des »Islamischen Staats« mit dem Ziel, diese zu vernichten oder aus den vom IS seit 2014 eroberten Gebieten zu vertreiben, gab es zeitweise eine Absprache und begrenzte Kooperation zwischen russischen und US-amerikanischen Luftstreitkräften. Für Washington waren der militärisch wichtigere Partner im Kampf gegen den IS die Milizen der syrischen Kurden. Sie wurden von den USA bewaffnet und bei ihrem Bodenkampf gegen die IS-Kämpfer von der US-Luftwaffe unterstützt. Russland setzte und setzt seine Luftstreitkräfte neben dem Kampf gegen den IS in den Jahren verstärkt zur Unterstützung der syrischen Regierungstruppen im Krieg gegen unterschiedslos sämtliche Oppositionsmilizen ein. Nachdem der IS im April 2019 aus seinen letzten festen Stellungen in Ostsyrien vertrieben war, eroberten die syrischen Regierungstruppen mithilfe der russischen Luftwaffe und iranischer Söldner auch fast alle anderen einst von Oppositionsmilizen kontrollierten Gebiete mit Ausnahme von Teilen der Provinz Idlib und der gleichnamigen Stadt in Nordwestsyrien an der Grenze zur Türkei.

Zusätzlich kompliziert wurde die innersyrische Konfliktlage seit 2019 durch die völkerrechtswidrige Militärintervention der Türkei. Seitdem führen türkische Bodentruppen und Luftstreitkräfte zum Teil im Verbund mit islamistischen Söldnern einen Krieg zur Vertreibung der syrischen Kurden aus ihren Siedlungsgebieten südlich der Grenze zur Türkei. Offiziell erklärtes Ziel der Regierung Erdogan ist es, in dieser Region eine bis 420 Kilometer breite und 60 Kilometer tiefe »Sicherheitszone« zu schaffen. In dieser Zone sollen nach Vertreibung aller Kurden dann die derzeit rund 3,5 Millionen syrischen Flüchtlinge in der Türkei angesiedelt werden.

Im UNO-Sicherheitsrat gab es bis Mitte März 2021 keinerlei Bemühungen, sich mit dem völkerrechtswidrigen Krieg der Türkei zu befassen oder ihn gar zu verurteilen und den Rückzug der türkischen Invasionstruppen aus Syrien notfalls mit Sanktionen zu erzwingen. Washington und Moskau hatten Erdogan stillschweigend grünes Licht für sein Vorgehen gegen die syrischen Kurden gegeben. Im Gegenzug kooperierte die Türkei zumindest zeitweise mit Russland im andauernden Krieg um Idlib. Russland eskalierte seine Luftangriffe auch gegen zivile Ziele wie Krankenhäuser, um die syrischen Bodentruppen bei der Rückeroberung Idlibs zu unterstützen. Die Regierung Erdogan sagte zu, die vermeintlich unter ihrem Einfluss stehenden islamistischen Rebellenmilizen in Idlib zur Aufgabe und zum Abzug zu bewegen. Erreicht wurde dieses Ziel bis Anfang 2021 nicht.

Katastrophale humanitäre Lage in Idlib

In Idlib leben zusätzlich zu den vor Kriegsbeginn knapp 1,9 Millionen Menschen weitere 1,6 Millionen Binnenflüchtlinge und Vertriebene aus Aleppo und anderen Provinzen. Eine ausreichende Versorgung dieser Menschen mit überlebensnotwendigen Gütern wird durch die anhaltenden Kampfhandlungen und die Interessengegensätze der Vetomächte im UNO-Sicherheitsrat verhindert.

Aber auch auf den über 90 Prozent des syrischen Territoriums, die inzwischen wieder unter Kontrolle der Zentralregierung in Damaskus und ihrer Streitkräfte stehen, ist die Lage nach zehn Jahren Krieg, Zerstörung und Vertreibung kastastrophal. Das Land steckt in einer tiefen Wirtschaftskrise. Ende 2020 haben laut dem Genfer Koordinationsbüro der UNO für humanitäre Maßnahmen (OCHA) mindestens 12 Millionen Syrerinnen und Syrer keinen oder keinen ausreichenden Zugang zu Nahrungsmitteln, sauberem Trinkwasser, Gesundheitsdiensten oder Bildung und sind daher abhängig von der Versorgung durch internationale Hilfsorganisationen.

Doch für deren Mitarbeiterinnen und Mitarbeiter ist Syrien eines der gefährlichsten Einsatzländer der Welt. Allein 2019 wurden dreißig humanitäre Helfer und Helferinnen in Syrien getötet. Im Herbst 2020 wurde zudem der Zugang der internationen Organisationen nach Syrien zusätzlich erschwert. Zwei von bis dahin vier offenen Grenzübergängen für den Transport von Hilfsgütern aus den Nachbarstaaten Türkei und Irak mussten geschlossen werden, weil Russland und China im Sicherheitsrat ein Veto gegen die Verlängerung der Öffnung eingelegt hatten.

Bei der im Januar 2016 eröffneten Genfer Syrienkonferenz gibt es nach fünf Jahren und elf Verhandlungsrunden keine substanziellen Ergebnisse. Hauptverantwortlich für die Blockade war von Beginn an die Regierung Assad, die nach dem mithilfe Russlands errungenen weitgehenden militärischen Sieg erst recht keine Veranlassung zu ernsthaften Verhandlungen sieht. Das machte der dritte UNO-Vermittler de Mistura bei seinem resignierten Abschied im Oktober 2018 deutlich, nachdem er zuvor viereinhalb Jahre jegliche Schuldzuweisung sorgsam vermieden und beständig den Eindruck erweckt hatte, es könne Fortschritte am Verhandlungstisch geben.

De Mistura machte dieselbe frustierende Erfahrung wie schon seine beiden gescheiterten Vorgänger Annan und Brahimi. Bei seinen Auftritten vor dem Sicherheitsrat in New York und seinen Treffen mit Regierungsvertretern in Washington, Moskau, Riad, Teheran und Ankara beteuerten zwar alle seine Gesprächspartner stets ihre Unterstützung für das durch Resolution 2254 des UNO-Sicherheitsrats bestimmte Ziel eines »demokratischen, säkularen, multiethnischen« Staats Syrien auf seinem derzeitigen Territorium. Und sie pflichteten de Misturas Mantra bei, dass es »für den Syrienkonflikt keine militärische Lösung geben kann«. Hinter dieser rhetorischen Friedensfassade aber unterstützten die Regierungen aller entsprechenden Mitgliedstaaten der UNO weiterhin ihre jeweiligen Bündnispartner im Syrienkonflikt politisch, wirtschaftlich, logistisch und militärisch und schürten damit die Fortsetzung des Konflikts.

Eine ähnliche Erfahrung muss auch de Misturas Nachfolger, der Norweger Geir Pedersen, machen, der Anfang der neunziger Jahre an der Vermittlung des Osloabkommens zwischen Israel und den Palästinensern beteiligt war. Zwar einigten sich die Konfliktparteien Anfang 2019 auf die Einsetzung eines Ausschusses mit 150 Mitgliedern zur Ausarbeitung einer neuen syrischen Verfassung. Je fünfzig Ausschussmitglieder wurden von der Regierung, von der Opposition sowie von Gruppen der syrischen Zivilgesellschaft benannt. Doch seit der Ausschuss im Oktober 2019 seine Beratungen aufnahm, gab es keine Fortschritte in der Sache. Die Vertreter der syrischen Regierungsdelegation am Genfer Verhandlungstisch lassen bei ihren öffentlichen Auftritten wenig Zweifel daran, dass sie keiner demokratischen Verfassung zustimmen werden, auf deren Basis laut der Sicherheitsratsresolution vom Dezember 2015 dann freie Parlaments- und Präsidenschaftswahlen in Syrien stattfinden sollen.

Krieg gegen den Terrorismus – kurzfristige Erfolge, aber langfristiges Scheitern

Einen Tag nach den Terroranschlägen vom 11. September 2001 in New York und Washington D.C., bei denen fast 3000 Menschen getötet wurden, kündigte US-Präsident George W. Bush den »Krieg gegen den Terrorismus« an. Die Anschläge seien »Kein Akt des Terrors, sondern ein Akt des Krieges« gewesen.

Zwanzig Jahre später dauert dieser »Krieg gegen den Terrorismus« an, ohne dass ein Ende in Sicht wäre. Fast alle anderen UNO-Staaten unterstützen diesen Krieg mehr oder weniger aktiv. Die Kriegsführenden reklamieren als ihren bislang größten Erfolg neben der Tötung von al-Qaida-Chef Osama bin Laden im Mai 2011 im pakistanischen Abbottabad die Vertreibung der Terrororganisation »Islamischer Staat« aus Syrien. Als am 23. März 2019 kurdische Milizen im ostsyrischen Baghuz die letzte verbliebene Bastion der IS-Kämpfer erorberten, wurde dies in zahlreichen Hauptstädten von Washington bis Moskau als großer Sieg gefeiert.

Seit Frühjahr 2014 hatte der IS zunächst sunnitisch bevölkerte Regionen im Irak erobert und dann über 50 Prozent des syrischen Territoriums unter seine Kontrolle gebracht. Die IS-Kämpfer beseitigten die Markierungen der einst von den Kolonialmächten Frankreich und Großbritannien gezogenen Grenzen zwischen den beiden Staaten und riefen auf dem »wiedervereinigten« Gebiet ihr Kalifat aus.

Anfang August 2014 begannen die USA mit Luftangriffen zunächst gegen Stellungen des IS im Irak. Für diese Angriffe lag allerdings kein Mandat des UNO-Sicherheitsrats vor. Als ausreichende völkerrechliche Grundlage galt der Obama-Administration aber ein Hilfsersuchen der irakischen Regierung, deren Streitkräfte seit Anfang 2014 von den IS-Milizen überrannt wurden. An dieser Interpretation äußern einige Völkerrechtler Zweifel, da aber keine Regierung eines anderen UNO-Staates derartige Zweifel vorbrachte, entfalten sie keine politische Wirkung.

Im September 2014 weitete die US-Luftwaffe ihre Angriffe auf IS-Milizen in Syrien aus. Auch für diese Angriffe gab es weder ein

Mandat des UNO-Sicherheitsrats noch ein Hilfsersuchen der Regierung Assad in Damaskus. Allerdings protestierte die syrische Regierung auch nicht ernsthaft gegen die Verletzung ihres Luftraums und ihrer Souveränität. Das Außenministerium in Damaskus erklärte lediglich, es sei am Tag vor Beginn der Luftangriffe von der Obama-Administration »informiert« worden. Das wurde in Washington und anderen westlichen Hauptstädten als stillschweigendes Einverständnis der Regierung Assad gewertet. Auch gegen diese Interpretation gab es außer von russischer Seite keine Einwände. Seit Ende September 2014 beteiligen sich auch die Luftstreitkräfte verschiedener arabischer Staaten sowie europäischer NATO-Verbündeter der USA an den Luftangriffen auf Stellungen, Waffenlager und Fahrzeuge der IS-Milizen.

Diese Luftangriffe sollten laut den Regierungen der daran beteiligten Länder dazu beitragen, die von den IS-Milizen bedrohte Zivilbevölkerung »zu retten und zu schützen« – insbesondere religiöse Minderheiten wie die vom IS als »Andersgläubige« besonders verhassten Jesiden. Erklärtes Ziel der Luftangriffe war darüber hinaus die »Vertreibung und Vernichtung der terroristischen Kämpfer«, wie US-Präsident Obama in seiner Rede vor der UNO-Generalversammlung am 24. September 2014 erklärte. Darüber hinaus kündigte Obama Pläne zur Ausbildung von insgesamt 15 000 lokalen Kämpfern aus Irak und anderen Staaten der Region für den Bodenkrieg gegen den IS an. Zu diesem Zweck lieferten Deutschland und andere Staaten Waffen an die kurdischen Peschmerga-Milizen in Nordirak sowie an die irakischen Regierungsstreitkräfte. Damals schätzten westliche Geheimdienste die Zahl der IS-Kämpfer in Syrien und in Irak bereits auf über 35 000, mit steigender Tendenz.

Nur leise Zweifel an der Effektivität der militärischen Bekämpfung des IS

Obamas Rede vor der Generalversammlung stieß auf breite Zustimmung bei den Regierungsvertretern der übrigen in New York versammelten 192 UNO-Mitgliedstaaten.

Der Auftritt des US-Präsidenten, die unter seiner Leitung einstimmig verabschiedete Resolution des Sicherheitsrats mit Maßnahmen zur Unterbindung der Finanzierung und Nachwuchsrekrutierung für den IS und andere Terrorgruppen sowie die intensivierten Luftschläge der USA nun auch gegen Stellungen des »Islamischen Staats« in Syrien: all dies wurde von vielen Teilnehmern der UNO-Generalversammlung sowie von den meisten westlichen Medien begrüßt als Demonstration neuer Einigkeit der zuletzt vor allem im Syrienkonflikt so zerstrittenen und handlungsunfähigen Vereinten Nationen unter amerikanischer Führung.

Dem US-Präsidenten dienten die markigen Auftritte als Kriegsführer auf der New Yorker Weltbühne in erster Linie dazu, seine innenpolitischen Gegner zu widerlegen. Die Republikaner beschimpften Obama damals als »Weichei« und »außenpolitischen Versager«. Sie warfen ihm vor, er habe Ende 2011 die amerikanischen Besatzungstruppen »vorschnell« aus Irak zurückgezogen und damit den Aufstieg des »Islamischen Staats« erst ermöglicht. Anstatt darauf hinzuweisen, dass für die Entstehung und das Wachstum des IS ganz maßgeblich der von seinem republikanischen Vorgänger Bush geführte Irakkrieg von 2003 und die anschließende achtjährige US-Besatzung des Landes verantwortlich waren, ließ sich Obama in New York auf die Logik seiner innenpolitischen Gegner ein. Das hat ihm innenpolitisch allerdings nichts genutzt. Sechs Wochen nach Obamas Auftritt gewannen die Republikaner bei den Kongresswahlen vom November 2014 eine deutliche Mehrheit im Abgeordnetenhaus und auch im Senat. Damit waren sie noch besser in der Lage als schon zuvor, die wenigen vernünftigen außenpolitischen Vorhaben Obamas, die auch im Interesse der UNO gelegen hätten, zu sabotieren – darunter insbesondere das Abkommen mit Iran über dessen Nuklearprogramm, über das damals zwischen Washington und Teheran noch verhandelt wurde.

Russlands Außenminister Sergej Lawrow monierte in New York zwar die fehlende völkerrechtliche Grundlage für Luftangriffe gegen die IS-Milizen auf syrischem Territorium. Doch grundsätzliche Bedenken gegen die Bekämpfung des Terrorismus mit vornehmlich militärischen Mitteln wurden unter den Vertretern der 193 UNO-Mitgliedstaaten nur vereinzelt laut. »Ich habe viele Zweifel, weil die bisherige internationale Antwort auf den Terrorismus nicht funktioniert hat«, erklärte die argentinische Präsidentin Cristina Fernández de Kirchner auf der von Obama geleiteten Sitzung des UNO-Sicherheitsrats zum Thema Terrorismus. »Mehr und mehr terroristische Gruppen« hätten »von Tag zu Tag mehr Macht«, und »viele der Freiheitskämpfer in Syrien, die von außen bewaffnet wurden«, hätten sich »inzwischen als Terroristen erwiesen«, erklärte Kirchner. Die argentinische Präsidentin forderte »die Entwicklung einer langfristigen, umfassenden Strategie gegen Terrorismus mit starkem Respekt vor den Menschenrechten, die garantiert, dass dieses Monster des Terrorismus nicht ständig weiter genährt wird«. UNO-Generalsekretär Ban Ki-moon betonte: »Die stärksten Waffen gegen Terroristen sind nicht Raketen, sondern politische Lösungen, sind Jobs und Sozialprogramme.«

So bleibt festzuhalten, dass der Krieg gegen die Terrormilizen des »Islamischen Staats« mit Luftschlägen, Waffenlieferungen an seine Gegner sowie der Ausbildung von lokalen Bodentruppen zu seiner Bekämpfung zwar von der UNO nicht formal beschlossen, aber doch von der überwältigenden Mehrheit ihrer Mitgliedstaaten mitgetragen und unterstützt wurde. Anders als mit Blick auf den ursprünglichen Konflikt zwischen der syrischen Regierung Assad und der Opposition gab es in der Frage der Terrorismusbekämpfung auch keinen Dissens zwischen den drei westlichen Vetomächten des Sicherheitsrats USA, Großbritannien und Frankreich auf der einen und Russland und China auf der anderen Seite. Denn auch die Regierungen in Moskau und Peking praktizierten und praktizieren in Tschetschenien beziehungsweise in der von muslimischen Uiguren bewohnten chinesischen Provinz Xinjiang »Terroristenbekämpfung« mit militärischen Mitteln.

Ernüchternde Kriegsbilanz seit dem 11. September 2001

Neben Syrien und Irak sind die bisherigen Hauptschauplätze und -zielländer des seit zwei Jahrzehnten geführten »Kriegs gegen den Terrorismus« Afghanistan, Pakistan, Somalia, Jemen und Mali. Geführt wird dieser Krieg vorwiegend aus der Luft mit Bomben, Raketen, Drohnen und Marschflugkörpern. In Afghanistan und kurzzeitig in Mali kämpften auch westliche Bodentruppen gegen tatsächliche oder vermeintliche terroristische Gruppen. Al-Qaida-Chef Osama bin Laden und andere Führungsfiguren des Terrornetzwerks wurden von Spezialeinheiten der USA oder Israels aufgespürt und liquidiert.

Trotz aller Einzelerfolge ist die Gesamtbilanz des »Kriegs gegen den Terrorismus« ernüchternd. Gemessen an dem zu Beginn erklärten Ziel, die Bedrohung durch Terrorismus zu überwinden, ist dieser Krieg nicht nur gescheitert, sondern er hat sich sogar als kontraproduktiv erwiesen. Zwar wurden seit September 2001 Tausende mutmaßliche Terroristen getötet – vornehmlich durch Bomben, Raketen und Drohnen der US-Streitkräfte. Doch in weniger als fünfzig Fällen legte die US-Regierung Beweise für die terroristischen Taten der Getöteten vor. Über die mutmaßlichen Terroristen hinaus wurden aber auch Tausende nachweislich völlig unschuldige Zivilisten getötet, verstümmelt oder ihre Häuser zerstört. All das hat in den Zielgebieten und bei den Überlebenden der Luftangriffe Verzweiflung und Hass geschaffen und damit potenzielle Gewalt- und Terrorbereitschaft. Für jeden getöteten tatsächlichen oder vermeintlichen Terroristen sind mindestens zehn potenzielle Nachfolger nachgekommen.

Die Wiederkehr der IS-Kämpfer

Zudem war die Vertreibung der Terrormilizen des IS aus Syrien nicht nachhaltig und auch kein endgültiger Sieg über den IS und seine Ideologie. Zehntausende Kämpfer sind unter Mitnahme ihrer Waffen in andere Länder des Krisenbogens zwischen Marokko und Pakistan sowie nach Niger, Burkina Faso und andere Länder der Sahelzone ausgewichen und beteiligen sich dort an Terrorakten und der Destabilisierung dieser Länder.

Auch in Afghanistan sind bereits seit 2018 IS-Kämpfer eingesickert. Sie verüben Anschläge gegen die hauptsächlich in Zentralafghanistan lebende schiitische Minderheit der Hazara und schüren damit einen Konflikt mit der sunnitischen Mehrheit des Landes, der in Zukunft so gewalttätig eskalieren könnte wie im Irak. Bislang war Afghanistan trotz mehr als dreißig Jahren Krieg und Bürgerkrieg seit der sowjetischen Invasion 1979 von einem innerislamischen Konflikt immer verschont geblieben.

Im Irak gibt es gegen die dortige schiitische Mehrheit längst wieder Terroranschläge, zu denen sich der IS bekennt. Und in Syrien weisen viele Indizien darauf hin, dass dort IS-Kämpfer unter dem zwischen Herbst 2014 und Anfang 2019 ständig wachsenden militärischen Druck ihrer Gegner zunächst nur untergetaucht waren, inzwischen aber wieder aktiv geworden sind – wenn auch vielleicht unter anderem Namen.

Ursachen des Terrorismus überwinden

Mit noch so überlegenen militärischen Mitteln läßt sich das Problem des islamistisch gerechtfertigten Terrorismus, den die UNO und die allermeisten ihrer Mitgliedstaaten unter Anführung der USA seit den Anschlägen vom 11. September 2001 zu einer der zentralen globalen Herausforderungen erklärt haben, nicht überwinden. Solange im Krisenbogen zwischen Marokko und Pakistan, in Tschetschenien und anderen Kaukasusregionen sowie zunehmend auch in europäischen Städten weiterhin viele Millionen junge Männer in völlig prekären Umständen und ohne jede positive Lebensperspektive aufwachsen und damit leicht Opfer der islamistischen Propaganda werden können, gibt es ein fast unerschöpfliches Nachwuchsreservoir potenzieller Terroristen. Dieses Nachwuchsreservoir für den »Islamischen Staat«, al-Qaida und ähnliche Gruppen und Netzwerke lässt sich nur mit politischen, wirtschaftlichen und sozialen Maßnahmen austrocknen. Das wäre die entscheidende und unerlässliche Voraussetzung für eine erfolgreiche und nachhaltige Überwindung des islamistisch gerechtfertigten Terrorismus.

Doch von dieser Erkenntnis sind die Regierungen der meisten UNO-Staaten weit entfernt, wie die Debatten und Entscheidungen in der Generalversammlung und im Sicherheitsrat nach den Anschlägen der al-Qaida im September 2001 und erneut nach dem Vormarsch des IS im Irak und in Syrien 2014 gezeigt haben. Auch die Reaktionen auf die inzwischen erfolgten Anschläge islamistischer Terroristen in Paris, Nizza, Berlin und anderen europäischen Städten beschränken sich im Wesentlichen auf polizeiliche, geheimdienstliche und militärische Maßnahmen zur Täterverfolgung, Abwehr, Aufklärung und Verhinderung künftiger Anschläge. Diese Maßnahmen erfolgen zum Teil unter problematischer Einschränkung von Bürger- und Freiheitsrechten. Und sie tragen nichts bei zur Überwindung der Terrorismusursachen.

Rüstungsexporte und andere schädliche Einwirkungen beenden

Als erster Schritt wäre schon viel gewonnen, wenn die Staaten Europas und Nordamerikas ihre äußerst schädliche Politik gegenüber den Ländern im Krisenbogen von Marokko bis Pakistan korrigieren würden. Schädlich sind an erster Stelle die Rüstungsexporte, die unfairen Handelsverträge (zum Beispiel die sogenannten Partnerschaftsabkommen zwischen der EU und den Maghreb-Staaten, die tatsächlich nicht partnerschaftlich sind, sondern zum einseitigen Vorteil der Unternehmen aus dem EU-Raum) sowie der Export von hoch subventionierten Nahrungsmitteln zu Dumpingpreisen, durch die Kleinbauern in den Empfängerländern um ihre Existenz gebracht werden.

Über die Beendigung dieser schädlichen Politik hinaus bedarf es aber zudem einer großen gemeinsamen Anstrengung der in der UNO organisierten internationalen Gemeinschaft, um den Ländern im Krisenbogen von Marokko bis Pakistan zu einer eigenständig tragfähigen Volkswirtschaft zu verhelfen. Damit diese Länder zumindest in die Lage versetzt werden, die eigene Bevölkerung zu ernähren und ihre wichtigsten sozialen Grundbedürfnisse (Gesundheitssystem, Bildung und so weiter) zu erfüllen. Eine tragfähige nationale Volkswirtschaft ist notwendige Voraussetzung für das Entstehen und die Stabilisierung demokratischer und rechtsstaatlicher Verhältnisse.

Erforderlich wären unter anderem nachhaltige Investitionen ausländischer Unternehmen, die Arbeitsplätze schaffen, statt auf einen schnellen und möglichst hohen Profit zielen. Die Schweiz, Deutschland und Österreich könnten auch mit ihrem in der Welt einmaligen dualen Ausbildungssystem wesentliche Unterstützung leisten. Denn in vielen Ländern Nordafrikas und des Nahen Ostens gehen zwar immer mehr junge Menschen auf die Universitäten – darunter erfreulicherweise auch immer mehr junge Frauen. Doch für die meisten Universitätsabsolventen gibt es keine Stellen. Auf der anderen Seite fehlen in den Ländern der Region gut ausgebildete Fachkräfte in allen nichtakademischen und handwerklichen Berufen. Derartige Fachkräfte sind für den Aufbau einer mittelständischen Wirtschaft und einer tragfähigen Volkswirtschaft jedoch unerlässlich.

Ukraine – politische Vermittlung der UNO nicht erwünscht, doch dringend notwendig

Im aktuell einzigen Gewaltkonflikt in Europa, der seit Frühjahr 2014 zwischen Russland und der Ukraine auf der Krim sowie in den beiden ostukrainischen Provinzen Donezk und Luhansk stattfindet, spielt die UNO bislang nur eine marginale Rolle. Dabei hat dieser Konflikt in den letzten sieben Jahren zu einer scheinbar ausweglosen Verfeindung zwischen Russland und den Mitgliedstaaten von NATO und EU geführt, inklusive gegenseitiger militärischer Aufrüstung, Truppenstationierungen und Manöver. Bis Ende 2020 forderte der Krieg zwischen von Russland unterstützten Aufständischen im Donbass und den ukrainischen Regierungsstreitkräften bereits über 13 000 Tote und eine noch höhere Zahl an Verletzten und machte mehr als 1,5 Millionen Menschen zu Binnenvertriebenen innerhalb der Ukraine. Eine weitere Million Menschen floh nach Russland.

Die Verfeindung zwischen Moskau und dem Westen wurde durch die Differenzen über Russlands Rolle im Syrienkrieg und über die Vergiftung russischer Oppositionspolitiker und Exilanten im Ausland verstärkt. Zusätzlich belastet wurden die Beziehungen durch die von der Trump-Administration vollzogene und von der NATO unterstützte Aufkündigung des INF-Abkommens zum Verbot atomarer Mittelstreckenraketen sowie durch die von den USA forcierten Sanktionen gegen den Bau der Nord-Stream-2-Gaspipeline von Russland in die EU. Doch der Ukraine-Konflikt bleibt der wichtigste Grund für einen Rückfall in einen Konfrontationszustand, der trotz aller spezifischen Unterschiede in vieler Hinsicht an den Kalten Krieg erinnert.

Eine aktives Bemühen der UNO um die Vermittlung einer politischen Lösung im Ukrainekonflikt wäre dringend erforderlich. Doch dazu haben bisher weder irgendein Mitgliedsland noch der Generalsekretär die Initiative ergriffen. Das Genfer Menschenrechtsbüro führt die Statistik der Kriegsopfer. Im Sicherheitsrat, der laut UNO-Charta für »die Bewahrung des Friedens und der internationalen Sicherheit« zuständig ist, gab es lediglich eine ausgewogene Erklärung mit der Aufforderung an beide Kriegsparteien im Donbass, getroffene Vereinbarungen über Waffenruhen oder den Abzug von schweren Waffen einzuhalten.

Die Generalversammlung hat sich lediglich mit Resolutionen politisch positioniert, die allerdings völkerrechtlich nicht verbindlich sind. Bereits in einer Ende März 2014 verabschiedeten Resolution zur Bewahrung der »territorialen Integrität der Ukraine innerhalb ihrer international anerkannten Grenzen« wurden die Staaten dazu aufgerufen, den veränderten Status der Krim, die Russland seit dem »Referendum« und der Annexion von Mitte März 2014 für sich beansprucht, nicht anzuerkennen. Dieser Resolution stimmte damals noch eine absolute Mehrheit von 100 der 193 UNO-Mitglieder zu, bei elf Gegenstimmen und 58 Enthaltungen. 24 Staaten nahmen an der Abstimmung nicht teil. Fünfeinhalb Jahre später erhielt eine am 8. Dezember 2019 verabschiedete Resolution, die die »anhaltende, vorübergehende Besatzung der Krim durch Russland verurteilt« und »die Besatzungsmacht Russland auffordert, ihre militärischen Truppen sofort, vollständig und ohne Bedingungen aus der Krim abzuziehen und die Besetzung des Territoriums der Ukraine ohne Verzögerung zu beenden« nur noch die Zustimmung von lediglich 63 Staaten bei 17 Gegenstimmen und 62 Enthaltungen. Diesmal blieben sogar 51 Staaten der Abstimmung fern. Da laut Satzung der Generalversammlung Enthaltungen und Abwesenheiten bei der Bestimmung der Mehrheit nicht mitgezählt werden, gilt diese Resolution zwar als angenommen, obwohl nicht mal ein Drittel der 193 Mitglieder der Generalversammlung zustimmte. Das Abstimmungsergebnis zeigt, wie sehr sich auch unter dem Eindruck der zunehmenden Konfrontation zwischen Russland und dem Westen seit 2014 sowie der nationalistischen »America first«-Politik von US-Präsident Donald Trump die Positionen von Mitgliedstaaten der UNO verschoben haben.

Das macht eine politische Vermittlungsbemühung der UNO in dem Ukrainekonflikt nicht weniger dringend. Der Generalsekretär könnte sie jederzeit anstoßen, auch ohne eine vorherige Aufforderung durch den Sicherheitsrat oder die Generalversammlung. Beispiele für eine derartige Eigenständigkeit hat Generalsekretär Annan in seiner Amtszeit (1997–2006) mehrfach geliefert. Aussicht auf Erfolg hätte eine politische Vermittlungsbemühung der UNO im Ukrainekonflikt aber nur, wenn sie sich nicht nur auf die Gewalteskalation und Völkerrechtsverletzungen seit Frühjahr 2014 konzentriert, sondern auch deren unmittelbare Auslöser und die längerfristige politische Vorgeschichte berücksichtigt.

Der unmittelbare Auslöser war im November 2013 die Entscheidung des damaligen Präsidenten Wiktor Janukowitsch, ein seit Jahren verhandeltes Assoziierungsabkommens mit der Europäischen Union nicht zu unterzeichnen. Danach kam es zu immer größeren Demonstrationen von Befürwortern des Abkommens, bei denen schließlich auch der Rücktritt von Janukowitsch gefordert wurde. Regierungspolitiker aus EU- und NATO-Staaten mischten sich bei Besuchen in Kiew durch demonstrative Parteinahme für die Opposition gegen den gewählten Präsidenten in fragwürdiger Weise in den innerukrainischen Konflikt ein.

Ab Anfang 2014 kam es bei diesen Demonstrationen und Kundgebungen auf dem zentralen Maidan-Platz in Kiew auch zu gewalttätigen Auseinandersetzungen. Nach dem Sturz von Präsident Janukowitsch im Februar 2014 kündigte die mit kräftiger Hilfe der USA installierte Übergangsregierung an, Russisch als zweite Amtssprache abzuschaffen und das bis 2042 vereinbarte Stationierungsabkommen mit Moskau über den russischen Marinestützpunkt Sewastopol auf der Krim bereits 2017 auslaufen zu lassen. Daraufhin wurde die Krim mit ihrer etwa 56-prozentigen russischstämmigen Bevölkerungsmehrheit Mitte März 2014 von Russland völkerrechtswidrig und unter Androhung und Einsatz von militärischen Gewaltmitteln annektiert.

Im Osten der Ukraine eskalierte im April 2014 ein blutiger Bürgerkrieg zwischen russischstämmigen Aufständischen, die von Kämpfern und Waffen aus Russland unterstützt wurden. Ein Anfang September

2014 in der weißrussischen Hauptstadt Minsk unter Vermittlung der Organisation für Sicherheit und Zusammenarbeit in Europa (OSZE) vereinbarter Waffenstillstand brach nach kurzer Zeit völlig zusammen. Auch die anderen Teile der Minsker Vereinbarung wurden nicht eingehalten. Russlands Außenminister Sergej Lawrow räumte ein, dass die russischstämmigen Aufständischen in der Ostukraine noch immer mehr Territorium unter ihrer Kontrolle hatten als in Minsk vereinbart. Zugleich wies Lawrow den Vorwurf des ukrainischen Präsidenten Petro Poroschenko zurück, dass sich inzwischen über 9000 Soldaten aus Russland in der Ostukraine befänden, um die Aufständischen zu unterstützen. Die Regierung in Kiew kündigte die Aufstockung der ukrainischen Streitkräfte um 68 000 Soldaten an.

Es wäre der klassische Fall für ein Eingreifen der UNO

Der Konflikt in der Ukraine hat zu den mit Abstand schärfsten Spannungen zwischen Russland und der NATO seit Ende des Kalten Krieges vor über dreißig Jahren geführt. Beide Seiten werfen sich inzwischen immer häufiger gegenseitig die Wiederbelebung dieses Krieges vor und verstärken ihre militärischen Manöver entlang ihrer Außengrenzen sowie im internationalen europäischen Luftraum und im Schwarzen Meer. Der Weltfrieden und die internationale Sicherheit sind bedroht.

Das ist ein klassischer Fall für die UNO, sollte man meinen. Würde sich ein ähnliches Konfliktszenario in Afrika oder Asien abspielen, hätte die Weltorganisation längst eingegriffen. Warum geschieht das nicht im Ukrainekonflikt?

Weil das von den Hauptakteuren dieses Konfliktes nicht gewünscht wird. Und auch UNO-Generalsekretär Ban Ki-moon machte im Frühjahr 2014 nicht von den mit seinem Amt verbundenen Möglichkeiten Gebrauch, die Ukrainekrise dem Sicherheitsrat oder der Generalversammlung vorzulegen. Stattdessen ersuchte der UNO-Generalsekretär die gesamteuropäische Regionalorganisation OSZE, sich um die Konfliktbeilegung zu kümmern.

Russland als ständiges und vetoberechtigtes Mitglied des Sicherheitsrats hat kein Interesse an einem Eingreifen der UNO, schon gar nicht auf der Ebene des Sicherheitsrats. Und es gehört zu den schlechten Traditionen der Weltorganisation aus der Zeit des Kalten Krieges, dass sie sich aus Konflikten heraushält, an denen eine oder mehrere der fünf Vetomächte direkt beteiligt sind. Während der über vier Jahrzehnte des Kalten Krieges galt diese ungeschriebene Regel selbst dann, wenn die an dem Konflikt beteiligten Vetomächte durch Völkermord, Verbrechen gegen die Menschlichkeit oder durch einen Angriffskrieg in gravierender Weise gegen die UNO-Charta verstießen. So war etwa der fast zehnjährige völkermörderische Vietnamkrieg der USA niemals Gegenstand von Beratungen, geschweige denn von Resolutionen des Sicherheitsrats oder der Generalversammlung. Dasselbe gilt für den Algerienkrieg Frankreichs oder für das Vorgehen Großbritanniens in Nordirland. Auch die direkten oder indirekten militärischen Aggressionen der Sowjetunion und der USA in ihren jeweiligen Bündnisbereichen oder »Hinterhöfen« – wie in Ungarn, der Tschechoslowakei, Nicaragua oder El Salvador – waren für die UNO tabu. Erste und einzige Ausnahme von dieser schlechten Tradition war die Resolution, mit der die Generalversammlung den sowjetischen Einmarsch in Afghanistan im Dezember 1979 verurteilte. Sehr viele der blockfreien Länder Asiens und Afrikas, die während des Kalten Krieges ansonsten häufig in der Generalversammlung so abstimmten wie die Sowjetunion, sahen sich durch die militärische Aggression Moskau gegen Afghanistan in ihrer eigenen staatlichen Souveränität bedroht. Doch eine Befassung des Sicherheitsrats mit dem russischen Einmarsch in Afghanistan stand trotz des Votums der Generalversammlung außer Frage. Moskau hätte jeglichen Versuch, das Thema auf die Tagesordnung des Rats zu bringen oder gar eine Resolution zu verabschieden, durch Vetodrohung blockiert oder – ähnlich wie 1950 während der Koreakrise – den Rat notfalls boykottiert. Erst als nach dem Amtsantritt von Michail Gorbatschow in Moskau 1985 das Tauwetter im Kalten Krieg begann, wurde es möglich, dass der damalige UNO-Generalsekretär Javier Pérez de Cuéllar Verhandlungen zwischen der Sowjetunion, den USA, Afghanistan und Pakistan über einen Abzug der sowjetischen Besatzungstruppen moderierte und zu einem erfolgreichen Abschluss brachte.

Im Ukrainekonflikt verhinderte Russland am 15. März 2014 mit seinem Veto die Annahme eines Resolutionsentwurfs, in dem das für den folgenden Tag von Moskau angesetzte Referendum über die Krim für »ungültig« erklärt und die »Souveränität, Unabhängigkeit, Einheit und territoriale Integrität der Ukraine« bekräftigt wurde. 13 der 15 Ratsmitglieder stimmten für die Resolution, China enthielt sich. Umgekehrt wäre Russland sicher am Veto der USA, Frankreichs und Großbritanniens gescheitert, hätte es damals den Versuch unternommen, die Rolle der USA und der EU bei der Unterstützung der innerukrainischen Opposition und insbesondere beim Sturz von Präsident Janukowitsch im Februar 2014 per Resolution als unzulässige Einmischung und als Verletzung der Souveränität der Ukraine zu verurteilen.

Krim-Referendum unter Überwachung der UNO wäre möglich gewesen

Doch bevor die Regierung von Wladimir Putin sich durch die eigenmächtige Annexion der Krim ins Völkerunrecht setzte und politisch angreifbar machte, hätte sie der UNO die Durchführung eines Referendums unter der Bevölkerung der Krim vorschlagen können. Die Abtrennung (Sezession) der Teilregion eines Nationalstaats durch Mehrheitswillen der in dieser Teilregion lebenden Bevölkerung ist zwar durch die UNO-Charta nicht geregelt. Damit ist sie aber auch nicht völkerrechtlich verboten. Klar ist nur, dass eine Sezession und das ihr zugrunde liegende Referendum in der Teilregion nach einem mit der Zentralregierung des Landes vereinbarten Verfahren ohne Anwendung oder Androhung von Gewalt sowie unter internationaler Aufsicht der UNO stattfinden müssen. Hätte Russland dem Sicherheitsrat einen entsprechenden Vorschlag unterbreitet, hätten sich die anderen Ratsmitglieder zu diesem Vorschlag verhalten müssen.

Auf der anderen Seite haben auch die drei westlichen Vetomächte des Sicherheitsrats, USA, Großbritannien und Frankreich, die als führende Mitgliedstaaten von NATO und EU zumindest indirekt am Ukrainekonflikt beteiligt sind, zu keinem Zeitpunkt versucht, die UNO einzuschalten. Weder vor noch nach der Annexion der Krim. Diese Zurückhaltung beider Seiten zeigt, dass der Kalte Krieg wenn nicht in seinen ideologischen, so doch zumindest in seinen machtpolitischen und geostrategischen Dimensionen mit Blick auf den eurasischen

Kontinent keineswegs überwunden ist. Er bestimmt nach wie vor das Denken und Handeln relevanter Akteure in Ost wie West.

Überheblichkeit Europas gegenüber der UNO und dem »Rest« der Welt

Es gibt noch einen weiteren Grund, warum die UNO zumindest in den ersten zwölf Monaten des Ukrainekonflikts keine Rolle spielen konnte. In Europa herrscht – ob bewusst oder unbewusst – ganz überwiegend die Ansicht vor, die UNO sei eine Organisation, die im Wesentlichen zuständig für Probleme und Konflikte im Rest der Welt ist. Tatsächlich haben in den letzten siebzig Jahren kaum jemals Aktivitäten der UNO oder einer ihrer Sonderorganisationen in Europa stattgefunden. Eine der wenigen Ausnahmen war Anfang der fünfziger Jahre das Engagement des UNO-Hochkommissariats für Flüchtlinge (UNHCR) bei der Rückführung von innereuropäischen Flüchtlingen des Zweiten Weltkrieges. Ursprünglich wurde das UNHCR 1951 zunächst ausschließlich für diese Aufgabe in Europa gegründet. Es herrschte die Illusion vor, nach drei bis vier Jahren sei diese Aufgabe erledigt und man könne das UNHCR wieder auflösen. Heute ist das UNHCR zuständig für rund 50 Millionen Flüchtlinge, von denen mit Ausnahme einiger Tausend Menschen aus Staaten des ehemaligen Jugoslawien alle aus Kriegs- und Krisenregionen im Rest der Welt stammen. (Und weniger als ein Prozent dieser 50 Millionen Flüchtlinge aus dem Rest der Welt – darunter aktuell vier Millionen Syrerinnen und Syrer – finden Aufnahme im reichen Europa.)

Die sowjetischen Militärinterventionen in osteuropäischen »Bruderstaaten« während des Kalten Krieges waren kein Anlass für ein Eingreifen der UNO, weil sich die USA und die Sowjetunion derartige Interventionen im jeweils eigenen Bündnisgebiet gegenseitig zubilligten. Der türkisch-griechische Kurzkrieg in Zypern 1974 fand jenseits der damals äußersten südöstlichen Peripherie Europas statt zu einem Zeitpunkt, als Zypern noch nicht der EU angehörte. Folglich wurde die Stationierung von UNO-Blauhelmsoldaten entlang der türkisch-griechischen Waffenstillstandslinie auf der südlich der türkischen und westlich der libanesisch-syrischen Küste gelegenen Mittelmeerinsel von den Europäern auch nicht als ein Engagement der UNO in Europa wahrgenommen.

Zu dem Selbstbild der Europäer von einem friedlichen Kontinent, dessen Völker und Staaten ihre Lektionen aus den beiden Weltkriegen gelernt haben und die ihre Konflikte künftig nur noch politisch und mit gewaltfreien Mitteln austragen, trägt auch das im Unterschied zu Afrika, Asien und Lateinamerika sehr viel dichtere Geflecht von regionalen Organisationen, wirtschaftlichen und politischen Integrationsstrukturen und gemeinsamen Normen bei, das sich in Europa seit Anfang der fünfziger Jahre entwickelte: Dazu gehörten die EU mit ihren drei Vorläuferstufen deutsch-französische Montanunion, Europäische Wirtschaftsgemeinschaft (EWG) und Europäische Gemeinschaft (EG), die gesamteuropäische Organisation (bis 1992: Konferenz) für Sicherheit und Zusammenarbeit in Europa (OSZE/KSZE), der Europarat und der Europäische Gerichtshof sowie die Europäische Menschenrechtskonvention.

Das manchmal überhebliche Selbstbild Europas als einer Insel der wohlgeordneten friedlichen Zivilisation in einer ansonsten unruhigen, von irrationalen Gewaltkonflikten und humanitären Katastrophen geprägten Welt wurde erstmals gehörig erschüttert durch die Bürgerkriege und schweren Menschenrechtsverletzungen im ehemaligen Jugoslawien ab 1991. Doch auch damals herrschte in den meisten Hauptstädten Europas zunächst noch die Meinung vor, man sei allein in der Lage, die Gewaltkonflikte in Jugoslawien zu beenden und benötige dazu keine Ratschläge oder gar ein Eingreifen der UNO. Symptomatisch für diese überhebliche Haltung ist ein Briefwechsel vom Oktober/November 1991 zwischen UNO-Generalseketär Javier Pérez de Cuéllar und dem damaligen deutschen Außenminister Hans-Dietrich Genscher. In den Monaten vor diesem Briefwechsel hatte die Regierung des gerade frisch vereinten Deutschland innerhalb der EU auf eine schnelle staatliche Anerkennung der bisherigen jugoslawischen Teilrepubliken Slowenien und Kroatien gedrängt. Die deutsche Regierung hatte aber kein Gesamtkonzept, das auch die Zukunft der übrigen Teilrepubliken Bosnien-Herzegowina, Mazedonien, Serbien, Montenegro sowie Serbiens autonomer Provinz Kosovo bedachte.

Daraufhin warnte Pérez de Cuéllar in einem Schreiben an Genscher und seine Amtskollegen aus den übrigen 14 EU-Staaten, eine selektive Anerkennung nur der beiden Teilrepubliken Slowenien und Kroatien ohne ein Gesamtkonzept auch für das restliche Jugoslawien könne »zu einem Blutbad in Bosnien-Herzegowina führen«, da diese Teilrepublik mit ihrer multiethnischen Bevölkerung aus muslimischen Bosniern, orthodoxen Serben und katholischen Kroaten die Bevölkerungsstruktur ganz Jugoslawiens widerspiegle. Der UNO-Generalsekretär hatte gute Gründe für seine Warnung. Ende Juni 1991 hatten Kroatien und Slowenien einseitig ihre staatliche Unabhängigkeit erklärt. Daraufhin kam es zu einem zehntägigen Krieg zwischen Slowenien und der von Serbien dominierten Jugoslawischen Volksarmee sowie zu einem Bürgerkrieg in Kroatien zwischen der kroatischen Mehrheit und der serbischen Minderheit, die militärische Unterstützung aus Serbien erhielt.

In seinem Antwortschreiben an Pérez de Cuéllar ließ Genscher durchblicken, dass er dem aus Peru stammenden UNO-Generalsekretär wenig Ahnung von Europa zutraute. Der deutsche Außenminister betonte, nur mit einer schnellen Anerkennung Kroatiens und Sloweniens lasse sich ein Blutbad in Bosnien-Herzegowina verhindern. Mitte Dezember 1991 setzte Deutschland im EU-Rat die selektive Anerkennung Kroatiens und Sloweniens durch. Am 5. April 1992 begann das Blutbad in Bosnien-Herzegowina.

Drei Wochen später gab Genscher seinen Rücktritt vom Amt des Außenministers bekannt. Bis heute bestreitet er die Existenz seines Briefes an den UNO-Generalsekretär, dessen Original im Archiv der New Yorker UNO-Zentrale liegt.

Es gelang den Europäern nicht, die Gewaltkonflikte im ehemaligen Jugoslawien mit ihren eigenen Instrumenten und Institutionen zu beenden und politische Lösungen herbeizuführen. Nach der EU scheiterte auch die gesamteuropäische KSZE an dieser Herausforderung. Und dies, obwohl die KSZE damals noch weit handlungsfähiger und in weit besserer Verfassung war, als das heute infolge der seit Ende der neunziger Jahre vollzogenen Ostausdehnung der NATO der Fall ist. Daher bemühte sich ab Herbst 1992 im Genfer UNO-Palast fast drei Jahre lang eine gemeinsam von der UNO und der EU geführte Verhandlungskonferenz um eine Friedenslösung für das ehemalige Jugoslawien. Die Europäer waren auch nicht allein in der Lage, die humanitäre Notversorgung der von den Bürgerkriegen in Kroatien und Bosnien-Herzegowina betroffenen Zivilbevölkerung und der in die Nachbarrepubliken geflohenen Menschen zu sichern. Diese Aufgaben wurden von humanitären Organisationen der UNO übernommen unter Federführung des Genfer Hochkommissariats für Flüchtlinge. Um die humanitären Hilfskonvois vor Überfällen durch die Kriegsparteien zu schützen und um sicherzustellen, dass die humanitären Überlebensgüter in die damals von den Milizen nationalistischer Serben belagerten und abgeriegelten Städte Bosnien-Herzegowinas gelangen konnten, entsandte der UNO-Sicherheitsrat Schutztruppen (United Nations Protection Forces, UNPROFOR) nach Kroatien und Bosnien-Herzegowina. Später erhielten diese Truppen auch den Auftrag, die vom Sicherheitsrat deklarierten Schutzzonen gegen Angriffe zu verteidigen. Zwischen 1991 und 1995 waren über 100 000 UNPROFOR-Soldaten im ehemaligen Jugoslawien stationiert. Diese Blauhelmmission der UNO im Herzen Europas war eine der größten in der Geschichte der Weltorganisation und die bis dato teuerste. Die Kommandeure der UNPROFOR waren zwar überwiegend Europäer – Engländer, Franzosen, Niederländer, Österreicher – oder Kanadier. Doch die Soldaten kamen mehrheitlich aus Ländern außerhalb Europas.

Die UNO kann sich nicht auf Regionalorganisationen verlassen

Die Erfahrung mit den innerjugoslawischen Konflikten in der ersten Hälfte der neunziger Jahre spricht eher dagegen, dass sich die UNO zur Konfliktbewältigung auf regionale Organisationen und Institutionen verlässt. Denn das Krisenmanagement insbesondere der EU scheiterte ja in erster Linie, weil ihre drei gewichtigsten Mitglieder Frankreich, Großbritannien und Deutschland zumindest in den ersten Jahren des Konflikts unterschiedliche bis offen gegensätzliche Interessen in Jugoslawien vertraten und dort auf unterschiedliche, miteinander verfeindete Bündnispartner setzten: die Deutschen auf Kroatien und die

Franzosen und Briten auf Serbien. Zudem war die Zeit der deutschen Besatzung Jugoslawiens ab 1942 mit all ihren katastrophalen Auswirkungen gerade auch für die Beziehungen zwischen den verschiedenen Volksgruppen zeitlich noch so nah und so präsent, dass die EU mit Deutschland in ihrem Führungstrio noch keine allseits akzeptierte Vermittlerrolle spielen konnte. Ein ähnliches Problem würde sich sicher stellen, wenn im Falle eines innerstaatlichen Gewaltkonflikts in Südkorea, auf den Philippinen oder in anderen asiatischen Staaten, die vor und während des Zweiten Weltkrieges von Japan besetzt waren, eine asiatische Regionalorganisation unter Beteiligung Japans die Vermittlerrolle übernehmen würde.

Für die Deeskalation der innerjugoslawischen Konflikte wäre es besser gewesen, die UNO hätte gleich von Beginn an die Vermittlerrolle übernommen. Und idealerweise wären auch die Truppenverbände der UNPROFOR und insbesondere ihre Kommandeure seinerzeit sämtlich aus außereuropäischen Ländern gekommen. Denn insbesondere Frankreich setzte über seine Truppenkontingente und Kommandostrukturen in der UNPROFOR und über ihren französischen Oberbefehlshaber General Bernard Janvier eigene nationale Interessen durch. Und dies geriet zum nachhaltigen Schaden der UNO-Mission. Es war der eng mit dem Milošević-Regime in Belgrad verbandelte General Janvier, an dessen wiederholtem Veto im Juli 1995 der rechtzeitige Einsatz von Luftstreitkräften zur Rettung der ostbosnischen UNO-Schutzzone Srebrenica scheiterte. General Janvier handelte auf ausdrückliche Weisung aus dem Büro des französischen Präsidenten Jacques Chirac. Nach der Eroberung Srebrenicas durch Truppen der nationalistischen Serben unter General Ratko Mladić wurden über 7000 männliche Muslime ermordet. Dieser größte Völkermord auf europäischem Boden seit dem Holocaust wurde danach wiederum pauschal »der UNO« als Scheitern und Versagen zur Last gelegt. Mit diesem Scheitern und Versagen der UNO rechtfertigten die NATO-Staaten in späteren Jahren ihre militärischen »humanitären Interventionen« ohne Mandat des Sicherheitsrats.

Doch trotz der eher negativen Erfahrung mit der Krisenbewältigung durch regionale Organisationen im Fall von Jugoslawien entwickelte sich unter Generalsekretär Kofi Annan ab 1997 in der New Yorker UNO-Zentrale eine verstärkte Tendenz, mit regionalen Organisationen zusammenzuarbeiten, Aufgaben an sie zu delegieren oder gar formale Kooperationsabkommen zu schließen. Als »regionale Organisationen« bezeichnen UNO-Funktionäre oder UNO-Dokumente dabei zumeist in sehr undifferenzierter Weise die Organisation Amerikanischer Staaten (OAS), die Afrikanische Union (AU), ASEAN und andere Organisationen in Asien sowie für Europa die OSZE, die EU und häufig auch die NATO. Die Entstehungsgeschichte, Aufgabenstellung, Kapazitäten, Ressourcen und der Wirkungsgrad der genannten Organisationen sind allerdings so unterschiedlich, dass ihre gemeinsame Nennung unter der Überschrift »Regionalorganisationen« nicht seriös ist. Eine Differenzierung aufseiten der UNO wäre insbesondere erforderlich mit Blick auf die drei »europäischen Regionalorganisationen« EU, OSZE und NATO. Die EU ist die weltweit bislang einzige Staatenföderation, ist aber mit ihren 28 Mitgliedstaaten noch keineswegs eine Organisation, die repräsentativ wäre für ganz Europa. Diesen Anspruch erfüllt als einzige die OSZE mit ihren 55 Mitgliedstaaten (plus USA und Kanada). Darüber hinaus kommt die OSZE auch in ihrem Charakter der UNO am nächsten. Wie die UNO ist auch die OSZE eine kollektive Sicherheitsorganisation, in der die Mitglieder ihre Sicherheit untereinander organisieren und ein striktes zwischenstaatliches Gewaltverbot vereinbart haben. Die NATO ist das genaue Gegenteil der OSZE: eine ursprünglich rein westliche, seit Ende des Kalten Krieges um einige osteuropäische Staaten erweiterte Militärallianz, die die Sicherheit ihrer Mitglieder nach außen, gegenüber anderen Staaten organisiert und daher zwangsläufig vor allem um ihre militärische Stärke und Überlegenheit bemüht ist. Zudem ist die NATO eine Militärallianz, die ihren Auftrag und ihre Strategie seit Ende des Kalten Krieges ausgeweitet hat von der Verteidigung des Territoriums ihrer Mitgliedstaaten auf die Bekämpfung »globaler Bedrohungen« ihrer Interessen.

Doch dieser sehr grundsätzliche Unterschied zwischen der OSZE und der NATO wird in der New Yorker UNO-Zentrale zumeist verwischt. Dies geschieht aus purer Not. Man meint dort, auf beide »europäischen Regionalorganisationen« angewiesen zu sein. Zumal die Mitgliedstaaten der UNO, darunter gerade auch die wohlhabenden und zu 90 Prozent identischen Mitglieder von NATO und EU nicht bereit sind, der UNO die dringend benötigten finanziellen, personellen und logistischen Ressourcen zur Erfüllung ihrer Aufgaben außerhalb Europas zur Verfügung zu stellen. Insbesondere verweigern die NATO- und EU-Staaten der UNO Soldaten, Transportmittel und andere militärische und logistische Ressourcen, wenn diese für UNO-Missionen zur Friedenserhaltung oder -durchsetzung in Regionen benötigt werden, in denen die NATO- und EU-Staaten keine eigenen Interessen haben. Dieser Erpressungszustand hat dazu geführt, dass UNO-Generalsekretär Ban Ki-moon im September 2008 ein weitgehendes Kooperationsabkommen mit der NATO abschloss. Dass dem UNO-Generalsekretär dabei selbst nicht ganz wohl war, beweist der Umstand, dass er dieses Abkommen mit der NATO im Geheimen abschloss, unter Überschreitung seiner in der UNO-Charta definierten Kompetenzen und unter Umgehung des Sicherheitsrats. Nur die drei westlichen Vetomächte des Rats und zugleich führenden NATO-Mitglieder USA, Frankreich und Großbritannien waren eingeweiht. Sie hatten den UNO-Generalsekretär zur Unterzeichnung des Abkommens gedrängt. Bis heute wird das Abkommen von der New Yorker UNO-Zentrale offiziell unter Verschluss gehalten. Dem Autor liegt eine Kopie der Erklärung in einer inoffiziellen deutschen Übersetzung vor:

Wortlaut des Kooperationsabkommens zwischen UNO und NATO

1. Wir, der Generalsekretär der Vereinten Nationen und der Generalsekretär der NATO, versichern erneut unsere Verpflichtung, den internationalen Frieden und die internationale Sicherheit aufrechtzuerhalten.
2. Unsere gemeinsamen Erfahrungen haben den Wert effektiver und effizienter Koordination unserer Organisationen erwiesen. Wir haben eine operative Zusammenarbeit, beispielsweise bei der Friedenserhaltung auf dem Balkan und in Afghanistan, entwickelt, wo von der UNO autorisierte und von der NATO geführte Operationen gleichzeitig mit Friedenseinsätzen der UNO arbeiten. Wir sind zudem zusammen und gemeinsam mit weiteren Partnern zur Unterstützung von regionalen und subregionalen Organisationen tätig geworden. Weiter hat die NATO Pakistan 2005 während der Uno-Katastrophenhilfsaktionen Material und Personal zur Verfügung gestellt. Unsere Zusammenarbeit wird geleitet von der UNO-Char-

ta, international anerkannten humanitären Prinzipien und Richtlinien und der Abstimmung mit nationalen Behörden.

3. Die weitere Zusammenarbeit wird einen signifikanten Beitrag dazu leisten, den Bedrohungen und Herausforderungen zu begegnen, auf die die internationale Gemeinschaft reagieren muss. Wir unterstreichen daher die Bedeutung der Einrichtung eines Rahmens für Beratung, Dialog und Zusammenarbeit, einschließlich eines je nach der Situation erforderlichen Austauschs und Dialogs zu politischen und operationalen Fragen auf der Führungsebene sowie auf den Arbeitsebenen. Auch versichern wir erneut unsere Bereitschaft, innerhalb unserer jeweiligen Mandate und Möglichkeiten regionalen und subregionalen Organisationen jeweils gewünschte und angemessene Unterstützung zu gewähren.
4. Wir gehen davon aus, dass dieser Rahmen flexibel gestaltet werden muss und sich mit der Zeit weiterentwickelt. Daher vereinbaren wir, die Zusammenarbeit zwischen unseren Organisationen im Hinblick auf Fragen von gemeinsamem Interesse weiterzuentwickeln, einschließlich, aber nicht beschränkt auf Kommunikation, Teilen von Informationen, einschließlich Fragen des Schutzes der Zivilbevölkerung, des Aufbaus von Kapazitäten, von Training und Übungen, Auswertung von Lernergebnissen, Planung und Unterstützung für Eventualitäten und operationale Koordination und Unterstützung.
5. Unsere Kooperation wird sich unter Berücksichtigung des spezifischen Mandates, der speziellen Erfahrung, Verfahrensweisen und Möglichkeiten unserer jeweiligen Organisation in praktischer Hinsicht weiterentwickeln, um einen Beitrag zur internationalen Koordination bei der Reaktion auf globale Herausforderungen zu leisten.

Vereinbart in New York am 23. September 2008

Jaap de Hoop Scheffer	Ban Ki-moon
Generalsekretär der NATO	Generalsekretär der Vereinten Nationen

Schwächung der OSZE seit der NATO-Osterweiterung

Gerne wird in der New Yorker UNO-Zentrale auch übersehen, wie sehr die eine »europäische Regionalorganisation« NATO die gesamteuropäische Regionalorganisation OSZE seit Ende des Kalten Krieges geschwächt und handlungsunfähig gemacht hat. Dabei bestand nach dem Fall der Berliner Mauer im November 1989 die historische Chance, Russland mit gleichen Rechten und Pflichten in das »gemeinsame europäische Haus« einzubinden, das Michail Gorbatschow, der von 1985 bis 1991 amtierende letzte Präsident der Sowjetunion und Generalsekretär der Kommunistischen Partei, damals anstrebte. Institutioneller Rahmen für dieses »gemeinsame Haus« sollte die Konferenz für Sicherheit und Zusammenarbeit in Europa (KSZE) werden, die 1975 in Helsinki von den damals 23 Mitgliedsländern der beiden konkurrierenden Militärblöcke sowie den zwölf blockfreien Staaten Europas von Finnland über Jugoslawien bis zur Schweiz gegründet wurde. Zunächst sah es so noch so aus, als würde diese historische Chance für eine gesamteuropäische Friedensordnung unter gleichberechtigter Beteiligung Russlands auch von den NATO-Staaten ergriffen. »Der KSZE-Prozess ist ein Herzstück der gesamteuropäischen Architektur«, erklärte Ende November 1989 der damalige westdeutsche Bundeskanzler Helmut Kohl in seinem »Zehn-Punkte-Programm zur Überwindung der Teilung Deutschlands und Europas«. Beim KSZE-Gipfeltreffen im November 1990 in Paris verabschiedeten die Staats- und Regierungschefs der 35 Mitgliedsländer die »Charta für ein neues Europa«. Darin verpflichteten sie sich, auf allen Ebenen und ganz ausdrücklich auch bei der Sicherheitspolitik zusammenzuarbeiten, Streitfälle ausschließlich mit friedlichen Mitteln zu lösen sowie die KSZE politisch und institutionell zu stärken und auszubauen.

Das gebrochene Versprechen des Westens, die NATO nicht nach Osten auszudehnen

Die längere politische Vorgeschichte des 2014 gewaltsam eskalierten Ukrainekonflikts begann bald nach dem Fall der Berliner Mauer im November 1989. Im Februar 1990 hatten der deutsche Bundeskanzler Helmut Kohl und sein Außenminister Hans-Dietrich Genscher sowie US-Außenminister James Baker bei Gesprächen mit Gorbatschow und dessen Außenminister Eduard Schewardnadse in Moskau fest versprochen, im Fall der deutschen Wiedervereinigung die NATO nicht über das vereinte Deutschland hinaus nach Osten auszudehnen, ja noch nicht einmal ohne Einschränkungen auf das Territorium der ehemaligen DDR.

Wichtigster Kronzeuge für die Existenz dieses Versprechens – das in der aktuellen Debatte über die Hintergründe für den Ukrainekonflikt von mancher Seite bestritten wird – ist der damalige US-Botschafter in Moskau, James Matlock. Er war bei den Gesprächen von US-Außenminister Baker mit Gorbatschow und Schewardnadse anwesend und hat den Wortlaut der Unterredung mit dem damals gegebenen Versprechen inzwischen in verschiedenen Veröffentlichungen dokumentiert. Auch Bundesaußenminister Genscher bestätigte das von ihm und Kohl gegebene Versprechen am Tag seiner Rückkehr aus Moskau nach Bonn am 12. Februar 1990 auf dem Weiterflug zur KSZE-Konferenz nach Ottawa gegenüber drei Journalisten, darunter der Autor dieses Buches. Inzwischen ist auch die US-amerikanische Historikerin Mary Elise Sarotte nach Auswertung zahlreicher ehemals geheimer Dokumente der Regierungen der USA, Deutschlands und anderer Länder zu dem Ergebnis gekommen, dass Baker, Kohl und Genscher in ihren Gesprächen mit Gorbatschow und Schewardnadse im Februar 1990 entsprechende Zusagen gemacht hatten.

www.zeit.de/2014/41/nato-russland-usa-deutsche-wiedervereinigung; www.koerber-stiftung.de/ecommemoration/podcasts/manuskript-mary-elise-sarotte

Doch statt diese Versprechen auf eine gesamteuropäische Entwicklung unter gleichberechtigter Beteiligung Russlands umzusetzen und nach dem Zerfall des Warschauer Pakts auch die NATO zugunsten der KSZE aufzulösen, betrieben die NATO-Mitgliedstaaten die Expansion der westlichen Militärallianz nach Osten bis an die russische Grenze. Über die Vorstufen des NATO-Kooperationsrats (ab Ende 1991) sowie des Programms »Partnerschaft für den Frieden« (ab Anfang 1994) wurden zunächst Polen, Ungarn und Tschechien an die NATO herangeführt und schließlich 1999 als Vollmitglieder aufgenommen. 2004 folgten die Slowakei, Bulgarien und Rumänien sowie die ehemals zur Sowjetunion gehörenden drei baltischen Staaten Estland, Lettland und Litauen. Bei ihrem Gipfeltreffen im Jahr 2008 formulierten die Staats- und Regierungschefs der 28 NATO-Staaten ausdrücklich die Option für eine spätere Mitgliedschaft auch der Ukraine, Georgiens und Moldawiens.

Um die russischen Bedenken gegen ihre Expansion nach Osten zu zerstreuen, bot die NATO Moskau 1997 die Schaffung eines NATO-Russland-Rats (NRR) zur Koordination und Kooperation an. Doch in den wesentlichen sicherheitspolitischen Streitfragen und Krisen der letzten siebzehn Jahre wurde dieses Gremium von der NATO entweder gar nicht genutzt oder es wurde Russland immer nur eine zweitrangige Rolle zugestanden. So führte die NATO ihren völkerrechtswidrigen Luftkrieg gegen Serbien und Montenegro (»Kosovokrieg«) vom Frühjahr 1999 gegen die Bedenken Russlands. Ein im Herbst 1998 vom US-Botschafter bei der NATO in Brüssel, Alexander Vershbow, präsentierter Vorschlag für die Stationierung einer gemeinsamen, vom UNO-Sicherheitsrat mandatierten amerikanisch-russischen Blauhelmtruppe in Kosovo wurde in Washington und den Hauptstädten anderer NATO-Staaten verworfen. Auch die spätere völkerrechtliche Anerkennung des von Serbien abgespaltenen Kosovo, die Russlands Präsident Wladimir Putin im aktuellen Ukrainekonflikt als Präzedenzfall zur Rechtfertigung seiner Annexion der Krim heranzieht, wurde von den NATO-Staaten gegen erhebliche Bedenken Moskaus vollzogen.

Bei dem geplanten »Raketenabwehrprogramm« der NATO, das sich nach offizieller Darstellung gegen vermeintliche Bedrohungen aus Iran und anderen Staaten des Nahen und Mittleren Ostens richtet und dessen wesentliche Teile in Rumänien, Polen sowie eventuell in Tschechien und Rumänien stationiert werden sollen, hat die NATO Russland zwar zur Teilnahme eingeladen. Doch eine gleichberechtigte Beteiligung Russlands an der Planung, Stationierung und dem Betrieb der Aufklärungsradars und Raketenstellungen sowie an künftigen Entscheidungen über den Einsatz der Abwehrraketen will die NATO nicht zulassen. Daher hält sich – nicht nur in Moskau, sondern auch bei unabhängigen westlichen Rüstungsexperten – der Verdacht, dass sich das »Raketenabwehrprogramm« der NATO in Wahrheit gegen Russland richtet.

Parallel zur Ostausdehnung der NATO verlief der Prozess der Vernachlässigung sowie politischen und materiellen Auszehrung und Schwächung der OSZE.

Der völkerrechtswidrige Luftkrieg der NATO gegen Serbien und Montenegro 1999 war ein eklatanter Verstoß nicht nur gegen die UNO-Charta, sondern auch gegen alle Normen und Vereinbarungen der KSZE/OSZE und trug erheblich zur Unterminierung dieser einzigen gesamteuropäischen Institution bei. Ähnliches gilt für die infolge dieses Krieges vollzogene Anerkennung der Eigenstaatlichkeit Kosovos. Wie schon damals befürchtet, ist die Abspaltung und Anerkennung Kosovos zu einem Präzedenzfall geworden, mit dem die Serben in der ostbosnischen Republika Srpska ihren Willen zur Abspaltung von Bosnien-Herzegowina ebenso zu rechtfertigen suchen wie Russlands Präsident Wladimir Putin die völkerrechtswidrige Annexion der ukrainischen Krim. Diese Annexion sowie die hybride Kriegsführung in der Ukraine zeigen mehr noch als Russlands militärisches Eingreifen 2008 in Georgien, dass auch Moskau sich trotz aller rhetorischen Bekenntnisse zur OSZE kaum mehr um die Normen dieser Organisation schert. Die große Zustimmung in der russischen Bevölkerung – und gerade auch Gorbatschows – zur Annexion der Krim ist nur verständlich vor dem Hintergrund der Enttäuschungserfahrungen Russlands mit dem Westen seit 1989.

Dabei zeigt gerade die inzwischen zum heißen Krieg eskalierte Ukrainekrise, wie dringend notwendig eine handlungsfähige OSZE als Rahmen und Instrument zur Deeskalation und politischen Lösung von Konflikten auf dem eurasischen Kontinent wäre; sie ist darin durch keine andere Organisation ersetzbar.

Die OSZE im Ukrainekonflikt – starkes Engagement mit sehr dürftigem Ergebnis

Tatsächlich hat die Ukrainekrise die OSZE und ihr Schweizer Präsidium im Jahr 2014 stärker beschäftigt als jeder andere Konflikt seit den jugoslawischen Zerfallskriegen in den neunziger Jahren. Das Ergebnis des vielfältigen OSZE-Engagements im Ukrainekonflikt ist allerdings dürftig. Die ständige gewaltsame Eskalation des Konflikts mit bis Ende Januar 2015 rund 4800 Toten und über 900 000 Flüchtlingen aus der Ostukraine und der von Russland völkerrechtswidrig annektierten Krim konnte die OSZE nicht verhindern. Der Anfang September 2014 in Minsk unter Vermittlung der OSZE vereinbarte Waffenstillstand für die Ostukraine wurde von den Konfliktparteien ebenso wenig eingehalten wie andere Abmachungen und Zusagen. Selbst ihre Aufgabe der Konfliktbeobachtung konnte die OSZE nur sehr unzureichend erfüllen.

Hauptgrund für dieses dürftige Ergebnis des OSZE-Engagements sind die schon seit vielen Jahren völlig unzureichenden finanziellen, personellen und logistischen (Transportmittel und so weiter) Ressourcen, die die 57 Teilnehmerstaaten für die Arbeit der OSZE zur Verfügung stellen. Hinzu kommt die besonders starke politische Blockade der OSZE in diesem Ukrainekonflikt, da die Schwergewichte unter ihren Mitgliedern, Russland, die EU-Staaten und die USA, zu den Konfliktparteien gehören. Und schließlich fehlte dem Schweizer OSZE-Präsidium der Mut zu eigenständigen Initiativen.

Im Februar 2014 befassten sich erstmals der Ständige Rat der 57 Botschafter in der Wiener OSZE-Zentrale und die Parlamentarische Versammlung mit Abgeordneten aus allen Teilnehmerstaaten mit dem Ukrainekonflikt. Kurz darauf ersuchte UNO-Generalsekretär Ban Ki-moon die OSZE, aktiv zu werden. Die OSZE-Abteilung für die Führung nationaler Dialoge bei innerstaatlichen Konflikten bot sich der ukrainischen Regierung und der Opposition als Gesprächsvermittler an. Anfang März beschloss der Ständige Rat mit der von der OSZE-Satzung vorgeschriebenen Zustimmung aller 57 Teilnehmerstaaten zunächst einmal für sechs Monate die Entsendung von bis zu 500 Konfliktbeobachtern (Special Monitoring Mission, SMM). Bereits diese Zahl war angesichts der Größe der zu beobachtenden Konfliktregion viel zu gering. Und da die Teilnehmerstaaten nur sehr zögerlich Personal zur Verfügung stellten, waren bis Juli 2014 lediglich 100 Beobachter tatsächlich vor Ort. Angesichts der Eskalation des Konflikts wurde die Beobachtermission im Oktober zwar bis März 2015 verlängert. Doch Ende 2014 befanden sich nach wie vor nur knapp 300 OSZE-Beobachter in der Ukraine. Ihre Bewegungsfreiheit ist – entgegen der gültigen OSZE-Regeln für derartige Missionen sowie entgegen ausdrücklicher Zusagen der Konfliktparteien – weiterhin erheblich eingeschränkt. Von russischstämmigen Bewaffneten völlig verhindert wurde der Zugang der OSZE-Beobachter zur Krim im Vorfeld des mithilfe von Soldaten und Waffen aus Russland durchgesetzten Abspaltungsreferendums vom 16. März 2014. Das Referendum fand ohne internationale Beobachter statt. Sein Ergebnis ist allein schon aus diesem Grund völkerrechtlich null und nichtig.

Zusätzlich zu der vom Ständigen Rat entsandten Beobachtermission forderte die ukrainische Regierung ab März 2014 mehrfach bilateral bei den Regierungen anderer OSZE-Staaten kleine Teams von unbewaffneten Militärbeobachtern an. Grundlage für derartige Anforderungen ist eine OSZE-Vereinbarung über gegenseitige vertrauensbildende Maßnahmen von Anfang der neunziger Jahre. Ende April 2014 wurde ein siebenköpfiges Team von Militärbeobachtern aus Deutschland, Polen, Dänemark und Tschechien zusammen mit ihren fünf ukrainischen Begleitsoldaten von russischstämmigen Rebellen in der Ostukraine gefangen genommen. Die Geiselnehmer behaupteten, die sieben Militärbeobachter seien Spione. Ein völlig unhaltbarer Vorwurf, den sich in Deutschland aber auch Politiker der Links-Partei zu eigen machten und der zu einem Imageschaden für die OSZE führte. Erst nach intensiven Verhandlungen und der Einschaltung der Regierung Putin in Moskau wurden die OSZE-Geiseln nach neun Tagen wieder freigelassen.

Zur Beobachtung der Präsidentschaftswahlen vom 26. Mai 2014 entsandte das Büro für demokratische Institutionen und Menschenrechte der OSZE Wahlbeobachter, die einen ordnungsgemäßen Ablauf dieser Wahl ohne relevante Störungen oder Manipulationen bestätigten. Zu diesem Ergebnis kamen die OSZE-Beobachter auch nach den Parlamentswahlen vom 26. Oktober 2014 – allerdings mit der gravierenden Einschränkung, dass die Menschen in den von russischstämmigen Aufständischen besetzten Regionen der Ostukraine sowie auf der Krim an diesen Wahlen nicht teilnehmen konnten. Zu den von den Aufständischen in den besetzten »Volksrepubliken« Donezk und Lugansk durchgeführten Regionalwahlen vom 2. November entsandte die OSZE keine Beobachter. Denn diese Regionalwahlen wurden unter Verstoß gegen die Minsker Vereinbarung (Minsk 1) vom 5. September 2014 durchgeführt, gemäß der die Wahlen erst am 7. Dezember sowie unter anderen Bedingungen stattfinden sollten. Zentraler Punkt der Minsker Vereinbarung war ein sofortiger Waffenstillstand zwischen den Rebellen und den ukrainischen Regierungsstreitkräften in den umkämpften Gebieten der Ostukraine. Beide Seiten haben diese Vereinbarung inzwischen völlig zu Makulatur gemacht.

Die OSZE-Hochkommissarin für nationale Minderheiten, Astrid Thors, kritisierte Ende November 2014 zum wiederholten Mal die Verletzung der Grund- und Menschenrechte der Krimtataren sowie der nicht russischstämmigen Ukrainer auf der Krim durch die nach der Annexion von Moskau eingesetzten Behörden. Dunja Mijatovic, die OSZE-Beauftragte für die Freiheit der Medien, monierte schon mehrfach den Missbrauch von Presseabzeichen im Konflikt in der Ostukraine.

Ein kleiner, aber mutmaßlich zu später Erfolg gelang der OSZE in der letzten Novemberwoche 2014. Nach ihren Vermittlungsbemühungen erlaubten die russischstämmigen Rebellen niederländischen Ermittlern erstmals den Zugang zu einigen Absturzstellen von Trümmern des malaysischen Passagierflugzeugs, das am 17. Juli über der Ukraine abgeschossen worden war. Allerdings herrscht auch bei der OSZE die Befürchtung, dass alle Trümmerteile, die Aufschluss darüber hätten geben können, wer das Flugzeug abgeschossen hat, inzwischen längst beseitigt worden sind.

Fast völlig gescheitert ist die OSZE mit der Aufgabe, die Grenze zwischen Russland und der Ukraine zu überwachen und den Verkehr von Waffen, militärischem Personal sowie Hilfsgüterkonvois zu registrieren. Ein entsprechendes Mandat hatte der Ständige Rat der 57 Teilnehmerstaaten erstmals am 24. Juli 2014 beschlossen. Die Grenze ist 2300 Kilometer lang, davon gelten 500 Kilometer als kritisch. Bis Ende November waren entlang der gesamten Grenze jedoch lediglich sechzehn OSZE-Beobachter stationiert – und das auch nur an den beiden offiziellen Übergängen Gukovo und Donezk. Allein an diesen beiden Posten registrierten die OSZE-Beobachter in der zweiten Novemberwoche 665 Männer in Militärkleidung, die in beide Richtungen die Grenze überquerten. Am 23. November 2014 wurde die Grenzmission der OSZE noch einmal um einen Monat verlängert und auf 22 Beobachter aufgestockt.

Seit Spätherbst 2014 wurde der OSZE immer häufiger sowohl von Russland und den russischstämmigen Rebellen in der Ostukraine wie von der Regierung in Kiew Parteinahme für die jeweils andere Seite vorgeworfen. Auch häuften sich die gewaltsamen Angriffe auf OSZE-Beobachter mit dem Ziel, sie einzuschüchtern, ihre Bewegungsfreiheit einzuschränken und von Inspektionen abzuhalten.

Die Handlungsfähigkeit der OSZE ist abgesehen von finanziellen und personellen Ressourcen und dem politischen Willen gewichtiger Teilnehmerstaaten auch abhängig vom jeweiligen Vorsitzland und seinem Außenminister. Die Schweiz als Nichtmitglied von NATO und EU, die beide am Ukrainekonflikt beteiligt sind, war geradezu prädestiniert für eine aktive Rolle zur Überwindung dieser Krise. Sogar noch mehr als Finnland und Schweden, die wegen ihrer geografischen Nähe zu Russland und den baltischen Staaten zumindest indirekt von den Auswirkungen der Ukrainekrise betroffen sind. Doch leider hat die Schweiz diese aktive Rolle nur sehr unzureichend wahrgenommen. So hätte Außenminister Didier Burkhalter auch ohne vorherige Absegnung durch die 57 OSZE-Teilnehmerstaaten spätestens bei der Genfer Ukraine-Konferenz Mitte April 2014 öffentlich mit jeweils drei, vier klaren Forderungen an Moskau und Kiew zur Deeskalation auftreten müssen. Das hätte dem Konflikt vielleicht eine andere Dynamik gegeben. Selbst bei seinem Besuch in Moskau im Juni 2014 hätte der OSZE-Vorsitzende mit entsprechenden Forderungen an beide Konfliktparteien und einem selbstbewussteren Auftreten zumindest verhindern können, dass sein Besuch von Putin und den staatlichen Medien für die russische Propaganda instrumentalisiert wurde.

Die Ängstlichkeit Burkhalters erinnert an die letzte Schweizer OSZE-Präsidentschaft im Jahre 1996. Nach dem Bosnien-Friedensabkommen von Dayton im Dezember 1995 drang die Clinton-Administration in Washington auf die schnelle Durchführung von Wahlen in Bosnien-Herzegowina. Davor warnten die Jugoslawien-Experten im EDA (Eidgenössisches Departement für auswärtige Angelegenheiten) ihren Chef Flavio Cotti. Sie fürchteten, bei zu frühen Wahlen könnten die Kandidatinnen und Kandidaten der nationalistischen Parteien der Serben, Kroaten und muslimischen Bosnier demokratisch legitimiert und auf Jahre hinaus in ihren Ämtern bestätigt werden, weil neue Parteien noch nicht existierten oder noch zu schwach waren. Doch nach einem Besuch von US-Außenministerin Madeleine Albright in Bern fiel Cotti um und setzte die Wahlen für September 1996 an. Die Wahlergebnisse bestätigten alle Befürchtungen.

Zur Überwindung des Ukrainekonflikts wird die UNO gebraucht

Endc Dezember 2014 begann in der weißrussischen Hauptstadt Minsk unter Vermittlung der OSZE sowie Frankreichs und Deutschlands eine neue Verhandlungsrunde zwischen der ukrainischen Regierung und den Aufständischen aus den ostukrainischen Provinzen Donezk und Lugansk. Vorrangiges Ziel dieser Verhandlungen waren die Sicherung des bereits Anfang September 2014 vereinbarten, aber seitdem von beiden Seiten immer wieder gebrochenen Waffenstillstands, die Entzerrung der Frontlinien, der Abzug schwerer Waffen und andere Schritte zur Deeskalation und dauerhaften Beendigung der militärischen Auseinandersetzungen. Auch die Wiederaufnahme von Sozialleistungen und anderen Zahlungen an die Städte in den von den Aufständischen kontrollierten Regionen, die die Regierung in Kiew Anfang November 2014 eingestellt hatte, stand auf der Tagesordnung. Eine Vereinbarung mit diesen Punkten wurde am 12. Februar 2015 in Minsk unterzeichnet (Minsk 2). Doch auch dieses Abkommen blieb bis Ende 2020 weitgehend Makulatur. Die OSZE stellt in ihren regelmäßigen Berichten immer wieder Verstöße aller Beteiligten fest.

Doch selbst wenn es gelingen sollte, den Krieg in der Ostukraine zu beenden, wäre der hinter den innerukrainischen Auseinandersetzungen stehende geopolitische Großkonflikt zwischen Russland und den Mitgliedstaaten von NATO und EU damit noch keineswegs überwunden. Voraussetzung dafür wäre, dass diese Konfliktparteien ihre Fehler und falsche Politik der letzten Jahre korrigierten.

Die UNO könnte den Konfliktparteien dazu verhelfen, in einen Deeskalationsprozess einzusteigen. Der Sicherheitsrat ist aus den oben genannten Gründen das ungeeignete Gremium. Erforderlich wäre eine gemeinsame Initiative von UNO-Mitgliedstaaten, die nicht oder zumindest nicht in vorderster Linie an dem Konflikt beteiligt sind, die aber dennoch auch ein Interesse an seiner Deeskalation und Beilegung haben könnten. Denn eine Fortsetzung oder gar eine weitere Verschärfung des Konflikts zwischen NATO/EU und Russland hätte globale negative Auswirkungen. Einige sind schon jetzt spürbar. Die enormen Spannungen zwischen den USA und Russland wegen der Ukraine erschweren zusätzlich die so dringend nötige Kooperation zwischen den beiden Mächten bei der Beendigung des syrischen Bürgerkriegs und anderer Konflikte. Die schwere Wirtschaftskrise, in die Russland infolge der westlichen Sanktionen sowie zusätzlich wegen des deutlich gefallenen Weltmarktpreises für Öl geraten ist, werden zunehmend auch zum Problem für viele Länder, die mit Russland Handel treiben und deren Unternehmen in Russland investieren.

Notwendige Fehlerkorrekturen und Deeskalationsschritte der NATO- und EU-Staaten

Die NATO-Staaten müssten in erster Linie – anstatt die Regierung in Kiew durch politischen Zuspruch und durch Waffenlieferungen im Ziel eines Beitritt zur NATO zu bestärken – den Beschluss ihres Gipfels von 2008 aufheben und die klare, auch für die Wahrnehmung in Moskau unzweideutige Entscheidung treffen, dass eine NATO-Mitgliedschaft der Ukraine wie auch Georgiens und Moldawiens nicht geplant ist. Um diese Konfliktpunkte mit Moskau aus der Welt zu schaffen, reicht es nicht aus, wenn die deutsche Bundeskanzlerin Angela Merkel oder Regierungsvertreter in anderen EU-Hauptstädten in Hintergrundgesprächen mit Journalisten die Einschätzung äußern, dass »die Ukraine weder der NATO noch der EU in den nächsten zwanzig Jahren beitreten« werde – weil »die Bedingungen schlicht nicht gegeben« seien.

Zum Zweiten müssten die Mitgliedstaaten von NATO und EU die Sanktionen gegen Russland aufheben. Diese Sanktionen waren von Beginn an zum Scheitern verurteilt, gemessen an ihrem erklärten politischen Ziel, die Regierung Putin zu einer Veränderung ihrer Haltung zu bewegen. Inzwischen wirken die Sanktionen sogar kontraproduktiv und erschweren eine Deeskalation des Konflikts und seine politische Lösung.

Die EU müsste zu der Einsicht gelangen, dass ihre seit etwa 2005 betriebene Ukraine-Politik, mit der sie Kiew vor die Entweder-oder-Alternative einer Partnerschaft mit der EU oder mit Russland stellte, dem Land nur geschadet hat. Denn die Ukraine ist zum einen ein in mehrfacher Hinsicht gespaltenes Land – unter anderem in der Interpretation der historischen Ereignisse nach der Besetzung durch Nazideutschland 1941. Zum anderen ist die Ukraine für ihr wirtschaftliches

Überleben unbedingt angewiesen auf gute Handels- und Wirtschaftsbeziehungen sowohl mit Russland wie mit der EU sowie zunehmend auch mit China und anderen asiatischen Ländern. Hintergrund der verfehlten und in ihrer Wirkung schädlichen Ukraine-Politik der EU war ihre 2001 verkündete »Lissabon-Strategie«. Diese Strategie hatte zum Ziel, die EU bis 2010 zum wirtschaftlich, technologisch und in anderer Hinsicht stärksten und wettbewerbsfähigsten »globalen Player« zu machen. Nach Überzeugung der damals verantwortlichen Brüsseler Strategen benötigte die EU für dieses Ziel zwei große Staaten wegen ihrer geografischen Lage und regionalen Bedeutung wenn nicht als Vollmitglieder, so doch als eng angebundene Partner in einer Zoll- und Wirtschaftsunion: die Türkei und die Ukraine. Weitere vierzehn Länder, darunter die nordafrikanischen Maghrebstaaten sowie Israel, Syrien und Libanon, sollten in abgestufte Partnerschaftsbeziehungen an die EU angebunden werden und zu ihrem Einflussgebiet und ihrer vorgelagerten Peripherie werden. Das sind eindeutig geopolitische Zielsetzungen. Die EU veröffentliche diese Zielsetzungen 2004 allerdings unter dem verbrämenden Titel »Nachbarschaftspolitik«. Das Wort »Geopolitik« benutzen die EU und ihre Mitgliedsregierungen lediglich als Vorwurf an Russland.

Als dritte Deeskalationsmaßnahme müssten die westlichen Staaten die Regierung in Kiew zu der verbindlichen Zusicherung an Moskau bewegen, dass das noch unter dem ukrainischen Präsidenten Janukowitsch vereinbarte Stationierungsabkommen über den russischen Marinestützpunkt Sewastopol auf der Krim wie vorgesehen bis 2042 Bestand hat.

Viertens sollten die westlichen Staaten die Auszahlung versprochener Kredite an die Regierung in Kiew abhängig machen von der konkreten Umsetzung der bereits im Sommer 2014 von der Regierung in Kiew zugesagten Reformen. Vordringlich ist dabei eine Verfassungsgarantie für sprachliche und sonstige Minderheitenrechte sowie eine Dezentralisierung des Landes, die den Provinzen mehr Kompetenzen gibt. Letzteres ist keineswegs nur eine Forderung, die in den ostukrainischen Provinzen mit einem hohen russischstämmigen Bevölkerungsanteil erhoben wird, sondern auch in westlichen Regionen des Landes.

Erforderliche Fehlerkorrekturen und Deeskalationsschritte Russlands

Die Regierung Russlands müsste eine eindeutige Garantieerklärung abgeben für die staatliche Souveränität der Ukraine und die Unverletzlichkeit ihrer seit dem Zerfall der Sowjetunion bestehenden nationalen Grenzen. In der konkreten Umsetzung dieser Garantieerklärung müsste Moskau jegliche Unterstützung der Aufständischen in der Ostukraine mit Waffen, Kämpfern oder finanziellen Mitteln umfassend und nachprüfbar einstellen.

Zudem müsste Moskau die im März 2014 vollzogene Annexion der Krim für hinfällig erklären und einem Referendum über die Zukunft der Halbinsel zustimmen, das von der UNO vorbereitet, durchgeführt, überwacht und ausgezählt wird. Bei diesem Referendum dürften die Bewohner der Krim, anders als im März 2014, nicht nur die Wahlmöglichkeit haben zwischen einem Verbleib in der Ukraine unter Beibehaltung des bis März 2014 gültigen Status quo und einer Sezession und dem Beitritt zu Russland. Zur Entscheidung stehen müsste auch die dritte Option eines Verbleibs in der Ukraine mit einem weitgehenden Autonomiestatus. Schließlich müsste Moskau eine Garantieerklärung abgeben für gesicherte Gaslieferungen in die Ukraine und die seit April 2014 verkündeten drastischen Preiserhöhungen zurücknehmen.

Erforderliche Deeskalationsschritte beider Seiten

Die NATO-Staaten und Russland müssten ihre seit Frühjahr 2014 verstärkten militärischen Manövertätigkeiten entlang ihrer Außengrenzen, im internationalen europäischen Luftraum sowie im Schwarzen Meer einstellen. Russland sollte die in die Nähe seiner westlichen Außengrenze verlegten Truppenverbände und schweren Waffen in ihre ursprünglichen Stellungen zurückziehen. Die NATO sollte die beim Gipfel in Wales im September 2014 beschlossenen Pläne für die Aufstellung und Verlegung schneller Eingreiftruppen nach Polen oder in die baltischen Staaten mit bis zu 5000 Soldaten (»Speerspitze«) rückgängig machen.

Doch zu diesen und anderen konkreten Schritten der Deeskalation und der Korrektur vergangener Fehler sind die NATO- und EU-Staaten sowie Russland offensichtlich allein nicht in der Lage. Selbst ein westlicher Politiker wie der deutsche Bundespräsident und frühere Außenminister Frank-Walter Steinmeier, der sich um Vermittlung im innerukrainischen Konflikt bemüht hat, eine sehr bedächtige Rhetorik gegenüber Moskau pflegt und ständig die Notwendigkeit des Gesprächs mit Russland betont, lässt bislang keine Bereitschaft zu diesen konkreten Schritten erkennen. Zumindest nicht öffentlich.

Der Konflikt zwischen Russland und dem Westen hat offensichtlich ein Stadium erreicht, wo auf beiden Seiten die Angst vorherrscht, eine Korrektur der eigenen Politik könne als Schwäche oder falsches Nachgeben gewertet werden und zum Gesichtsverlust führen. Wobei das Problem der Gesichtswahrung für Putin größer ist als für die westlichen Politiker – auch weil er mit seiner Ukraine-Politik in der Bevölkerung des eigenen Landes zumindest bislang auf erheblich größere Zustimmung stößt als die Regierungspolitiker in den meisten der NATO- und EU-Staaten. Auch aus diesem Grund wäre der Westen in einer besseren Position, die ersten Schritte zur Deeskalation zu unternehmen.

Zur Gruppe von UNO-Mitgliedstaaten, die der NATO/EU und Russland ein Paket mit konkreten Vorschlägen zur Deeskalation des Ukrainekonflikts unterbreitet, könnten die mit Russland verbundenen übrigen BRICS-Staaten Brasilien, Indien, China und Südafrika gehören, des Weiteren die auch zur G20 gehörenden Länder Australien, Argentinien, Mexiko, Indonesien und Südkorea. Aus Europa käme die Schweiz infrage, die weder der EU noch der NATO angehört, eigene Wirtschaftsinteressen in Russland hat und zudem über diplomatisches Personal mit viel Wissen und Erfahrung aus Konflikten in diversen Nachfolgestaaten der Sowjetunion verfügt.

Eine entsprechende Initiative einer Gruppe von UNO-Mitgliedstaaten könnte auch den Rahmen bieten für Dreiergespräche zwischen der EU, Russland und der Ukraine darüber, wie eine Mitgliedschaft der Ukraine in der geplanten Zollunion mit der EU vereinbar gemacht werden kann mit der bislang schon bestehenden Zollunion der Ukraine mit Russland, ohne dass Russland mit Billigwaren aus der EU überschwemmt wird. Bei politischem Willen aller drei Beteiligten gäbe es für dieses Problem mit Sicherheit eine pragmatische Lösung. Sie könnte zum Vorbild werden für andere Weltregionen, in denen sich künftig möglicherweise ähnliche Probleme stellen werden.

Israel und Palästina – politische Rolle der UNO jahrzehntelang verhindert

Mit Blick auf den Konflikt zwischen Israel und Palästina haben die USA in den vier Jahren unter der Trump-Administration das Ziel einer Zweistaatenlösung offiziell aufgegeben – damit das erklärte Ziel ausnahmslos aller Vorgängerregierungen in Washington sowie fast sämtlicher übrigen 192 UNO-Staaten. Darüber hinaus hat die Trump-Administration fast alle völkerrechtlich verbindlichen Bestimmungen sowie Beschlüsse des UNO-Sicherheitsrats und der Generalversammlung zum Israel-Palästina-Konflikt missachtet oder sogar ausdrücklich für obsolet erklärt. Das geschah, wie gesagt, durch die Verlegung der US-Botschaft von Tel Aviv nach Jerusalem, durch die Anerkennung der israelischen Besatzung der syrischen Golanhöhen, durch die Tilgung des seit 1967 im Völkerrecht festgeschriebenen Begriffs »besetzte palästinensische Gebiete« (OPT) aus allen US-Regierungsdokumenten sowie durch die Erlaubnis, Produkte aus den besetzten Gebieten in die USA unter der Herkunftsbezeichung »Israel« zu importieren. Auch der »Friedensplan«, den Trump und Israels Premierminister Benjamin Netanjahu der Welt Anfang 2020 mit großen Fanfaren präsentierten, verstößt gegen das Völkerrecht. Er läuft auf die Annexion zumindest von Teilen des besetzten Westjordanlands durch Israel hinaus.

Das Vorgehen der USA in den vier Jahren der Trump-Administration stieß bei den übrigen 192 UNO-Mitgliedern, beim Generalsekretär oder beim Internationalen Gerichtshof kaum auf Widerspruch oder gar Widerstand. Das verstärkt den Eindruck, der auch schon lange vor Antritt der Trump-Administration weltweit vorherrscht: Keiner anderen Herausforderung gegenüber ist die UNO so handlungsunfähig und hilflos wie dem Nahostkonflikt, und das schon mindestens seit dem Sechstagekrieg vom Juni 1967, als dessen Ergebnis Israel die für einen palästinensischen Staat vorgesehene Westbank, den Gazastreifen sowie Ostjerusalem eroberte und bis heute völkerrechtswidrig besetzt.

Die israelischen Regierungen missachten seit über fünfzig Jahren sämtliche Beschlüsse der UNO, darunter auch völkerrechtlich verbindliche Resolutionen des Sicherheitsrats, die ein Ende der Besatzung fordern. Und im Unterschied zu den drei anderen Fällen seit Gründung der UNO, in denen ein Staat ein anderes Land längerfristig besetzte (die Sowjetunion Afghanistan von Ende 1979 bis 1988, Irak Kuwait von August 1990 bis Januar 1991 und die USA Irak von 2003 bis 2011), verschärft Israel sogar den Besatzungszustand durch fortgesetzte Besiedlung der besetzten Gebiete. Inzwischen leben über 650 000 illegale jüdische Siedler im Westjordanland und in Ostjerusalem.

Der opfer- und zerstörungsreiche brutale Gazakrieg zwischen Israel und der Hamas im Sommer 2014, zu dessen Beendigung die UNO nichts unternahm, hatte die Wahrnehmung der Weltorganisation als hilflos noch weiter verstärkt. Dieser Eindruck änderte sich zum Ende der Obama-Zeit – allerdings nur sehr kurzzeitig. An Weihnachten 2016 verurteilte der Sicherheitsrat mit seiner Resolution 2234 die israelischen Siedlungsbauten im besetzten Westjordanland und in Ostjerusalem als eine »schamlose Verletzung internationalen Rechts« und ein »großes Hindernis« für den Frieden in Nahost und für eine Zweistaatenlösung. Die Siedlungen hätten »keine juristische Berechtigung«, heißt es in dem ursprünglich von Ägypten eingebrachten Resolutionsentwurf. Als der Text Tage vor der geplanten Abstimmung bekannt wurde, mischte sich Präsident Obamas zwar gewählter, aber noch nicht im Amt befindlicher Nachfolger Trump ein. In einem Telefonat mit dem ägyptischen Diktator General Abdel Fatah El-Sisi nötigte Trump diesen mit der Drohung, Ägypten künftig die Militär- und Wirtschaftshilfe der USA zu kürzen, zur Rücknahme des Resolutionsantrags. Mit dieser höchst ungewöhnlichen Intervention eines noch nicht im Amt befindlichen US-Präsidenten leitete Trump den Kurswechsel von Washingtons Nahostpolitik ein. An Stelle von Ägypten übernahmen Malaysia und andere Sicherheitsratsmitglieder den Antrag. Seine Verabschiedung mit vierzehn zu null Ja-Stimmen wurde möglich, weil die USA, die in der Vergangenheit oftmals Resolutionen mit Kritik an der israelischen Regierungspolitik durch ihr Veto verhindert hatten, sich enthielten. Zu den Beweggründen erklärte die New Yorker UNO-Botschafterin der Obama-Administration, Samantha Power, die Resolution 2334 stelle »die Tatsachen so dar, wie sie sind«. Die Regierung Netanyahus treibe den Siedlungsbau voran, erkläre jedoch gleichzeitig, sie wolle weiter eine Zweistaatenlösung. Beide Ziele zugleich seien »unvereinbar«, so Power. Das Land müsse sich »entscheiden, zwischen Siedlungen und Teilung«.

Die Regierung Netanjahu reagierte mit Wut auf die Verurteilung durch den UNO-Sicherheitsrat. Die Botschafter der vierzehn Staaten, die im Sicherheitsrat für die Resolution gestimmt hatten, wurden ins israelische Außenministerium bestellt. Die Arbeitsbeziehungen mit zwölf dieser vierzehn Staaten wurden vorübergehend eingeschränkt. Auch den scheidenden US-Botschafter der Obama-Administration, Daniel B. Shapiro, lud Netanjahu zum Gespräch vor. Zugleich erklärte Israels Regierung, der Bau von zunächst 600 Wohneinheiten im ursprünglich palästinensischen Ostjerusalem werde fortgesetzt. Das seien die ersten von insgesamt 5600 neuen Einheiten.

Für diese weitere Eskalation der völkerrechtswidrigen Besatzung konnte Netanjahu mit grünem Licht von der neuen Administration in Washington rechnen. Bereits Anfang Dezember 2016 war bekannt geworden, wen Trump zum neuen Botschafter in Israel berufen würde: David Friedman, den Vorsitzenden der zionistischen Lobbyorganisation American Friends of Bet El Yeshiva und bis dato Trumps Anwalt und Nahostberater im Präsidentschaftswahlkampf. Noch vor seiner offiziellen Ernennung bezeichnete Friedman Jerusalem als »ewige Hauptstadt« Israels, die »unteilbar« sei. Diese Erklärung verstößt gegen zahlreiche, einst mit Zustimmung der USA gefasste UNO-Beschlüsse seit der Resolution 181 der Generalversammlung vom November 1947, mit der die Gründung zweier Staaten auf dem Territorium des britischen Mandatsgebietes Palästina beschlossen wurde. Diese Resolution bestimmt, dass über den endgültigen Status Jerusalems und die eventuelle Rolle als gemeinsame oder geteilte Hauptstadt der beiden künftigen Staaten einvernehmlich durch Verhandlungen entschieden werden soll. Friedman kündigte im Dezember 2016 an, er wolle als Botschafter von

Jerusalem aus arbeiten und nicht mehr aus der US-Botschaft in Tel Aviv. Im Mai 2018 wurde die Botschaft nach Jerusalem verlegt.

Doppelte Standards und Selektivität bei der Durchsetzung von Völkerrechts- und Menschenrechtsnormen

Die Enttäuschung und Frustration über die Unfähigkeit der UNO, den in immer kürzeren Abständen gewalttätig eskalierenden Konflikt zwischen Israel und den Palästinensern endlich zu beenden und eine politische Lösung herbeizuführen, sind umso größer, als sich die Weltorganisation seit ihrer Gründung mit keinem anderen Konflikt so häufig und so intensiv beschäftigt hat. Zu keinem anderen Thema haben die Generalversammlung, der Sicherheitsrat, die Menschenrechtsgremien und andere Institutionen und Organisationen des UNO-Systems so viele Beschlüsse und Resolutionen gefasst. Und in keine andere Region der Erde hat die UNO in den letzten 75 Jahren so viele Blauhelmmissionen, Sonderberichterstatter, Untersuchungskommissionen entsandt und humanitäre Hilfsgüter geschickt wie in den Nahen Osten. Doch auf der politischen Entscheidungsebene insbesondere des Sicherheitsrats ist die UNO seit Jahrzehnten blockiert. In erster Linie, weil das ständige Ratsmitglied USA mittels seiner Vetomacht die Umsetzung von – selbst einst mit Zustimmung Washingtons beschlossenen – UNO-Resolutionen zur Lösung des Konflikts verhindert und die Konfliktpartei Israel vor jedem effektiven Druck schützt, sich an das Völkerrecht zu halten. In den allermeisten Fällen fand die westliche Führungsmacht USA für ihre Nahostpolitik auch die Unterstützung Deutschlands, Großbritanniens und anderer gewichtiger Länder des Westens. Aus diesem Grund hat der israelisch-palästinensische Konflikt wie kein anderer weltweit zu der Wahrnehmung beigetragen, dass bei der Umsetzung der seit 1945 im UNO-Rahmen vereinbarten universellen Völkerrechts- und Menschenrechtsnormen Selektivität und doppelte Standards herrschen. Das unterminiert und schwächt diese universellen Normen und die UNO.

Eine detaillierte Darstellung des Engagements der UNO im Nahostkonflikt seit 1947 findet sich in den *UN-Basisinformationen* 44 (»Die Vereinten Nationen und der Nahostkonflikt«) der Deutschen Gesellschaft für die Vereinten Nationen (DGVN). Zu finden unter www.dgvn.de/un-basis-informationen

Vom UNO-Teilungsplan von 1947 bis zur gescheiterten Palästina-Resolution vom Dezember 2014

Am Anfang des Engagements der UNO im Nahen Osten stand die Teilungsresolution 181 der Generalversammlung vom 27. November 1947. Diese Resolution sah auf dem bis dahin von Großbritannien verwalteten Mandatsgebiet Palästina die Bildung eines Staates Israel und eines Staates Palästina vor im Teilungsverhältnis von 56 zu 44 Prozent des Territoriums. Doch fast 74 Jahre und Hunderte Nahost-Resolutionen und -Beschlüsse der UNO später existiert der Staat Palästina noch immer nicht. Der Sicherheitsrat befasste sich vor seiner bereits erwähnten Resolution 2334 vom Dezember 2016 das letzte Mal zwei Jahre zuvor, am 30. Dezember 2014 mit dem Nahostkonflikt. Damals scheiterte ein von Jordanien eingebrachter Resolutionsantrag. Er sah die Vereinbarung einer umfassenden Zweistaatenlösung bis Ende 2015 sowie den vollständigen Abzug Israels aus den besetzten Gebieten bis spätestens Ende 2018 vor. Unter den fünfzehn Mitgliedstaaten des UNO-Sicherheitsrats erhielt der Antrag nur acht der für eine Annahme erforderlichen neun Ja-Stimmen. Im Vorfeld der Abstimmung hatte die Obama-Administration insbesondere auf die zehn nichtständigen Ratsmitglieder massiven Druck ausgeübt, mit Nein zu votieren oder sich zumindest zu enthalten. Ruanda und andere nichtständige Ratsmitglieder gaben unter dem Druck aus Washington ihre zuvor erklärte Absicht auf, dem Antrag zuzustimmen. Für den Fall, dass ihr Druck nicht ausreichen würde, eine Mehrheit von neun Ja-Stimmen zu verhindern, hatte die Obama-Administration angekündigt, sie werde den Resolutionsantrag durch ihr Veto zu Fall bringen. Diese Abstimmung des UNO-Sicherheitsrats vom 30. Dezember 2014 lieferte allerdings auch Indizien dafür, dass sich Washington bei seiner Nahostpolitik nicht mehr unbedingt auf die beiden westlichen Vetomächte Großbritannien und Frankreich verlassen kann. Großbritannien enthielt sich der Stimme. Frankreich stimmte dem Resolutionsantrag sogar zu, wie auch die beiden anderen Vetomächte Russland und China.

In Reaktion auf das Scheitern des Resolutionsantrages im UNO-Sicherheitsrat unterzeichnete der Chef der Palästinensischen Autonomiebehörde, Mahmud Abbas, die Beitrittsurkunde zum Internationalen Strafgerichtshof (IStGH) sowie zu neunzehn weiteren internationalen Konventionen (Abkommen). Nach dem Beitritt zum IStGH möchte Abbas vor dem Strafgerichtshof mutmaßliche Kriegsverbrechen und Verbrechen gegen die Menschlichkeit der israelischen Regierungsstreitkräfte in den Gazakriegen vom Sommer 2014 und von 2008/09 untersuchen lassen. Mit dem Beitritt der Palästinenser zum IStGH wurde auch die Hamas der Gerichtsbarkeit des Strafgerichtshofs unterworfen, der ebenfalls Kriegsverbrechen und Verbrechen gegen die Menschlichkeit in den beiden letzten Gazakriegen vorgehalten werden. Dennoch stieß die Unterzeichnung der Beitrittsurkunde durch Abbas' Schritt auf wütende Proteste der israelischen Regierung und auf scharfe Kritik der Obama-Administration.

Die Sabotage des UNO-Teilungsplans von 1947

Die israelische Seite nahm die UNO-Resolution 181 offiziell an und rief am 14. Mai 1948 die Gründung ihres Staates aus. Wie israelische Historiker nachgewiesen haben, hatte Staatsgründer David Ben Gurion zum damaligen Zeitpunkt allerdings Pläne, den israelischen Staat über die von der UNO zugedachten 56 Prozent des Territoriums hinaus auszudehnen. Die Palästinenser akzeptierten den UNO-Teilungsplan nicht. Sie erlebten die Gründung des Staates Israel als Katastrophe (Nakba) der Vertreibung und gingen mit Unterstützung der arabischen Staaten Ägypten, Syrien, Libanon und Jordanien militärisch gegen die israelische Seite vor. Aus den militärischen Auseinandersetzungen der Jahre 1948/49 ging Israel als Sieger hervor und weitete sein Staatsgebiet bis zu den Waffenstillstandsvereinbarungen vom Frühjahr 1949 von 56 auf 78 Prozent des ehemaligen Mandatsgebietes Palästina aus. Bei diesen Vereinbarungen wurde mit grüner Tinte die »Grüne Linie« gezeichnet, die dann bis zum Sechstagekrieg von 1967 de facto die Außengrenze Israels markierte. Rund 750 000 Palästinenser wurden während der militärischen Auseinandersetzungen der Jahre 1948/49 aus ihren Häusern und Dörfern vertrieben.

Anhaltender Interpretationsstreit über die UNO-Resolution 242

Im Sechstagekrieg vom Juni 1967 besetzte Israel das Westjordanland (Westbank), den Gazastreifen und Ostjerusalem und kontrolliert damit auch die restlichen 22 Prozent des ehemaligen Mandatsgebiets Palästina. Der Sicherheitsrat forderte daraufhin in seiner Resolution 242 vom 22. November 1967 den Rückzug Israels »aus (den) besetzten Gebieten, die während des jüngsten Konfliktes besetzt wurden«, im Gegenzug für eine Anerkennung des Staates Israel und die Respektierung seiner Sicherheit »frei von Bedrohung und Gewalt«. Alle fünfzehn Ratsmitglieder, auch die USA, stimmten der Resolution 242 zu. Hinter dem einstimmigen Votum verbirgt sich allerdings ein Dissens und Interpretationsstreit, der bis heute anhält. In der ursprünglich von Großbritannien vorgelegten englischen Fassung der Resolution wird Israel zum »Rückzug von besetzen Gebieten« (»withdrawal from occupied territories«) aufgefordert. Die französische Fassung fordert hingegen den »Rückzug von *den* besetzten Gebieten« (»retrait des territoires occupés«). Die Sowjetunion hatte sich während der Textverhandlungen vergeblich für die noch klarere Formulierung »Rückzug von *allen* besetzten Gebieten« eingesetzt. Israel beruft sich bis heute auf die englische Version von Resolution 242, die arabischen Staaten beziehen sich auf die französische Fassung.

Nach dem Jom-Kippur-Krieg Israels gegen die vereinigten Streitkräfte Ägyptens und Syriens vom Oktober 1973 forderte der UNO-Sicherheitsrat in seiner ebenfalls einstimmig verabschiedeten Resolution 338 »die beteiligten Parteien auf, sofort nach Einstellung des Feuers damit zu beginnen, die Resolution 242 von 1967 in allen ihren Teilen durchzuführen«.

Auf die beiden völkerrechtlich verbindlichen Resolutionen 242 und 338 des UNO-Sicherheitsrats nehmen nicht nur alle weiteren Resolutionen und Beschlüsse Bezug, die seitdem vom Rat, von der Generalversammlung oder anderen Gremien und Institutionen der UNO verabschiedet wurden. Auch alle seitdem ergriffenen diplomatischen Initiativen und vereinbarten Nahost-Abkommen vom ägyptisch-israelischen Friedensvertrag 1979 bis zum Oslo-Abkommen vom September

1993 zwischen Israel und der Palästinensischen Befreiungsfront (Palestine Liberation Organisation, PLO) berufen sich auf diese beiden Resolutionen des UNO-Sicherheitsrats.

Von der Madrid-Konferenz bis zur Roadmap des Nahostquartetts – die UNO in der einflusslosen Nebenrolle

Trotz der Bezugnahme auf die beiden Sicherheitsrats-Resolutionen 242 und 338 in allen seit 1967 erfolgten Beschlüssen, diplomatischen Initiativen und Verträgen zum Nahostkonflikt spielt die UNO seitdem nur eine einflusslose Nebenrolle bei den Bemühungen zur Beilegung dieses Konflikts. Unter dem Druck des ersten Aufstands der Palästinenser in der Westbank (1. Intifada 1987–1991) initiierten die USA nach dem Golfkrieg vom Frühjahr 1991, in dem eine US-geführte Streitmacht die irakischen Besatzungstruppen aus Kuwait vertrieben hatte, die Nahostkonferenz von Madrid. Eingeladen wurden Israel, Syrien, Libanon und Jordanien. Die Palästinenser durften wegen israelischer Bedenken nur als Mitglieder der jordanischen Delegation teilnehmen. Alle Rahmenbedingungen für diese Konferenz bestimmte die Administration von Präsident George Bush sen. und Außenminister James Baker. Sie bemühte sich lediglich um die Sowjetunion als Mitveranstalter. Die UNO wurde von Washington bewusst aus dieser diplomatischen Initiative herausgehalten. Die Madrid-Konferenz vom Dezember 1991 und die in ihrer Nachfolge geführten bilateralen und multilateralen Verhandlungsrunden erbrachten als einziges Ergebnis den 1994 vereinbarten Friedensvertrag zwischen Israel und Jordanien.

Die Oslo-Abkommen – die UNO-Mitglieder verlassen sich auf die USA als Garantiemacht und ehrlichen Makler

Parallel zu dem Madrid-Prozess fanden auf Initiative der norwegischen Regierung zunächst geheim gehaltene bilaterale Verhandlungen zwischen Israel und den Palästinensern statt. Sie führten 1993 zur Vereinbarung des 1. Oslo-Abkommens. Besiegelt wurde das Abkommen im September 1993 mit einem historischen Handschlag zwischen Israels Ministerpräsident Jitzchak Rabin und PLO-Chef Jassir Arafat auf dem Rasen des Weißen Hauses in Washington. Präsident Bill Clinton übernahm dabei für die USA die Rolle der Garantiemacht für das Oslo-Abkommen.

Die europäischen Staaten, Russland und alle anderen vorgeblich an einer Beilegung des Nahostkonflikts interessierten Mitglieder der UNO äußerten ihre Unterstützung für das Oslo-Abkommen und verließen sich auf die USA als ehrlichen Makler für seine Umsetzung. Doch das erwies sich in den folgenden Jahren als große Illusion.

Frieden für immer weniger Land – der unzureichende Inhalt des Oslo-Abkommens

Das erste Oslo-Abkommen basierte offiziell auf dem Prinzip »Land für Frieden«. Beide Seiten erkannten sich erstmals gegenseitig an. Israel akzeptierte die PLO als offiziellen Vertreter der Palästinenser. Die PLO strich aus ihrer Gründungscharta alle Passagen, die die Vernichtung Israels als Ziel enthielten.

Das Abkommen und seine beiden 1994 und 1995 vereinbarten Nachfolgeverträge (Gaza-Jericho- und Oslo-2-Abkommen) sahen einen Teilrückzug der israelischen Streitkräfte aus den besetzten Gebieten vor sowie die Übertragung der Verantwortung im Gazastreifen und im Westjordanland auf eine »Palästinensische Autonomiebehörde«. Die Vereinbarung galt allerdings nur für maximal ein Drittel des Westjordanlandes und nicht für die von jüdischen Siedlern bewohnten Gebiete sowie die israelischen Militärstützpunkte. Die völkerrechtswidrigen Siedlungen, der künftige Status Jerusalems, die Frage der Rückkehr der palästinensischen Flüchtlinge und andere strittige Kernprobleme wurden in dem Oslo-Abkommen noch nicht behandelt, sondern auf später verschoben.

Die kurze Zeit der Hoffnung nach dem Oslo-Abkommen

1994 wurden Israels Ministerpräsident Rabin und PLO-Chef Arafat mit dem Friedensnobelpreis ausgezeichnet.

Auch bei der israelischen Bevölkerung stieß die von Rabin eingeschlagene Verhandlungs- und Friedenspolitik gegenüber den Palästinensern auf breite Zustimmung. Bis zu 400 000 Menschen demonstrierten auf Kundgebungen der israelischen Friedensbewegung ihre

Unterstützung für Rabins Politik. Doch bei der Siedlerbewegung und in der von Benjamin Netanjahu geführten oppositionellen rechtskonservativen Likud-Partei stieß Rabin mit seiner Politik auf massive Ablehnung, Hass sowie persönliche Anfeindungen bis hin zu Morddrohungen. Auf Kundgebungen der Likud-Partei, bei denen Oppositionsführer Netanjahu als Hauptredner auftrat, wurden Plakate mit Rabin in Naziuniform gezeigt. Am 4. November 1995 ging die Saat dieses Hasses auf. Nach einer Friedensdemonstration in Tel Aviv wurde Rabin von einem rechtsradikalen jüdischen Studenten erschossen. Ob es sich bei Rabins Mörder um einen Einzeltäter handelte oder ob er nur ausführendes Organ eines politischen Komplotts gegen den Ministerpräsidenten war, ist bis heute nicht geklärt.

Rabins Nachfolger Shimon Peres, ebenfalls von der Arbeitspartei, setzte die Politik seines ermordeten Vorgängers fort und begann 1996 Verhandlungen mit der PLO über die im Oslo-Abkommen noch ausgeklammerten Kernprobleme.

Netanjahu sabotiert den Oslo-Friedensprozess

Doch bei den Wahlen im Mai 1996 gewann die rechtskonservative Likud-Partei mit knapper Mehrheit. Netanjahu wurde Ministerpräsident. Er torpedierte den Friedensprozess insbesondere durch eine Intensivierung der illegalen Besiedlung des Westjordanlands. Zudem verweigerte Netanjahu die Umsetzung zahlreicher Verpflichtungen Israels aus den Oslo-Verträgen und brach die von Peres begonnenen Verhandlungen mit den Palästinensern über die Lösung der in den Oslo-Verträgen ausgeklammerten Kernprobleme wieder ab.

Netanjahus offensive Siedlungspolitik führte zwar dazu, dass die EU die gesamte israelische Siedlungspolitik in den besetzten Gebieten für illegal erklärte. Doch die USA als Garantiemacht der Oslo-Verträge unternahmen nichts, um die israelische Regierung zur Umsetzung ihrer vertraglichen Verpflichtungen zu bewegen. In Reaktion auf die Vertragsverletzungen Israels setzte auch die palästinensische Seite einige ihrer Verpflichtungen aus den Oslo-Abkommen nicht um.

Ende 1998 wurde Netanjahu wegen seiner Sabotage des Oslo-Friedensprozesses vom israelischen Parlament, der Knesset, per Misstrauensvotum abgesetzt. Sein Nachfolger Ehud Barak von der Arbeitspartei kritisierte die unter Netanjahu forcierten Siedlungsaktivitäten im Westjordanland öffentlich als Verstoß gegen die Oslo-Verträge.

Im September 1999 nahmen die Streitparteien im ägyptischen Sharm el-Sheikh die Verhandlungen zur Lösung der Kernprobleme wieder auf.

Im Juli 2000 trafen sich Barak und Arafat unter Vermittlung von US-Präsident Bill Clinton in dessen Landsitz Camp David außerhalb von Washington D.C. Das war der letzte Versuch der Clinton-Administration, eine Übereinkunft zu erzielen über die zentralen Streitpunkte Status von Jerusalem, Flüchtlingsrückkehr, die Grenzziehung zwischen Israel und einem künftigen Staat Palästina sowie über den Status der im Westjordanland verbleibenden jüdischen Siedlungen. Ende Juli 2000 wurden die Verhandlungen von Camp David ergebnislos abgebrochen.

»Arafats historischer Fehler« und andere Propagandamärchen über Camp David

US-Präsident Clinton erklärte, die Verhandlungen von Camp David seien an der Frage von Jerusalem gescheitert. Er machte die Palästinenser dafür verantwortlich mit der Bemerkung: »Die Israeli haben sich mehr von ihrer ursprünglichen Position wegbewegt als die Palästinenser.«

Darüber hinaus verbreiteten die israelische Regierung und US-amerikanische Medien die Behauptung, Ministerpräsident Barak habe in Camp David das weitreichendste Angebot vorgelegt, das Israel jemals gemacht habe. Und Arafat habe »den historischen Fehler« begangen, dieses weitreichende Angebot abzulehnen. Der Mythos vom weitreichenden Angebot Baraks und vom sturen Nein Arafats hält sich bis heute hartnäckig. Nicht nur in den USA und in Israel, sondern auch in Diskursen über den Nahostkonflikt in Deutschland, der Schweiz und anderen europäischen Ländern. Tatsächlich handelt es sich dabei um eine reine Propagandabehauptung. Der wichtigste Kronzeuge hierfür ist Robert Malley, unter Clinton Nahost-Experte im Nationalen Sicherheitsrat der USA und Mitglied des amerikanischen Teams bei den Camp-David-Verhandlungen vom Juli 2000.

Ein Jahr nach diesen Verhandlungen erschien am 8. Juli 2001 in der *New York Times* ein erster Artikel Malleys unter der Überschrift »Märchen über das Scheitern von Camp David«. Er widerlegte darin einige Mythen, darunter die Behauptung, Barak sei nahe daran gewesen, die Sicherheit Israels aufs Spiel zu setzten, als er angeboten habe, »die meisten, wenn nicht alle legitimen Forderungen der Palästinenser zu erfüllen«.

Malley schrieb: »Es stimmt, was auf dem Tisch lag, war weitreichender als alles, was ein israelischer Führer in der Vergangenheit diskutiert hatte – ob nun mit den Palästinensern oder mit Washington. Aber es war nicht das Traumangebot, als das es dargestellt wurde, zumindest nicht aus palästinensischer Sicht.

Um die Siedler zu beruhigen, sollte Israel 9 Prozent der Westbank annektieren, als Ausgleich sollte der Palästinenserstaat Souveränität über Teile des israelischen Kernlandes bekommen, von einem Neuntel der Größe des annektierten Landes. Ein Palästinenserstaat mit 91 Prozent der Westbank und Gaza war mehr, als die meisten Amerikaner und Israeli für möglich gehalten hätten, aber wie hätte Herr Arafat seinem Volk den Landtausch im Verhältnis neun zu eins erklären sollen?

In Jerusalem hätte Palästina Souveränität über viele arabische Viertel im Ostteil der Stadt sowie muslimische und christliche Viertel in der Altstadt erhalten. Während es den Haram al-Sharif verwalten sollte, in dem die drittheiligste muslimische Stätte, die al-Aqsa-Moschee, steht, hätte Israel die Oberhoheit über dieses Gebiet behalten, das von den Juden als Tempelberg bezeichnet wird.«

Malley machte in seinem Artikel in der *New York Times* vom 8. Juli 2001 auch deutlich, dass die Palästinenser größere Zugeständnisse gemacht hatten:

»Die Palästinenser traten für einen Palästinenserstaat ein, der in den Grenzen vom 4. Juni 1967 neben Israel bestehen sollte. Sie akzeptierten, dass Israel das Territorium der Westbank mit Siedlungsblöcken annektieren würde. Sie akzeptierten das Prinzip der israelischen Souveränität über die jüdischen Viertel in Ostjerusalem – Viertel, die vor dem Sechstagekrieg von 1967 nicht Teil des Staates Israel gewesen waren. Und während sie darauf bestanden, dass das Recht der Flüchtlinge auf Rückkehr anerkannt werde, waren sie bereit, es in einer Weise umzusetzen, die Israels demografische Zusammensetzung und Sicherheitsinteressen berücksichtigte, und deshalb die Anzahl der Rückkehrer zu beschränken. Keine andere arabische Partei, die mit Israel verhandelt hatte – Ägypten unter Anwar as-Sadat, Jordanien unter König Hussein, ganz zu schweigen vom Syrien Hafez al-Assads – kam je auf die Idee, solche Kompromisse auch nur in Erwägung zu ziehen.«

In einem Artikel unter dem Titel »Camp David: Die Tragödie der Fehler« hatte Malley gemeinsam mit seinem Koautor Hussein Agha, einem mit den israelisch-palästinensischen Beziehungen bestens vertrauten libanesischen Professor an der Universität Oxford, bereits in der *New York Review of Books* vom 9. August 2000 darauf hingewiesen, dass Barak seine angeblich weitreichenden Angebote niemals in verbindlicher schriftlicher Form vorgelegt hatte. Tatsächlich seien die Palästinenser aufgefordert worden, sich mit einigen vagen Versprechungen zufriedenzugeben, die jederzeit wieder zurückgenommen werden konnten. Die Autoren schrieben: »Streng genommen, gab es niemals ein israelisches Angebot. Entschlossen, die Position Israels im Fall des Scheitern zu erhalten und den Palästinensern keinen Vorteil durch einseitige Kompromisse zu verschaffen, blieben die Israeli immer einen bis mehrere Schritte vor einem Angebot stehen. In Camp David wurden die Vorschläge nie schriftlich niedergelegt, sondern immer nur mündlich übermittelt.«

Baraks Vorschläge waren alles andere als »unglaublich großzügige« Zugeständnisse an palästinensische Forderungen. Sein Angebot war keine Grundlage für einen lebensfähigen Palästinenserstaat, sondern für ein von Israel abhängiges und ihm untergeordnetes arabisches Ghetto.

Die Vorschläge im Einzelnen gemäß Malley und Agha:

- Die Vorschläge, die Barak im Juli 2000 in Camp David unterbreitete, sahen ein Palästina in vier voneinander getrennten Kantonen vor, die von Israel eingeschlossen waren: die nördliche Westbank, die zentrale Westbank, die südliche Westbank und Gaza. Ein Netzwerk von israelisch kontrollierten Straßen und Militärposten sollte diese vier Kantone wiederum unterteilen. Kein Teil Palästinas sollte an einen anderen Teil angrenzen, und die Israeli sollten die Bewegungen der Bewohner und Güter kontrollieren, im Inneren wie nach außen. Dadurch wäre sichergestellt worden, dass die palästinensische Wirtschaft ihrem mächtigeren Nachbarn vollständig unterworfen war.

- Israel sollte fast 9 Prozent der besetzten Gebiete annektieren und bot im Austausch dafür nur 1 Prozent von seinem eigenen Territorium an.
- Israel sollte die Kontrolle über weitere 10 Prozent der besetzten Gebiete in der Form einer »langfristigen Pacht« von unbestimmter Dauer erhalten.
- Die Palästinenser sollten jeden Anspruch auf Ostjerusalem aufgeben, das sie als künftige Hauptstadt eines Palästinenserstaats vorgesehen hatten. Die palästinensische Verhandlungsdelegation gab zu, dass das in späteren Gesprächen modifiziert wurde, mit einem Vorschlag, den Palästinensern Souveränität über isolierte arabische Viertel in Ostjerusalem einzuräumen. Diese Viertel sollten jedoch von israelisch kontrollierten Vierteln umgeben und nicht nur voneinander, sondern auch vom Rest des Palästinenserstaats getrennt sein. Barak bot Arafat an, Tunnel zu bauen, damit der PLO-Führer die palästinensischen Viertel besuchen könne, ohne einen Fuß auf israelisches Territorium setzen zu müssen.
- Israel sollte die Kontrolle über 69 jüdische Siedlungen in der Westbank behalten, wo im Jahr 2000 rund 85 Prozent aller illegalen Siedler lebten. Seit die Verträge von Oslo 1993 unterschrieben wurden, war der Bau von illegalen Siedlungen um 52 Prozent gestiegen, und die Zahl der Siedler, einschließlich derer in Ostjerusalem, hatte sich mehr als verdoppelt.
- Die Palästinenser sollten jedes Recht auf Rückkehr nach Israel für diejenigen aufgeben, die seit seiner Gründung im Mai 1948 geflüchtet waren.

Barak unterbreitete diese Vorschläge eher als Drohung denn als Verhandlungsangebot. In den vorbereitenden Gesprächen zu den Camp-

David-Verhandlungen erklärte er den Palästinensern mehrfach, Israel werde sein »bestes und letztes Angebot vorlegen« und im Falle der Ablehnung durch die Palästinenser »unilaterale Maßnahmen ergreifen«.

Zudem weigerte sich Barak nach Darstellung von Malley und Agha in der *New York Review of Books* vom 9. August 2000 im Vorfeld der Verhandlungen, eine Reihe von Zwischenschritten zu verwirklichen, zu denen Israel aufgrund der beiden Oslo-Abkommen und des Gaza-Jericho-Vertrages verpflichtet war, »darunter ein dritter Teilrückzug von der Westbank, die Übergabe dreier an Jerusalem angrenzender Dörfer in palästinensische Kontrolle und die Freilassung von Palästinensern, die wegen Taten eingesperrt waren, die vor dem Oslo-Abkommen begangen worden waren«.

Die beiden Autoren machten deutlich, dass Barak so vorging, um die Palästinenser vor ein Ultimatum zu stellen: Entweder Friede zu Israels Bedingungen oder, so die implizite Drohung, neue Gewalt. Der Kern von Baraks Plan war, sich die Unterstützung der Clinton-Regierung und Europas zu sichern, um Arafat zu isolieren und ihn unter enormen Druck zu setzen.

»Die westlichen Länder wurden aufgefordert, Arafat Konsequenzen für seine Sturheit anzudrohen: die Schuld würde man den Palästinensern anlasten und die Beziehungen mit ihnen würden eingeschränkt werden«, schrieben Malley und Agha. Und weiter: »Außerdem beschwor Barak die USA, während des Treffens in Camp David die ganze Zeit, keine Alternativmöglichkeiten oder weitere Verhandlungschancen für den Fall anzudeuten, dass der Gipfel scheitern würde.«

Diese Strategie Baraks brachte Arafat in eine ausweglose politische Situation. Denn unter den Palästinensern herrschte eine große Enttäuschung und Verärgerung über ihre Führung, da die von Arafat unterzeichneten Oslo-Vereinbarungen keine Verbesserungen ihrer sozialen, wirtschaftlichen und politischen Lage gebracht hatten. Die zwei Autoren schrieben: »Von Gaza und der Westbank aus gesehen, las sich das Vermächtnis von Oslo wie eine Aufzählung aufgeschobener oder unerfüllter Versprechen. Sechs Jahre nach den Verträgen gab es mehr israelische Siedlungen, weniger Bewegungsfreiheit und eine schlechtere wirtschaftliche Lage.«

Malley und Agha gelangten zum Schluss: »Camp David scheint Arafat in die schlimmsten Albträume versetzt zu haben. Es war ein Gipfeltreffen unter Hochspannung, das die Palästinenser unter Druck setzte, einer schnellen Vereinbarung zuzustimmen oder andernfalls erhöhte politische und symbolische Kosten zu tragen. Dass die USA die Einladungen zu Camp David aussprachen, obwohl sich Israel weigerte, seine früheren Verpflichtungen zu erfüllen und obwohl sich Arafat mehr Zeit für Vorbereitungen erbeten hatte, musste seinen Eindruck einer amerikanisch-israelischen Verschwörung verstärken.«

Um Arafat nach Camp David zu bekommen, hatte ihm Clinton versprochen, dass die Palästinenser nicht für ein Scheitern verantwortlich gemacht würden. Dieses Versprechen wurde von Clinton sofort nach dem Scheitern gebrochen.

Nach der Analyse von Malley und Agha mussten die Palästinenser ständig den Eindruck haben, über den Tisch gezogen zu werden. Das habe die amerikanische Pose des »ehrlichen Maklers« infrage gestellt.

Die Beispiele, die die beiden Autoren in ihrem Artikel anführen, erwecken den Eindruck, dass Clinton aktiv mit Barak zusammenarbeitete, um die Palästinenser zu zwingen, eine Lösung ähnlich den Bantustans unter dem südafrikanischen Apartheidregime zu akzeptieren.

So schreiben sie über die Reaktion Clintons auf die Skepsis des palästinensischen Unterhändlers Abu Ala gegenüber den Vorschlägen Baraks: »Der Präsident tobte: ›Das ist Betrug. Kein Gipfel. Ich lasse nicht zu, dass die Vereinigten Staaten Verhandlungen decken, die nicht ernsthaft sind. Gehen wir!‹ Gegen Ende des Gipfels sagte ein wütender Clinton zu Arafat: ›Wenn die Israeli Kompromisse machen können und Sie nicht, sollte ich heimgehen. Sie waren vierzehn Tage hier und haben zu allem Nein gesagt. So etwas hat Folgen, ein Scheitern wird das Ende des Friedensprozesses bedeuten. Lassen wir die Hölle losbrechen und die Konsequenzen tragen.‹«

Eine ultimative Drohung hing über den Köpfen der Palästinenser – entweder ihr unterschreibt Baraks Angebot und verabschiedet euch damit von jeder Aussicht auf einen lebensfähigen Staat, oder ihr seid nicht nur dem Zorn Israels, sondern auch dem der Vereinigten Staaten ausgesetzt.

Scharons Provokation auf dem Tempelberg und das endgültige Aus für den Oslo-Friedensprozess

Doch selbst nach dem Abbruch der Camp-David-Verhandlungen Ende Juli 2000 beteiligten sich die Palästinenser an weiteren, vertraulich geführten Gesprächen mit israelischen Regierungsvertretern in Ostjerusalem. Doch Ende September 2000 trat Likud-Führer Ariel Scharon unter schwerer Bewachung auf dem Platz vor der al-Aqsa-Moschee auf, um die jüdische Souveränität über den – unter jordanischer Treuhandverwaltung stehenden – Tempelberg zu demonstrieren. Diese Provokation sollte den Friedensprozess sabotieren und löste wütende Proteste unter den Palästinensern aus, die von israelischen Sicherheitskräften brutal niedergeschlagen wurden. Dennoch blieben die Palästinenser noch weitere drei Monate im Gespräch mit israelischen Regierungsvertretern.

Die Verhandlungen wurden schließlich im Dezember 2000 von Israel abgebrochen, weil Parlamentswahlen vor der Tür standen und »der Druck der israelischen öffentlichen Meinung gegen die Gespräche zu groß war«, wie der damalige israelische Außenminister Schlomo Ben Ami erklärte.

Bei den Wahlen im Februar 2001 erlitt Barak eine vernichtende Niederlage gegen Likud-Führer Scharon. Damit war der Friedensprozess von Oslo endgültig gescheitert.

Es ist fraglich, inwieweit die Verhandlungen in den Monaten nach Camp David aufseiten Baraks noch mit ehrlichen Absichten geführt wurden. Die Clinton-Regierung bestellte die Unterhändler beider Seiten für den 27. September 2000 nach Washington ein. Am 28. September unternahm Scharon seinen bewusst provozierenden Besuch in Ostjerusalem. Barak hat Scharons Vorgehen nie kritisiert. Arafat behauptete, dass Barak sich direkt mit Scharon verschworen habe, »um den Friedensprozess zu zerstören«. Er habe den Tempelberg als Mittel genutzt, »um das durchzusetzen, wofür sie sich entschieden hatten: den militärischen Plan«.

Die UNO-Mitglieder bleiben passiv – trotz der zweiten Intifada

Auch nach dem endgültigen Scheitern des Oslo-Prozesses, mit dem sich auch die Rolle der USA als angeblich »ehrlicher Makler« endgültig erledigt hatte, sahen sich die meisten anderen UNO-Mitgliedstaaten nicht veranlasst, eigenständige Initiativen zur Beilegung des Nahostkonflikts zu ergreifen. Und dies, obwohl die Frustration der Palästinenser nach dem provokativen Besuch Scharons auf dem Tempelberg zu einer zweiten Intifada im Westjordanland und im Gazastreifen eskalierte. Insbesondere die Mitgliedstaaten der EU verweigerten eine eigenständige politische Initiative im Nahen Osten weiterhin mit der feigen wie bequemen Begründung, nur die USA hätten den Einfluss und die Instrumente zur Beilegung des Konflikts.

Im März 2002 legte allerdings Saudi-Arabien einen Friedensplan vor, der wenig später auch die Unterstützung der Arabischen Liga und der Organisation der Islamischen Staaten (OIC) erhielt. Nach dem saudischen Plan sollte sich Israel aus den seit 1967 besetzten Gebieten Westjordanland, Gazastreifen und Ostjerusalem sowie von den syrischen Golanhöhen zurückziehen. Der Plan ließ die Möglichkeit kleinerer Grenzkorrekturen, eines Gebietsaustauschs sowie einer israelischen Oberhoheit über den jüdischen Teil der Altstadt einschließlich der Klagemauer offen. Im Gegenzug würden die Arabische Liga und deren 22 Mitgliedstaaten den Staat Israel anerkennen, Sicherheitsgarantien geben, Frieden schließen und ihre Beziehungen zur Regierung in Tel Aviv normalisieren.

Der saudische Friedensplan stieß zwar auf rhetorischen Beifall bei US-Präsident Bush, bei der EU in Brüssel und bei PLO-Führer Arafat. Selbst die israelische Regierung reagierte zunächst nicht negativ, sondern abwartend. Doch aktive Unterstützung erhielt der Plan in keiner der westlichen Hauptstädte und auch nicht in Tel Aviv. Und angesichts der im Frühsommer 2002 beginnenden politischen Eskalation hin zum angloamerikanischen Krieg gegen Irak vom März 2003 geriet der saudische Friedensplan bald wieder in Vergessenheit.

Wie zur Kompensation ihres von einer großen Mehrheit der 193 UNO-Mitglieder kritisierten völkerrechtswidrigen Kriegs gegen Irak präsentierten im April 2003 zunächst US-Präsident Bush und der britische Premierminister Tony Blair im April 2003 einen »Fahrplan zum Frieden« (»Roadmap for Peace«) im Nahen Osten. Nach einigen unwesentlichen Korrekturen stellten sich auch Russland, die EU sowie die UNO – durch Generalsekretär Kofi Annan – hinter die Roadmap, die seit Mai 2003 als eine gemeinsame Initiative des Nahostquartetts gilt.

Die Roadmap des Nahostquartetts vom Mai 2003

Ziele des »Fahrplans zum Frieden« (Roadmap): Die »endgültige und umfassende Beilegung« des Konflikts zwischen Israel und den Palästinensern bis 2005. Dazu soll ein »unabhängiger, demokratischer und lebensfähiger palästinensischer Staat« errichtet werden, die 1967 von Israel besetzten Gebiete sollen zurückgegeben werden (Westjordanland, Gazastreifen und Ostjerusalem). Diese Ziele sollen in drei Stufen erreicht werden.

1. Stufe: Beide Seiten müssen ein klares Bekenntnis zu den Zielen des Friedensplans abgeben, das heißt das Existenzrecht des israelischen und eines zu errichtenden palästinensischen Staates anerkennen und der Gewalt abschwören. Die palästinensische Autonomiebehörde soll jeden verhaften, der einen Anschlag auf Israeli plant oder ausführt, und »terroristische Infrastrukturen« zerschlagen. Alle Sicherheitskräfte sind dem palästinensischen Innenminister zu unterstellen. Die Autonomiebehörde soll freie Wahlen abhalten.

   Israel muss den Ausbau jüdischer Siedlungen in den Autonomiegebieten beenden und nach März 2001 illegal errichtete Siedlungen auflösen. Die Streitkräfte sollen aufhören, die Häuser militanter Palästinenser zu zerstören und aus den Autonomiegebieten abziehen.
2. Stufe (ab Ende 2003): Israel soll den Palästinensern »ein möglichst zusammenhängendes Territorium« garantieren. Nach der Ratifikation einer palästinensischen Verfassung soll eine internationale Konferenz die Gründung eines Staates mit vorläufigen Grenzen einleiten. Die Mitglieder des Nahostquartetts (USA, EU, UNO sowie Russland) verpflichten sich, für die internationale Anerkennung und eine UNO-Mitgliedschaft Palästinas zu werben.
3. Stufe (2004–2005): Eine zweite internationale Konferenz entscheidet über den endgültigen Status des palästinensischen Staates ab 2005. Dabei sollen die Grenzen festgelegt und die Frage der Rückkehr palästinensischer Flüchtlinge, der Status Jerusalems sowie der Umgang mit den verbleibenden Siedlungen geklärt werden. Israel und die arabischen Staaten sollen Frieden schließen.

Als Mitglied des Nahostquartetts war die UNO zwar nominell wieder beteiligt an den Bemühungen zur Beilegung des Nahostkonflikts. Doch die Durchsetzung der in der Roadmap formulierten Schritte und Ziele wurde von UNO-Generalsekretär Kofi Annan weiterhin allein den USA überlassen. Auch die Quartett-Mitglieder EU und Russland entwickelten hierzu kein eigenständiges Engagement.

Das Nahostquartett – das offiziell bis heute fortbesteht – und sein »Fahrplan zum Frieden« waren eine reine Alibiübung. Um den Schein von Kompromissbereitschaft zu wahren, beteiligte sich die israelische Regierung bis zum Jahr 2009 zwar an Verhandlungen. Zugleich aber trieb sie den Bau illegaler Siedlungen im Westjordanland immer stärker voran. Inzwischen ist die Realität in Israel und in den besetzten Gebieten noch viel weiter von den in der Roadmap formulierten Zielen entfernt als bei ihrer Verkündung im Mai 2003. Die Zahl der illegalen Siedler in der Westbank und im Großraum Ostjerusalem wurde in den letzten zwölf Jahren von 310 000 auf inzwischen auf über 650 000 mehr als verdoppelt. Minister der Koalitionsregierung von Benjamin Netanjahu, der im März 2009 erneut Ministerpräsident wurde, machen immer unverhohlener deutlich, dass sie keinen palästinensischen Staat wollen, sondern ein Großisrael auf dem gesamten Gebiet vom Mittelmeer bis zum Jordan anstreben.

Obama schürt und enttäuscht Hoffnung auf »gerechten Zweistaatenfrieden«

Im April 2009 verkündete US-Präsident Barack Obama in seiner Kairoer Rede zwar die Absicht, in seiner Amtszeit einen »gerechten Zweistaatenfrieden« zwischen Israel und den Palästinensern herbeizuführen. Und als »Vorbedingung« für Verhandlungen zwischen beiden Seiten forderte der US-Präsident von der Regierung Netanjahu einen Stopp des Siedlungsbaus. Doch Washington unternahm erneut nichts, um diese Forderung auch durchzusetzen. Unter dem Einfluss der wohlorganisierten israelischen Regierungslobby in den USA ließ die Obama-Administration die »Vorbedingung« für Verhandlungen bereits im Herbst 2009 wieder fallen. Hillary Clinton, die damalige Außenministerin und wahrscheinliche Präsidentschaftskandidatin der Demokraten im November 2016, wies die Forderung aus Obamas Kairoer Rede sogar als »unakzeptable Vorbedingung der Palästinenser« zurück. Zugleich setzte die Obama-Administration den Chef der Palästinensischen Autonomiebehörde weiter unter Druck, sich wieder auf Verhandlungen mit der israelischen Regierung einzulassen.

Letzte Verhandlungsrunde

Zur bislang letzten Verhandlungsrunde nach fast dreijähriger Unterbrechung kamen Israeli und Palästinenser Mitte August 2013 zusammen. Initiiert wurde die neue Runde von US-Außenminister John Kerry. Die Obama-Administration sah sich unter internationalem Druck, zumindest den Schein von Bemühungen um eine Friedenslösung zu erwecken. Denn am 29. November 2012, dem 65. Jahrestag der UNO-Teilungsresolution 181 von 1947, hatte die Generalversammlung mit großer Mehrheit für die Aufwertung »Palästinas« von einer Organisation mit Beobachterstatus zum »beobachtenden Nichtmitgliedstaat« gestimmt. Diesen Status des »beobachtenden Nichtmitgliedstaats« hatte auch die Schweiz bis zu ihrem Beitritt als Vollmitglied der Weltorganisation im Jahr 2002.

139 der 193 Mitglieder der UNO-Generalversammlung stimmten für den von Mahmud Abbas eingebrachten Antrag auf Aufwertung Palästinas, darunter auch die EU-Staaten Frankreich, Italien, Spanien, Portugal, Österreich, Dänemark und Luxemburg. Auch die Schweiz und Norwegen votierten mit Ja. 41 Länder, unter ihnen Großbritannien und Deutschland, enthielten sich der Stimme. Lediglich die USA, Israel sowie Mikronesien und sechs weitere Pazifikinseln und Kleinstaaten stimmten mit Nein. Dieses Abstimmungsergebnis in der UNO-Generalversammlung war eine herbe diplomatische Niederlage für die USA. Zunächst war es der Obama-Administration auch mit massivem Druck auf Palästinenserführer Mahmud Abbas nicht gelungen, ihn von der Einbringung des Antrages auf Aufwertung Palästinas abzubringen. Auch von den Drohungen Israels mit finanziellen Repressalien ließ sich Abbas nicht einschüchtern. Daraufhin versuchte die Obama-Administration in Demarchen an die Regierungen fast aller anderen 192 UNO-Mitgliedstaaten, sie zur Ablehnung des Antrages zu bewegen. Der

Vorgang zeigt, dass die Mitgliedstaaten der UNO-Generalversammlung bei entsprechendem politischen Willen durchaus eine Rolle spielen könnten bei der Überwindung des Nahostkonflikts.

Als die Obama-Administration wenige Wochen nach der Abstimmung vom 29. November 2012 ihre Initiative für neue Verhandlungen zwischen Israel und den Palästinensern ankündigte, verbreitete sich in der Generalversammlung allerdings erneut die Illusion, derartige Verhandlungen könnten zu einer gerechten Zweistaatenlösung führen.

US-Außenminister Kerry schürte diese Illusion mit seiner Vorgabe für die dann im August 2013 eröffnete neue Verhandlungsrunde: Innerhalb von sechs bis neun Monaten – also spätestens bis Ende April 2014 – sollten sich beide Seiten auf ein Friedensabkommen einigen sowie auf die Schaffung eines »unabhängigen Palästinenserstaats«. Genauere Vorgaben für die Grenzen dieses Staats machte Kerry allerdings nicht. Auch von einem Stopp des weiteren israelischen Siedlungsbaus in der besetzen Westbank, den US-Präsident Barack Obama noch im April 2009 zur »Vorbedingung« für Verhandlungen erklärt hatte, war keine Rede mehr.

Kerry kündigte zudem an, dass im Unterschied zu allen früheren Verhandlungsrunden diesmal »sämtliche Kernfragen des Konflikts« auf den Tisch kommen sollten, wie die Grenzziehung, das Flüchtlingsproblem, der Status von Jerusalem, Sicherheitsregelungen und die Wasserverteilung.

Nahost-Vermittler der USA ruft zum innerislamischen Krieg zwischen Schiiten und Sunniten auf

Als direkten Vermittler entsandte Kerry den ehemaligen US-Botschafter in Israel zu Zeiten der Administration von Präsident Bill Clinton (1992–2000) Martin Indyk an den Verhandlungstisch. Schon diese Personalentscheidung führte bei Kennern der US-Diplomatie im Nahen Osten zu erheblichen Zweifeln an einem Verhandlungserfolg und am Willen der Obama-Administration, tatsächlich eine gerechte Zweistaatenlösung herbeizuführen.

Denn auf einer großen Nahost-Tagung der grünen Heinrich-Böll-Stiftung in Berlin im Jahr 2004 hatte Indyk zwar die Politik des amtierenden Präsidenten Bush und insbesondere dessen Krieg gegen Irak schärfstens kritisiert. Zugleich behauptete der US-Diplomat damals jedoch, das »zentrale Problem« der Nahostregion sei nicht der israelisch-palästinensische Konflikt, sondern die »Bedrohung durch die schiitische Achse des Bösen, bestehend aus Iran, Syrien, der Hisbollah in Libanon und der Hamas im Gazastreifen«. »Alle verfügbaren politischen, wirtschaftlichen und militärischen Ressourcen« müssten auf die »Bekämpfung und Zerstörung dieser schiitischen Achse des Bösen konzentriert werden«, forderte Indyk. Der Kampf gegen diese »schiitische Achse des Bösen« lasse sich »nur gewinnen durch eine Achse des Guten, bestehend aus den USA, Israel, den gemäßigten sunnitischen arabischen Staaten und Europa«.

Bei den zahlreichen Tagungsteilnehmern aus Ägypten, Syrien, Libanon, Jordanien und anderen arabischen Ländern stieß der Aufruf des US-Diplomaten zum innerislamischen Krieg zwischen Schiiten und Sunniten auf blankes Entsetzen. Inzwischen ist dieser Krieg nicht nur in Irak und Syrien zur blutigen Realität geworden.

Der »unabhängige Staat Palästina« schrumpft von 44 auf 6 Prozent des ursprünglich vorgesehenen Territoriums

Die sehr fragwürdige Person des Vermittlers für die letzten israelisch-palästinensische Verhandlungen ist jedoch nur einer der Gründe, warum diese Verhandlungen von vornherein zum Scheitern verurteilt waren und warum zu keinem Zeitpunkt der neunmonatigen Gespräche auch nur der Hauch einer Chance für eine dauerhafte Lösung und Befriedung des israelisch-palästinensischen Konflikts bestand.

Denn die von Premierminister Netanjahu geführte israelische Regierung wäre bei der letzten Verhandlungsrunde nur zu einer minimalen Korrektur der seit 1967 durch völkerrechtswidrige Besatzung und Besiedlung geschaffenen Fakten bereit gewesen. Das zeigt ein ursprünglich geheimes Dokument, das US-Außenminister Kerry schon Monate vor Verhandlungsbeginn im August 2013 mit Netanjahu vereinbarte. In dem inzwischen durch eine Indiskretion bekannt gewordenen Dokument legten die USA und Israel die Parameter für ein künftiges Abkommen fest.

Danach sollte die über 750 Kilometer lange, aus hohen Mauern oder einem Zaun bestehende Sperranlage, die Israel seit 2003 errichtete und die zu über 80 Prozent bis zu sechs Kilometer tief auf besetztem Gebiet der Westbank verläuft, künftig als »Sicherheitsgrenze« Israels dienen und als »vorläufige Grenze des palästinensischen Staates«. Lediglich innerhalb dieser Sperranlage sollte ein Tausch umstrittener Gebiete ausgehandelt werden – allerdings von »nicht mehr als acht bis 10 Prozent« des gesamten Territoriums der von Israel besetzten Westbank.

Der Bau neuer Siedlungsprojekte in der Westbank sollte laut diesem in Washington und Tel Aviv vereinbarten Dokument lediglich in den Außenposten einiger bestehender Siedlungen eingefroren werden.

Diese Bestimmung sollte allerdings nicht für Bauprojekte in den großen Siedlergemeinden in der Umgebung von Jerusalem und im Jordantal sowie in »anderen dicht besiedelten jüdischen Wohngebieten« gelten. Siedler in Außenposten, deren weiterer Ausbau eingefroren wird, sollten entscheiden können, ob sie die israelische Staatsbürgerschaft annehmen.

Mit Blick auf die über fünf Millionen palästinensischen Flüchtlinge, die nach den Bestimmungen der Genfer Flüchtlingskonvention von 1951 das Individualrecht auf Rückkehr haben, heißt es in dem Dokument, dass lediglich »einigen Familien« die Rückkehr in ihre Heimatorte in der Westbank oder im Gazastreifen erlaubt werden soll. Der Rest solle finanziell entschädigt werden oder »in arabische Staaten, insbesondere in die Golfstaaten emigrieren und die dortige Staatsbürgerschaft erhalten«.

Das von Israel besetzte Ostjerusalem sollte zunächst für zehn Jahre einer gemeinsamen israelisch-palästinensisch-jordanischen Verwaltung unterstellt werden. Auch hier sollten die israelischen Einwohner ihre künftige Staatsbürgerschaft wählen können. Mit der Unterzeichnung eines künftigen Abkommens sollten die Palästinenser Israel als den »Staat des jüdischen Volkes anerkennen«.

Nach diesen zwischen den USA und Israel vor Verhandlungsbeginn vereinbarten Parametern für ein künftiges Abkommen wären für einen »unabhängigen Staat Palästina« statt der im UNO-Teilungsplan von

1947 festgelegten 44 Prozent des ehemaligen Mandatsgebietes Palästina nur noch 6 Prozent übrig geblieben.

Für die Regierung Netanjahu diente die Teilnahme an der letzten Verhandlungsrunde lediglich zur Camouflage für die fortgesetzte Besiedlung der Westbank. Mit der Ankündigung mehrerer neuer illegaler Siedlungsprojekte kurz vor Verhandlungsbeginn Mitte August 2013 machte der israelische Regierungschef deutlich, dass er kein Interesse an einem Abkommen mit den Palästinensern über eine Zweistaatenlösung hat. Es ging nur darum, den Palästinensern in den Augen der Weltöffentlichkeit die Schuld für das Scheitern der Verhandlungen zuzuschieben.

Gewalteskalation nach Verhandlungsabbruch

Seit dem Abbruch der Verhandlungen nach Ablauf der von Kerry gesetzten Frist Ende April 2014 haben sich die politische Lage und das Gewaltniveau in Israel und in den besetzten und belagerten Gebieten Westbank, Gazastreifen und Ostjerusalem noch weiter verschärft. Nach der Ermordung zunächst dreier jüdischer Siedler durch die Hamas und dann eines palästinensischen Jugendlichen in der Westbank durch jüdische Siedler eskalierte die Situation zum zweiten Gazakrieg zwischen Israel und der Hamas seit der Jahreswende 2008/09. Erst nach 51 Tagen konnte der Krieg durch Vermittlung des damaligen ägyptischen Präsidenten Mursi beendet werden. Mehr als 2100 Palästinenser im Gazastreifen wurden durch die Angriffe der israelischen Luftwaffe getötet, etwa dreimal so viele Menschen verletzt. Auf israelischer Seite wurden 71 Menschen durch Raketen der Hamas getötet. Die Zahl der Todesopfer war noch höher als beim Gazakrieg 2008/09, der 1416 Tote auf palästinensischer Seite und 13 Tote in Israel forderte. Im Sommer 2014 zerstörte oder beschädigte die israelische Luftwaffe nach Angaben des UNO-Koordinationsbüros für humanitäre Angelegenheiten (Office for the Coordination of Humanitarian Affairs, OCHA) in Genf über 18 000 Wohnhäuser im Gazastreifen und große Teile der überlebenswichtigen Infrastruktur des von über 1,5 Millionen Menschen bewohnten Territoriums. Auf einer Geberkonferenz zur Finanzierung des Wiederaufbaus im Gazastreifen im Oktober 2014 versprachen die dreißig Teilnehmerstaaten insgesamt 4,3 Milliarden Euro. Bis Ende Januar 2015 waren aber erst 10 Prozent der versprochenen Summe tatsächlich eingegangen. Zu diesem Zeitpunkt, als im Gazastreifen der Winter mit Schnee, Stürmen und eisigen Temperaturen einsetzte, waren noch über 100 000 Menschen, deren Häuser im Krieg völlig zerstört wurden, ohne feste Unterkunft, weil den humanitären Organisationen der UNO das Geld fehlte für die Errichtung von Notunterkünften. Mindestens fünf Menschen starben bis Mitte Januar den Kältetod.

UNO-Hilfswerk sichert Überleben von Millionen Palästinensern

Die Wiederaufbaumaßnahmen im Gazastreifen werden im Wesentlichen von humanitären Organisationen der UNO koordiniert und durchgeführt sowie durch das im Gazastreifen sehr aktive UNO-Hilfswerk für palästinensische Flüchtlinge im Nahen Osten (United Nations Relief and Works Agency for Palestine Refugees in the Near East, UNRWA)

Dieses Hilfswerk ist ein temporäres Hilfsprogramm der Vereinten Nationen, das seit seiner Gründung 1949 regelmäßig um drei Jahre verlängert wurde. Zuletzt bis zum Juni 2023. Der Hauptsitz der UNRWA war zunächst Beirut. Infolge der Unruhen im Libanon wurde er 1978 zunächst nach Wien und 1996 weiter nach Gaza (Stadt) verlegt. Ein weiterer Hauptsitz existiert in der jordanischen Hauptstadt Amman.

Zur Betreuung palästinensischer Flüchtlinge infolge des ersten Palästinakriegs richtete die UNO am 19. September 1948 zunächst den Sonderfonds UNRPR (United Nations Relief for Palestine Refugees) ein. Das Ziel des Fonds bestand darin, Hilfsmaßnahmen zu koordinieren. Da dies jedoch nicht ausreichte, wurde die UNRWA gegründet. Sie nahm ihre Arbeit am 1. Mai 1950 auf und leistet seitdem Unterstützung bei der Befriedigung der Grundbedürfnisse von mittlerweile rund 5,6 Millionen Menschen. Diese Zahl setzt sich zusammen aus den 914 000 Flüchtlingen, die 1950 registriert wurden, sowie deren Nachkommen.

Die UNRWA unterhält Flüchtlingslager und andere Einrichtungen in Jordanien, Syrien, Libanon, dem Gazastreifen und dem Westjordanland. Das reguläre Budget der UNRWA belief sich im Jahr 2020 auf insgesamt etwa 806 Millionen US-Dollar. Dazu wurden weitere 594 Millionen US-Dollar für Projekte benötigt. Das Gros der Finanzierung wurde bis 2018 durch freiwillige Zahlungen der Mitgliedstaaten der Vereinten Nationen sichergestellt. Größter nationaler Geldgeber mit zuletzt knapp 300 Millionen US-Dollar jährlich waren bis 2018 die USA. Doch Anfang 2018 kürzte die Trump-Administration die US-Zahlungen an die UNWRA zunächst und stellte sie im September 2018 ganz ein mit der Begründung, die UNWRA sei »korrupt und ineffizient«. Daraufhin erhöhten zwar einige Staaten ihre Beiträge, doch der Ausfall der US-Zahlungen konnte nicht vollständig kompensiert werden. In den Jahren 2019 und 2020 lag die finanzielle Ausstattung der UNWRA jeweils unter dem Budget des Jahres 2018. Zugleich waren in diesen Jahren die Anforderungen an die UNWRA gestiegen, vor allem wegen der eskalierenden humanitären Krise im Gazastreifen. Ende 2020 befand sich die UNWRA in der schwersten Finanzkrise ihrer über siebzigjährigen Geschichte und stand nach Aussagen ihres Generalsekretärs Philippe Lazzarini »kurz vor der Zahlungsunfähigkeit«.

Das Hilfswerk wurde als eine Organisation auf Zeit gegründet, die den Flüchtlingen und Vertriebenen bis zu einer politischen Regelung der Palästinafrage durch die Schaffung eines palästinensischen Staates beistehen sollte. Nach dem Nahostkrieg von 1967 übernahm die UNRWA auch die Versorgung vieler Palästinenser in den von Israel besetzten und abgeriegelten Gebieten, bei denen es sich nicht um Flüchtlinge und Vertriebene aus den Jahren 1948/49 oder um ihre Nachkommen handelte. Die Tätigkeit der UNRWA bestand zunächst in der Bereitstellung von Nothilfe, also Lebensmitteln, Unterkünften, Kleidung und der medizinischen Grundversorgung. Heute gehen mehr als die Hälfte des UNRWA-Jahreshaushalts in die Erziehung, 20 Prozent ins Gesundheitswesen und 10 Prozent in die Sozialhilfe; mit dem Rest werden die administrativen Kosten bestritten.

An den Amtssitzen der Organisation in Amman und Gaza sind etwa 500 Personen beschäftigt. Der Großteil der 28 800 Bediensteten sind Palästinenser, nur 153 Dienstposten sind international besetzt.

Die Tätigkeitsfelder der UNRWA im Einzelnen

Erziehung und Ausbildung. Etwa 485 000 Schülerinnen und Schüler besuchen die 666 Grund- und Hauptschulen des Hilfswerks, deren Lehrplan dem der staatlichen Schulen angeglichen wurde. Wegen der großen Nachfrage nach Schulunterricht sind in einem UNRWA-Schulgebäude oft zwei Schulen untergebracht. Der Unterricht findet dann in zwei Schichten statt.

Nach der Hauptschule können palästinensische Kinder die Oberstufe einer öffentlichen Mittelschule besuchen und sich um ein UNRWA-Stipendium für eine Hochschule bewerben. Oder sie können versuchen, einen der etwa 5600 Studienplätze in einer der acht Berufsschulen beziehungsweise Lehrerbildungsanstalten des Hilfswerks zu bekommen. Viele Absolventen dieser Schulen fanden Stellen in den Golfstaaten und in anderen arabischen Ländern.

Gesundheit. Die UNRWA betreibt 127 Gesundheitszentren mit 96 Zahnambulatorien, 90 Ausgabestellen für Zusatznahrung, 71 Milchausgabestellen, sechs Entbindungsheime, ein kleines Krankenhaus im Westjordanland und eine Tuberkulosestation in Gaza, diese in Zusammenarbeit mit dem staatlichen Gesundheitswesen. Flüchtlingen oder Vertriebenen, die der stationären Behandlung bedürfen, stehen Betten in 42 öffentlichen und privaten Krankenhäusern zur Verfügung, die von der UNRWA subventioniert werden.

Fürsorge und Sozialdienste. Die UNRWA betreut fast 300 000 Fürsorgeempfänger (»special hardship cases«) in der Flüchtlings- und Vertriebenengemeinde. Im Gazastreifen versorgte die UNRWA im Jahr 2009 etwa 750 000 Menschen mit Nahrungsmitteln. Die Zahl erhöhte sich infolge der weitgehenden Abriegelung und Wirtschaftsblockade des Streifens durch israelische Sicherheitskräfte stetig. Im November 2012 wurden rund 800 000, im Sommer 2014 etwa 830 000 Menschen im Gazastreifen von der UNRWA mit Lebensmitteln versorgt. Nach dem Gazakrieg vom Sommer 2014 stieg die Zahl der Versorgungsbedürftigen auf über eine Million Menschen.

Kleinkredite. Seit 1991 vergibt UNRWA Kleinkredite an Einzelunternehmer und Kleinbetriebe.

Die UNRWA im politischen Kreuzfeuer

Die Angriffe der israelischen Luftwaffe auf zivile Ziele im Gazastreifen sowie die Abriegelung des Territoriums und die häufige Blockade der Lieferung von Lebensmitteln und anderen überlebenswichtigen Gütern durch israelische Sicherheitskräfte sind ein schwerer Verstoß gegen das humanitäre Völkerrecht. Laut Völkerrecht ist Israel als Besatzungsmacht verantwortlich für das Überleben der Menschen in den besetzten Gebieten und für die Sicherung ihrer Grundbedürfnisse.

Mit der Abriegelung des Gazastreifens und der Wirtschaftsblockade verstößt Israel gegen diese völkerrechtliche Verpflichtung. Die israelische Regierung versucht diese Maßnahmen, die unterschiedslos alle Einwohner des Gazastreifens treffen, als Strafaktionen für Raketenangriffe der Hamas zu rechtfertigen. Derartige »kollektive Strafmaßnahmen« sind durch die 4. Genfer Konvention ausdrücklich verboten.

Diese Verstöße Israels gegen seine völkerrechtlichen Verpflichtungen als Besatzungsmacht und ihre negativen Auswirkungen für die Menschen wurden von den Mitarbeitern der UNRWA immer wieder dokumentiert. Und die israelische Regierung wurde von der UNRWA immer wieder aufgefordert, ihre Verpflichtungen als Besatzungsmacht zu erfüllen. Doch statt dieser Aufforderung nachzukommen, warf die israelische Regierung im Gegenzug der UNRWA oder einzelnen ihrer Mitarbeiter Sympathien für die Hamas vor, ohne jemals Beweise für diese Vorwürfe vorzulegen. Während der Präsidentschaft von Bush in den Jahren 2001 bis 2008 machten sich auch die USA derartige Vorwürfe zu eigen. 2004 führten Israel und die USA eine regelrechte Kampagne gegen den damaligen UNRWA-Direktor Peter Hansen.

Hansen, ein Däne, der seit 1996 an der Spitze der UNRWA stand, hatte mehrfach das Vorgehen der israelischen Streitkräfte im damals noch von rund 7000 Soldaten besetzen Gazastreifen kritisiert. Der UNRWA-Chef monierte die willkürliche Zerstörung von Wohnhäusern angeblicher Hamas-Sympathisanten und den Beschuss ziviler Ziele durch die israelischen Soldaten. Und er kritisierte, dass die Abriegelung des Gazastreifens zu Hunger unter den dort lebenden Flüchtlingen führe.

Die israelische Regierung sowie auch Abgeordnete im US-Kongress forderten den Rücktritt des UNRWA-Direktors. Im Oktober 2004 veröffentlichte die israelische Regierung ein Video der Armee, auf dem angeblich zu sehen war, wie Hamas-Mitglieder eine Rakete in einem Krankenwagen der UNRWA transportierten. Doch das Video erwies sich als Fälschung, und die israelische Armee musste ihre falschen Vorwürfe gegen die UNRWA zurücknehmen.

Hansen warf der israelischen Regierung daraufhin vor, sie habe »falsche, absichtsvoll aufhetzerische und bösartige Propaganda verbreitet«. 2004 stand die Verlängerung von Hansens Amtszeit um weitere vier Jahre durch UNO-Generalsekretär Kofi Annan an. Der beratende Ausschuss der UNRWA, dem Vertreter aus 27 Staaten angehören, stimmte fast geschlossen für eine Verlängerung. Nur die USA, größter Geldgeber der UNRWA unter den 193 UNO-Staaten, votierte dagegen und lobbyierte zudem bei Annan massiv für die Ablösung Hansens. Annan gab dem Druck aus Washington nach. Im März 2005 musste Hansen den Posten des UNRWA-Direktors aufgeben.

Israel verweigert systematisch Kooperation mit Menschenrechtsbeauftragten der UNO

Nach dem Gazakrieg vom Sommer 2014 beauftragte der UNO-Menschenrechtsrat in Genf eine dreiköpfige Kommission unter Vorsitz des kanadischen Professors für internationales Recht William Schabas mit der Untersuchung möglicher Kriegsverbrechen beider Seiten. Doch mit der Begründung, Schabas sei »nicht unparteiisch«, verweigert die israelische Regierung jegliche Kooperation mit der Untersuchungskommission. Dazu wäre sie aufgrund ihrer Ratifizierung der einschlägigen UNO-Menschenrechtsabkommen jedoch völkerrechtlich verpflichtet. Der dreiköpfigen Untersuchungskommission der UNO wird die Einreise in den Gazastreifen wie auch nach Israel verweigert. Daher können weder Zeugen und überlebende Opfer des Krieges im Gazastreifen von der Untersuchungskommission befragt werden noch am Gazakrieg beteiligte Soldaten der israelischen Luftwaffe oder ihre militärischen Vorgesetzten und die politisch Verantwortlichen im Verteidigungsministerium in Tel Aviv.

Bereits nach dem Gazakrieg 2008/09 hatte die israelische Regierung jegliche Kooperation mit der damaligen vierköpfigen Untersuchungskommission des UNO-Menschenrechtsrats unter Leitung des ehemaligen südafrikanischen Verfassungsrichters und Chefanklägers der UNO-Kriegsverbrechertribunale zu Jugoslawien und Ruanda, Richard Goldstone, verweigert. Goldstone, ein praktizierender Jude und nach eigenen Worten »ein bekennender Zionist« und »langjähriger enger Freund Israels«, legte dem UNO-Menschenrechtsrat im September 2009 trotzdem einen umfangreichen, fast 600 Seiten starken

Untersuchungsbericht vor. Dieser Bericht liefert schwerwiegende Indizien für Kriegsverbrechen und mögliche Verbrechen gegen die Menschlichkeit sowohl der israelischen Streitkräfte wie der Hamas. Zugleich belegt der Bericht, dass Zahl und Umfang der von israelischen Soldaten verübten Verbrechen und der durch sie verursachten Opfer und Zerstörungen deutlich höher waren als jene, für die die Hamas verantwortlich war. Sollten tatsächlich nicht sämtliche Raketenabschüsse der Hamas und ihre Folgen dokumentiert sein, schrieb Goldstone in dem Bericht, liege das allein daran, dass die israelische Regierung im Gegensatz zur Hamas jegliche Kooperation mit der Goldstone-Kommission verweigerte und keine Untersuchungen in von Hamas-Raketen getroffenen Dörfern und Städten im israelischen Kernland zuließ. Der Bericht basierte auf Aussagen von Zeugen und überlebenden Opfern, die Goldstone wegen der Einreiseverweigerung in den Gazastreifen nur per Videokonferenz oder in Jordanien und anderen Nachbarstaaten befragen konnte.

Die israelische Regierung setzte alles daran, die Verabschiedung des Goldstone-Berichtes durch den UNO-Menschenrechtsrat und seine Weiterleitung an den Sicherheitsrat in New York zu verhindern. Zu diesem Zweck setzte die israelische Regierung auch den Chef der Palästinensischen Autonomiebehörde, Mahmud Abbas, massiv unter Druck. Die Regierung drohte, sie werde rund 300 Millionen Dollar Steuern und Warenzölle, die den Palästinensern im Westjordanland zustehen, nicht ausbezahlen, sollte die Resolution im Menschenrechtsrat verabschiedet werden. Daraufhin ersuchte Abbas die Gruppe der 27 arabischen und muslimischen Mitgliedstaaten des UNO-Menschenrechtsrats unter Führung Pakistans, auf eine Resolution zur Annahme und Weiterleitung des Goldstone-Berichts zu verzichten. Dieselbe Forderung erhob die Obama-Administration in Washington in Demarchen an die Regierungen der europäischen Mitgliedstaaten des UNO-Menschenrechtsrats. Mit der Begründung, eine Verabschiedung des Goldstone-Berichtes durch den UNO-Menschenrechtsrat würde »den laufenden Friedensprozess zwischen Israel und den Palästinensern gefährden«. Zuvor hatte der israelische Premierminister Benjamin Netanjahu gewarnt, die Weiterleitung des Berichtes vom Menschenrechtsrat an den Sicherheitsrat würde »jede Chance auf Friedensgespräche vernichten«. Der Menschenrechtsrat verschob die Abstimmung über den Goldstone-Bericht und seine Weiterleitung an den Sicherheitsrat in New York schließlich vom Oktober 2009 auf März 2010. Stattdessen stellte sich die UNO-Generalversammlung im November 2009 in einer mit großer Mehrheit verabschiedeten Resolution hinter den Goldstone-Bericht. Die USA, Deutschland und weitere 14 der damals 27 EU-Staaten stimmten dagegen, der Rest enthielt sich. Die Schweiz votierte als eines der wenigen westlichen Länder für die Resolution.

Neben diesen politischen Manövern, um die Behandlung des Untersuchungsberichts im UNO-Sicherheitsrat zu verhindern, orchestrierte die israelische Regierung mithilfe einiger israelischer Medien sowie ihrer gut organisierten Lobby in den USA und anderen Ländern eine Verleumdungskampagne gegen Goldstone. Die israelische Zeitung *Yedioth Ahronoth* veröffentlichte die Lügenbehauptung, Goldstone habe als Richter während der Apartheid-Zeit in Südafrika insgesamt 28 Todesurteile verhängt und vier Angeklagte zu Peitschenstrafen verurteilt. Daher habe Goldstone nicht das Recht, die israelische Politik zu beurteilen. Die Verleumdungskampagne diskreditierte Goldstone in den Augen von Teilen der jüdischen Bevölkerung in seinem Heimatland Südafrika.

Israel verweigerte in zahlreichen Fällen auch die Kooperation mit den regulären thematischen Sonderberichterstattern des UNO-Menschenrechtsrats. Noch aggressiver als gegen den südafrikanischen Juden Richard Goldstone verhielt sich die israelische Regierung gegen den US-amerikanischen Juden Richard Falk. Von 2008 bis Ende 2014 war Falk – ein inzwischen emeritierter Völkerrechtsprofessor – der UNO-Sonderberichterstatter zur Menschenrechtssituation in den von Israel besetzten palästinensischen Gebieten. In seiner gesamten Amtsperiode erhielt er nicht einmal ein Einreisevisum von der israelischen Regierung, die zuvor vergeblich versucht hatte, die Berufung Falks zum Sonderberichterstatter zu verhindern. Denn Falk hatte die Belagerung und Abriegelung des Gazastreifens, die von der israelischen Regierung als Reaktion auf Raketenbeschuss durch die Hamas gegen das israelische Kerngebiet gerechtfertigt wird, als eine »kollektive Strafmaßnahme« kritisiert, die durch die 4. Genfer Konvention verboten ist. Bei seinem ersten Versuch, in seiner Funktion als UNO-Sonderberichterstatter die besetzte Westbank und den Gazastreifen zu besuchen, wurde Falk am 14. Dezember 2008 am Flughafen von Tel Aviv von israelischen Sicherheitsbehörden festgenommen, 15 Stunden zusammen mit anderen Gefangenen in eine kleine, stinkende Zelle gesperrt und am nächsten Tag in ein Flugzeug Richtung USA gesetzt. Mit diesem bislang einmaligen Vorgang in der Geschichte der UNO demonstrierte die israelische Regierung der Weltorganisation deutlich ihre Missachtung.

Auch der Schweizer Soziologe und Publizist Jean Ziegler fiel bei der israelischen Regierung in Ungnade, nachdem er in seiner Funktion als Sonderberichterstatter der UNO für das Recht auf Nahrung (von 2000 bis 2008) die Abriegelung des Gazastreifens als Verletzung dieses Menschenrechts durch Israel kritisiert hatte.

Zuletzt verweigerte die israelische Regierung Mitte Januar 2015 der Sonderberichterstatterin des UNO-Menschenrechtsrats über Gewalt an Frauen, ihre Ursachen und Konsequenzen, Rashida Manjoo, das Visum für die Einreise in die Westbank und den Gazastreifen. Manjoo, Professorin für öffentliches Recht an der Universität in Kapstadt, Südafrika, wurde 2009 zur UNO-Sonderberichterstatterin ernannt. Eine Begründung für die Verweigerung ihrer Einreise gab die israelische Regierung nicht.

Die UNO wird im Nahostkonflikt noch gebraucht

In keinem anderen Konflikt der letzten siebzig Jahre wurden die UNO und ihre für die Wahrung des Friedens und der internationalen Sicherheit zuständigen Gremien so häufig aus der Suche nach einer politischen Lösung ausgegrenzt und wurden die humanitären Unterorganisationen und Sonderberichterstatter so häufig in der Ausübung ihres Mandats behindert wie im israelisch-palästinensischen Konflikt. Doch trotz dieser Erfahrung, die auch für Generationen von Mitarbeitern der Weltorganisation höchst frustrierend war und ist: Die UNO wird zur Überwindung dieses Konflikts noch gebraucht, auch wenn die israelische Regierung sowie weite Teile der veröffentlichten Meinung und der Bevölkerung des Landes das noch nicht wahrhaben wollen.

Sollte die Biden-Administration in Washington zum Ziel einer gerechten Zweistaatenlösung zurückkehren – sei es auf Basis der Vorkriegsgrenzen von 1967 oder anderer vereinbarter Gebietsaufteilungen –, wird die UNO gebraucht, um eine solche Lösung abzusichern. Entlang der Grenze zwischen diesen beiden Staaten wird auf lange Zeit eine robuste Blauhelmtruppe der UNO mit einem starken Kontingent US-amerikanischer Soldaten, wenn nicht sogar unter Kommando der USA stationiert werden müssen, um die israelischen Sicherheitsbedürfnisse zu befriedigen. Die Chancen einer für Israel akzeptablen Zweistaatenlösung würden zudem wachsen, wenn der künftige Staat Palästina auf den Aufbau eigener Streitkräfte verzichten würde – im Gegenzug zu Sicherheits- und Beistandsgarantien der UNO im Fall eines militärischen Angriffs auf diesen Staat.

Die Genfer Initiative – eine Blaupause für einen UNO-Friedensplan

Eine Blaupause für einen UNO-Friedensplan liegt bereits seit Ende 2003 in Form der »Genfer Initiative« vor. Dieses umfassende Konzept für eine gerechte Zweistaatenlösung ist das Ergebnis von über zweijährigen vertraulichen Verhandlungen zwischen versöhnungs- und friedensbereiten Israeli und Palästinensern – unter ihnen der ehemalige israelische Justiz- und Außenminister Jossi Beilin und der frühere Minister der Palästinensischen Autonomiebehörde Yasser Abed Rabbo. Die Verhandlungen wurden in erheblichem Maße finanziell und logistisch von der Schweiz unterstützt unter Federführung der damaligen Bundesrätin und Außenministerin Micheline Calmy-Rey. Am 1. Dezember 2003 wurde der Vertragsentwurf im Genfer UNO-Palast der Öffentlichkeit vorgestellt.

Der englische und deutsche Text der Genfer Initiative sowie zahlreiche Reaktionen und Stellungnahmen von israelischer und von palästinensischer Seite dazu finden sich im Internet unter www.genfer-initiative.de

Doch auch alternative Modelle einer gerechten Lösung – seien es ein gemeinsamer Staat, eine Föderation oder andere Varianten – bedürfen zu ihrer Aushandlung und Umsetzung einer aktiven internationalen Begleitung durch glaubwürdige Vermittler und durch verlässliche Schutzgarantien. Für diese Rolle wird die UNO benötigt. Der Glaube, der israelisch-palästinensische Konflikt lasse sich nachhaltig befrieden und politisch lösen durch den von der Trump-Administration vorgelegten »Friedensplan« sowie mithilfe der unter dem Druck dieser Administration herbeigeführten diplomatischen Beziehungen zwischen Israel und einigen arabischen Golfstaaten, ist im besten Fall unrealistisch und naiv. Im schlimmsten Fall wird durch das Festhalten an dieser Illusion eine gefährliche Gewalteskalation des Nahostkonflikts in den nächsten Jahren geschürt.

Erosion des Völkerrechts – UNO-Charta und Menschenrechtsnormen werden zu Makulatur

Der von Deutschland ausgelöste Zweite Weltkrieg, der Holocaust an sechs Millionen Juden und die faschistische Schreckensherrschaft der Nazis waren der bislang tiefste Zivilisationsbruch in der Menschheitsgeschichte. Dieser Zivilisationsbruch führte zu vier wesentlichen zivilisatorischen Fortschritten: Mit der UNO-Charta wurde erstmals ein völkerrechtlich verbindliches zwischenstaatliches Gewaltverbot vereinbart; die von den Siegermächten des Zweiten Weltkrieges etablierten Tribunale von Nürnberg und Tokio kodifizierten und ahndeten die vier Kernverbrechen Völkermord, Verbrechen gegen die Menschlichkeit, Kriegsverbrechen und Angriffskrieg; in der Allgemeinen Erklärung der Menschenrechte von 1948 wurden erstmals schutzwürdige individuelle Menschenrechte definiert; und mit den Genfer Konventionen von 1949 wurde das Kriegsvölkerrecht über die Bestimmungen der noch vor dem Ersten Weltkrieg vereinbarten Haager Konventionen hinaus fortgeschrieben. In allen vier Bereichen gab es in den letzten sieben Jahrzehnten zwar viele wichtige regulatorische und institutionelle Weiterentwicklungen; zu den bedeutendsten gehört die Schaffung des Internationalen Strafgerichtshofs.

Doch zugleich wurden die zivilisatorischen Errungenschaften der Jahre 1945 bis 1949 durch gravierende Verstöße, selektive Anwendung und Doppelstandards in ihrer normativen Bindungskraft unterminiert und geschwächt. Und dies in den dreißig Jahren seit dem Fall der Berliner Mauer in noch stärkerem Maß als in den vier vorangegangenen Jahrzehnten des Kalten Krieges.

Verstöße gegen das Völkerrecht seit Ende des Kalten Krieges gravierender

Am deutlichsten zeigt sich die besorgniserregende Entwicklung in Sachen Völkerrecht mit Blick auf den in Artikel 2 der UNO-Charta verbindlich vereinbarten zwischenstaatlichen Gewaltverzicht und die Achtung der Souveränität und territorialen Unversehrtheit anderer Staaten. Mit ihrer schwerwiegenden Missachtung dieser völkerrechtlichen Bestimmungen durch den Luftkrieg gegen Serbien und Montenegro von 1999 und mit der darauf folgenden staatlichen Anerkennung von Kosovo schufen die in der NATO organisierten westlichen Demokratien einen gefährlichen Präzedenzfall. Wie schon damals befürchtet, berufen sich nicht nur die nationalistischen Serben in Ostbosnien bei der Forderung nach Abspaltung ihrer Republika Srpska von Bosnien-Herzegowina auf diesen Präzedenzfall, sondern auch die Regierung in Moskau missbraucht den Völkerrechtsbruch der westlichen Demokratien von 1999 zur Relativierung und Rechtfertigung ihres völkerrechtswidrigen Vorgehens zunächst 2008 in Georgien, dann 2014 mit der Annexion der Krim und der hybriden Kriegsführung in der Ukraine. Der gegen den Willen einer großen Mehrheit der UNO-Generalversammlung und des Sicherheitsrats geführte angloamerikanische Krieg in Irak 2003 war ein absichtsvoller, angekündigter und mit dreisten Lügen gerechtfertigter Völkerrechtsbruch wie kein anderer zuvor in der UNO-Geschichte. Dieser Krieg hat wahrscheinlich mehr als jedes andere Ereignis seit UNO-Gründung zur Erosion völkerrechtlicher Werte und Normen im Bewusstsein der Bevölkerungen vieler UNO-Mitgliedstaaten geführt.

Der Kosovokrieg war die Blaupause für die Annexion der Krim

Wie sehr die universelle Gültigkeit der völkerrechtlichen Normen infolge westlicher Verstöße und Doppelstandards inzwischen infrage gestellt ist, zeigt die innenpolitische Debatte in Deutschland und anderen europäischen Staaten zum Ukrainekonflikt. Selbst wer – wie der Autor – den Westen als Hauptverantwortlichen für diesen Konflikt und seine ständige Eskalation benennt (wegen der NATO-Osterweiterung nach 1990, der schädlichen Ukraine-Politik der EU ab 2004 sowie der vorbehaltlosen Unterstützung seitens der EU und der USA für die nationalistische Übergangsregierung in Kiew nach dem Sturz von Präsident Wiktor Janukowitsch im Februar 2014), stößt auf zum Teil heftige Anfeindungen, wenn er dann auch das Vorgehen Russlands auf der Krim kritisiert. Wer solche Kritik übe, sei »der antirussischen Propaganda von einer vorgeblichen ›Annexion‹ der Krim auf den Leim gekrochen, ganz so wie die übergroße Mehrheit der hiesigen Konzernmedien-Journaille, auf deren Stirn in kapitalen Lettern das Qualitätssiegel ›Brainwashed by U.S.‹ aufscheint«, höhnte Mitte Dezember 2014 der deutsche Publizist und ehemalige Bundeswehroffizier Jürgen Rose, seit vielen Jahren einer der scharfzüngigsten Kritiker westlicher Völkerrechtsverstöße und der NATO-Politik im deutschen Sprachraum. Jede weitere Debatte über diese Frage und eine von westlichen wie von russischen Regierungsinteressen unabhängige und souveräne eigene Haltung schloss Rose aus mit der apodiktischen Feststellung: »Der Behauptung, bei der Sezession der Krim handle es sich in Wahrheit um eine Annexion seitens Russlands, kommt in etwa der gleiche Erkenntniswert zu wie der Aussage, dass die Erde kein Ellipsoid, sondern eine Scheibe sei.«

Der Hamburger Strafrechtsprofessor und Rechtsphilosoph Reinhard Merkel, der den Kosovokrieg 1999 und den Irakkrieg 2003 noch eindeutig als völkerrechtswidrig eingestuft hatte, verharmloste die Annexion der Krim durch Russland in einem Beitrag für die *Frankfurter Allgemeine Zeitung* vom 7. April 2014 zu einem innerukrainischen Sezessionsvorgang, auf den völkerrechtliche Kriterien »keine Anwendung« fänden, und beschönigte dabei die Umstände und das Ergebnis des von Russland mit Gewaltmitteln durchgesetzten Referendums zur Abspaltung der Krim von der Ukraine vom März 2014. Häufig unter Berufung auf Merkels FAZ-Artikel sowie mit Verweis auf die Völkerrechtsverstöße westlicher Staaten und der NATO in Kosovo, Irak und anderswo wird das völkerrechtswidrige Vorgehen Russlands in der Ukraine in Teilen der Friedensbewegung und der politischen Linken verharmlost, relativiert oder sogar ausdrücklich gerechtfertigt.

Bei einer Podiumsveranstaltung der Wochenzeitung *Die Zeit* am 9. März 2014 bezeichnete Ex-Bundeskanzler Gerhard Schröder das Vorgehen seines Gazprom-Geschäftspartners und »lupenreinen Demokraten«-Freundes Putin auf der Krim zwar als »völkerrechtswidrig«, relativierte diese Bewertung aber mit der Bemerkung, er selbst habe 1999 mit der Beteiligung am Kosovokrieg »auch das Völkerrecht gebrochen«. Der Ex-Bundeskanzler bestätigte die Präzedenzwirkung dieses Krieges mit den Worten: »Der Kosovokrieg war die Blaupause für die Annexion der Krim.«

Universelle Normen verkommen zu unglaubwürdigen »westlichen Werten«

Auf internationaler Ebene werden die universellen völkerrechtlichen Normen immer häufiger wahrgenommen (und damit relativiert) als »westliche Werte«, die von den westlichen Demokratien selbst verletzt und nur selektiv angewendet werden. Lange Jahre gründete sich diese Wahrnehmung vor allem auf den nachsichtigen Umgang des Westens mit der völkerrechtswidrigen israelischen Besatzungs- und Besiedelungspolitik in der palästinensischen Westbank und im Gazastreifen. Doch wie stark auch der Kosovokrieg und der Irakkrieg diese Wahrnehmung verstärkt haben, zeigen die ablehnenden Reaktionen in Indien, Brasilien und Südafrika auf den Versuch der EU und der USA, diese drei Schwellenländer in die Sanktionspolitik gegen Russland im Ukrainekonflikt einzubinden. »Die meisten sicherheitspolitischen Experten in Indien empfinden die Rechtfertigungen für die Sanktionen des Westens als inkonsistent«, schreibt das Büro der CDU-nahen Konrad-Adenauer-Stiftung in Neu-Delhi in einem Bericht vom November 2014. »Das Argument, Russland habe völkerrechtliche Grenzen in Europa verändert«, werde in Indien »vor dem Hintergrund zum

Beispiel des Jugoslawienkonflikts kritisch gesehen«, beschreibt die Adenauer-Stiftung die indische Kritik an den »doppelten Standards« des Westens. Und unter Verweis auf den für die USA und Großbritannien bis heute folgenlosen völkerrechtswidrigen Krieg gegen Irak 2003 werde in Indien gefragt, »auf welcher Grundlage« der Westen das russische Vorgehen in der Ukraine kritisiere.

Über ähnliche Reaktionen berichten die Politikforscher des Norwegian Peacebuilding Resource Centre in Oslo in einer Analyse der Ukrainedebatten in Brasilien und Südafrika: »Brasilianische Beobachter fragen, weshalb nach dem völkerrechtswidrigen Überfall auf den Irak niemand verlangt habe, die USA und Großbritannien von den G8-Treffen auszuschließen.« Sie verwiesen darauf, dass der Westen – »trotz seiner prinzipientreuen Rhetorik« – illegitime Putschregime in Venezuela (2002), Honduras (2009) und Ägypten (2013) rasch anerkannt und zudem »repressive Regierungen aktiv unterstützt habe, wenn sie Gewalt gegen Protestbewegungen anwandten, beispielsweise in Bahrain«. Und weiter heißt es in der Analyse aus Oslo: »Kommentatoren in Brasilien argumentieren, dass diese Inkonsistenzen und doppelten Standards in ihrer Gesamtheit der internationalen Ordnung einen weitaus größeren Schaden zufügten als jegliche russische Politik.« Wenn sie gefragt würden, welches Land die größte Bedrohung für die internationale Stabilität sei, würden die meisten brasilianischen Außenpolitiker und Beobachter nicht Russland, Iran und Nordkorea nennen, sondern die USA.

Vergleichbare kritische Positionen zur Politik des Westens im Ukrainekonflikt registrieren die norwegischen Forscher auch in Südafrika. Dies sei erstaunlich, weil Südafrika Grenzverschiebungen eigentlich strikt ablehne und viele im Westen deshalb mit südafrikanischem Protest gegen die Übernahme der Krim durch Russland gerechnet hätten. Allerdings habe die Regierung in Pretoria in den vergangenen Jahren westliche Interventionen, etwa in Irak und in Libyen, scharf angeprangert und sich stets gegen US- und EU-Einmischung zwecks »regime change« unter dem Deckmantel von »Demokratieförderung« gewandt; Pretoria habe daher keine Veranlassung gesehen, den Westen nun bei den Sanktionen gegen Russland zu unterstützen.

Wie weit die völkerrechtliche (und auch politische) Bewertung des russischen Vorgehens in der Ukraine international auseinandergeht, zeigte sich auch beim Gipfeltreffen der G20 Ende November 2014 im australischen Brisbane. Dort war Russlands Präsident Putin wegen seiner Ukraine-Politik keineswegs so »isoliert«, wie in den meisten Medien Deutschlands und der sechs anderen westlichen Mitgliedstaaten der G20 behauptet wurde. Tatsächlich führte Putin in Brisbane zahlreiche Gespräche mit seinen Amtskollegen aus China, Indien, Brasilien, Südafrika, Indonesien, Südkorea und anderen Ländern. Doch darüber wurde in den westlichen Medien schlicht nicht berichtet.

In den vier Jahren der Trump-Administration hat die Kritik westlicher Regierungen an Völkerrechtsverstößen und Menschenrechtsverletzungen anderer Länder noch weiter an Glaubwürdigkeit eingebüßt. Dazu beigetragen haben insbesonders Trumps »Nuclear-Fire«-Vernichtungsdrohung gegen Nordkorea in einer Rede vor der UNO-Generalversammlung im September 2017 und die von dem US-Präsidenten angeordnete Ermordung des Kommandeurs der iranischen Quds-Brigaden Qasem Soleimani durch eine amerikanische Drohne im Januar 2020. An beiden eklantanten Völkerrechtsverletzungen gab es kaum Kritik von der Regierungen der mit den US verbündeten westlichen Staaten. Dasselbe gilt für die Sanktionsdrohungen und -maßnahmen gegen Mitarbeiterinnen und Mitarbeiter des Internationalen Strafgerichtshofs um Ermittlungen wegen mutmasslicher Kriegsverbrechen von US-Soldaten oder Geheimdienstlern zu verhindern. Es kann daher wenig überraschen, dass in der UNO-Generalversammlung die Zustimmung zu von westlichen Staaten eingebrachten Resolutionen mit Kritik an Russlands völkerrechtswidriger Annexion der Krim in den letzten Jahren abgenommen hat.

Entwertung von Menschenrechtsnormen und humanitärem Völkerrecht

Eine ähnliche Erosion wie beim zwischenstaatlichen Gewaltverbot der UNO-Charta ist auch mit Blick auf einige zentrale Bestimmungen des Menschenrechtsschutzes und des humanitären Völkerrechts zu beobachten. Wesentliche Ursache für diese Erosion sind die schweren

Völkerrechtsverstöße und Menschenrechtsverletzungen, die seit den Anschlägen vom 11. September 2001 im von den USA angeführten »Krieg gegen den Terrorismus« sowie von den US-amerikanischen Besatzern in Irak verübt wurden.

Eine entscheidende Weichenstellung für den abschüssigen Weg der USA in die Rechtlosigkeit war der Beschluss der Bush-Administration vom 7. Februar 2002, den von den US-Streitkräften und Geheimdiensten bekämpften mutmaßlichen Terroristen sowie den Taliban in Afghanistan den Kombattantenstatus zu verweigern und damit die Geltung des Kriegsvölkerrechts einzuschränken.

Wie gravierend die Verstöße der US-Regierung waren und mit welch kaltschnäuziger Missachtung für die Antifolterkonvention und andere zentrale Völkerrechts- und Menschenrechtsnormen die Täter und die politisch Verantwortlichen für diese Verbrechen bis hinauf zu Ex-Präsident George W. Bush handelten, belegt der im Dezember 2014 veröffentlichte Bericht des US-Senats über die Foltermethoden der CIA im »Krieg gegen den Terrorismus« seit dem 11. September 2001. »Die Verantwortlichen für diese kriminelle Verschwörung müssen zur Rechenschaft gezogen werden«, forderte der UNO-Sonderberichterstatter für Terrorismusbekämpfung und Menschenrechte, Ben Emmerson. Der Bericht bestätige »die Vermutungen der internationalen Gemeinschaft, dass in der Regierung des früheren US-Präsidenten George W. Bush auf hoher Ebene systematische Verbrechen und grobe Verletzungen der internationalen Menschenrechtsgesetze begangen wurden«.

Die internationale Menschenrechtsorganisation Human Rights Watch warnte, dass sich diese Geschichte ohne eine juristische Aufarbeitung wiederholen könnte: »Wenn dieser wichtige Prozess des Aussprechens der Wahrheit nicht zu einer Strafverfolgung der verantwortlichen Offiziellen führt, wird Folter für künftige Präsidenten eine Politikoption bleiben.« Die Obama-Administration zeigte allerdings keine Bereitschaft zu einer Strafverfolgung. Und Bush sowie sein damaliger Vizepräsident Richard Cheney bekräftigten wie zum Hohn des internationalen Rechts, sie seien sich keiner Verfehlungen bewusst und würden bei Bedarf wieder genauso handeln wie in den Jahren 2001 bis 2008.

Am Tag der Veröffentlichung des CIA-Folterberichts durch den US-Senat jährte sich zum dreißigsten Mal die Verabschiedung der Antifolterkonvention der UNO am 10. Dezember 1984. Aus Anlass dieses Jahrestags berichtete Amnesty International, dass in dem Fünfjahreszeitraum 2009 bis 2014 in 141 der 193 UNO-Staaten weiterhin Menschen gefoltert oder schwer misshandelt wurden. Bis heute blieb es bei der Straflosigkeit für Bush, Cheney und die anderen Verantwortlichen für die Folterverbrechen der CIA – dank der Sanktionsmaßnahmen und -drohungen der USA nicht nur gegen den Internationalen Strafgerichtshof IStGH, sondern auch gegen Länder wie zum Beispiel Belgien, in denen nationale Staatsanwälte Ermittlungsverfahren gegen US-Bürger einleiten wollten auf Basis des Völkerstrafgesetzbuchs des IStGH. Mit der Übernahme des Völkerstrafgesetzbuchs können Regierungen und Parlamente das nationale Strafrecht ihres Landes seit 2002 an die Bestimmungen des IStGH anpassen. Dann unterliegen Völkermord, Verbrechen gegen die Menschlichkeit und Kriegsverbrechen dem Weltrechtsprinzip. Das bedeutet, die Strafbarkeit nach nationalem Recht besteht unabhängig davon, wo, von wem und gegen wen diese Verbrechen begangen werden. Erfasst sind also auch Auslandstaten zwischen ausländischen Staatsangehörigen. Nach diesem Weltrechtsprinzip findet seit 2020 vor einem Gericht in Deutschland ein Prozess statt, den syrische Folteropfer gegen ihre mutmasslichen Folterer angestrengt haben.

Einen letzten Schlag versetzte Trump der westlichen Glaubwürdigkeit und damit der normativen Kraft internationaler Völkerrechts- und Menschenrechtsnormen, als er in seinen letzten Amtswochen Ende Dezember 2020 US-Soldaten begnadigte, die wegen der Ermordung irakischer Zivilisten in Bagdad in den USA rechtskräftig zu Gefängnisstrafen verurteilt worden waren.

Mitverantwortung der Schweiz, Deutschlands und anderer europäischer Staaten

Bei ihren Verstößen gegen Menschenrechtskonventionen und Bestimmungen gegen das humanitäre Völkerrecht seit den Anschlägen vom 11. September 2001 konnten die USA stets auf stillschweigende Duldung oder tatkräftige Unterstützung und Mitwirkung nicht nur durch diktatorisch regierte Staaten rechnen, sondern auch in der gesamten »Wertegemeinschaft« der westlichen Demokratien. Die Schweiz, Deutschland und andere europäische Staaten ließen die Nutzung ihres Luftraums sowie von Flughäfen durch CIA-Flugzeuge zu, in denen von den USA als Terroristen verdächtigte Personen in geheime Gefängnisse, Verhör- und Folterzentren verschleppt wurden. Einige dieser Einrichtungen wurden in Polen und Rumänien errichtet – mit Wissen und Duldung der jeweiligen Regierungen, die dafür Geld aus Washington erhielten. Die Geheimdienste und Regierungen europäischer Staaten – auch Deutschlands und der Schweiz – kooperierten mit der Regierung und den Geheimdiensten der USA bei der illegalen Verschleppung von Personen und erhielten Informationen, die die CIA in ihren Verhörzentren mit Foltermethoden erzwungen hatten.

Alle diesbezüglichen Hinweise und Indizien, die der ehemalige Sonderermittler des Europarats, Dick Marty, in seinen beiden 2006 und 2007 veröffentlichten Berichten vorgelegt hatte und die seinerzeit auch von den Regierungen in Bern und Berlin zum Teil heftig bestritten wurden, haben sich inzwischen bestätigt. In keinem europäischen Land erfolgte bislang eine Untersuchung, kritische Aufarbeitung sowie gegebenenfalls strafrechtliche Ahndung der Mitbeteiligung an den Verstößen der USA gegen Menschenrechtskonventionen und humanitäres Völkerrecht. Auch diese Unterlassung schwächt und unterminiert diese internationalen Normen.

Irakkrieg 2003 – der bislang schwerste Anschlag auf das Völkerrecht

Der Krieg der USA und Großbritanniens gegen Irak im Frühjahr 2003 war der bislang schwerste Anschlag auf das Völkerrecht und die UNO seit ihrer Gründung. Zwar waren auch fast alle der rund achtzig zwischenstaatlichen Kriege, die seit 1945 weltweit geführt wurden, ein Verstoß gegen das Gewaltverbot der UNO-Charta. Doch niemals zuvor erfolgte ein derartiger Verstoß so kalkuliert und unter so absichtsvoller

Missachtung der UNO-Charta sowie des Willens von rund drei Viertel der Mitgliedstaaten in der Generalversammlung und im Sicherheitsrat wie im Fall des Irakkriegs. Zudem wurde dieser Krieg entsprechend der neuen Nationalen Sicherheitsstrategie (NSS) der USA vom September 2002 von der Bush-Administration mit der »präemptiven« Abwehr einer Bedrohung gerechtfertigt. Einer Bedrohung durch angebliche irakische Massenvernichtungswaffen, die aber überhaupt nicht existierte, weder unmittelbar noch mittelbar.

Mit dem Irakkrieg wurden das Völkerrecht und die Institution der UNO von ihren zwei wichtigsten westlichen Gründungsstaaten grundsätzlich infrage gestellt. Doch auf diesen Umstand und auf die Völkerrechtswidrigkeit des Irakkriegs hat ausdrücklich lediglich der damalige UNO-Generalsekretär Kofi Annan einigermaßen deutlich hingewiesen. Er tat dies zunächst in seiner Eröffnungsrede zur Generalversammlung im September 2003 und ein Jahr später in einem Interview mit der BBC. Selbst Regierungen von UNO-Mitgliedstaaten, die sich im Vorfeld des Irakkriegs gegen diesen Feldzug aussprachen, hielten sich mit Kritik an dessen Völkerrechtswidrigkeit sowie an der neuen, ebenfalls völkerrechtswidrigen Präventivkrieg-Doktrin der USA zurück. Diese Zurückhaltung war besonders auffällig bei der damaligen rot-grünen Bundesregierung in Deutschland. Deren Chef, Bundeskanzler Gerhard Schröder, hatte sich seine Wiederwahl im September 2002 mit rhetorischen Bedenken gegen die angloamerikanischen Pläne für den Krieg gegen Irak gesichert. Gleichzeitig sicherte die Regierung von Schröder und Außenminister Joschka Fischer der Bush-Administration aber ausnahmslos alle von Washington verlangten logistischen und militärischen Unterstützungsleistungen für den geplanten Irakkrieg zu. Dazu gehörte die Gewährung von Überflugrechten für am Irakkrieg beteiligte Kampf- und Transportflugzeuge der USA; die Gestattung der unkontrollierten Nutzung der inländischen Infrastruktur und Militärbasen für die Kriegsvorbereitung und -führung; logistische und nachrichtendienstliche Kooperation bei der Kriegsführung bis hin zur Zielauswahl. Zudem bewachten deutsche Bundeswehrsoldaten die US-Militärbasen in Deutschland nach der Verlegung der amerikanischen Wachmannschaften in den Irakkrieg. Mit diesen Unterstützungsleistungen missachtete die deutsche Bundesregierung zudem ihre Neutralitätspflichten aus dem Haager Abkommen von 1907.

Hätte die Bundesregierung das Kriegsvorhaben der USA und Großbritanniens seinerzeit für völkerrechtswidrig erklärt, dann hätte sie damit eingeräumt, dass sie mit ihren logistischen und militärischen Unterstützungsleistungen für diesen völkerrechtswidrigen Krieg nicht nur gegen die UNO-Charta und gegen ihre Neutralitätspflichten aus dem Haager Abkommen von 1907 verstieß, sondern auch gegen die deutsche Verfassung. Diese Feststellung traf in deutlicher Klarheit erst zwei Jahre nach dem Irakkrieg das Bundesverwaltungsgericht (BVerwG) in Leipzig, das oberste Gericht der Bundesrepublik Deutschland in öffentlich-rechtlichen Streitigkeiten nicht verfassungsrechtlicher Art. Im Juni 2005 sprach das Gericht in letzter Instanz den deutschen Major Florian Pfaff frei. Pfaff hatte sich unter Berufung auf die UNO-Charta und die deutsche Verfassung an seiner Dienststelle in Frankfurt Unterstützungsleistungen für den völkerrechtswidrigen Irakkrieg widersetzt. Dafür war Pfaff von seinen Vorgesetzten und dem Truppendienstgericht wegen »Gehorsamsverweigerung« degradiert und schikaniert worden. Gegen diese Maßnahmen legte Major Pfaff Rechtsmittel ein.

In der UNO-Generalversammlung stieß der Irakkrieg seinerzeit bei einer überwältigenden Mehrheit der 193 Mitgliedstaaten aus politischen wie völkerrechtlichen Bedenken auf Ablehnung. Das wurde bei Debatten im Vorfeld des Kriegs deutlich. Unter den fünfzehn Mitgliedern des Sicherheitsrats hätten die USA und Großbritannien für ihren im Februar 2003 zirkulierenden Resolutionsentwurf zur Mandatierung des geplanten Krieges maximal zwei weitere Ja-Stimmen bekommen. Aus diesem Grund legten Washington und London ihren Resolutionsentwurf nie zur Abstimmung vor. Eine Resolution zur nachträglichen Verurteilung des Krieges durch den Sicherheitsrat war von vornherein aussichtslos wegen des sicheren Vetos der USA und Großbritanniens. In der Generalversammlung ergriffen Südafrika und einige andere Länder die Initiative für eine entsprechende Resolution. Diese Länder wurden von der Bush-Administration so massiv mit politischen und wirtschaftlichen Sanktionen bedroht, dass sie ihre Initiativen aufgaben.

Kosovokrieg 1999 – der Präzedenzfall für die Missachtung des Völkerrechts

Neben Deutschland lehnten auch Frankreich und andere europäische NATO-Staaten den Krieg der USA und Großbritanniens gegen Irak ab, ohne aber seine Völkerrechtswidrigkeit zu kritisieren.

Diese europäischen NATO-Verbündeten der USA waren befangen, weil sie bereits 1999 am – ebenfalls völkerrechtswidrigen – Luftkrieg der Militärallianz gegen Serbien und Montenegro teilgenommen hatten, am sogenannten Kosovokrieg. Dieser Krieg markierte den Beginn der Erosion des Völkerrechts in der Zeit seit dem Fall der Berliner Mauer 1989.

Auschwitz-Vergleich zur Rechtfertigung einer »humanitären Intervention«

Die NATO rechtfertigte ihren Krieg seinerzeit als »humanitäre Intervention« zum Schutz der Kosovo-Albaner vor der Vertreibung und schweren Menschenrechtsverletzungen durch Armee- und Polizeieinheiten des serbischen Regimes von Slobodan Milošević. Vertreibungen und andere schwere Menschenrechtsverletzungen fanden seinerzeit ohne Zweifel statt. Durch die Einstufung dieser Menschenrechtsverletzungen als »Völkermord« und den damals vom deutschen Außenminister Joschka Fischer gezogenen Vergleich mit Auschwitz wurden die serbischen Menschenrechtsverletzungen von den NATO-Regierungen allerdings maßlos übertrieben. Ganz abgesehen davon, dass Fischers Auschwitz-Vergleich eine Verharmlosung des Holocaust bedeutete. Ziel dieser propagandistischen Übertreibungen der serbischen Menschenrechtsverletzungen in Kosovo war es, die Unterstützung der westlichen Öffentlichkeit für ein militärisches Vorgehen gegen Serbien und Montenegro zu gewinnen. Die Brüsseler NATO-Zentrale und die Regierungen der Allianzmitglieder lancierten gefälschte Dokumente zum Beweis angeblicher serbischer Greueltaten und Vertreibungspläne an die Medien. Das »Massaker von Račak«, bei dem am 16. Januar 1999 45 Menschen umgebracht wurden, sowie andere bis heute nicht aufgeklärte Menschenrechtsverletzungen in den Monaten vor Beginn der NATO-Luftangriffe am 24. März 1999 wurden sofort umstandslos und ohne Untersuchung oder gar Beweise der serbischen Seite angelastet.

Einseitige Darstellung der Gewalteskalation zwischen zwei Konfliktparteien

Der Anteil der kosovo-albanischen »Befreiungsbewegung« UÇK an der Eskalation der Gewalt wurde von der NATO-Propaganda systematisch unterschlagen. Dies geschah, obwohl die US-amerikanische CIA, der deutsche Bundesnachrichtendienst, der britische MI6 und andere westliche Geheimdienste ihren Regierungen hierzu detaillierte Erkenntnisse lieferten.

Wie fragwürdig und unhaltbar die Behauptungen waren, mit denen die NATO-Regierungen den Luftkrieg gegen Serbien und Montenegro zu rechtfertigen suchten, machte im Dezember 2000 auch ein seinerzeit von den Medien kaum beachteter detaillierter Bericht der Parlamentarischen Versammlung der NATO deutlich mit dem Titel »Die Folgen des Kosovokonflikts und seine Auswirkungen auf Konfliktprävention und Krisenmanagement«. Die Parlamentarische Versammlung der NATO fungiert als Bindeglied zwischen dem Militärbündnis und den Parlamenten seiner inzwischen 28 Mitgliedstaaten.

Der von dem damaligen deutschen SPD-Bundestagsabgeordneten Markus Meckel verantwortete Bericht vom Dezember 2000 befasst sich in erster Linie mit der Zeitphase ab Oktober 1998. Damals begann aufgrund einer Vereinbarung zwischen Serbiens Präsident Slobodan Milošević und dem Chef-Balkandiplomaten der Clinton-Administration in Washington, Richard Holbrooke, die Stationierung von Beobachtern der Organisation für Sicherheit und Zusammenarbeit in Europa (OSZE) in Kosovo, die Kosovo Verification Mission (KVM). Ähnlich wie in aktuellen Ukrainekonflikt seit Anfang 2014 fungierte die OSZE auch damals quasi als regionale Unterorganisation der UNO in Europa.

Im Bericht der NATO-Parlamentarierversammlung vom Dezember 2000 heißt es: »Die UÇK strebte eine Verschärfung der Notlage an, um die Bevölkerung zum Aufstand für die Unabhängigkeit zu bewegen.

So nutzte die UÇK das Holbrooke-Milošević-Abkommen vom Oktober 1998 als Atempause, um ihre Kräfte nach den Rückschlägen des Sommers zu verstärken und sich neu zu gruppieren. Die serbischen Repressionen ließen unter dem Einfluss der Kosovo Verification Mission der OSZE in der Zeit von Oktober bis Dezember 1998 nach. Dagegen fehlte es an effektiven Maßnahmen zur Eindämmung der UÇK, die weiterhin in den USA und Westeuropa – vor allem in Deutschland und der Schweiz – Spenden sammeln, Rekruten werben und Waffen über die albanische Grenze schmuggeln konnte. So nahmen die Angriffe der UÇK auf serbische Sicherheitskräfte und Zivilisten ab Dezember 1998 stark zu. Der Konflikt eskalierte neuerlich, um eine humanitäre Krise zu erzeugen, welche die NATO zur Intervention bewegen würde.«

Der Bericht der NATO-Parlamentarier geht auch auf das »Massaker von Račak« vom 16. Januar 1999 ein, das seinerzeit nach übereinstimmenden öffentlichen Erklärungen von US-Außenministerin Madeleine Albright und ihres deutschen Amtskollegen Joschka Fischer den »Wendepunkt zum Krieg« der NATO gegen Serbien und Montenegro bedeutete.

»Mit dem bis heute nicht restlos aufgeklärten angeblichen Massaker von Račak entstand das *Gefühl* eines Handlungsbedarfs, das nach dem Scheitern der Rambouillet-Verhandlungen zu den von der UÇK herbeigesehnten NATO-Luftangriffen führte.« Im Jagdschloss von Rambouillet bei Paris hatten die serbische Regierung und die UÇK im Februar 1999 unter gemeinsamer Vermittlung der USA, Russlands und der EU ergebnislose Verhandlungen geführt.

Die NATO-Parlamentarier bekannten in Artikel 91 ihres Berichtes vom Dezember 2000 selbstkritisch: »Die Staatengemeinschaft darf sich ihr Handeln nicht von einer extremistischen Minderheit aufzwingen lassen.«

Es gab eine Alternative zum Krieg

Doch bis heute rechtfertigen die NATO-Regierungen ihre militärische »humanitäre Intervention« vom Frühjahr 1999 ohne Mandat des UNO-Sicherheitsrats mit der Behauptung, dass die beiden ständigen Ratsmitglieder Russland und China ein solches Mandat mit ihrer Vetodrohung verhindert und damit die Handlungsfähigkeit der UNO blockiert hätten. Doch diese Legende von der russisch-chinesischen Blockade des UNO-Sicherheitsrats im Herbst 1998 hält einer Überprüfung nicht stand.

Um die Eskalation der Gewalt in Kosovo einzudämmen, hatte der UNO-Sicherheitsrat am 31. März 1998 mit seiner Resolution 1160 ein Waffenembargo gegen das damals noch aus Serbien und Montenegro bestehende Ex-Jugoslawien erwirkt. Am 23. September 1998 verabschiedete der Sicherheitsrat seine Resolution 1199. Sie verlangte einen umgehenden Waffenstillstand in Kosovo, den sofortigen Rückzug von jugoslawischen und serbischen Einheiten, die zur Unterdrückung der Zivilbevölkerung eingesetzt wurden, freien Zugang für humanitäre Organisationen sowie die uneingeschränkte Zusammenarbeit der Regierung Milošević in Belgrad mit dem Haager UNO-Tribunal zu den seit 1991 im ehemaligen Jugoslawien verübten Kriegsverbrechen. Russland stimmte den beiden Resolutionen 1160 und 1199 des Sicherheitsrats zu. China enthielt sich der Stimme. Grund für diese Stimmenthaltung waren allerdings nicht etwa Bedenken Pekings gegen den Inhalt der beiden Resolution. China hatte sich vielmehr mangels eigener Interessen an den Konflikten im ehemaligen Jugoslawien bei sämtlichen der zahlreichen Resolutionen der Stimme enthalten, die der Sicherheitsrat seit 1991 zu diesem Thema verabschiedet hatte. Die Interessen Pekings waren in all den Jahren lediglich einmal berührt, als Mazedonien 1997 Taiwan anerkannte in der Hoffnung auf Kapitalhilfe aus Taipeh. Als Reaktion auf diese Entscheidung Mazedoniens verhinderte China per Veto die Verlängerung des Mandats für die UNO-Mission in der ex-jugoslawischen Republik.

Hätte Russland weitergehende Maßnahmen gegen Serbien und Montenegro – notfalls auch eine militärische Intervention der UNO – mitgetragen oder zumindest toleriert, wenn die Regierung Milošević die Forderungen der Ratsresolution 1199 vom 23. September 1998 nicht erfüllt hätte? Seriöse Diskussionen über ein gemeinsames Vorgehen mit Russland im Rahmen der UNO haben die drei NATO-Staaten im Sicherheitsrat, die USA, Frankreich und Großbritannien, damals mit Moskau erst gar nicht geführt. Stattdessen erließ die NATO bereits am 24. September 1998 – also nur einen Tag nach Verabschiedung der von Moskau mitgetragenen Resolution 1199 im Sicherheitsrat – die Aktivierungswarnung für ihre Luftstreitkräfte. Das war die erste Maßnahme zur Einleitung des Luftkriegs, der dann am 24. März 1999 begann. Diese Aktivierungswarnung der NATO war in zweierlei Hinsicht eine geradezu zentrale und möglicherweise fatale Weichenstellung: Zum einen wurde Moskau spätestens an diesem Punkt bedeutet, dass die NATO auch ohne russische Einbindung und Zustimmung agieren würde. Zweitens verengte sich die Diplomatie auf eine militärisch abgestützte Drohpolitik.

Der verworfene Plan für ein UNO-mandatiertes Vorgehen

Dabei gab es seit Frühsommer 1998 durchaus verschiedene Vorschläge, wie die Zielsetzungen der Resolution 1199 des UNO-Sicherheitsrats gemeinsam mit Russland hätten umgesetzt werden können – zum Beispiel durch die Errichtung eines UNO-Protektorats über Kosovo. Der damalige US-Botschafter bei der NATO in Brüssel, Alexander Vershbow, legte der Clinton-Administration in Washington am 7. August 1998 einen detaillierten Plan vor unter der Überschrift »Kosovo: Es ist Zeit für eine andere Lösungsstrategie«. Die »entscheidende Voraussetzung« für eine schnelle Befriedung der Situation in Kosovo und danach beginnende Verhandlungen über eine politische Lösung sei »eine enge Zusammenarbeit zwischen der NATO und Russland«, schrieb der US-Botschafter und betonte: »Ich meine es ernst: Die Initiative zur Lösung des Kosovokonflikts könnte zum Modellfall einer Kooperation zwischen der NATO und Russland werden.«

Vershbows Plan sah vor, dass sich die Regierungen in Washington und Moskau zunächst gemeinsam um ein Mandat des UNO-Sicherheitsrats zur »Schaffung eines internationalen Protektorats« in Kosovo bemühen. Nach Erteilung dieses UNO-Mandats sollte in der südserbischen Provinz eine zu gleichen Teilen von der NATO und von Russland gestellte und auch gemeinsam kommandierte internationale Schutztruppe stationiert werden.

Für diese Truppe hätte nach Ansicht von US-Botschafter Vershbow ein Kontingent von 30 000 Soldaten ausgereicht, falls vor ihrer Stationierung bereits eine Vereinbarung zwischen der Regierung Milošević und den Albanern über den künftigen Status Kosovos zustande gekommen wäre und falls Belgrad einer internationalen Militärpräsenz in Kosovo zugestimmt hätte.

Falls die internationale Truppe ohne eine solche Vereinbarung und ohne das Plazet Belgrads hätte stationiert werden müssen, wären nach Einschätzung von Botschafter Vershbow hingegen 60 000 Soldaten erforderlich gewesen. »Früher oder später werden wir uns der Frage einer Stationierung von Bodentruppen stellen müssen«, sagte Vershbow am Ende seiner Nachricht an die Clinton-Administration voraus. Die USA hätten »ein zu großes Interesse an politischer Stabilität im südlichen Balkan, um diesen Konflikt noch länger schwelen zu lassen«.

Botschafter Vershbow war keineswegs ein Anfänger auf dem Gebiet der Balkanpolitik. Als Mitarbeiter im Stab des Nationalen Sicherheitsrats der USA hatte er sich in der ersten Hälfte der neunziger Jahre intensiv mit dem Bosnienkonflikt befasst. Dennoch stieß sein Vorschlag für ein gemeinsam von Russland und der NATO etabliertes internationales Protektorat in Kosovo damals in Washington nur auf geringes Interesse. Stattdessen drängte die Clinton-Administration die Regierung in Moskau, im UNO-Sicherheitsrat einer Resolution zuzustimmen, mit der ultimativen Androhung militärischer Maßnahmen gegen Serbien und Montenegro, falls die Regierung Milošević die Forderungen des Sicherheitsrats bis zu einem bestimmten Zeitpunkt nicht erfüllen würde. Einen derartigen Automatismus militärischer Maßnahmen lehnte Russland allerdings ab. Auch war Moskau nicht einverstanden mit der Forderung Washingtons, etwaige vom Sicherheitsrat mandatierte militärische Maßnahmen gegen Serbien und Montenegro allein von der NATO und unter NATO-Kommando durchführen zu lassen

Moskau bestand darauf, dass derartige Maßnahmen nur unter politischer Kontrolle des UNO-Sicherheitsrats und mit vom Rat bestimmten militärischen Kommandeuren durchgeführt werden könnten.

Fazit: Der elfwöchige Luftkrieg der NATO gegen Serbien und Montenegro vom Frühjahr 1999 wäre vermeidbar gewesen. Es hätte im Herbst 1998 durchaus die Möglichkeit gegeben für eine vom UNO-Sicherheitsrat mandatierte und kontrollierte Mission zur Eindämmung der Gewaltauseinandersetzungen in Kosovo sowie für den dazu erforderlichen Druck auf die Regierung Milošević in Belgrad. Diese Möglichkeit scheiterte nicht an den Vetomächten Russland und China. Sie war nicht gewollt von den NATO-Staaten, insbesondere nicht von den USA.

Der 11. September 2001 und seine gravierenden Folgen für das Völkerrecht

»Mit dem 11. September 2001 hat sich alles grundsätzlich verändert. Nichts ist mehr, wie es war.« Diese und ähnlich lautende Behauptungen waren nach den Terroranschlägen auf Ziele in den USA weit verbreitet. Allerdings sind diese Behauptungen politisch ebenso falsch und intellektuell unredlich wie die nach dem Berliner Mauerfall von 1989 zeitweise populäre These des US-amerikanischen Politologen Francis Fukuyama vom »Ende der Geschichte«. Fukuyama hat seine These inzwischen revidiert. Doch die Behauptung über den 11. September dient bis heute zur politisch-ideologischen Rechtfertigung von Verstößen gegen die völkerrechtlichen und menschenrechtlichen Normen, die zwischen 1945 und 1948 mit universeller Gültigkeit vereinbart wurden als Konsequenz aus Zweitem Weltkrieg, Holocaust und Faschismus. Kein anderes Ereignis in den letzten siebzig Jahren hat derart gravierende negative Auswirkungen gehabt auf die Interpretation und Anwendung der UNO-Charta sowie des humanitären Völkerrechts wie die Terroranschläge vom 11. September 2001.

Das strikte zwischenstaatliche Gewaltverbot der UNO-Charta und seine beiden einzigen Ausnahmen

Besonders betroffen ist die zentrale Bestimmung der UNO-Charta, das Verbot der »Androhung und Anwendung von Gewalt« zwischen den Staaten (Artikel 2 Absatz 4). Nach dem Scheitern des 1919 gegründeten UNO-Vorläufers Völkerbund und dem Rückfall in die Barbarei zwischenstaatlicher Beziehungen, die schließlich in dem von Hitler-Deutschland begonnenen Zweiten Weltkrieg eskalierte, war diese Bestimmung der UNO-Charta der wichtigste zivilisatorische Fortschritt des 20. Jahrhunderts. Ein weiterer wesentlicher Fortschritt sind die Betonung der individuellen Menschenrechte in der Präambel und im ersten Artikel der UNO-Charta sowie die in Kapitel 7 geregelten Befugnisse des Sicherheitsrats, »eine Bedrohung oder einen Bruch des Friedens oder eine Angriffshandlung festzustellen« (Artikel 39) und in Reaktion darauf politische und wirtschaftliche oder militärische Sanktionen zu verhängen (Artikel 40) oder militärische Maßnahmen zu beschließen (Artikel 41).

Die alleinige Befugnis des Sicherheitsrats, militärische Maßnahmen zu beschließen und die UNO-Mitgliedstaaten zur Anwendung derartiger Maßnahmen zu ermächtigen, ist die eine von zwei Ausnahmen vom strikten Gewaltverbot der UNO-Charta.

Die andere Ausnahme ist das »naturgegebene Recht auf individuelle oder kollektive Selbstverteidigung im Falle einer Angriffshandlung«, das jedem Mitgliedstaat der UNO in Artikel 51 der Charta garantiert wird. Allerdings gilt dieses Recht auf Selbstverteidigung nicht zeitlich unbeschränkt, sondern nur so lange, »bis der Sicherheitsrat die zur Wahrung des Weltfriedens und der internationalen Sicherheit erforderlichen Maßnahmen getroffen hat«.

Die Autorinnen und Autoren der UNO-Charta dachten mit der Formulierung »bewaffneter Angriff« in Artikel 51 ausschließlich an das Szenario der klassischen militärischen Aggression von Land A gegen Land B. Das zeigen die Protokolle der UNO-Gründungsversammlung vom 25. April bis 26. Juni 1945 in San Francisco, auf der die 111 Artikel der UNO-Charta von Diplomaten aus fünfzig Staaten ausgehandelt und beschlossen wurden. Auch in den ersten 57 Jahren der Anwendung der UNO-Charta galt ausschließlich diese Interpretation von »bewaffneter Angriff«.

Die Neuinterpretation von »Selbstverteidigung« und »bewaffneter Angriff«

Infolge der Terroranschläge vom 11. September 2001 wurde diese Interpretation buchstäblich über Nacht und ohne nennenswerte Diskussion unter den damals 191 Mitgliedstaaten der UNO über den Haufen geworfen. Am 12. September 2001 verabschiedete der UNO-Sicherheitsrat auf Antrag der USA einstimmig und ohne lange Debatte seine Resolution 1368. Entgegen mancher bis heute verbreiteter falscher Darstellung durch Politiker, Militärs und Medien enthält diese Resolution keine Ermächtigung zur Anwendung militärischer Maßnahmen. Der Rat unterstrich lediglich in der – völkerrechtlich nicht handlungsverbindlichen – Präambel zu der Resolution das »naturgegebene Recht auf individuelle und kollektive Selbstverteidigung in Übereinstimmung mit der Charta«. Im ersten Artikel der Resolution »verurteilt« der Rat die Terroranschläge dann als »Bedrohung des internationalen Friedens und der Sicherheit«.

Dieser Resolutionstext galt und gilt den USA bis heute als völkerrechtliche Legitimation für den »Krieg gegen den Terrorismus«, der am 7. Oktober 2001 mit Angriffen der US-Luftwaffe gegen Ziele in Afghanistan unter dem Operationsnamen »Enduring Freedom« begann. Diese Angriffe richteten sich zunächst gegen damals in Afghanistan befindliche Mitglieder und Logistikeinrichtungen des Terrornetzwerks al-Qaida.

Die Interpretation der Resolution 1368 als Ermächtigung des UNO-Sicherheitsrats zu militärischem Handeln wurde seinerzeit aber nur von einer Minderheit der Völkerrechtler kritisiert. Auch die Stimmen, die statt eines »Kriegs gegen den Terrorismus« die Verfolgung der Täter und Drahtzieher der Anschläge vom 11. September durch internationale Polizeiarbeit und mit juristischen Mitteln forderten, waren nur sehr schwach. Der Interpretation der Resolution 1368 durch die Bush-Administration in Washington und dem von ihr ausgerufenen »Krieg gegen den Terrorismus« widersprach damals keine einzige der anderen 190 Mitgliedsregierungen.

Mit diesem Konsens der Subjekte des Völkerrechts scheint die bis zum 11. September 2001 gültige Interpretation der UNO-Charta überholt, wonach nur bewaffnete Angriffe, die von Staaten ausgeführt werden – und nicht solche, die Terroristen oder andere nichtstaatliche Akteure begehen –, dem angegriffenen Land das Recht auf militärische Selbstverteidigung gemäß Artikel 51 geben. Unter den Völkerrechtsexperten hält nur eine kleine Minderheit an der ursprünglichen Interpretation von Artikel 51 fest und kritisiert daher bis heute die Behauptung, die Resolution 1368 des UNO-Sicherheitsrats sei eine ausreichende völkerrechtliche Grundlage für den »Krieg gegen den Terrorismus«.

Selbstverteidigung ohne Grenzen

Eine etwas größere Minderheit der Völkerrechtler kritisiert die von der Bush-Administration im November 2001 vollzogene Ausdehnung des Krieges gegen das Taliban-Regime in Afghanistan mit dem Ziel seiner Beseitigung. Diese Ausweitung, so die Kritiker, hätte einer ausdrücklichen Ermächtigung durch eine neue Resolution des Sicherheitsrats bedurft. Doch auch hierzu ergriff seinerzeit kein einziger UNO-Mitgliedstaat die Initiative. Bei einer Reihe vor allem westlicher Staaten stieß die Ausweitung der Kriegsziele in Afghanistan durch die Bush-Administration auf ausdrückliche Unterstützung, bei der großen Mehrheit der UNO-Mitgliedstaaten auf Schweigen. Ein Schweigen, das in Washington ebenfalls als Zustimmung verbucht wurde.

Die Autorinnen und Autoren der UNO-Charta dachten bei der »Selbstverteidigung« gemäß Artikel 51 an militärische Abwehrmaßnahmen eines angegriffenen Landes in den Stunden und Tagen unmittelbar nach Beginn einer Aggression und eben nur so lange, »bis der Sicherheitsrat die zur Wahrung des Weltfriedens und der internationalen Sicherheit erforderlichen Maßnahmen getroffen hat«. Auch diese zeitlichen Parameter für militärische Maßnahmen der »Selbstverteidigung« scheinen seit dem 11. September 2001 obsolet. Zum einen begannen die USA ihren Krieg gegen Ziele in Afghanistan erst am 7. Oktober, knapp vier Wochen nach den Terrorschlägen gegen Ziele in New York und Washington D.C. Und zum Zweiten hielt der Krieg der USA und ihrer Verbündeten in Afghanistan unter Berufung auf Resolution 1368 vom 12. September 2001 über zehn Jahre an. Auch daran gab es kaum öffentliche Kritik vonseiten anderer UNO-Regierungen. Und kein UNO-Mitgliedstaat erhob bislang die Forderung, einmal eine Bilanz des nun schon fast zwanzig Jahre geführten »Kriegs gegen den Terrorismus« zu ziehen.

Unter Völkerrechtsexperten ist die lange Dauer des Krieges allerdings umstritten. Diejenigen, die sie für »legitim« halten, verweisen auf die »latente Gefahr« erneuter terroristischer Angriffe. Auch seien die wiederholten Hinweise des Sicherheitsrats in späteren Resolutionen (nach Resolution 1368) auf das Selbstverteidigungsrecht als »schweigende Zustimmung« zur Fortsetzung des Krieges zu begreifen.

Doch ein Ende dieses Selbstverteidigungskriegs ist weiterhin nicht absehbar. Kriterien für Erfolg oder Scheitern dieses Krieges sind nicht definiert. Der UNO-Sicherheitsrat hatte keinerlei Kontrolle oder auch nur Mitsprache über die Umsetzung seiner Resolution 1368 vom 12. September 2001. Alle Entscheidungen über Strategie, Methoden und Eskalation oder Deeskalation des Kriegs in Afghanistan oder des Drohnenkriegs gegen Ziele in Pakistan, Somalia, Jemen und anderen Ländern wurden in den letzten neunzehn Jahren und werden auch weiterhin in Washington getroffen. Mit erklärter Unterstützung oder zumindest schweigender Zustimmung der anderen vier ständigen und vetoberechtigten Ratsmitglieder Großbritannien, Frankreich, Russland und China.

Selbst Völkerrechtsexperten, die der Ansicht sind, die Resolution 1368 sowie nachfolgende Resolutionen des Sicherheitsrats und seine »schweigende Zustimmung« seien eine ausreichende Legitimationsbasis für den Krieg nicht nur gegen al-Qaida, sondern auch gegen das Taliban-Regime in Afghanistan sowie für die zeitliche Ausdehnung dieses Krieges, widersprechen allerdings der Anwendung der Resolution 1368 auf Ziele außerhalb Afghanistans. Der Rat habe mit dieser Resolution keinen Präzedenzfall geschaffen. Auch das sah die Bush-Administration bereits wenige Wochen nach dem 11. September 2001 erklärtermaßen anders.

Am Morgen des 8. Oktober 2001, unmittelbar nach Beginn der Angriffe auf Ziele in Afghanistan, überbrachte der damalige New Yorker UNO-Botschafter der USA, John Negroponte, dem UNO-Sicherheitsrat ein Schreiben von Präsident Bush. Darin kündigte Bush an, eventuell mache »die Selbstverteidigung der USA weitere Aktionen gegen andere Organisationen und Staaten erforderlich«. Die Ermittlungen seit den Anschlägen vom 11. September hätten zwar »klare und zwingende Hinweise erbracht, dass das Terrornetzwerk al-Qaida, das von dem Taliban-Regime in Afghanistan unterstützt wird, eine zentrale Rolle bei diesen Anschlägen gespielt« habe, hieß es in dem Schreiben weiter. Doch die Ermittlungen seien »noch in einem Frühstadium«, es gebe »noch vieles, was wir nicht wissen«.

Keiner der Botschafter der vierzehn anderen Ratsmitglieder widersprach damals oder stellte auch nur eine kritische Frage zu dem Brief von Präsident Bush. Nach der Sitzung des Rats verkündete sein damaliger Vorsitzender, der Botschafter Irlands, vor den UNO-Journalisten in New York, der Rat stehe »geschlossen hinter den USA«. Auch in der UNO-Generalversammlung regte sich seinerzeit keine Kritik an der interpretatorischen Ausweitung der Resolution 1368 auf Ziele außerhalb Afghanistans.

Präemptivschläge ohne UNO-Mandat – wenns sein muss auch mit atomaren Minibomben

Ein knappes Jahr nach dieser eigenmächtigen Ausweitung der Kriegsziele über Afghanistan hinaus reklamierte die Bush-Administration in Washington in ihrer neuen Nationalen Sicherheitsstrategie (NSS) vom 20. September 2002 ganz offiziell »das Recht« der USA, künftig militärisch »vorbeugend« (präemptiv) – das heißt mit Erstschlägen und ohne Mandat des UNO-Sicherheitsrats – gegen Staaten vorzugehen, die die USA noch gar nicht angegriffen haben, die aber nach Wahrnehmung Washingtons Terroristen unterstützen oder Massenvernichtungswaffen entwickeln beziehungsweise verbreiten und damit eine »Bedrohung« für die USA darstellen könnten. Als potenzielle Ziele »vorbeugender« militärischer Erstschläge der USA nannte die Bush-Administration seinerzeit neben Afghanistan, Irak, Nordkorea und Iran weitere 60 Staaten, die das al-Qaida-Terrornetzwerk bis dato bereits unmittelbar oder mittelbar unterstützt hätten. Schon im Januar 2002 hatte Präsident Bush in seiner alljährlichen »State of the Union«-Rede vor dem US-Kongress Hinweise auf die künftige neue Sicherheitsstrategie gegeben. Unter anderem bezeichnete Bush die Staaten Irak, Iran und Nordkorea als »Achse des Bösen«, die den internationalen Weltfrieden bedrohe.

Im März 2002 zitierte die *Los Angeles Times* aus einem 56-seitigen geheimen Planungspapier des Pentagons, das den Einsatz von sogenannten Mini-Atombomben vorsah – sogar gegen Ziele in Staaten, die selbst nicht über Atomwaffen verfügen. Auch in diesem Dokument des Pentagons wurden mehrere Staaten als potenzielle Ziele US-amerikanischer Atomwaffen genannt – darunter erneut Irak, Iran und Nordkorea. Auf den Bericht der *Los Angeles Times* folgten zwar zunächst heftige Dementis der Bush-Administration. Doch in einem im Dezember 2002 veröffentlichten Nachtrag zur Nationalen Sicherheitsstrategie vom September 2002 wurde der in dem Pentagon-Planungspapier beschriebene »vorbeugende« Ersteinsatz von Atomwaffen offiziell zum Teil der neuen Sicherheitsstrategie erklärt.

Die Mitverantwortung aller UNO-Staaten für die Aushöhlung der UNO-Charta

Nicht erst der Einsatz von Waffen, sondern bereits die unverhohlene Drohung mit militärischen Erstschlägen (inklusive des Einsatzes atomarer Waffen) gegen andere Länder wegen des puren Verdachts einer eventuellen Bedrohung, die im Laufe des Jahres 2002 in offiziellen Strategiedokumenten sowie in Erklärungen führender Vertreter der Bush-Administration formuliert wurden, stellt einen Verstoß gegen Artikel 2 Absatz 4 der UNO-Charta dar. Doch diese völkerrechtswidrigen Drohungen stießen ebenso wie die Interpretation und die Anwendung der Resolution 1368 des Sicherheitsrats durch die Bush-Administration bei Regierungen anderer UNO-Staaten kaum auf Kritik. Für die Erosion völkerrechtlicher Normen und die Aushöhlung der UNO-Charta, die seit dem Kosovokrieg der NATO von 1999 und dann insbesondere seit den Terroranschlägen vom 11. September 2001 unter Federführung der USA stattgefunden hat, tragen die anderen 192 Subjekte des Völkerrechts daher eine erhebliche Mitverantwortung.

Vom Kosovokrieg zu den Drohnenmorden – das Völkerrecht wird obsolet

Die Mitgliedstaaten von NATO und EU haben für die Kriege und militärischen Interventionen, die sie in den letzten dreißig Jahren ohne ein durch die UNO-Charta von 1945 völkerrechtlich zwingend vorgeschriebenes Mandat des Sicherheitsrats geführt haben, unterschiedliche Rechtfertigungen vorgebracht. Zunächst wurde in den neunziger Jahren, ausgelöst durch die Gewaltkonflikte in Ex-Jugoslawien, von einer »humanitären Intervention« zur Verhinderung oder Beendigung von schweren Menschenrechtsverletzungen gesprochen. Dann, nach dem 11. September 2001, reklamierten die USA für ihren »Krieg gegen den Terrorismus« unter Berufung auf Artikel 51 der UNO-Charta ein angebliches »Recht auf militärische Selbstverteidiung« gegen Terroristen, darüber hinaus sogar das Recht auf präemptive Militärschläge. Dafür gibt es im Völkerrecht keinerlei Rechtsgrundlage. In der Folge unterstützten nicht nur alle westlichen Verbündeten die USA im »Krieg gegen den Terrorismus«, sondern auch viele andere Staaten. Mit ähnlichen Methoden und Rechtfertigungen reagierte die Regierung Putin im zweiten Tschetschenienkrieg (1999–2006) auf zahlreiche Anschläge, die islamistische Terroristen aus der Kaukasusrepublik in Moskau und anderen russischen Städten verübten. Der türkische Präsident Erdogan rechtfertigt seinen seit 2019 geführten völkerrechtswidrigen Krieg gegen die Kurden in Syrien als Terrorismusbekämpfung. Mit derselben Begründung rechtfertigt die chinesische Regierung die brutale Unterdrückung der muslimischen Minderheit der Uiguren in Xinjiang.

Eine permanente Verletzung des Völkerrechts seit über fünfzehn Jahren ist der Einsatz bewaffneter Drohnen zur gezielten, extralegalen Tötung von mutmaßlichen Terroristen außerhalb von Kriegsgebieten, den die USA seit 2004 praktizieren. Hauptziele waren bislang Irak, Afghanistan, Pakistan, Jemen und Libyen. Der US-amerikanische Präsident, der die ihm von den Geheimdiensten vorgelegten Namen zu tötender Personen abzeichnet, ist dabei Ankläger, Richter und Henker in einer Person. Präsident George W. Bush hat die völkerrechtswidrige Praxis der Drohnenmorde eingeführt. Friedensnobelpreisträger Barack

Obama weitete sie erheblich aus und erklärte Drohnenangriffe zum »wichtigsten Instrument im globalen Krieg gegen den Terrorismus«. Unter Donald Trump erfolgte eine weitere Eskalation. Kritik an dieser völkerrechtswidrigen Praxis kommt inzwischen nur noch von den für dieses Thema zuständigen Experten des UNO-Menschenrechtsbüros in Genf. Die westlichen Verbündeten der USA machen sich durch Stillschweigen und Verleugnen zu Komplizen.

Das gilt insbesondere für die Bundesrepublik Deutschland. Denn die im südwestdeutschen Ramstein bei Kaiserslauten gelegene Luftwaffenbasis der USA ist eine wegen der Erdkrümmung unverzichtbare wichtige Relaisstation für die weltweiten Drohneneinsätze. Über Ramstein werden Aufklärungsdaten von Drohnen aus potenziellen Zielgebieten in die Befehlszentralen der USA weitergeleitet und erfolgen umgekehrt die Befehle zum Abschuss von Raketen durch Drohnen. Das deutsche Bundesverwaltungsgericht lehnte im November 2020 Klagen von Angehörigen jemenitischer Zivilisten ab, die 2012 von US-Drohnen getötet worden waren. Mit der Klage sollte die Bundesregierung verpflichtet werden, den USA unter Hinweis auf das Völkerrecht die Nutzung der auf deutschem Boden gelegenen Luftwaffenbasis für Drohneneinsätze zu untersagen. Die Bundesregierung verwies hingegen auf eine »Versicherung« der USA, dass die Einsätze den Regeln des Völkerrechts entsprächen. Das Gericht folgte dieser Argumentation und lehnte die Klageforderung der Jemeniten ab, »dass die Bundesregierung über die bisher schon durchgeführten diplomatischen und politischen Konsultationen sowie die Einholung rechtlicher Zusicherungen hinaus Maßnahmen ergreift, um sicherzustellen, dass die Nutzung der Air Base Ramstein durch die USA für Einsätze bewaffneter Drohnen im Jemen im Einklang mit dem Völkerrecht erfolgt«. Im Klartext: Die Kläger müssen sich damit zufriedengeben, dass die USA der Bundesregierung versichern, nichts Völkerrechtswidriges auf deutschem Boden zu tun.

In der sehr kontrovers geführten innenpolitischen Debatte über eine Anschaffung von bewaffneten Drohnen für die Bundeswehr hatten selbst Befürworter aus den Regierungsparteien und der Militärführung, die den USA nahestehen, in der Vergangenheit durchaus die Völkerrechtswidrigkeit von US-Drohneneinsätzen eingeräumt – nur um sogleich zu betonen, dass Deutschland und die Bundeswehr bewaffnete Drohnen »selbstverständlich immer nur völkerrechtskonform« einsetzen würden.

Die Drohnendebatte in Deutschland zeigt, wie wenig das Völkerrecht nach dreißig Jahren ständiger Verstöße, Relativierung und Aushöhlung noch gilt. Als Partei- und Fraktionsführung der an der Berliner Regierungskoalition mit der CDU beteiligten Sozialdemokratischen Partei im Dezember 2020 auch wegen völkerrechtlicher Bedenken eine Entscheidung über die Anschaffung von bewaffneten Drohnen ablehnten und mehr Zeit für eine gründliche Debatte einforderten, beklagte der Direktor der Münchner Sicherheitskonferenz Wolfgang Ischinger »das moralische Verludern einer einstigenVolkspartei«. Der sozialdemokratische Bundeskanzler Helmut Schmidt hätte »sich im Grabe umgedreht«.

Der ehemalige SPD-Bundesaußenminister Sigmar Gabriel verbreitete in seinem entschiedenen Werben für die Anschaffung von bewaffneten Drohnen für die Bundeswehr sogar die Falschdarstellung, die UN-Charta sei seit dem Kosovokrieg 1999 verändert worden. Den Bedenkenträgern in seiner Partei gegen bewaffnete Drohnen hielt Gabriel als leuchtendes Beispiel den 1999 amtierenden grünen Bundesaußenminister Joschka Fischer entgegen. Dieser habe »seiner Partei die Teilnahme Deutschlands *an einem vom damaligen UN-Recht nicht gedeckten* Nato-Einsatz im ehemaligen Jugoslawien zugemutet, um eine Wiederholung des Völkermords in Srebrenica zu verhindern«.

Ted Turner, Bill Gates, Nestlé und der Global Compact – die neoliberale Privatisierung der UNO und der wachsende Einfluss von Wirtschaftsunternehmen

Im September 2000 läutete auch die UNO das neue Jahrtausend ein. Auf einem dreitägigen »Millenniumsgipfel« in der New Yorker UNO-Zentrale hielten die Staats- und Regierungschefs aus 152 Mitgliedstaaten Reden zu Rolle und Aufgaben der Weltorganisation im 21. Jahrhundert. Die bei den Vereinten Nationen akkreditierten Nichtregierungsorganisationen (NGO), vom seit Januar 1997 amtierenden Generalsekretär Kofi Annan häufig als »wichtiger, für die Umsetzung der UNO-Programme unerlässlicher Teil der Zivilgesellschaft« gepriesen, blieben von der Gipfelveranstaltung ausgesperrt.

Die NGOs veranstalteten stattdessen im Rathaus von Manhattan ein »Internationales Forum zur Globalisierung«. Beherrschendes Thema war die zunehmende Kooperation der UNO mit privaten Sponsoren, Stiftungen und Großkonzernen, die Annan und die Direktoren des UNO-Entwicklungsprogramms (United Nations Development Programme, UNDP) sowie anderer Spezialorgane des UNO-Systems seit

Ende der neunziger Jahre zum Programm erklärt hatten. Dies war geschehen unter Verweis auf »veränderte Rahmenbedingungen« der Weltorganisation »im Zeitalter der Globalisierung«, ihre extrem angespannte Finanzlage sowie auf die »Verantwortung« der Privatwirtschaft für die Umsetzung von internationalen Menschenrechts-, Arbeits- und Umweltnormen.

NGOs aus Nord und Süd, aber auch Diplomaten aus Indien, Malaysia und anderen Staaten des Südens äußerten bei dem Internationalen Forum zur Globalisierung die Befürchtung, die UNO werde durch diese Kooperation in eine gefährliche finanzielle, politische und für die Öffentlichkeit nicht mehr transparente Abhängigkeit von privatwirtschaftlichen Interessen geraten.

Diese Befürchtungen vor einer schleichenden Privatisierung der UNO und dem wachsenden Einfluss von Wirtschaftskonzernen haben sich in der Rückschau der letzten fast 25 Jahre seit Beginn dieser Entwicklung in vollem Umfang bestätigt.

Ted Turners »harmlose« Milliardenspende

Die Anfänge dieser Entwicklung erschienen noch harmlos und die Motive der privatwirtschaftlichen »Partner« ehrenwert. Im September 1997 stiftete CNN-Gründer Ted Turner der durch die Zahlungsverweigerung der USA sowie durch kostspielige Peacekeeping-Missionen arg strapazierten UNO-Kasse die Zinsen, die sein Privatvermögen in den neun Vormonaten erbracht hatte: eine Milliarde Dollar, zur »freien Verfügung« gestellt für die Finanzierung (überlebens)wichtiger Aufgaben der Weltorganisation im humanitären, Umwelt-, Gesundheits- und Friedensbereich.

Fast die ganze Welt klatschte Beifall. Microsoft-Chef Bill Gates und andere Großverdiener gerieten unter Erwartungsdruck, Turners Beispiel zu folgen. Zwei Wochen später spendete Martina Hingis, Schweizer Weltranglistenerste im Frauentennis und schon damals mehrfache Millionärin, nach einem Turniersieg in New York ihre Siegesprämie von

75 000 US-Dollar an die Weltgesundheitsorganisation (WHO). Dank dieser großzügigen Spende könne ein dringend notwendiges Polio-Impfprogramm in Äthiopien jetzt durchgeführt werden, ließ die Genfer WHO-Zentrale am nächsten Tag verlauten.

Bei aller damals weitverbreiteten Wertschätzung für die honorigen Motive der Spender Turner und Hingis äußerten zumindest einige Nichtregierungsorganisationen schon zu Beginn dieser Privatisierung der UNO-Finanzierung kritische Fragen und Bedenken. Was wäre aus dem Impfprogramm in Äthiopien geworden, wenn Hingis das Tennisturnier nicht gewonnen oder ihre 75 000 Dollar Siegesprämie für sich behalten hätte? Phyllis Bennis, UNO-Expertin beim renommierten Institut für Politikstudien (Institute for Policy Studies, IPS) in Washington und eine der Hauptrednerinnen am Globalisierungsforum der NGOs in Manhattan im September 2000, warnte damals vor einer »gefährlichen Entwicklung«: Die »Durchführung der von den UNO-Mitgliedstaaten beschlossenen Programme der Weltorganisation darf nicht abhängig werden von der Spendenbereitschaft privater Geldgeber. Sie erfordert Vorausplanung und eine verlässliche, transparente und öffentlich kontrollierte Finanzierung durch die Mitgliedstaaten.«

»Spontane, möglicherweise zweckgebundene oder gar an politische Auflagen gebundene Spenden von Einzelpersonen oder von Unternehmen«, so Bennis, seien »kein akzeptabler Ersatz für die Verantwortung der Mitgliedstaaten, die Arbeit der UNO durch vollständige und rechtzeitige Zahlung ihrer Pflichtbeiträge und darüber hinaus durch freiwillige Zuschüsse zu finanzieren«.

Finanzielle Erpressung durch verweigerte Pflichtbeiträge – die USA stellen erste Weichen Richtung Privatisierung der UNO

Bereits drei Jahre vor dieser Warnung am Globalisierungsforum der NGOs in Manhattan hatten die USA längst entscheidende Weichen in Richtung Privatisierung der UNO gestellt. Kurz nach dem Milliardengeschenk von CNN-Gründer Turner erklärte US-Präsident Bill Clinton im September 1997 vor der UNO-Generalversammlung: »Die Turner-Spende unterstreicht das Potenzial für eine Partnerschaft zwischen der

UNO und dem Privatsektor. Ich hoffe, es werden noch viele seinem Beispiel folgen.«

Zugleich begann die Clinton-Regierung, rund 40 Prozent ihrer damals ausstehenden Pflichtbeiträge an die UNO in Höhe von 1,6 Milliarden Dollar grundsätzlich infrage zu stellen: unter Verweis auf Leistungen, die US-Privatunternehmen unter anderem für Peacekeeping-Operationen der UNO erbracht hätten.

Aber auch der von Washington grundsätzlich anerkannte Teil der Altschulden wurde bis kurz vor Ende der Amtszeit von Präsident Clinton im Januar 2001 nicht beglichen. Im Juli 2000, zwei Monate vor dem historischen »Millenniumsgipfel« der UNO, standen die USA immer noch mit 1,6 Milliarden US-Dollar bei der UNO-Kasse in der Kreide. Seit der Präsidentschaft Ronald Reagans in den achtziger Jahren hatten die USA – und in geringerem Maße auch Großbritannien – aus politischen Gründen Teile ihrer völkerrechtlich verbindlichen Pflichtbeiträge sowohl für den regulären UNO-Haushalt wie auch für die Budgets einzelner Sonderorganisationen wie der UNO-Organisation für Bildung, Wissenschaft und Kultur (UNESCO) ganz oder teilweise nicht bezahlt oder waren sogar aus diesen Sonderorganisationen ausgetreten. Wegen dieser finanziellen Erpressung durch die beiden westlichen Vetomächte des UNO-Sicherheitsrats drohte in den ersten vier Amtsjahren von Generalsekretär Kofi Annan ab 1997 mehrfach die Zahlungsunfähigkeit der UNO. Annan konnte sie nur durch massive Einsparungen und Personalkürzungen verhindern. Aus dieser Zwangslage half auch die 1999 gegründete Bill & Melinda Gates Foundation dem UNO-Generalsekretär nicht heraus. Denn ihre Zuwendungen sind zweckgebunden und dürfen ausdrücklich nicht für Personalkosten des regulären UNO-Haushalts verwendet werden.

UNO-Entwicklungsprogramme mit multinationalen Konzernen

Wenige Monate nach dem Auftritt von US-Präsident Clinton vor der Generalversammlung präsentierte im Frühjahr 1998 der damalige US-amerikanische Direktor des UNO-Entwicklungsprogramms (UNDP), Gustav Speth, ein konkretes Projekt für die »Partnerschaft« zwischen der UNO und transnationalen Konzernen (Transnational Corporations, TNC). Bei diesem »Partnerschaftsprojekt« sollten die beteiligten Unternehmen einen Vertrag mit der UNO abschließen und das zeitlich unbegrenzte Recht erhalten, das bis dato geschützte Symbol der UNDP für ihre Firmenwerbung zu verwenden – gegen eine einmalige Zahlung von 50 000 US-Dollar und ohne jegliche weitere Verpflichtungen. Als UNDP-Chef Speth dieses »Partnerschaftsprojekt« der Öffentlichkeit präsentierte, hatten bereits zahlreiche Konzerne den Vertrag mit der UNDP unterschrieben. Darunter Firmen wie der Chemiekonzern Dow Chemical und das Minenunternehmen Rio Tinto, deren Praktiken zum Teil in klarem Widerspruch zu internationalen Umwelt-, Menschenrechts- und Arbeitsnormen stehen.

Nach massivem Protest zahlreicher Nichtregierungsorganisationen wurde dieses »Partnerschaftsprojekt« des UNDP zwar Mitte 1999 zunächst gestoppt. Doch der seitdem amtierende neue britische Direktor Mark Malloch Brown, der direkt von einem hohen Posten bei der Weltbank zum UNO-Entwicklungsprogramm wechselte, vertrat einen noch viel weitergehenden Partnerschaftskurs als sein US-amerikanischer Vorgänger Speth. »Jeder muss heute anerkennen, dass die Hauptquelle für Entwicklungsfinanzierung die nationale und die globale Privatwirtschaft ist«, erklärte Brown in einem Interview eine Woche vor dem Millenniumsgipfel der UNO vom September 2000.

In der Folge wurden UNDP-Projekte immer häufiger ganz oder teilweise von Privatunternehmen finanziert. Ein Beispiel, das erhebliche Zweifel an der Unabhängigkeit der UNDP auslöste, war die 500 000-Dollar-Spende des Ölmultis Chevron für ein UNDP-Ausbildungszentrum für junge Unternehmer in Kasachstan. Die Spende kam zu einem Zeitpunkt, als Chevron bereits seit einigen Jahren an der Erschließung der Erdölquellen in Kasachstan beteiligt war. Ende Januar 2015 erhielt Chevron am Rande des World Economic Forum (WEF) in Davos von der Erklärung von Bern und den anderen im WEF-kritischen Forum »Public Eye« zusammengeschlossenen Nichtregierungsorganisationen den »Lifetime Award für das sozial und/oder ökologisch verantwortungsloseste Unternehmen seit den ersten Public Eye Awards 2005«.

Disneyland finanziert Kindergipfel der UNESCO

Bei der UNO-Organisation für Erziehung und Kultur (United Nations Educational, Scientific and Cultural Organization, UNESCO), die ihren Sitz in Paris hat, ist die Partnerschaft mit der Privatwirtschaft schon seit Anfang der neunziger Jahre gängige Praxis. Der UNESCO-Kindergipfel wurde mehrere Jahre lang von Disneyland finanziert und fand auch auf dem Pariser Gelände der Mickey-Mäuse statt.

Einmal jährlich verleiht die UNESCO einen Preis für Wissenschaftlerinnen und Wissenschaftler mit herausragenden Leistungen. Sponsor ist der Kosmetikkonzern Rubinstein, Hersteller von L'Oréal und anderen bekannten Markenprodukten. Der 1999 mit dem deutschen Hoechst-Konzern fusionierte französische Chemiemulti Rhône-Poulenc finanziert einen »pädagogischen Kitt« der UNESCO für Schulen, bei dem es um die Rettung von Kulturgütern geht.

Mangelnde Kontrolle der UNO über Spendengelder

Über die Dollarmilliarde, die CNN-Gründer Ted Turner 1997 zur angeblich »freien Verfügung« stiftete, hatte die UNO tatsächlich keinerlei Kontrolle.

Das Geld für Projekte vergab eine von Turner und seiner Frau, der US-Schauspielerin Jane Fonda, eingerichtete Stiftung, bei deren Stiftungsrat die UNO und ihre Sonderorganisationen und Spezialprogramme lediglich Projektanträge einreichen konnten.

1998 bewilligte die Stiftung 1,2 Millionen Dollar für ein Projekt der UNO-Organisation für Handel und Entwicklung (United Nations Conference on Trade and Development, UNCTAD). Ziel des Projektes war die Schaffung von Märkten für den Handel mit »Greenhouse«-Emissionen. Bei diesem Handel können reiche Staaten des Nordens ihre in der UNO-Klimakonvention von Kyoto eingegangen Verpflichtungen zum Klimaschutz an ärmere Länder des Südens verkaufen, statt diese Verpflichtungen durch Maßnahmen im eigenen Land zu erfüllen. Dieser Handel mit »Greenhouse«-Emissionen wird von Umweltorganisationen in Nord und Süd heftig kritisiert. Diese Kritiker wurden vor der Vergabe-Entscheidung des Turner-Stiftungsrats nicht einmal angehört.

Verbindliche Regeln für Wirtschaftsunternehmen oder freiwillige Verantwortung?

Die zunehmende Abhängigkeit der UNO sowie ihrer Sonderorganisationen und Spezialprogramme von Geldern aus der Privatwirtschaft stärkte auch wesentlich deren Einfluss auf die politische Meinungsbildung und die Entscheidungen innerhalb des UNO-Systems. Dieser wachsende Einfluss ist besonders deutlich mit Blick auf die höchst relevante Frage, wie die seit 1945 im Rahmen des UNO-Systems vereinbarten und für universell gültig erklärten Menschenrechtsnormen sowie Arbeits-, Sozial-, Umwelt-, Verbraucher- und Gesundheitsstandards im Bereich der Wirtschaft umgesetzt werden können. Reichen dafür die »freiwillige Verantwortung« und die Selbstverpflichtungen nationaler und transnationaler Unternehmen aus? Oder sind verbindliche, international vereinbarte Regeln für diese Unternehmen mit effektiven Durchsetzungsmechanismen erforderlich?

Im Zusammenhang mit dieser Auseinandersetzung steht die bereits seit der Konferenz von Bretton Woods im Jahre 1944 umstrittene Frage, welche institutionelle Zuständigkeit und Gestaltungsmacht die UNO in dem für alle Bewohnerinnen und Bewohner der Erde so folgenreichen Bereich internationaler Wirtschafts-, Handels- und Finanzpolitik überhaupt haben soll. Vom weiteren Verlauf und Ausgang dieser Debatten in den kommenden Jahren hängt im Wesentlichen ab, welche Relevanz die UNO künftig noch haben wird.

Länder des Südens fordern Regeln für Aktivitäten transnationaler Konzerne

Die Auseinandersetzung »verbindliche Regelungen für die Wirtschaft« versus »freiwillige Verantwortung von Unternehmen« findet innerhalb der UNO bereits seit Ende der sechziger Jahre des letzten Jahrhunderts statt. Ähnlich wie innerhalb der meisten UNO-Mitgliedstaaten verläuft diese Auseinandersetzung häufig hinter den Kulissen, ohne öffentliche Transparenz ab. Entscheidungen werden bestimmt durch die Lobby und Einflussnahme finanzmächtiger Akteure. Erst in den letzten Jahren sind – unter anderem Dank Wikileaks – zahlreiche Dokumente öffentlich geworden, die das ganze Ausmaß der Beeinflussung der UNO vor allem durch transnationale Konzerne belegen. Erstmals detailliert dokumentiert wurde die Debatte der letzten fast fünfzig Jahre in einem Arbeitspapier, das die in New York, Brüssel und Bonn ansässige Nichtregierungsorganisation Global Policy Forum gemeinsam mit den Hilfswerken der christlichen Kirchen in Deutschland, Misereor und Brot für die Welt, im Juni 2014 veröffentlichte unter dem Titel »Corporate Influence on the Business and Human Rights Agenda of the United Nations«.

www.globalpolicy.org/en/publication/corporate-influence-business-and-human-rights-agenda-united-nations

Die Debatte begann Ende der sechziger Jahre mit Forderungen von UNO-Mitgliedsländern aus dem Globalen Süden, ausländische Direktinvestitionen und andere Aktivitäten transnationaler Konzerne (TNC) zu regulieren. 1972 beschuldigte Chiles Präsident Salvador Allende US-Konzerne, insbesondere die International Telegraph und Telephone Company (ITT) und das Kupferunternehmen Kenneth Copper Corporation, der Einmischung in die inneren Angelegenheiten seines Landes.

Im selben Jahr forderten die Teilnehmerstaaten der UNCTAD-Konferenz in Santiago de Chile einen Verhaltenskodex für transnationale Konzerne. Der Kodex sollte sicherstellen, dass die Aktivitäten der Konzerne nicht mit den Interessen der Entwicklungsländer kollidierten, sondern deren Entwicklungsbedürfnisse unterstützten. Daraufhin setzte der Wirtschafts- und Sozialrat der UNO (Economic and Social Council, ECOSOC) eine Expertengruppe ein, die in ihrem 1974 vorgelegten Bericht erklärte: »Zwar unterliegen multinationale Unternehmen der Jurisdiktion der individuellen Regierungen in den Ländern, in denen diese Unternehmen aktiv sind. Doch angesichts des globalen Charakters dieser Konzerne fehlen bislang entsprechend global koordinierte Maßnahmen von Regierungen oder aber ein international anerkannter Katalog von Regeln sowie Vorschriften zur Offenlegung von Informationen.«

Um das von der Expertengruppe festgestellte Defizit zu überwinden, berief der ECOSOC Ende 1974 eine zwischenstaatliche »Kommission zu transnationalen Unternehmen« und etablierte zur administrativen Unterstützung dieser Kommission sowie zu Forschungszwecken das UN Centre on Transnational Corporations (UNCTC) im New Yorker UNO-Hauptquartier.

Erste Verhandlungen über einen Verhaltenskodex für Unternehmen

Ab 1977 verhandelte eine Arbeitsgruppe aus 48 Staaten über den Entwurf für einen rechtlich verbindlichen Verhaltenskodex. Darin sollten die TNC verpflichtet werden, gegenüber ihren Gaststaaten mehr Transparenz über ihre Strukturen und Aktivitäten zu schaffen sowie Steuervermeidung, Preismanipulationen und »andere schädliche Geschäftsgebaren« zu unterlassen.

Neben dieser vom ECOSOC berufenen Kommission berieten auch eine Reihe von Sonderorganisationen und Spezialprogrammen der UNO über Verhaltenskodexe für die in ihrem jeweiligen Arbeitsbereich relevanten Konzerne. Bis Mitte der achtziger Jahre waren insgesamt mehr als dreißig derartige Verhaltenskodexe in der Diskussion. Davon wurden allerdings nur wenige auch beschlossen. Darunter die »Prinzipienerklärung zu multinationalen Unternehmen und Sozialpolitik«, die 1977 im Rahmen der Internationalen Arbeitsorganisation der UNO (International Labor Organization, ILO) gemeinsam von Regierungen, Arbeitgeberverbänden und Gewerkschaften verabschiedet wurde; die »UNO-Richtlinien zum Verbraucherschutz« von 1985; der ebenfalls 1985 von der Nahrungs- und Landwirtschaftsorganisation der UNO (Food and Agriculture Organization, FAO) beschlossene »Internationale Verhaltenskodex über die Verteilung und den Einsatz von Pestiziden«; sowie der »Internationale Kodex zur Vermarktung von Muttermilch-Ersatzprodukten«, der 1981 von der Weltgesundheitsorganisation (WHO) verabschiedet und danach auch vom UNO-Kinderhilfswerk (United Nations International Children's Emergency Fund, UNICEF) übernommen wurde.

Erfolg von Schweizer Aktivisten

Der Kodex der Weltgesundheitsorganisation zur Vermarktung von Muttermilch-Ersatzstoffen ist das erste Beispiel für eine UNO-Vereinbarung, die auf Druck von Nichtregierungsorganisationen zustande kam. Ursprünglicher Auslöser dieses Drucks war Mitte der siebziger Jahre die Arbeitsgruppe Dritte Welt in Bern mit ihrer 1974 veröffentlichten Broschüre »Nestlé tötet Babys«. Die Broschüre dokumentierte die Verantwortung des weltgrößten Nahrungsmittelmultis für die Erkrankung und den Tod zehntausender Kleinkinder in Ländern des Südens, in denen Nestlé durch die aggressive Vermarktung von völlig ungeeignetem Muttermilch-Ersatzpulver systematisch Mütter vom Stillen abbrachte.

Der von Nestlé angestrengte Verleumdungsprozess gegen die Arbeitsgruppe Dritte Welt vor einem Berner Amtsrichter, der die Vorwürfe der Gruppe in der Substanz bestätigte, führte in Deutschland, den USA und anderen Ländern zu breiten Aufklärungskampagnen über die Praktiken des Schweizer Konzerns und schließlich zu einem Verbraucherboykott gegen seine Produkte.

Der damalige Chef der deutschen Nestlé-Filiale in Frankfurt, Helmut Maucher, verhalf dem Anliegen der Nestlé-Kritiker zu noch mehr Aufmerksamkeit, als er sie bei Rundfunk- und Zeitungsredaktionen in Deutschland als »Psychopathen« und »Kommunisten« zu diffamieren suchte. Im September 1998 äußerte sich Maucher – inzwischen Präsident des Nestlé-Verwaltungsrats in der Konzernzentrale in Vevey am Genfersee sowie Präsident der Internationalen Handelskammer (International Chamber of Commerce, ICC) – bei einer Tagung der UNO in Genf über die »Globalisierung und ihre Folgen« ähnlich diffamierend über eine kleine Schar friedlicher globalisierungskritischer Demonstranten vor dem UNO-Palast.

Konzernkampagnen gegen Regulierungspläne

Doch die in den siebziger und achtziger Jahren vereinbarten Verhaltenskodexe enthielten keine oder nur viel zu schwache Mechanismen zu ihrer Überwachung und Durchsetzung sowie zur Sanktionierung von Verstößen. Zudem begannen Anfang der achtziger Jahre systematische Kampagnen einzelner TNC sowie ganzer Wirtschaftsbranchen wie der Tabakindustrie gegen jegliche Form der Regulierung ihrer Aktivitäten durch menschenrechtliche Normen und Arbeits-, Sozial-, Umwelt-, Gesundheits- oder Verbraucherstandards. Viele Unternehmen organisierten ihre Kampagnen durch die Internationale Handelskammer (International Chamber of Commerce, ICC).

Die ICC mit Sitz in Paris ist die mächtigste Lobbyorganisation der globalisierten Wirtschaft. Sie argumentierte, transnationale Unternehmen unterschieden sich nicht grundsätzlich, sondern lediglich durch ihre Größe von einem Dorfladen. Daher bedürfe es keiner speziellen Regulierung von TNC. Wenn überhaupt, sollten lediglich auf individueller Länderebene Regeln geschaffen werden, nicht aber im Rahmen der UNO und mit internationaler Gültigkeit. Die TNC nutzten ihren erheblichen Einfluss in den Medien sowie bei Regierungen und Politikern, um die UNO oder einzelne ihrer Sonderorganisationen zu diskreditieren, die Kürzung von Finanzmitteln an das UNO-System herbeizuführen und so den Verzicht auf Regulierungspläne zu erzwingen. Die in jeder Hinsicht umfangreichste, massivste und über die längste Zeit erfolgreich geheim gehaltene Kampagne führten die Philip Morris Company und andere Tabakkonzerne ab Mitte der achtziger Jahre gegen die Weltgesundheitsorganisation und deren Empfehlungen an ihre Mitgliedstaaten für Maßnahmen zur Reduzierung des Zigarettenkonsums. Die Kampagne der Tabakindustrie ist umfangreich und detailliert dokumentiert in einem Report, den die WHO im Jahr 2000 veröffentlichte. Basis des Reports sind Millionen Seiten ursprünglich vertraulicher Dokumente, die die Tabakkonzerne in Gerichtsverfahren in den USA offenlegen mussten.

Nestlé und andere Hersteller von Babynahrung, die sich besonders bedroht sahen von Absichten zur Regulierung ihrer Geschäftspraktiken durch menschenrechtliche und gesundheitspolitische Standards, entwickelten ausgeklügelte Strategien, um die Debatte unter Kontrolle zu bekommen und Regulierungen zu verhindern.

Die drei wesentlichen Maßnahmen dieser Strategie: den transnationalen Konzernen Zugang verschaffen zu jeder für das Thema relevanten UNO-Organisation und Diskussionsplattform; das Konzernimage verbessern durch gezielte Sponsorenschaft für gute Zwecke oder durch enge Kontakte zu wohlangesehenen gesellschaftlichen Gruppen und Institutionen wie zum Beispiel Kirchen; die Spaltung der Kritiker durch Teile-und-herrsche-Strategien.

Im Fachjargon der PR-Branche heißen derartige Strategien »issue management«. Nestlé richtete zu diesem Zweck Anfang der achtziger Jahre eigens ein »Nestlé-Ernährungszentrum« ein, als dessen »Präsident« der PR-Agent Rafael Pagan jun. fungierte.

Pagan verfasste ein umfassendes Maßnahmenpapier nicht nur für Nestlé, sondern auch für viele andere transnationale Konzerne mit Instruktionen für den »Kampf um das Überleben des Unternehmens« und den »konstruktiven und effektiven Umfang mit den Befürwortern internationaler Regulierungen«.

Unter anderem riet der PR-Stratege den TNC, »effektive Nichtregierungsorganisationen zu etablieren und diese bei möglichst jeder UNO-Organisation zu akkreditieren«. Mit NGOs meinte Pagan internationale Wirtschaftsverbände wie die Internationale Föderation der Pharmahersteller und Verbände (IFPMA) und den Internationalen Rat der Babynahrungshersteller (ICIFI), dessen führendes und einflussreichstes Mitglied Nestlé ist. Pagan riet den TNC zur »Kooperation mit nationalen und internationalen Beamten und Mitarbeitern der UNO, nicht um jegliche Regulierung zu verhindern, sondern um für Regeln zu sorgen, die unsere Interessen legitimieren und unsere Möglichkeiten zur Einflussnahme bewahren«. Bei den Kritikern der TNC gelte es, »die fanatischen Anführer der Aktivisten von den anständigen besorgten Menschen zu trennen und den Aktivisten die moralische Autorität zu nehmen, die sie durch die Zusammenarbeit mit Kirchen erhalten«.

Mit derartigen Issue-management-Strategien konnten transnationale – und auch nationale – Konzerne seit den achtziger Jahren erfolgreich das Verhalten nicht nur von Regierungen und von UNO-Organisationen in ihrem Sinne beeinflussen, sondern in zunehmendem Maße auch von ursprünglich sehr TNC-kritischen Nichtregierungsorganisationen.

Zunehmende Schwächung des Regulierungsgedankens in der neoliberalen Ära

In der von der neoliberalen Politik der Regierungen Reagan (USA) und Thatcher (Großbritannien) bestimmten Ära ab Anfang der achtziger Jahre schwand unter den Mitgliedsregierungen der UNO die Unterstützung für Regulierungen international tätiger Wirtschaftsunternehmen. 1986 verkündete die US-Delegation bei der Generalversammlung der Weltgesundheitsorganisation in Genf ihre »entschiedene Forderung, dass sich die WHO nicht an Bemühungen beteiligen soll, die Geschäftspraktiken der Privatindustrie zu regulieren oder zu kontrollieren, auch dann nicht, wenn deren Produkte wie Babynahrung, Medikamente, Tabak oder Alkohol gesundheitspolitisch bedenklich sein könnten«.

Im März 1991 forderte die US-Regierung mit nachfolgendem Kabel sämtliche ihrer 190 Auslandsbotschaften auf, sich bei den Regierungen für ein Ende der UNO-Verhandlungen über einen Verhaltenskodex für transnationale Konzerne einzusetzen: »Wir sind überzeugt, dass der Verhaltenskodex eine Idee aus einer vergangenen Epoche ist, in der ausländische Direktinvestitionen noch auf erhebliche Skepsis stießen. Ein Verhaltenskodex entspräche nicht der heutigen Investitionspolitik vieler Entwicklungsländer.«

Die diplomatische Offensive der US-Regierung gegen einen Verhaltenskodex der UNO für transnationale Konzerne war erfolgreich. 1992 stellte der Präsident der Generalversammlung die Verhandlungen über einen Kodex ein, »weil derzeit kein Konsens möglich war«. Mitgliedsregierungen seien »der Ansicht, dass die veränderten internationalen Bedingungen und die Bedeutung, die der Steigerung von ausländischen Investitionen zugemessen wird, einen neuen Ansatz bei der UNO erfordern«.

Kurswechsel der UNO beim Erdgipfel von Rio 1992

Der zunächst letzte vergebliche Versuch, internationale Regulierungen für die globalisierte Wirtschaft durchzusetzen, fand auf der UNO-Konferenz für Umwelt und Entwicklung (United Nations Conference on Environment and Development, UNCED), dem sogenannten Erdgipfel 1992 in Rio de Janeiro statt. Das UN Centre on Transnational Corporations (UNCTC) in New York hatte unter der Überschrift »Transnationale Konzerne und nachhaltige Entwicklung« eine Reihe von Empfehlungen entworfen zur umweltpolitischen Verantwortung von Unternehmen. Diese Empfehlungen sollten in das vom Erdgipfel zu beschließende »Aktionsprogramm für das 21. Jahrhundert« (Agenda 21) aufgenommen werden. Doch einer Koalition aus westlichen Regierungen und Lobbyorganisationen der TNC gelang es, die Empfehlungen des UNCTC aus dem Entwurf für die Agenda 21 zu tilgen.

Anstelle der Empfehlungen für verbindliche Regeln wurde in die vom Erdgipfel verabschiedete Agenda 21 unter der Überschrift »Die Rolle von Wirtschaft und Industrie stärken« folgender Absatz eingefügt: »Führungskräfte in Wirtschaft und Industrie, einschließlich transnationaler Konzerne, ergreifen zunehmend freiwillige Initiativen und setzen Selbstregulierungen um, um sicherzustellen, dass ihre Geschäftsaktivitäten nur geringe Auswirkungen auf die menschliche Gesundheit und die Umwelt haben. Ein positiver Beitrag von Wirtschaft und Industrie – einschließlich transnationaler Unternehmen – kann in wachsendem Maße erreicht werden durch Mechanismen des freien Marktes und andere wirtschaftliche Instrumente. Regierungen, Wirtschaft und Industrie, eingeschlossen transnationale Unternehmen, sollten ihre Partnerschaften verstärken, um die Prinzipien für nachhaltige Entwicklung umzusetzen.«

Diese Sätze im Aktionsprogramm des Erdgipfels von Rio im Juni 1992 markierten die grundsätzliche Kursänderung der UNO weg von dem Bemühen um die Setzung international verbindlicher Normen für die globalisierte Wirtschaft, hin zu einem partnerschaftlichen Verhältnis mit transnationalen Konzernen.

Wenige Monate nach dem Erdgipfel von Rio wurde die 1974 vom ECOSOC etablierte UN Commission on TNC aufgelöst und das UN Centre on TNC im New Yorker UNO-Hauptquartier geschlossen.

Ausverkauf der UNO unter Kofi Annan

Nach dem Amtsantritt von Generalsekretär Kofi Annan im Januar 1997 nahm der Einfluss der globalisierten Wirtschaft auf die UNO noch einmal erheblich zu. Annan führte zahlreiche Gespräche mit führenden Vertretern von Interessenverbänden der Wirtschaft, insbesondere der Internationalen Handelskammer (ICC), der mächtigsten globalen Lobbyorganisation. Zudem traf der UNO-Generalsekretär häufig mit den Vorständen großer Unternehmen zusammen.

Entscheidungen, die den weiteren Verlauf der UNO-Debatte über verbindliche Regeln versus freiwillige Verantwortung wesentlich bestimmten, fielen auf einem zunächst geheim gehaltenen Treffen am 9. Februar 1998 in Genf. Teilnehmer waren neben UNO-Generalsekretär Annan und den Spitzen der Lobbyorganisation ICC die Führungskader von 25 transnationalen Konzernen, darunter Coca-Cola, Unilever, McDonald's, Goldman Sachs, British American Tobacco und Rio Tinto.

Nach dem Treffen veröffentlichten der UNO-Generalsekretär und die ICC-Generalsekretärin Maria Livanos Cattaui eine gemeinsame Erklärung: »Wesentliche politische und wirtschaftliche Veränderungen haben neue Möglichkeiten eröffnet für den Dialog und die Zusammenarbeit zwischen der UNO und dem Privatsektor. Wir verpflichten uns, eine enge, globale Partnerschaft zu formen, um einen größeren Einfluss von Unternehmen auf die weltwirtschaftlichen Entscheidungen sicherzustellen, und um die Privatwirtschaft in den 50 am wenigsten entwickelten Ländern zu fördern.«

In einem Leitartikel für die *International Herald Tribune* pries ICC-Generalsekretärin Cattaui die von UNO-Generalsekretär Annan demonstrierte Bereitschaft zur »Partnerschaft« mit der Wirtschaft in den höchsten Tönen. »Die Haltung der UNO gegenüber der internationalen Wirtschaft hat sich fundamental zum Besseren verändert, und diese veränderte Haltung wird von der Spitze der UNO gefördert.«

Die Global-Compact-Partnerschaft auf schiefer Ebene

Anfang 1999 machte Generalsekretär Kofi Annan die »Partnerschaft mit der Privatwirtschaft« ganz offiziell zum Programm des gesamten UNO-Systems. In einer Rede vor dem Weltwirtschaftsforum (World Economic Forum, WEF) in Davos am 31. Januar 1999 schlug Annan den versammelten Vertretern führender nationaler und transnationaler Konzerne den Global Compact vor. Ein »globales Abkommen gemeinsamer Werte und Prinzipien mit dem Ziel, der globalen Wirtschaft ein humanes Gesicht zu verleihen«, wie der UNO-Generalsekretär damals erklärte. Im Global Compact sollten sich die Unternehmen per Unterschrift zur Einhaltung von neun sehr allgemein gehaltenen Prinzipien in den Bereichen Menschenrechte, Arbeit und Soziales sowie Umweltschutz verpflichten. Als zehntes Prinzip wurde 2004 eine Antikorruptionsnorm hinzugefügt.

Die allgemeinen Prinzipien des Global Compact

Menschenrechte
Prinzip 1: Unterstützung und Respektierung der internationalen Menschenrechte im eigenen Einflussbereich.

Prinzip 2: Sicherstellung, dass sich das eigene Unternehmen nicht an Menschenrechtsverletzungen beteiligt.

Arbeitsnormen
Prinzip 3: Wahrung der Vereinigungsfreiheit und wirksame Anerkennung des Rechts zu Kollektivverhandlungen.

Prinzip 4: Abschaffung jeder Art von Zwangsarbeit.

Prinzip 5: Abschaffung der Kinderarbeit.

Prinzip 6: Beseitigung der Diskriminierung bei Anstellung und Beschäftigung.

Umweltschutz
Prinzip 7: Unterstützung eines vorsorgenden Ansatzes im Umgang mit Umweltproblemen.

Prinzip 8: Ergreifung von Schritten zur Förderung einer größeren Verantwortung gegenüber der Umwelt.

Prinzip 9: Hinwirkung auf die Entwicklung und Verbreitung umweltfreundlicher Technologien.

Korruptionsbekämpfung
Prinzip 10: Selbstverpflichtung zur Bekämpfung von Korruption in allen Formen, einschließlich Erpressung und Bestechung.

Eine Überwachung der Einhaltung dieser Prinzipien durch die Unternehmen sah der Global Compact nicht vor, ebenso wenig Sanktionen bei offensichtlichen Verstößen. Die Idee für den Global Compact wurde vom Untergeneralsekretär der UNO John Ruggie entwickelt, einem früheren Harvard-Professor für Politikwissenschaft, der als Annans Chefberater für strategische Planung fungierte.

Die zehn Prinzipien des Global Compact sind zwar bereits sämtlich – und sehr viel detaillierter – in zahlreichen völkerrechtlich verbindlichen Verträgen und Konventionen enthalten, die die Mitgliedstaaten der UNO und ihrer Sonderorganisationen seit 1945 vereinbart haben. Dazu gehören die über 170 Konventionen der Internationalen Arbeitsorganisation (International Labor Organization, ILO), an deren Verabschiedung neben Regierungen und Gewerkschaften auch bereits Unternehmen und ihre Verbände beteiligt waren; ferner die beiden Menschenrechtspakte der UNO und völkerrechtliche Verträge wie die zum Verbot der Sklaverei oder zum Schutz von Kindern; und schließlich die ab Anfang der neunziger Jahre im Rahmen der UNO vereinbarten Umweltabkommen. Aber es gebe eine »mangelnde Bereitschaft vieler Mitgliedsregierungen«, bestehende Verpflichtungen aus internationalen Abkommen umzusetzen sowie in bislang noch ungeregelten Bereichen der globalisierten Wirtschaft zusätzliche verbindliche Menschenrechts-, Umwelt- und Sozialnormen zu vereinbaren, begründete der UNO-Generalsekretär seine Initiative für den Global Compact.

Im Gegenzug für ihre Unterschrift unter den Global Compact machte Annan den Firmen zum einen das Angebot, sich in ihrer Selbstdarstellung als »Partner der Vereinten Nationen« bezeichnen und in ihren Publikationen und Werbematerialien das blaue Emblem des UNO-Entwicklungsprogramms UNDP verwenden zu dürfen. »Doch«, so Annan in seiner Rede in Davos, »vielleicht noch wichtiger ist, was wir, die UNO, leisten können, um das politische Klima für Handel und für offene Märkte zu begünstigen.«

Dieses Klima schien damals nicht so günstig. Seit dem Zusammenbruch der asiatischen Finanzmärkte mit ihren verheerenden Konsequenzen für Millionen Menschen sowie der Krise in Russland nahm die Kritik an der neoliberalen Globalisierung weltweit zu.

Erste Erfolge der Globalisierungskritiker

Wenige Monate bevor Annan beim WEF in Davos den Global Compact lancierte, waren die Geheimverhandlungen über ein »Multilaterales Investitionsabkommen« (Multilateral Agreement on Investment, MAI), die seit Mitte 1995 im Rahmen der Organisation für wirtschaftliche Zusammenarbeit und Entwicklung (Organisation for Economic Cooperation and Development, OECD) geführt worden waren, am Widerstand der globalisierungskritischen Bewegung gescheitert.

Das MAI versprach Globalisierung total. Alle transnationalen Konzerne sollten künftig weltweit praktisch unbegrenzte Freiheit genießen – ohne Angst vor Enteignung oder übermäßiger Besteuerung, ohne allzu lästige Umweltschutz- oder Sozialauflagen und ohne Schranken bei der Abfuhr der Gewinne. Durch das MAI sollten ausländische Konzerne Gleichbehandlung gegenüber inländischen Unternehmen garantiert bekommen und von keinem Wirtschaftssektor ausgeschlossen werden – wie etwa der Erschließung von Rohstoffen, den Medien oder bei der Privatisierung von Staatsbetrieben. Sie sollten keinerlei Auflagen mehr unterliegen, etwa dass sie einheimische Unternehmen mit ins Boot nehmen oder vorwiegend lokale Vorprodukte benutzen müssten – so entwicklungspolitisch sinnvoll diese Auflagen auch sein mochten.

Doch das MAI war nun also vorerst gescheitert. Daher warnte der UNO-Generalsekretär die in Davos versammelten Unternehmensvertreter vor dem »enormen Druck verschiedener Interessengruppen, in das internationale Handelsregime und in die Investmentabkommen verbindliche Restriktionen und Regeln einzufügen zur Durchsetzung von Menschen- und Arbeitsrechten und von Umweltstandards«. Wenn die Unternehmen derartige Restriktionen verhindern wollten, müssten sie »sicherstellen, dass sie in ihrem eigenen Unternehmensverhalten Menschenrechte beachten und respektieren und dass sie nicht selbst zu Komplizen von Menschenrechtsverletzungen werden«.

»Bluewashing« der Konzerne statt verbindlicher Standards

Im Juni 2000 wurde der Global Compact in der New Yorker UNO-Zentrale offiziell etabliert. Generalsekretär Kofi Annan sowie die Vorstandsvorsitzenden und Topmanager von fünfzig transnationalen Unternehmen unterzeichneten den Pakt – darunter Unilever, Credit Suisse, Daimler Chrysler, Royal Dutch Shell, Deutsche Bank, Dupont, Volvo, BP Amoco und Nike. Die Konzernvertreter hatten für ihre Unterschrift zur Bedingung gemacht, dass der Pakt keine verbindlichen Regeln enthält und keine Überwachungs- und Durchsetzungsmechanismen. Am Tag der New Yorker Gründungsveranstaltung warnte ICC-Generalsekretärin Cattaui erneut per Leitartikel in der *International Herald Tribune*, dass »die Wirtschaftsunternehmen sehr skeptisch sind gegenüber irgendwelchen Vorschlägen für eine externe Beurteilung der Geschäftspraxis von Unternehmen, sei es durch UNO-Institutionen oder durch andere Organisationen«. Der Global Compact sei »eine gemeinsame Verpflichtung auf Werte, nicht aber eine zu erfüllende Vorgabe und dürfe nicht von Regierungen als Instrument genutzt werden, um die Wirtschaft mit Vorschriften zu belasten«, betonte die ICC-Generalsekretärin.

Entsprechend diesen Bedingungen und Vorgaben beschreibt das Global-Compact-Koordinationsbüro im New Yorker UNO-Generalsekretariat das Abkommen der Weltorganisation mit den »Partnern« aus der globalisierten Wirtschaft denn auch ausdrücklich als »freiwillige Initiative« sowie als »Forum für gemeinsames Lernen und Erfahrungsaustausch«.

Nach Angaben des Koordinationsbüros waren bis Ende 2014 über 7000 Wirtschaftsunternehmen aus 145 Ländern dem Global Compact beigetreten, der damit »die weltweit größte Nachhaltigkeitsinitiative der Wirtschaft« sei. 7000 sind allerdings nur etwas über 10 Prozent von insgesamt über 65 000 transnationalen Konzernen weltweit.

Was ist der Global Compact?	Was ist der Global Compact nicht?
Eine freiwillige Initiative zur Förderung nachhaltiger Entwicklung und gesellschaftlichen Engagements	Rechtsverbindlich
Ein Wertekatalog auf der Grundlage universell anerkannter Prinzipien	Eine Möglichkeit, Unternehmen zu überwachen und zu steuern
Ein Netzwerk von Unternehmen und Stakeholdern	Eine Norm, ein Managementsystem oder ein Verhaltenskodex
Ein Forum für gemeinsames Lernen und Erfahrungsaustausch	Ein Kontrollgremium oder ein PR-Instrument

www.unglobalcompact.org

Große Skepsis der Nichtregierungsorganisationen gegenüber dem Global Compact

Neben Wirtschaftsunternehmen hatte UNO-Generalsekretär Kofi Annan auch Nichtregierungsorganisationen zur Teilnahme am Global Compact eingeladen. Doch das Echo blieb bis heute sehr gering. Nur einige wenige NGOs folgten der Einladung. Unter der Mehrheit überwog die Skepsis, dass der Global Compact nur eine Alibiübung ist und die Beteiligung von Unternehmen nur ein Ausweichmanöver, um verbindliche Regulierungen zu vermeiden und das eigene Image durch den Partnerstatus mit der UNO und die Nutzung des blauen UNDP-Symbols aufzupolieren (»bluewashing«). Anfang 2000 reiste der Exekutivdirektor des New Yorker Koordinationsbüros des Global Compact, Georg Kell, nach Genf zu einem Treffen mit allen beim dortigen europäischen Hauptquartier der UNO akkreditierten NGOs, um diese zu einem Beitritt zum Global Compact zu bewegen. An dem Treffen stellte ein Teilnehmer Kell die folgende Frage: »Nehmen Sie zum Beispiel den Nestlé-Konzern. Seit Jahrzehnten verstößt der Konzern durch den Vertrieb seiner Babynahrungsprodukte in vielen Ländern des Südens massiv gegen menschenrechtliche Prinzipien. Weder eine breite internationale Kampagne von Nichtregierungsorganisationen und ein Verbraucherboykott gegen Nestlé noch der inzwischen verabschiedete Verhaltenskodex der Weltgesundheitsorganisation konnten den Konzern bislang dazu bewegen, seine kriminellen, menschenrechtsfeindlichen Praktiken zu beenden. Warum sollen wir glauben, dass Nestlé das im Rahmen des völlig unverbindlichen Global Compact tun wird?«

Darauf blieb Kell trotz mehrfacher Nachfrage die Antwort schuldig. Die inkriminierten Geschäftspraktiken des Nestlé-Konzerns, eines der Champions des Global Compact und möglichst unverbindlicher »freiwilliger Verantwortung« statt fester, von Regierungen und der UNO durchgesetzter Regulierungen, haben sich in den fünfzehn Jahren seit Etablierung des Global Compact nicht verbessert. Im Gegenteil. Zusätzlich zu dem seit über vierzig Jahren kritisierten Vertrieb von Babynahrungsprodukten, durch den Nestlé nachweislich zur Erkrankung und zum Tod Zehntausender Kleinkinder in Ländern des Südens beigetragen hat, gibt es inzwischen handfeste Indizien, dass die Nestlé-Filiale in Kolumbien an der Verfolgung und Ermordung mindestens eines Gewerkschafters beteiligt war. Die juristischen Auseinandersetzungen in dieser Angelegenheit dauern noch an und sind inzwischen vor dem Europäischen Menschenrechtsgerichtshof in Luxemburg anhängig. Zudem hat der Nestlé-Konzern zumindest in der Schweiz potenzielle Kritiker seiner Geschäftspraktiken jahrelang mit illegalen Methoden ausspioniert und damit die Grundrechte dieser Personen verletzt. Wegen dieser Grundrechtsverletzungen wurde Nestlé inzwischen rechtskräftig verurteilt und musste Strafzahlungen an die Betroffenen leisten.

Kritik am Global Compact auch innerhalb der UNO

Eine ähnliche Skepsis wie bei den meisten Nichtregierungsorganisationen herrschte vom Beginn des Global Compact an auch unter den Ländern des Südens, die die große Mehrheit unter den 193 Mitgliedern der UNO-Generalversammlung stellen. Zumal UNO-Generalsekretär Kofi Annan diese Partnerschaft mit der globalen Wirtschaft ohne vorherigen Beschluss der Generalversammlung und damit unter Überschreitung seines Mandats etabliert hatte. Um die weitverbreitete Skepsis zu besänftigen, brachten einige EU-Staaten unter Führung Deutschlands im Jahr 2001 den Antrag ein, dass die Generalversammlung alle zwei Jahre auf ihrer Herbsttagung über die Entwicklung des

Global Compact diskutiert und über seine Verlängerung entscheidet. Doch die bisherigen sechs Debatten seit Herbst 2003 haben die Skepsis aufseiten vieler Mitgliedsländer nicht geschmälert. Zumal die Berichte des Global-Compact-Koordinators Kell an die Generalversammlung kaum Fortschritte erkennen ließen. In der Praxis der Selbstverpflichtungen der »Partnerunternehmen« gebe es »viel Raum für Verbesserungen«, heißt es zum Beispiel im Bericht vom Herbst 2007. Von damals rund 400 befragten »Partnerunternehmen« erklärten zwar 89 Prozent, sie würden ihren Arbeitnehmern ein »größeres Mitspracherecht bei den Arbeitsbedingungen einräumen«, Gewerkschaften waren aber nur bei 69 Prozent dieser Unternehmen erlaubt. Die Hälfte der Firmen hatte Regeln gegen Zwangsarbeit oder Kinderarbeit, doch nur 38 Prozent überwachten auch die Bedingungen bei ihren Zulieferern. 61 Prozent der Firmen behaupteten, sie würden ihre mit dem Global Compact eingegangene Selbstverpflichtung zur Korruptionsbekämpfung erfüllen, aber nur 7 Prozent der Unternehmen veröffentlichen auch Spenden an die Politik. Sanktionen bei Verstößen gegen die Antikorruptionsgrundsätze gab es nur in knapp einem Viertel der Betriebe.

Bis heute gibt es keine unabhängige Evaluierung, was die »Partnerschaft« zwischen der UNO und Wirtschaftsunternehmen tatsächlich bewirkt hat. Die bislang letzte große Global-Compact-Konferenz fand im Juli 2007 in Genf unter Leitung des neuen UNO-Generalsekretärs Ban Ki-moon und mit Beteiligung von über tausend Unternehmensvertretern statt. Die Konferenz sollte eine »Zwischenbilanz« des Global Compact ziehen. Dafür legte das New Yorker Koordinationsbüro lediglich eine von ihm selbst in Auftrag gegebene Untersuchung durch die McKinsey-Unternehmensberatung vor. Diese Untersuchung beruhte wiederum ausschließlich auf Berichten, die Partnerkonzerne des Global Compact selbst verfasst hatten. Sogar laut dieser Selbstuntersuchung hatten nur 10 Prozent der Unternehmen infolge ihrer Mitgliedschaft beim Global Compact soziale, ökologische oder menschenrechtliche Standards ihrer Unternehmenspraxis verbessert.

Imageproblem für die Vereinten Nationen

Angesichts seiner weitgehenden Wirkungslosigkeit geriet der Global Compact nicht nur bei Mitgliedsregierungen, sondern auch innerhalb der Institution der UNO auf immer deutlichere Kritik. »Die Ziele und Resultate des Global Compact sind auch zehn Jahre nach seiner Gründung unklar, und er birgt erhebliche Risiken. Wenn er nicht verbessert wird, könnte er das Image der Vereinten Nationen beschädigen.« So heißt es in einem Mitte März 2011 vorgelegten Bericht der Joint Inspection Unit (JIU). Die JIU besteht aus elf von der UNO-Generalversammlung gewählten Inspektoren. Sie ist die einzige unabhängige Instanz zur Überprüfung sämtlicher Abteilungen und Sonderorganisationen des weltweiten UNO-Systems.

Der Bericht der Inspektoren endete mit sechzehn konkreten Empfehlungen an die UNO-Generalversammlung, den Global Compact zu verbessern. Vor allem müssten strengere Aufnahmekriterien für die Teilnahme eines Unternehmens am Global Compact formuliert werden.

Denn bis dato mussten Unternehmen lediglich einen schriftlichen Antrag stellen und wurden dann ohne weitere Prüfung aufgenommen. Die Inspektoren schlugen vor, Aufnahmeanträge künftig durch unabhängige externe Experten anhand festgelegter Kriterien überprüfen zu lassen. Ein ähnliches Verfahren praktiziert auch das Kinderhilfswerk UNICEF, bevor es Partnerschaften mit Wirtschaftsunternehmen eingeht.

Darüber hinaus forderten die Inspektoren: »Die Instrumente zur Überwachung der vereinbarten Ziele müssen deutlich effizienter werden.« Es genüge nicht, dass die Unternehmen dem Global-Compact-Büro in der New Yorker UNO-Zentrale lediglich einmal im Jahr eine Selbstevaluation vorlegen. Eine weitere Überprüfung potenzieller »Partnerunternehmen« war in den Richtlinien des Global Compact auch dann nicht vorgesehen, wenn kritische Berichte von Medien oder Nichtregierungsorganisationen über Unternehmen vorliegen oder wenn eine Firma gar vor Gericht verklagt wurde.

In einer im Dezember 2011 einstimmig verabschiedeten Resolution verlängerte die UNO-Generalversammlung zwar das Mandat des

Global Compact für ein weiteres Jahr, machte sich zugleich aber die sechzehn Empfehlungen der Inspektoren zu eigen.

Nur ein Teil dieser Empfehlungen der Generalversammlung wurde bis heute umgesetzt. So ist es inzwischen immerhin möglich, dass Unternehmen wieder aus dem Global Compact ausgeschlossen werden, wenn sie nicht einmal die Mindestanforderung erfüllen, dem Koordinationsbüro in New York jährlich einen Bericht über ihre Aktivitäten zur Umsetzung der zehn Prinzipien des Paktes vorzulegen. Das ist seit 2012 in zahlreichen Fällen auch geschehen. Doch der Ausschluss ganz besonders unkooperativer Partnerunternehmen des Global Compact erhöht noch keineswegs seine Wirksamkeit.

Verbindliche Normen und Umsetzungsmechanismen – ein brauchbarer Katalog aus der UNO-Menschenrechtskommission

Zwar bestimmen seit dem Erdgipfel von 1992 und verstärkt seit dem Amtsantritt von Generalsekretär Kofi Annan Anfang 1997 der Partnerschaftsansatz und der Verzicht auf verbindliche Regeln den Kurs der UNO gegenüber Wirtschaftsunternehmen. Doch die UNO-Kommission zum Schutz und zur Förderung der Menschenrechte – ein Unterausschuss der UNO-Menschenrechtskommission (seit 2006: Menschenrechtsrat) in Genf – legte im August 2003 nach vierjährigen Beratungen einen Katalog vor mit 23 verbindlichen Normen für die Verantwortlichkeiten transnationaler Unternehmen und anderer Wirtschaftsunternehmen im Hinblick auf die Menschenrechte.

UN Norms on the Responsibilities of Transnational Corporations and Other Business Enterprises with Regard to Human Rights, www1.umn.edu/humanrts/business/norms-Aug2003.html

Keine der 23 Normen war neu. Sie basieren auf einer Vielzahl bereits existierender völkerrechtlicher Verträge und Verpflichtungen. Den Normen liegt ein umfassendes Menschenrechtsverständnis zugrunde, das alle seit 1948 im Rahmen der UNO kodifizierten Menschenrechte – die bürgerlichen und politischen sowie die wirtschaftlichen, sozialen und kulturellen – einschließt. Der Mehrwert dieser 23 Normen besteht in erster Linie darin, dass sie umfassend sind und zugleich das komplexe Menschenrechtsthema auf die Belange konzentrieren, die die Aktivitäten und Einflussbereiche von nationalen und transnationalen Wirtschaftsunternehmen betreffen.

Die primäre Verantwortung für Achtung, Schutz und Förderung der Menschenrechte liegt bei den Regierungen. Auch die 23 Normen halten durchgängig an dem Primat dieser Staatspflichten fest. Das Neue an ihnen ist, dass sie darüber hinaus auch den Unternehmen innerhalb des eigenen Tätigkeits- und Einflussbereiches eine Verantwortung für die Menschenrechte zuschreiben und sich nicht nur an Regierungen, sondern auch direkt an Unternehmen richten. Zudem sehen die Normen Monitoring-Mechanismen und ein Beschwerdeverfahren bei Verstößen vor. Ein interpretierender Kommentar gibt wichtige Hinweise zu ihrer Umsetzung.

Massive Gegenkampagne der Wirtschaftsunternehmen

Der Katalog der 23 Normen ist heute so aktuell wie bei seiner Veröffentlichung durch den Unterausschuss der UNO-Menschenrechtskommission im August 2003. Seine Verabschiedung, Ratifizierung und Inkraftsetzung durch die 193 Mitgliedstaaten der UNO würde die seit vielen Jahrzehnten größte und problematischste Lücke im internationalen Recht endlich schließen und damit auch der UNO selbst wieder mehr Relevanz und Ansehen verleihen. Doch eine massive Gegenkampagne der Internationalen Handelskammer (ICC) und ihrer Mitgliedskonzerne – darunter viele prominente »Partnerunternehmen« des Global Compact – verhinderte, dass dieser Normenkatalog auch nur vom Plenum der UNO-Menschenrechtskommission verabschiedet wurde.

Stattdessen rief die Kommission im Jahr 2005 in einer Resolution UNO-Generalsekretär Kofi Annan lediglich dazu auf, einen Sonderbeauftragten für Wirtschaft und Menschenrechte zu ernennen. Selbst diese Resolution ging den USA zu weit. Sie stimmten in der Menschenrechtskommission dagegen und kündigten zudem ihren entschiedenen Widerstand an gegen jede künftige Resolution der UNO-Menschenrechtskommission, »die nicht ausdrücklich klarstellt, dass sie keine Normen oder einen Verhaltenskodex für transnationale Unternehmen anstrebt«. Das war eine klare Vorgabe für die Arbeit des künftigen UNO-Sonderbeauftragten für Wirtschaft und Menschenrechte.

Vom Global Compact zu den Ruggie-Leitprinzipien – ein Fortschritt?

Der Vorgabe aus Washington gehorchend, berief Generalsekretär Annan im Juli 2005 seinen engen Vertrauten und strategischen Chefberater John Ruggie, der bereits den Global Compact konzipiert hatte, auf den Posten des UNO-Sonderbeauftragten für Wirtschaft und Menschenrechte.

Bereits in seinem ersten, 2006 vorgelegten Zwischenbericht distanzierte sich Ruggie in ungewöhnlich scharfer Form von allen Vorschlägen für verbindliche Regeln für Unternehmen. Den Katalog mit 23 Normen, den der Unterausschuss der UNO-Menschenrechtskommission 2003 vorgelegt hatte, kritisierte der Sonderbeauftragte als »doktrinären Exzess«. Für die »Annahme, Menschenrechtsnormen und -instrumente, die verbindlich sind für Staaten, könnten auch für Unternehmen gelten, gibt es kaum eine Grundlage, weder im harten und im weichen internationalen Recht noch sonst irgendwo«, behauptete Ruggie.

Der UNO-Sonderbeauftragte führte einen sechsjährigen Konsultationsprozess mit fünfzig Anhörungen weltweit durch. Dabei holte er in erster Linie die Positionen und Vorschläge von Hunderten transnationalen Konzernen und Wirtschaftsverbänden ein sowie von für Unternehmen tätigen Anwaltskanzleien. British Petroleum und andere Konzerne stellten Ruggie für seine Arbeit kostenlos Mitarbeiter zur Verfügung.

Als Ergebnis seiner entscheidend von transnationalen Konzernen und ihren Interessen beeinflussten Arbeit legte der UNO-Sonderbeauftragte dem Menschenrechtsrat in Genf im März 2011 »Leitprinzipien für Wirtschaft und Menschenrechte« vor. Ruggie stellte ausdrücklich fest, dass diese Leitprinzipien »keine neuen internationalen rechtlichen

Verpflichtungen für Wirtschaftsunternehmen schaffen«. Die insgesamt 31 »Leitprinzipien« beruhen auf drei Säulen:

1. Die zentrale *Verpflichtung* der Staaten, Menschrechte zu *schützen:*
   Nach internationalem Recht sind Staaten verpflichtet, ihre Bevölkerung durch effektive Maßnahmen, Gesetzgebung und Regulierungen gegen Menschenrechtsverletzungen durch Wirtschaftsunternehmen zu schützen.
2. Die *Verantwortung* von Unternehmen, Menschenrechte zu *respektieren:*
   Zu dieser Verantwortung der Unternehmen gehört es, Geschäftspraktiken mit negativen Auswirkungen auf die Menschenrechte zu beenden.
3. Zugang zu effektiver Abhilfe:
   Als Teil ihrer Verpflichtung, die Bevölkerung zu schützen, müssen Staaten ihren Bürgern, die von Menschenrechtsverletzungen durch Unternehmen betroffen sind, juristischen und nichtjuristischen Zugang zu effektiver Abhilfe verschaffen, indem sie diese Menschenrechtsverletzungen untersuchen, bestrafen und für Wiedergutmachung sorgen.

Der UNO-Menschenrechtsrat verabschiedete die vom Sonderbeauftragten Ruggie vorgelegten »Leitprinzipien für Wirtschaft und Menschenrechte« unverändert und beschloss Maßnahmen zu ihrer Umsetzung.

Begeisterung bei Konzernen über neue »Leitprinzipien«

Die transnationalen Konzerne, die Internationale Handelskammer (ICC) und andere Lobbyverbände der Wirtschaft reagierten ausnahmslos mit großer Zustimmung auf die Leitprinzipien. Und sie äußerten die Erwartung, dass mit der Verabschiedung der »UNO-Leitprinzipien für Wirtschaft und Menschenrechte« durch den UNO-Menschenrechtsrat die Debatte über international verbindliche Normen und rechtliche Verpflichtungen für Wirtschaftsunternehmen nun endgültig beendet sei. »Alle unsere Vorschläge wurden in den Leitprinzipien aufgenommen, einschließlich unserer Forderung nach einer klaren Trennung zwischen den unterschiedlichen Rollen von Staaten und von Unternehmen«, hieß es in einer gemeinsamen Erklärung des ICC und anderer Lobbyorganisationen. Man sei zufrieden, dass »die Leitprinzipien sich auf praktische und umsetzbare Vorschläge konzentrieren und nicht versuchen, neue internationale Verpflichtungen zu schaffen und den Unternehmen eine rechtliche Verantwortung zuzuschreiben«.

»Fortschritt« oder »Alibiübung« – gemischte Reaktionen bei Nichtregierungsorganisationen

Unter den bei der UNO akkreditierten Nichtregierungsorganisationen, die in den Bereichen Menschenrechte, Arbeits- und Sozialnormen oder Umwelt- und Entwicklungspolitik engagiert sind, fielen die Reaktionen auf die neuen UNO-Leitprinzipien sehr unterschiedlich aus. Eine Minderheit begrüßte sie als »Durchbruch« auf dem Weg zu globalen Menschenrechtsstandards für die Wirtschaft. Diese Minderheit verweist unter anderem darauf, dass die Leitprinzipien erstmals das Prinzip der »due diligence« festschreiben, der »erforderlichen Sorgfalt«, die Unternehmen aufbringen sollen, um die Einhaltung der Menschenrechte in ihrer gesamten Wertschöpfungskette zu gewährleisten.

Doch eine Mehrheit der Nichtregierungsorganisationen äußerte sich unzufrieden wegen der »Schwäche und der fehlenden rechtlichen Verbindlichkeit« der Leitprinzipien. »Der UNO-Menschenrechtsrat hat die Gelegenheit verpasst, wirksame Schritte zu ergreifen, um Menschenrechtsverletzungen durch Unternehmen einzuschränken«, kritisierte Human Rights Watch, die weltweit wichtigste Menschenrechtsorganisation neben Amnesty International. Dem Menschenrechtsrat sei es »nicht gelungen, ein Verfahren zu etablieren, das sicherstellt, dass grundlegende Schritte zum Schutz von Menschenrechten von den Wirtschaftsunternehmen auch umgesetzt werden«, monierte HRW. Im Endeffekt habe der Menschenrechtsrat »lediglich den Status quo fortgeschrieben: eine Welt, in der Wirtschaftsunternehmen lediglich ermutigt, nicht aber verpflichtet werden, die Menschenrechte zu respektieren«.

Weil sie genau dieses Ergebnis befürchtet hatten, forderten 28 große Menschenrechtsorganisationen den UNO-Menschenrechtsrat sogar auf, die vom Sonderbeauftragten Ruggie vorgelegten »Leitprinzipien für Wirtschaft und Menschenrechte« nicht zu verabschieden, weil sie wirkungslos seien und lediglich eine Alibifunktion erfüllen würden.

Neue Initiativen für rechtlich verbindliche Normen

Entgegen der Erwartung der Wirtschaftsunternehmen und ihrer Lobbyverbände wurde die Debatte mit der Verabschiedung der Leitprinzipien aber nicht beendet. Auf Initiative von Ecuador und anderen lateinamerikanischen Ländern forderten 24 der 47 Mitglieder des UNO-Menschenrechtsrats im September 2013 in einer gemeinsamen Erklärung »angesichts der zunehmenden Fälle von Missbrauch und Menschenrechtsverletzungen durch einige transnationale Konzerne die Entwicklung eines rechtlich verbindlichen Rahmens, um die Tätigkeiten transnationaler Konzerne zu regulieren, damit die Opfer von Menschenrechtsverletzungen, die Wirtschaftsunternehmen direkt oder indirekt verursacht haben, den notwendigen Schutz, juristische Beschwerdemöglichkeiten und Wiedergutmachung erhalten«. Unterschrieben wurde diese Erklärung nicht nur von 24 Mitgliedern des Menschenrechtsrats, sondern auch von 61 weiteren Staaten in der UNO-Generalversammlung.

https://media.business-humanrights.org/media/documents/files/media/documents/statement-unhrc-legally-binding.pdf

Darüber hinaus wurde die Erklärung von über 500 Nichtregierungsorganisationen weltweit unterstützt. Sie forderten den UNO-Menschenrechtsrat auf, ein verbindliches Abkommen zu Wirtschaft und Menschenrechten auszuarbeiten.

Anfang 2014 gründete sich unter dem Namen »Treaty Alliance« eine globale Allianz von inzwischen über 600 Nichtregierungsorganisationen für ein verbindliches Abkommen (www.treatymovement.com). Vorbild für diese Allianz sind die vier erfolgreichen internationalen NGO-Koalitionen, die seit Ende des Kalten Krieges die Gründung des Internationalen Strafgerichtshofs (IStGH), die beiden Verbotsabkommen für Antipersonenminen und Streumunition und zuletzt 2013 die Verabschiedung des Waffenhandelsvertrags (ATT) durch die Generalversammlung durchsetzen konnten.

Im Juni 2014 konnte das Treaty Movement einen ersten Erfolg erzielen. Auf Antrag von Ecuador und Südafrika beschloss der UNO-Menschenrechtsrat mit großer Mehrheit seiner 47 Mitgliedstaaten die Einrichtung einer Arbeitsgruppe »zur Entwicklung eines völkerrechtlich verbindlichen Abkommens zur Regulierung der Tätigkeiten transnationaler Konzerne und anderer Wirtschaftsunternehmen auf Basis der internationalen Menschenrechtsnormen«. Das beschlossene Verhandlungsmandat sieht ein Abkommen mit verbindlichen Menschenrechtsnormen und Sorgfaltspflichten für Unternehmen sowie wirksamen Mechanismen zu deren Überwachung und Durchsetzung durch die Staaten vor. Vorgesehen sind auch Instrumente, um Verstöße zu sanktionieren, und bessere Klagemöglichkeiten für betroffene Menschen.

Zivilgesellschaftliche Unterstützung in der Schweiz und Deutschland

Ob im UNO-Menschenrechtsrat ein entsprechendes Abkommen tatsächlich beschlossen wird, hängt im Wesentlichen von dem zivilgesellschaftlichen Druck auf die Regierungen der Industriestaaten ab, die diesen Verhandlungsprozess nicht wollten und ihn – wie etwa die USA, Deutschland und die Schweiz – bis heute boykottieren, blockieren oder zumindest nicht unterstützen.

Die Konzernverantwortungsinitiative in dem reichen Industrieland Schweiz war – unbeschadet ihres knappen vorläufigen Scheiterns bei der Volksabstimmung im November 2020 – eine enorm wichtige Unterstützung für den Verhandlungsprozess. Und eine Ermutigung für die überwiegend aus dem armen Globalen Süden stammenden UNO-Staaten, die sich seit nunmehr einem halben Jahrhundert vergeblich für verbindliche Normen einsetzen. In keinem anderen Industriestaat, der wie die Schweiz zudem Sitzland so vieler und mächtiger multinationaler Konzerne ist, gab es bis heute eine so breite und öffentlichkeitswirksame Kampagne der Zivilgesellschaft für mehr globale Verantwortung und Gerechtigkeit. Das Engagement der Initiative wird weitergeführt (www.publiceye.ch/de/news/detail/507-ja-jetzt-erst-recht).

In Deutschland, dessen Regierung in dem nun seit sechs Jahren währenden Verhandlungsprozess im UNO-Menschenrechtsrat eine ganz besonders negative Rolle spielt, sind die den Verhandlungsprozess unterstützenden Organisationen in der Treaty Alliance Deutschland organisiert – als Teil des CorA-Netzwerkes für Unternehmensverantwortung *(corporate accountability)*. Gemeinsam entwickeln sie Positionspapiere, Stellungnahmen und Materialien für Informations- und Öffentlichkeitsarbeit, führen Lobbygespräche mit politischen Entscheidungsträgern und -trägerinnen und stärken über Vorträge und Fachforen die öffentliche Wahrnehmung und den Austausch zum Thema (www.cora-netz.de/themen/un-treaty/treaty-alliance/).

In Österreich arbeiten die den UNO-Verhandlungsprozess unterstützenden Organisationen im »Netzwerk soziale Verantwortung« zusammen (www.nesove.at).

Deutschland blockiert Fortschritte im Menschenrechtsrat

Die vierzehn Industriestaaten, die zum Zeitpunkt der Abstimmung im Juni 2014 Mitglied im Menschenrechtsrat waren – USA, Japan, Südkorea, die EU-Mitglieder Deutschland, Großbritannien, Frankreich, Italien, Österreich, Tschechien, Irland, Estland und Rumänien sowie die beiden EU-Beitrittskandidaten Mazedonien und Montenegro – stimmten geschlossen gegen das Verhandlungsmandat. Die USA verkündeten unmittelbar ihren Boykott der Verhandlungen und verließen unter der Trump-Administration den Menschenrechtsrat. Aber auch die EU-Kommission hat bis heute kein formales Mandat für eine Teilnahme an den Verhandlungen beschlossen.

Hauptverantwortlich für diese Blockade ist Deutschland, das ökonomisch gewichtigste Mitgliedsland der EU. Während sich EU-Mitgliedstaaten wie Frankreich, Spanien und Belgien in konstruktiver Weise aktiv und mit hochrangigen Diplomaten und Diplomatinnen an den bislang sechs Verhandlungrunden zwischen Oktober 2015 und Oktober 2020 beteiligen, entsandte die deutsche Bundesregierung bislang immer nur niederrangiges Personal als Beobachter ohne Verhandlungsbefugnis. Ihren De-facto-Boykott versuchte die Regierung Merkel zunächst mit haltlosen Einwänden gegen das Verhandlungsmandat, gegen das Verfahren oder gegen die Verhandlungsleitung durch den ecuadorianischen UNO-Botschafter zu rechtfertigen. Mit solchen und anderen Einwänden blockierte Deutschland, zumindest bis Anfang 2021, erfolgreich einen Beschluss der EU für ein gemeinsames Verhandlungsmandat. Und dies, obwohl das EU-Parlament in inzwischen elf Resolutionen die Brüssler Kommission und die 27 Mitgliedstaaten aufgefordert hat, sich aktiv und konstruktiv an den UNO-Verhandlungen über rechtlich verbindliche Normen zu beteiligen. Zuletzt begründete die Regierung in Berlin ihre Weigerung und Hinhaltetaktik mit dem Hinweis auf die »vorrangige« Erstellung eines »nationalen Aktionsplans« zur Umsetzung der Ruggie-Leitprinzipien, die bereits seit 2011 vorliegen und eben keine verbindlichen Regeln enthalten, wie sie durchgesetzt, ihre Einhaltung überwacht und Verstöße sanktioniert werden sollen. Deutschland blieb bei der Blockadehaltung, obwohl seit Anfang August 2020 ein zweiter Entwurf des Vorsitzenden der Verhandlungsgruppe für ein Abkommen vorliegt, der fast sämtliche inhaltlichen Bedenken Deutschlands und anderer EU-Staaten gegen frühere Entwürfe berücksichtigt.

Das Deutsche Institut für Menschenrechte in Berlin kommt in einer im Oktober 2020 veröffentlichten ausführlichen Stellungnahme zum zweiten Vertragsentwurf zu diesen Ergebnis: »Der jetzt vorliegende zweite Entwurt weist gegenüber dem Vorentwurf erneut deutliche Verbesserungen auf. [...] All dies kann als deutliches Entgegenkommen des Vorsitzes gegenüber der EU gewertet werden. Der Entwurf ist somit eine sehr gute Grundlage für die weiteren zwischenstaatlichen Verhandlungen im Oktober 2020. Es gibt nun wirklich keine überzeugenden Sachargumente mehr, die dagegen sprechen, sich an den weiteren Verhandlungen und dem Feinschliff des Textes zu beteiligen. Das Deutsche Institut für Menschenrechte empfiehlt der Bundesregierung, sich in der Europäischen Kommission nachdrücklich für ein Verhandlungsmandat der EU-Delagation bei der anstehenden Verhandlungsrunde einzusetzen.« Dieser Empfehlung folgte die Regierung Merkel, die im zweiten Halbjahr 2020 die EU-Ratspräsidentschaft stellte, jedoch nicht.

TTIP, CETA, TPP und TISA bedrohen existierende Normen und Standards

Das Global Policy Forum in New York und andere im »Treaty Movement« beteiligte Nichtregierungsorganisationen halten eine möglichst baldige Verabschiedung international verbindlicher Normen zum Schutz vom Menschenrechten sowie von Arbeits-, Sozial-, Umwelt-, Gesundheits- und Verbraucherstandards für umso dringlicher, als nach Inkrafttreten diverser regionaler Freihandelsabkommen (TTIP, CETA, TPP, TISA u. a.), über die seit 2012 maßgeblich auf Initiative der USA und der EU verhandelt wird, eine Vereinbarung global gültiger Normen noch schwieriger würde. Darüber hinaus droht durch diese Freihandelsabkommen die Deregulierung und Aufweichung bereits exitierender einzelstaatlicher oder regionaler Normen und Standards.

Bei den Verhandlungen zwischen den USA und der Europäischen Union über eine »Transatlantische Handels- und Investitionspartnerschaft« (Transatlantic Trade and Investment Partnership, TTIP) – die von Donald Trump während seiner Präsidentschaft vorläufig auf Eis gelegt wurden, aber von seinem Nachfolger Präsident Joe Biden voraussichtlich wieder aufgenommen werden – ist ein Abkommen nur als Kompromiss zwischen den Positionen beider Seiten denkbar. Ein Kompromiss bedeutet aber zwangsläufig eine Deregulierung der bislang in der EU gültigen Arbeits- und Sozialnormen sowie von Umwelt-, Gesundheits- und Verbraucherschutzstandards. Denn diese Normen und Standards sind in der EU mit ganz wenigen Ausnahmen – etwa bei der Zulassung von Medikamenten – höher als in den USA. Wohin die Deregulierung von bislang in der EU gültigen Normen und Standards führen würde, zeigt das bereits vereinbarte Freihandelsabkommen zwischen der EU und Kanada (Comprehensive Economic and Trade Agreement, CETA, oft auch als Canada-EU Trade Agreement bezeichnet).

Bei TTIP wie bei CETA sind zudem weitreichende Bestimmungen zum Schutz von Investitionen vorgesehen. Die Unternehmen sollen Staaten vor außerstaatlichen Schiedsgerichten auf Entschädigungen verklagen können, wenn sie ihre »legitimen Interessen auf Gewinn«

durch staatliche Regulierungen zum Umwelt-, Gesundheits- und Verbraucherschutz oder von Arbeits- und Sozialstandards »gefährdet« sehen.

Das CETA-Abkommen wird nach der Zustimmung der Parlamente in Brüssel und Ottawa von der EU-Kommission und der kanadischen Regierung bereits seit September 2017 »vorläufig angewendet« – allerdings mit Ausnahme der Bestimmungen zu Investitionsschutz und Schiedsgerichte. Gegen diese Bestimmungen gibt es in vielen EU-Mitgliedstaaten und auch in Kanada weiterhin starke Bedenken. CETA kann erst nach der Ratifizierung durch die Parlamente aller 27 Mitgliedstaaten der EU endgültig und vollständig in Kraft treten. Bis Ende 2020 war die Ratifizierung in fünfzehn Staaten erfolgt.

Investorenschutzklagen – das effektivste Instrument zur Verhinderung und Aufweichung verbindlicher Normen

Die Investitionsschutzbestimmungen, die in TTIP und CETA vorgesehen sind, gehen weiter als alle einschlägigen Bestimmungen in bisherigen multilateralen oder bilateralen Handelsverträgen. Das galt auch für das Abkommen über eine Transpazifischen Partnerschaft (TPP), das die USA unter der Obama-Administration bis Ende 2016 mit mehreren asiatisch-pazifischen Staaten bereits fertig ausgehandelt hatten, bevor es von Obamas Nachfolger Trump verworfen wurde. Schon aufgrund der Investitionsbestimmungen in bisherigen Handelsverträgen gibt es zahlreiche Klagen und Verfahren, mit denen Wirtschaftskonzerne versuchten und versuchen, Staaten zur Aufgabe oder Unterlassung von Regulierungen zu zwingen.

Verhandelt werden diese Klagen vor dem Internationalen Zentrum zur Beilegung von Investitionsstreitigkeiten (International Centre for Settlement of Investment Disputes, ICSID). Das ICSID wurde unter Führung der Weltbank im Rahmen der »Konvention über die Beilegung von Investitionsstreitigkeiten zwischen Staaten und Staatsbürgern anderer Länder« gegründet. Gründungsdokument und Rechtsgrundlage ist das »Übereinkommen zur Beilegung von Investitionsstreitigkeiten zwischen Staaten und Angehörigen anderer Staaten« von 1965, dem seitdem 159 Staaten beigetreten sind. Die Schiedsgerichte bestehen jeweils aus drei Anwälten, von denen je einer von einer der beiden Streitparteien benannt und der dritte per Los bestimmt wird. Bislang rekrutieren sich die Mitglieder der Schiedsgerichte ausschließlich aus einigen wenigen, auf Investitionsschutzfragen spezialisierten Anwaltskanzleien in den USA und Großbritannien. Für diese Anwaltskanzleien sind die ICSID-Verfahren höchst lukrative Geschäfte. Sie haben ein Interesse daran, dass möglichst viele Investorenschutzklagen mit möglichst hohen Forderungen eingereicht werden.

Im Jahr 2009 verklagte der schwedische Energiekonzern Vattenfall Deutschland vor dem ICSID auf 1,4 Milliarden Euro Schadenersatz plus Zinsen wegen angeblicher Geschäftsverluste infolge von Umweltauflagen, die die Landesregierung von Hamburg für ein von Vattenfall betriebenes Kohlekraftwerk erlassen hatte. Das Verfahren endete mit einem außergerichtlichen Vergleich, nachdem die Landesregierung von Hamburg die Umweltauflagen für das Kohlekraftwerk abgeschwächt hatte. Ebenfalls verklagte der Vattenfall-Konzern, der in Deutschland bislang Atomkraftwerke betreibt, die deutsche Bundesregierung nach dem infolge der Katastrophe von Fukushima vollzogenen Ausstieg aus der Atomenergie auf Schadenersatz in Höhe von 4,7 Milliarden Euro. In den USA klagte die Lobbyorganisation der Amerikanischen Petroleumindustrie (API) gegen eine Gesetzesbestimmung, nach der die Ölfirmen Zahlungen an ausländische Regierungen offenlegen müssen.

Die allermeisten Klagen von transnationalen Konzernen vor dem ICSID richten sich gegen Länder des Südens. Insbesondere Regierungen in Mittel- und Südamerika sehen sich seit Anfang des Jahrtausends einer Welle von Klagen durch Wirtschaftsunternehmen ausgesetzt.

Investorenrechte versus Gesundheitsschutz – Philip Morris, Uruguay und die Schweiz

Zu den derzeitig noch hängigen und möglicherweise weltweit folgenreichsten Verfahren vor dem ICSID gehört die Klage auf rund zwei Milliarden US-Dollar Schadenersatz, die Philip Morris, der zweitgrößte Tabakkonzern der Welt, im Jahr 2010 gegen Uruguay anstrengte, weil die Regierung in Montevideo Bestimmungen der »Antitabakkonvention« der Weltgesundheitsorganisation (WHO) zur Einschränkung der Zigarettenwerbung und zum Gesundheitsschutz umsetzen wollte. Da Philip Morris seinen internationalen Geschäftssitz in Lausanne hat, stützte der Tabakkonzern seine Schadenersatzklage auf das bilaterale Investitionsschutzabkommen zwischen der Schweiz und Uruguay.

Für Alliance Sud, die entwicklungspolitische Arbeitsgemeinschaft von Swissaid, Fastenopfer, Brot für alle, Helvetas, Caritas und HEKS, ist die Klage von Philip Morris gegen Uruguay ein »inakzeptabler Präzedenzfall und ein weiterer Beleg dafür, dass die Schweizer Praxis der Investitionsschutzabkommen dringend revisionsbedürftig ist«.

Das Investitionsschutzabkommen zwischen der Schweiz und Uruguay ist seit 1991 in Kraft. Laut Vertragstext ist es den beiden Staaten vorbehalten, wirtschaftliche Aktivitäten einzuschränken, die der öffentlichen Gesundheit abträglich sind. Im Streitfall ist ein Investor verpflichtet, ein nationales Gericht anzurufen. Philip Morris ist in ähnlich gelagerten Fällen vor nationalen Gerichten in Norwegen und Australien unterlegen. Im Fall von Uruguay wandte sich Philip Morris jedoch an das ICSID in Washington, ohne die Frist von 18 Monaten abzuwarten, in der ein uruguayisches Gericht Zeit gehabt hätte, um seinerseits ein Urteil zu fällen, wie es das Investitionsschutzabkommen vorsieht. Das Verfahren war völlig intransparent. Uruguayischen Nichtregierungsorganisationen blieb es verwehrt, ihren Standpunkt darzulegen. Die von Philip Morris angestrebte Schadenersatzsumme von rund zwei Milliarden US-Dollar entspricht fast 5 Prozent des uruguayischen Bruttoinlandprodukts.

Während des Verfahrens schloss Philip Morris seine Fabrik in Uruguay und entließ vierzig Arbeiter. Im Juli 2016 entschied das Gericht, dass Uruguays Vorgehen rechtmäßig gewesen sei, und wies die Klage ab. Der Konzern musste der Regierung Uruguays auch Anwaltskosten in Höhe von rund sieben Millionen US-Dollar erstatten. Der schweizerisch-US-amerikanische Tabakkonzern verlor in den letzten Jahren weitere Klagen gegen strengere Gesetze gegen die Gesundheitsgefährdung durch Tabakkonsum in Australien, der EU und in Irland. Die juristischen Niederlagen von Konzernen führten bislang allerdings noch nicht zu einer Veränderung bereits bestehender oder noch geplanter Investitionsschutzabkommen etwa durch Ausnahmeklauseln für den Schutz von Gesundheit, Klima, Umwelt oder bedrohter Arten.

Das steigert bei NGOs und Regierungen in Lateinamerika, Afrika und Asien den Unmut über Investitionsabkommen, die den Investoren Rechte geben, den Gastländern jedoch Pflichten auferlegen. Alliance Süd hat die 115 bilateralen Investitionsschutzabkommen, die die Schweiz seit den fünfziger Jahren mit anderen Ländern abgeschlossen hat, wiederholt als »veraltet, einseitig und revisionsbedürftig« kritisiert. Die entwicklungspolitische Arbeitsgemeinschaft unterstützt darum mit Nachdruck die Forderung der uruguayischen Zivilgesellschaft, die eine Neuverhandlung des Abkommens mit der Schweiz von 1991 fordert. Der Weg an ein Schiedsgericht müsse ausgeschlossen oder zumindest transparenter formuliert werden. Zudem müsse der öffentlichen Gesundheit unzweideutig Vorrang vor dem Investitionsschutz eingeräumt werden.

Investitionsschutzklagen zur Aushebelung nationaler Gerichtsentscheidungen

Konzerne klagen zur Durchsetzung ihres Investitionsschutzes nicht nur vor dem ICSID, sondern auch vor dem bereits 1899 gegründeten Ständigen Schiedshof in Den Haag (Permanent Court of Arbitration, PCA). Diese Klagen dienen auch zur Aushebelung nationaler Gerichtsentscheidungen. Ein spektakuläres Beispiel ist die Klage von Chevron, eines der weltgrößten Ölkonzerne, gegen Ecuador. Der Oberste Gerichtshof des Landes hatte 2013 die Urteile unterer Gerichtsinstanzen bestätigt, wonach Chevron verantwortlich war für die Verseuchung großer Teile des ecuadorianischen Amazonasgebietes. Der Oberste Gerichtshof verurteilte Chevron zu einer Entschädigungszahlung von 9,5 Milliarden US-Dollar. Als Reaktion auf dieses höchstrichterliche Urteil verklagte Chevron Ecuador vor dem PCA in Den Haag mit der Begründung, das Urteil verstoße gegen das bilaterale Investitionsschutzabkommen zwischen USA und Ecuador. 2018 gab der PCA der Klage des Konzerns recht.

Staaten haben extraterritoriale Verantwortung – die Maastricht-Prinzipien

Selbst wenn auch die jüngsten Initiativen für global verbindliche Regulierungen der Tätigkeiten von Wirtschaftsunternehmen zunächst erfolglos bleiben sollten, könnten Staaten und ihre Regierungen sehr viel mehr tun, um ihre bereits bestehenden Verpflichtungen und Handlungsspielräume umzusetzen. Im September 2011 verabschiedete eine Gruppe von Völker- und Menschenrechtsexperten – darunter einige der Sonderberichterstatter des UNO-Menschenrechtsrats – auf einer Konferenz im niederländischen Maastricht die »Maastricht-Prinzipien zu extraterritorialen Verpflichtungen von Staaten bei der Durchsetzung von wirtschaftlichen, sozialen und kulturellen Menschenrechten«. Laut diesen Prinzipien haben Staaten bereits heute aufgrund der von ihnen ratifizierten Menschenrechtskonventionen die völkerrechtliche Verpflichtung, entweder individuell oder durch internationale Kooperation etwa im Rahmen der UNO Maßnahmen zu ergreifen, um die wirtschaftlichen, sozialen und kulturellen Menschenrechte nicht nur auf dem eigenen Staatsgebiet durchzusetzen, sondern auch außerhalb dieses Territoriums. Die Maastricht-Prinzipien betonen ausdrücklich, dass sich diese Verantwortung der Staaten auch auf Handlungen und Unterlassungen von transnationalen Konzernen und anderen Wirtschaftsunternehmen erstreckt. Doch in fast allen einschlägigen Fällen haben Staaten diese Verantwortung bisher nicht wahrgenommen.

Ein exemplarischer Fall ist das ursprünglich vor Schweizer Gerichten angestrengte Verfahren gegen die Führungsspitze des Nestlé-Konzerns wegen ihrer Mitverantwortung für die Ermordung des kolumbianischen Gewerkschafters Luciano Romero. Daraus hat sich inzwischen ein Verfahren gegen die Schweiz vor dem Europäischen Gerichtshof für Menschenrechte entwickelt, weil die Schweiz nach Überzeugung der Kläger ihre Verantwortung mit Blick auf Menschenrechtsverletzungen von Schweizer Unternehmen im Ausland nicht wahrgenommen hat.

Nestlé, Luciano Romero und die Verantwortung der Schweiz

Die Schweizer Justiz hat sich geweigert, die Rolle des Nahrungsmittelkonzerns Nestlé bei der Ermordung des Arbeiters und kolumbianischen Gewerkschafters Luciano Romero aufzuklären. Deswegen hat das European Center for Constitutional and Human Rights (ECCHR) für Romeros Witwe am 18. Dezember 2014 beim Europäischen Gerichtshof für Menschenrechte in Straßburg Beschwerde gegen die Schweiz eingereicht.

Am 10. September 2005 entführten, folterten und töteten Mitglieder einer paramilitärischen Gruppe in Valledupar (Kolumbien) den Gewerkschaftsführer, Menschenrechtsaktivisten und ehemaligen Nestlé-Cicolac-Arbeiter Luciano Romero. Der Ermordung waren viele Todesdrohungen vorausgegangen, die im Kontext eines langjährigen Arbeitskonflikts zwischen der Gewerkschaft Sinaltrainal und dem Nestlé-Tochterunternehmen Cicolac standen.

Die Gewerkschaft Sinaltrainal hatte die Todesdrohungen gegen Romero und andere Mitglieder stets dem Nestlé-Tochterunternehmen in Kolumbien sowie dem Mutterkonzern in der Schweiz gemeldet. Doch statt angemessene Schutzmaßnahmen zu ergreifen, verleumdeten lokale Nestlé-Manager Romero und seine Kollegen als angebliche Mitglieder der Guerilla, was die Gewerkschafter weiteren Bedrohungen aussetzte. Nestlé in der Schweiz unternahm dennoch nichts, um die Drohungen und Diffamierungen zu unterbinden.

Die direkten Täter sind in Kolumbien wegen der Ermordung Luciano Romeros verurteilt worden. In seinem Urteil sah der kolumbianische Richter die Rolle von Nestlé als besonders relevant an und ordnete entsprechende Ermittlungen an. Diesem Beschluss sind die kolumbianischen Strafverfolgungsbehörden jedoch bis heute nicht nachgekommen.

Am 5. März 2012 reichte das ECCHR gemeinsam mit der kolumbianischen Gewerkschaft Sinaltrainal bei der Staatsanwaltschaft des Schweizer Kantons Zug eine Strafanzeige gegen leitende Mitarbeiter von Nestlé sowie gegen das Unternehmen als solches ein. Im steuergünstigsten Kanton Zug hat der Nestlé-Konzern seinen Steuersitz, während sich die Konzernzentrale in Vevey im Kanton Waadt befindet.

Der in der Strafanzeige erhobene Vorwurf: Die Nestlé-Manager haben es pflichtwidrig unterlassen, Verbrechen durch kolumbianische paramilitärische Gruppen zu verhindern oder die Gewerkschafter angemessen zu schützen. Die Staatsanwaltschaft in Zug übergab das Verfahren an die Staatsanwaltschaft in Lausanne, die für den zweiten Sitz Nestlés in Vevey zuständig ist. Diese stellte das Verfahren am 1. Mai 2013 ein.

Die Staatsanwaltschaft setzte sich nicht inhaltlich mit der Strafanzeige auseinander, sondern stellte das Verfahren mit der Begründung ein, die Taten seien bereits verjährt. Die Beschwerden, die die Witwe Romeros gegen die Einstellung des Verfahrens einlegte, wurden in allen Instanzen abgewiesen, zuletzt durch das Urteil des Schweizer Bundesgerichts vom 21. Juli 2014.

Das Bundesgericht bestätigte die Rechtsauffassung der Staatsanwaltschaft und des Kantonalgerichts, dass die Straftaten verjährt seien. Damit wich es von der Interpretation des Schweizer Bundesrats sowie weiten Teilen der Literatur ab, dass es sich bei der Strafbarkeit des Unternehmens um ein Dauerdelikt handelt – wonach der Fall nicht verjährt wäre. Das Bundesgericht beendete das Verfahren aus formellen Gründen.

Das Argument der Verjährungsfrist verdeutlicht zum einen den dringenden Reformbedarf. Zum anderen wird am Präzedenzfall Romero/Nestlé deutlich, dass Unternehmen mit komplexen organisatorischen Strukturen in der Praxis von langen Ermittlungen profitieren.

Immerhin konkretisierte das Bundesgericht die Anforderungen an Unternehmen. Es hält fest, dass Unternehmen unter anderem für »eine klare Beschreibung und Verteilung von Zuständigkeiten und Verantwortungen« sowie »konkrete und namentliche Arbeitspläne innerhalb des Unternehmens« sorgen müssen. Ob Nestlé diese Pflicht erfüllt hat, bleibt aufgrund der ablehnenden Entscheidung dennoch offen und unermittelt.

Gegen die Entscheidung des Bundesgerichts legte die Witwe Romeros im Dezember 2014 mit Unterstützung des ECCHR Beschwerde beim Europäischen Gerichtshof für Menschenrechte (EGMR) in Straßburg ein. Die Beschwerde berief sich dabei auf das Recht auf Leben (Artikel 2) und das Recht auf eine wirksame Beschwerde (Artikel 13) aus der

Europäischen Menschenrechtskonvention. Der EGMR sollte prüfen, ob die Schweizer Justiz die Verantwortung Nestlés für Romeros Ermordung ausreichend untersucht hat. Das Gericht hätte klären können, wie sichergestellt werden kann, dass Betroffene von Menschenrechtsverletzungen durch Unternehmen Zugang zu Recht erhalten, so wie es die UN-Leitprinzipien für Wirtschaft und Menschenrechte vorsehen. Doch der EGMR nahm die Klage nicht zur Verhandlung an. Gegen diese Entscheidung vom März 2015, die nicht begründet wurde, ist keine Beschwerde möglich – damit ist auch der Rechtsweg in Europa im Fall Romero/Nestlé erschöpft.

Der Fall Romero/Nestlé ist kein Einzelfall, sondern steht stellvertretend für eine weitverbreitete Problematik: Transnationale Unternehmen wie der Nestlé-Konzern analysieren oft nur unzureichend die Menschenrechtssituation in Regionen begrenzter Staatlichkeit. Unangemessen sind insbesondere Risikomanagement und Schutzmaßnahmen für Mitarbeiter und Gewerkschafter vor Ort. Vielmehr bieten die Geschäftspraktiken transnationaler Unternehmen im Ausland häufig Anlass für soziale Konflikte oder verschärfen die Menschenrechtssituation durch ungeschulte Mitarbeiter.

So ist es allgemein bekannt, dass im Rahmen des bewaffneten Konflikts in Kolumbien eine Vielzahl von Völkerstraftaten begangen wird und Menschenrechtsverteidiger verfolgt werden. Laut kolumbianischen Statistiken wurden seit Mitte der achtziger Jahre fast 3000 Gewerkschafter ermordet – 13 von ihnen arbeiteten für Nestlé. Das macht Kolumbien zum weltweit gefährlichsten Land für Gewerkschaftsarbeit. Die Verfolgung von Gewerkschaftern in Kolumbien lässt sich ohne Zweifel als Verbrechen gegen die Menschlichkeit qualifizieren. Deswegen hat das ECCHR am 9. Oktober 2012 beim Internationalen Strafgerichtshof (IStGH) in Den Haag (Niederlande) eine Strafanzeige eingereicht, die ebenfalls den Fall Luciano Romero aufgreift. Bislang hat der IStGH nur Vorermittlungen zu der Anzeige durchgeführt.

Das ECCHR will zeigen, dass die Konzernzentralen europäischer Unternehmen die Pflicht haben, ihre Tochterunternehmen zu kontrollieren und jeglichen Beitrag zu Menschenrechtsverletzungen durch das lokale Management zu verhindern.

Wenn Unternehmen in Konfliktsituationen tätig sind, müssen sie den jeweiligen sozialen, wirtschaftlichen, politischen oder militärischen Kontext dort berücksichtigen. Besonders wichtig ist, dass die Firma selbst oder ihr Tochterunternehmen eine lokale Konfliktlage nicht verschärfen oder mit Konfliktparteien vor Ort kooperieren. Dies gilt umso mehr, wenn Tochterunternehmen europäischer Firmen in Regionen wie Kolumbien tätig sind, in denen die staatlichen Institutionen unzuverlässig und anfällig für Menschenrechtsverletzungen sind.

Das Management eines Unternehmens, das in Kolumbien tätig ist, muss solche Ereignisse voraussehen und geeignete Mechanismen einrichten, um jede Beteiligung des Unternehmens an Menschenrechtsverbrechen zu verhindern.

Das ECCHR stützt sich in der juristischen Argumentation sowohl auf die bestehende Rechtsprechung zur sogenannten Geschäftsherrenhaftung als auch auf zahlreiche internationale Standards, die Unternehmen, die in Regionen mit schwierigen Menschenrechtssituationen tätig sind, umfassende menschenrechtliche Risikoanalysen abverlangen. Neu ist, dass das ECCHR fordert, die in der Schweiz normierte Unternehmensstrafbarkeit in Fällen von Menschenrechtsverletzungen anzuwenden.

Fallbeschreibung durch das European Center for Constitutional and Human Rights e. V. (ECCHR), Berlin: www.ecchr.eu/fall/die-ermordung-des-nestle-arbeiters-romero-in-kolumbien

UNO und die Wirtschafts-, Finanz- und Währungspolitik

Die UNO war bislang nicht nur wenig erfolgreich bei dem Versuch, die in ihrem Rahmen seit 1945 vereinbarten Menschenrechtsnormen sowie Arbeits-, Sozial-, Umwelt-, Gesundheits- und Verbraucherstandards auch für Wirtschaftsunternehmen verbindlich zu machen. Darüber hinaus hat die Weltorganisation auch wenig Handlungsfähigkeit bewiesen im gesamten Bereich von Wirtschafts-, Handels-, Finanz- und

Währungspolitik. Eine institutionelle Zuständigkeit und damit auch Handlungsfähigkeit der UNO in den genannten Bereichen war von Beginn an von gewichtigen Mitgliedstaaten nicht gewollt. Eine entscheidende Weichenstellung erfolgte bereits vor Gründung der Weltorganisation im Jahr 1945.

Im Juli 1944 nahmen Delegierte von 44 der späteren fünfzig Gründungsstaaten der UNO auf Einladung der USA an der Währungs- und Finanzkonferenz der Vereinten Nationen in Bretton Woods im US-Bundesstaat New Hampshire teil. Erklärtes Ziel der gastgebenden US-Regierung von Präsident Franklin D. Roosevelt war es, die Lehren aus der verheerenden Weltwirtschaftskrise von 1929 zu ziehen. Protektionismus und viele Zollschranken hatten diese Weltwirtschaftskrise verschärft und in die Länge gezogen. Die Konferenz in Bretton Woods beschloss, nicht nur eine Weltbank und einen Internationalen Währungsfonds (IWF) zu schaffen, sondern auch eine Internationale Handelsorganisation (International Trade Organization, ITO). Die ITO sollte ein integraler Bestandteil des künftigen Systems der Vereinten Nationen werden. Sie sollte Handelsbarrieren abbauen helfen, aber auch Bestimmungen erlassen, um Arbeitsplätze zu schaffen. Ihre Etablierung scheiterte aber, weil der US-Kongress die Ratifizierung des ITO-Gründungsvertrags von Bretton Woods verweigerte.

Stattdessen wurde 1948 auf einer Konferenz in Havanna das Allgemeine Zoll- und Handelsabkommen (General Agreement on Tariffs and Trade, GATT) umgesetzt. Das GATT bildete in den folgenden viereinhalb Jahrzehnten bis 1994 den Rahmen für multilaterale Verhandlungen zur »Liberalisierung« des Welthandels. In acht jeweils mehrjährigen Verhandlungsrunden vereinbarten die ursprünglich 51 und zuletzt 123 Vertragsstaaten des GATT den weitgehenden Abbau von Zöllen, Abgaben und anderen »nicht tarifären Handelshemmnissen« für Industriegüter und Textilien.

Die weitgehend unwirksamen Beschlüsse der UNCTAD

Infolge der Entkolonialisierung wuchs die Zahl der UNO-Mitgliedstaaten zwischen 1945 und 1960 von 51 auf 104 und bis 1975 auf 144. Die Länder des Südens, inzwischen die übergroße Mehrheit unter den Mitgliedern der UNO, beschwerten sich zunehmend über ihre Benachteiligung gegenüber den Industrieländern und kritisierten die ungerechte Weltwirtschaftsordnung. Auf Initiative von 77 Mitgliedsländern des Südens wurde 1964 die UNO-Organisation für Handel und Entwicklung (United Nations Conference on Trade and Development, UNCTAD) gegründet. Nach Vorstellung der »Gruppe der 77« und der darüber hinaus fast fünfzig blockfreien Mitglieder der UNO-Generalsversammlung, die im Kalten Krieg weder der NATO noch dem Warschauer Pakt angehörten, sollte die UNCTAD das entscheidende globale Forum für Verhandlungen und Vereinbarungen über Fragen der Weltwirtschaft werden. Ziel dieser Vereinbarungen sollte die Überwindung des globalen Nord-Süd-Ungleichgewichts sein. Die meisten der im Rahmen der UNCTAD gefassten Beschlüsse wurden danach auch von der UNO-Generalversammlung mit großer Mehrheit verabschiedet. Zum Beispiel die Resolutionen zur Stabilisierung der Weltmarktpreise für wichtige Rohstoffe aus Ländern des Südens oder zur Erhöhung der staatlichen Entwicklungshilfeleistungen der Industriestaaten auf 0,7 Prozent ihres jeweiligen Bruttosozialproduktes.

Bereits auf der Havanna-Konferenz von 1948, auf der das Allgemeine Zoll- und Handelsabkommen (GATT) vereinbart wurde, hatten die damals wenigen Teilnehmerländer des Südens erste Forderungen nach einer »Neuen Weltwirtschaftsordnung« (NWO) erhoben. Formal beschlossen die Entwicklungsländer diese Forderung erstmals 1973 in Reaktion auf die erste Ölkrise. Diese Krise, die ja durch massive Preiserhöhungen der damals wichtigsten Ölförderländer ausgelöst wurde, hatte die Länder des Südens mit ihren zumeist sehr schwachen Volkswirtschaften noch viel stärker getroffen als die Industriestaaten des Nordens.

Forderungen nach einer »neuen internationalen Wirtschaftsordnung«

Die UNO-Generalversammlung verabschiedete im Mai 1974 die »Erklärung über die Errichtung einer neuen internationalen Wirtschaftsordnung« (New International Economic Order, NIEO). In der Erklärung wurden günstigere Bedingungen für die Entwicklungsländer im internationalen Handel und garantierte Weltmarktpreise für ihre Exportrohstoffe gefordert, eine verstärkte Industrialisierung und eine allgemeine Schuldenentlastung, die Änderung des Weltwährungssystems, höhere Entwicklungshilfe sowie ein neues Seerecht.

Doch die meisten dieser Mehrheitsbeschlüsse der UNCTAD und der UNO-Generalversammlung wurden von den USA, Großbritannien, Deutschland und anderen gewichtigen Industriestaaten des Nordens abgelehnt und in ihrer Umsetzung sabotiert.

Zugleich verschoben die nördlichen Industriestaaten alle relevanten Entscheidungen zu weltwirtschaftlichen Fragen in die von ihnen dominierten Institutionen des Internationalen Währungsfonds (IWF) und der Weltbank sowie in den Verhandlungsrahmen des Allgemeinen Zoll- und Handelsabkommens (GATT).

Die letzte GATT-Verhandlungsrunde, die 1986 in der uruguayischen Stadt Punta del Este eröffnet wurde, endete 1994 im marokkanischen Marrakesch mit dem Beschluss zur Gründung der Welthandelsorganisation (World Trade Organization, WTO). Diesen festen und dauerhaften institutionellen Rahmen für die Bestrebungen zur weiteren »Liberalisierung« des globalen Handels hatten vor allem die Industriestaaten eingefordert.

WTO – Vorrang des Freihandels vor Menschenrechten und Normen zum Schutz von Arbeits-, Sozial- und Umweltstandards

Doch in den seit 1988 im Rahmen des GATT und der WTO vereinbarten Abkommen zur »Liberalisierung« des Welthandels wurden die vertraglichen Verpflichtungen nicht berücksichtigt, die die GATT/WTO-Mitgliedstaaten seit 1948 im Rahmen der UNO und ihrer Sonderorganisationen eingegangen sind. Das gilt für die über 170 Konventionen der Internationalen Arbeitsorganisation (ILO) zu Arbeits- und Sozialstandards oder Gewerkschaften ebenso wie für Umwelt- und Artenschutzabkommen oder für die beiden UNO-Pakte über bürgerliche und politische sowie über wirtschaftliche, soziale und kulturelle Menschenrechte von 1966. Die auf den WTO-Ministerkonferenzen der neunziger Jahre proklamierte Idee, diesen Widerspruch im Verhalten der Mitgliedstaaten durch eine institutionelle Kooperation zum Beispiel zwischen der WTO und der ILO zu überwinden, erwiesen sich als Illusion. In einigen Fällen verhängten WTO-Mitglieder Importrestriktionen mit umwelt- oder gesundheitspolitischen Begründungen (z. B. die EU gegen asbesthaltige Produkte aus Kanada) oder unter Verweis auf das Artenschutzabkommen der UNO (CITES). Nach Klagen der betroffenen Exportländer wurden diese Importrestriktionen von den WTO-internen Schiedsgerichten jedoch sämtlich als Verstoß gegen die Freihandelsverträge verurteilt und mussten aufgehoben werden.

G6/7, G8, G20 bis zur G193?

Neben den offiziellen Institutionen GATT/WTO, Weltbank und Internationaler Währungsfonds schufen sich die nördlichen Industriestaaten ab Mitte der siebziger Jahre auch ein informelles Forum für die Diskussion und Entscheidungen über weltwirtschaftliche Fragen und zur Koordinierung ihrer Politik. Nach der ersten Ölkrise trafen 1975 die Regierungschefs der damals sechs größten Industriestaaten USA, Deutschland, Japan, Frankreich, Großbritannien und Italien im französischen Rambouillet erstmals als »Gruppe der 6« (G6) zusammen. Als siebtes Mitglied kam 1976 Kanada dazu. Seitdem finden jährliche Gipfeltreffen der Staats- und Regierungschefs statt. Bei Bedarf treffen sich zusätzlich auch die Finanz- und Wirtschaftsminister. 1998 wurde die G7 durch die Aufnahme Russlands zur G8 erweitert. Seit 1999 existiert parallel zur G8 die »Gruppe der 20« (G20). Ihr gehören neben den acht nördlichen Industriestaaten und der EU auch die fünf Schwellenländer der BRICS-Gruppe (Brasilien, Russland, Indien, China, Südafrika) an sowie Australien, Südkorea, Indonesien, Mexiko, Argentinien und die Türkei.

Die G20 ist zwar vergleichsweise repräsentativer für die Gesamtmitgliedschaft der UNO als die G8. Doch viele der 193 UNO-Mitgliedstaaten kritisieren, dass auch die G20 ein exklusiver, nicht legitimierter Club ist und dass ihre Interessen dort nicht berücksichtigt werden. Am deutlichsten kommt diese Kritik aus dem Kreis der fünfzig nach UNO-Definition »am wenigsten entwickelten Länder« (Least Developed Countries, LDC). Die noch bis Anfang des Jahrtausends verbreitete

Hoffnung, China werde in der G20 – oder auch in der WTO – die Interessen der Entwicklungsländer vertreten, hat sich längst als Illusion erwiesen.

Im November 2008 und unter dem Eindruck der globalen Banken- und Finanzkrise versuchte der damalige Präsident der UNO-Generalversammlung, Miguel d'Escoto, die Verantwortung für relevante weltwirtschaftliche Entscheidungen wieder zurückzuholen von der G8 und der G20 in die einzig repräsentative G192 – die Generalversammlung der damals 192 (inzwischen 193) UNO-Mitgliedstaaten. D'Escoto beauftragte eine zwanzigköpfige Kommission unter Vorsitz des Wirtschaftsnobelpreisträgers Joseph Stiglitz, Maßnahmen zur Reaktion auf die aktuelle Finanzkrise sowie Reformen des internationalen Finanz- und Währungssystems zwecks Verhinderung künftiger Krisen auszuarbeiten. Im Juni 2009 legte die Stiglitz-Kommission einen umfangreichen Bericht mit konkreten Vorschlägen für eine Regulierung der Finanzmärkte und für einen demokratischen Umbau der globalen Finanzarchitektur unter dem Dach der UNO vor. Auch schlug die Kommission vor, einen Maximalzins festzusetzen für öffentliche Anleihen, welche die Länder des Südens auf dem internationalen Kapitalmarkt aufnehmen müssen, sowie eine Einkommensobergrenze für Bankmanager und die Garantie des gegenwärtigen Standes der öffentlichen Entwicklungshilfe.

Der Bericht der Stiglitz-Kommission wurde im Juni 2009 auf einem Sondergipfel der Generalversammlung diskutiert und traf auf große Zustimmung bei der überwältigenden Mehrheit der 192 Mitgliedstaaten. Die wichtigsten Industrieländer des Nordens lehnten die meisten Vorschläge der Kommission jedoch ab. Sie trafen sich stattdessen im Herbst 2009 wieder im exklusiven Rahmen der G8.

Zu den Details des Stiglitz-Berichts siehe Anhang »Wie lässt sich eine weitere Finanzkrise vermeiden?«, S. 342, englisches Original, www.un.org/en/ga/president/63/pdf/calendar/20090325-economiccrisis-commission.pdf

Rüstungskontrolle und Abrüstung im Rahmen der UNO – gefährdete Erfolge, unzulängliche Abkommen, häufiges Scheitern und ein historischer Durchbruch

»Wir, die Völker der Vereinten Nationen, fest entschlossen, künftige Geschlechter vor der Geißel des Krieges zu bewahren, die zweimal zu unseren Lebzeiten unsagbares Leid über die Menschheit gebracht hat [...]«

Der Beginn der Präambel zur UNO-Charta von 1945, formuliert unter dem Eindruck des Zweiten Weltkrieges mit über 60 Millionen Toten, beschreibt die wichtigste Aufgabe der neu gegründeten Weltorganisation. Doch er war keine pazifistische Aussage. Die große Mehrheit der fünfzig Gründerstaaten hielt nationale Streitkräfte und die Bereithaltung von Waffen zum Zwecke der Verteidigung oder Abschreckung weiterhin für unerlässlich. Daher gerieten die in der UNO-Charta formulierten Aussagen zu Rüstungskontrolle und Abrüstung eher zurückhaltend. Die Gründungsstaaten des UNO-Vorläufers Völkerbund hatten sich 1919 unter dem Eindruck des Ersten Weltkrieges noch auf weitergehende Aussagen verständigen können.

Für die Verhandlungen über multilaterale Rüstungskontrolle und Abrüstung etablierte die UNO-Generalversammlung als ihr ständiges Nebenorgan die aus 61 Staaten bestehende Abrüstungskonferenz in Genf. In diesem Rahmen wurde bis Anfang der neunziger Jahre eine Reihe von Abkommen insbesondere zu atomaren, chemischen und biologischen Waffen erzielt. Doch seitdem ist die Konferenz wegen gegensätzlicher Interessen ihrer Mitgliedstaaten weitgehend blockiert. Sämtliche Fortschritte der letzten 25 Jahre auf dem Gebiet multilateraler Rüstungskontrolle und Abrüstung gingen auf Initiativen von Nichtregierungsorganisationen zurück und wurden zum Teil bei Verhandlungen außerhalb der UNO vereinbart. Ein historischer Durchbruch ist das von der Generalversammlung beschlossene Abkommen zum Verbot von Atomwaffen, das Ende Januar 2021 in Kraft trat.

Rüstungsregelung statt Abrüstungsverpflichtung

Die UNO-Gründungsstaaten formulierten ihre Ziele mit Blick auf Abrüstung und Rüstungskontrolle in drei Artikeln der Charta, die lediglich Handlungsoptionen für die Generalversammlung und den Sicherheitsrat benennen.

Artikel 11 Absatz 1: »Die Generalversammlung kann sich mit den allgemeinen Grundsätzen der Zusammenarbeit zur Wahrung der internationalen Sicherheit und des Weltfriedens einschließlich der Grundsätze für die Abrüstung und Rüstungsregelung befassen und in Bezug auf diese Grundsätze Empfehlungen an die Mitglieder oder den Sicherheitsrat oder an beide richten.«

Artikel 26: »Um die Herstellung und Wahrung des Weltfriedens und der internationalen Sicherheit so zu fördern, dass von den menschlichen und wirtschaftlichen Hilfsquellen der Welt möglichst wenig für Rüstungszwecke abgezweigt wird, ist der Sicherheitsrat beauftragt, mit Unterstützung des in Artikel 47 der Charta vorgesehenen Generalstabsausschusses Pläne auszuarbeiten, die den Mitgliedern der Vereinten

Nationen zwecks Errichtung eines Systems der Rüstungsregelung vorzulegen sind.«

Artikel 47: »Es wird ein Generalstabsausschuss eingesetzt, um den Sicherheitsrat in allen Fragen zu beraten und zu unterstützen, die dessen militärische Bedürfnisse zur Wahrung des Weltfriedens und der internationalen Sicherheit, den Einsatz und die Führung der dem Sicherheitsrat zur Verfügung gestellten Streitkräfte, die Rüstungsregelung und eine etwaige Abrüstung betreffen.«

In der Satzung des 1919 gegründeten UNO-Vorläufers Völkerbund standen noch weit ehrgeizigere Absichten. Abrüstung war ein erklärtes Ziel der Organisation. Zudem gab die Satzung dem Rat des Völkerbundes die Kompetenz, Rüstungsobergrenzen für einzelne Staaten festzulegen. Entsprechende Maßnahmen des Völkerbundes blieben allerdings weitgehend erfolglos – nicht zuletzt mit Blick auf Deutschland.

Die UNO hat sich – trotz der vergleichsweise bescheideneren Ziele in ihrer Gründungscharta – in den letzten 75 Jahren zur wichtigsten Institution für Diskussionen und Verhandlungen über multilaterale Rüstungskontrolle und Abrüstung sowie zur Überwachung und Durchsetzung abgeschlossener Verträge entwickelt. Zu den wichtigsten Verhandlungserfolgen gehören neben dem Atomwaffensperrvertrag das (bis heute allerdings noch nicht in Kraft getretene) Abkommen über einen umfassenden atomaren Teststopp, die beiden Konventionen zum Verbot von chemischen und von biologischen Massenvernichtungswaffen sowie die UNO-Konvention zur Beschränkung des Einsatzes besonders inhumaner konventioneller Waffen.

Allerdings sind diese Abkommen zum Teil gefährdet, oder sie weisen gravierende Lücken auf. Das gilt auch für die bislang im UNO-Rahmen erzielten Vereinbarungen über eine Kontrolle und Einschränkung von Rüstungsexporten und von Kleinwaffen, den »erfolgreichsten« Massenmordinstrumenten seit dem Abwurf der Atombomben von Hiroshima und Nagasaki im August 1945. Zudem ist die UNO-Abrüstungskonferenz in Genf – das zentrale Verhandlungsforum der Weltorganisation zu Themen der Rüstungskontrolle und Abrüstung – seit über neunzehn Jahren blockiert. Die Konferenz ist nicht einmal in der

Lage, sich auch nur auf ein Mandat zu einigen für Verhandlungen über neue Rüstungsgefahren – wie zum Beispiel Weltraumwaffen – oder über einen weltweiten Stopp der Produktion von atomwaffenfähigem Spaltmaterial. Wegen dieser Blockade der UNO-Abrüstungskonferenz wurden zwei der vier wichtigsten Rüstungskontrollerfolge der letzten dreißig Jahre seit Ende des Kalten Krieges – die Abkommen von Ottawa und Oslo über das Verbot von Antipersonenminen und von Streubomben – unter dem Druck einer globalen Koalition von Nichtregierungsorganisationen von vertragswilligen Staaten außerhalb des UNO-Rahmens ausgehandelt. Auch die Verhandlungen der UNO-Generalversammlung über das 2013 verabschiedete Abkommen zur Kontrolle des Handels mit konventionellen Waffen wurde von Nichtregierungsorganisationen initiiert. Dasselbe gilt für das Abkommen zum Atomwaffenverbot, das im Januar 2021 in Kraft getreten ist.

Atomwaffenverbotsvertrag der UNO gegen massive Widerstände

Nur wenige Wochen nach Ende Verabschiedung der UNO-Charta in San Francisco warfen die USA am 6. und 9. August 1945 zwei atomare Massenmordwaffen auf die beiden japanischen Städte Hiroshima und Nagasaki ab. Die beiden Bomben töteten unmittelbar 92 000 Menschen und richteten größere Zerstörungen an als je zuvor irgendeine Waffe. Infolge der radioaktiven Verstrahlung der beiden Städte starben allein bis Ende 1945 weitere 130 000 Menschen. Bis heute sind Zehntausende Japaner und Japanerinnen auch nachfolgender Generationen in ihrer Gesundheit und körperlichen Unversehrtheit betroffen.

Sowohl nach den Maßstäben der UNO-Charta, der UNO-Genozidkonvention und des humanitären Völkerrechts als auch der Straftatbestände, die US-Juristen bei den Kriegsverbrecherprozessen in Nürnberg und Tokio etablierten, waren die beiden Atombombenabwürfe ein Kriegsverbrechen, ein Verbrechen gegen die Menschlichkeit sowie möglicherweise auch ein Akt des Völkermords. Allerdings trat die UNO-

Charta erst über zwei Monate später, am 24. Oktober 1945 in Kraft, die Nürnberger Prozesse begannen erst Ende November 1945, die UNO-Genozidkonvention wurde 1948 von der Generalversammlung verabschiedet und die vier Genfer Konventionen mit den wichtigsten Bestimmungen des humanitären Völkerrechts 1949.

Die Atombombenabwürfe vom August 1945 entfachten eine weltweite Bewegung zur vollständigen Abschaffung dieser Massenmordwaffen, die bis heute anhält. Seit 2007 vernetzte sich diese Bewegung in der Internationalen Kampagne zur Abschaffung von Atomwaffen (International Campaign for the Abolition of Nuclear Weapons, ICAN), zu der heute fast 500 Initiativen und Organisationen in rund 110 Staaten gehören.

Der bislang größte Erfolg dieser Bewegung ist das Abkommen zur Ächtung von Atomwaffen, das die UNO-Generalversammlung im Juli 2017 mit einer Mehrheit von 122 ihrer 193 Mitgliedstaaten beschloss. Nach der Ratifizierung durch fünfzig Staaten trat das Abkommen am 21. Januar 2021 in Kraft. Mit dem Abkommen verpflichten sich die Vertragsstaaten, nicht nur auf den Einsatz von Atomwaffen zu verzichten und auf dessen Androhung, sondern auch auf den Besitz, die Entwicklung, Produktion, Lagerung und Weitergabe dieser Massenvernichtungswaffen. Vertragsstaaten dürfen auch keine Stationierung von Atomwaffen anderer Länder auf ihrem Territorium zulassen oder den Transport atomarer Waffen über ihre Hoheitsgebiete und -gewässer sowie durch den Luftraum. Würden Deutschland, die Niederlande oder Belgien dem Abkommen beitreten, müssten die derzeit noch in diesen drei NATO-Staaten stationierten US-amerikanischen Atombomben ersatzlos abgezogen werden.

ICAN wurde für ihr erfolgreiches Engagment 2018 mit dem Friedensnobelpreis ausgezeichnet. Der Erfolg ist umso höher einzuschätzen angesichts der massiven Widerstände der USA, Deutschlands und anderer NATO-Staaten gegen einen UNO-Verbotsvertrag für Atomwaffen. 2015 hatte ICAN die Regierungen Österreichs und einiger andere kleinerer Staaten dazu gewinnen können, in der UNO-Generalversammlung einen Antrag für die Aufnahme von Vertragsverhandlungen einzubringen. Vergeblich versuchten die Regierungen der NATO-Staaten, die Aufnahme von Verhandlungen zu verhindern. Ihr Argument war, ein UNO-Abkommen zur Ächtung von Atomwaffen werde den bestehenden Vertrag zum Verbot der Nichtweiterverbreitung atomarer Waffen schwächen. Nachdem sie die Aufnahme der Verhandlungen nicht verhindern konnten, boykottierten auf Weisung Washingtons sämtliche NATO-Staaten mit Ausnahme der Niederlande die Verhandlungen. Bei der Abstimmung in der UNO-Generalversammlung im Juli 2017 votierten die Niederlande als einziges Mitglied gegen den Vertrag; Singapur enthielt sich. Auch die Atomwaffenstaaten Russland, China, Israel, Indien und Pakistan blieben der Abstimmung fern, ebenso – zum Teil auf Druck der USA – weitere 26 Länder.

Nach der Verabschiedung des Vertrags versuchten die Regierungen in Washington, Berlin und anderen NATO-Staaten vergeblich zu verhindern, dass die für das Inkrafttreten des Vertrages erforderlichen Ratifikationen durch mindestens fünfzig Staaten zusammenkommen.

Negative Kehrtwende der Schweiz

Eine unter allen 193 UNO-Mitgliedern einzigartige negative Kehrtwende vollzog die Schweiz. Bei der Abstimmung in der UNO-Generalversammlung vom Juli 2017 stimmte sie dem Abkommen zunächst zu. Doch im Sommer 2018 entschied der Bundesrat, das Abkommen nicht zu unterzeichnen und dem Parlament nicht zur Ratifizierung vorzulegen. Ein Beitritt zum Atomwaffenverbot sei »sicherheitspolitisch riskant», lautet das zentrale Argument in der elfseitigen Begründung der Bundesratsentscheidung. Denn »im Extremfall der Abwehr eines bewaffneten Angriffs würde die Schweiz mit einiger Wahrscheinlichkeit mit anderen Staaten oder Bündnissen, nicht zuletzt mit Kernwaffenstaaten oder deren Alliierten, zusammenarbeiten«. Mit einer Unterzeichnung des Atomwaffenverbots würde die Schweiz sich hingegen »die Handlungsoption verschließen, sich [...] explizit unter einen Nuklearschirm zu stellen«. Im Klartext heißt das, die Schweiz würde im Extremfall Nuklearstaaten auffordern, zu ihren Gunsten einen Massenmord an Zivilisten zu begehen. Welche Großstadt würde der Bundesrat denn auslöschen wollen? Moskau vielleicht? Bemerkenswerterweise wurden die zitierten Passagen zur Aufgabe der Neutralität und Unterwerfung der Schweiz unter die Nukleardoktrin der NATO in dem Bundesratsdokument im Eidgenössischen Departement für Verteidigung, Bevölkerungsschutz und Sport (VBS) formuliert. Dessen Chef war bis Ende 2018 Guy Parmelin von der SVP, die sich ansonsten so gerne als Gralshüter der Neutralität der Schweiz darstellt.

Ein Verbotsabkommen sei sinnlos, solange die Atomwaffenmächte nicht dabei seien, behauptet der Bundesrat in seinem Dokument. So argumentieren auch die Regierungen in Berlin und anderen Hauptstädten. Doch gemäß dieser Logik dürfte die Schweiz auch keine Menschenrechtsverträge unterzeichnen, solange Saudi-Arabien, Iran oder China diese Verträge nicht umsetzen. Zudem widerlegt die Geschichte der letzten 75 Jahre die Behauptung des Bundesrats. Sämtliche Rüstungskontroll- und Abrüstungsverträge, die seit 1945 international vereinbart wurden – mit Ausnahme der bilateralen Abkommen zwischen den USA und der Sowjetunion beziehungsweise Russland zur Begrenzung von Atomwaffen und Raketenabwehrsystemen –, wurden von kleinen Staaten initiiert und durchgesetzt, die zumeist selbst nicht über die entsprechenden Waffen verfügten, oder von internationalen Koalitionen von Nichtregierungsorganisationen. Zunächst geschah dies oft gegen den Willen und Widerstand gewichtiger und großer Staaten, die über die entsprechenden Waffen oder Munitionen verfügten. Das gilt unter anderem für den Atomwaffensperrvertrag sowie für die Abkommen zum Verbot von chemischen und biologischen Massenvernichtungsmitteln, von Antipersonenminen und von Streubomben. All diese Abkommen bewirkten die politisch-moralische Ächtung der verbotenen Waffen, und sie wurden von den jeweiligen Vertragsstaaten umgesetzt. Auf diese Weise wuchs und wächst der Druck auf die zunächst noch unwilligen Staaten, diesen Abkommen beizutreten. Auch die Schweiz wurde 1968 erst durch internationalen Druck gezwungen, das 1946 vom Bundesrat lancierte Entwicklungsprogramm für eigene Atomwaffen aufzugeben und dem Sperrvertrag beizutreten.

Der Atomwaffensperrvertrag

Vier Jahre nach den Atombombenabwürfen der USA auf Hiroshima und Nagasaki zündete die Sowjetunion am 29. August 1949 ihre erste Atombombe. Damit begann der atomare Rüstungswettlauf zwischen den beiden ständigen, vetoberechtigten Mitgliedstaaten des UNO-Sicherheitsrats. In den Jahren 1952, 1960 und 1964 wurden auch die drei weiteren ständigen Ratsmitglieder, Großbritannien, Frankreich und China, zu Atomwaffenstaaten.

Die Schrecken von Hiroshima und Nagasaki und die Sorge, dass sich weitere Staaten Atomwaffen aneignen könnten, führte auf Initiative von Irland und anderen kleineren UNO-Mitgliedstaaten ab Mitte der sechziger Jahren zu Verhandlungen und schließlich zur Vereinbarung des Vertrags über die Nichtverbreitung atomarer Waffen (Non-Proliferation Treaty, NPT). Das Abkommen trat im März 1970 in Kraft. Die im deutschen Sprachgebrauch häufig verwendete Bezeichnung »Atomwaffensperrvertrag« stammt vom ersten deutschen Bundeskanzler Konrad Adenauer und war abfällig gemeint. Adenauer, der Atomwaffen für die Bundeswehr in nationaler Verfügung anstrebte, war gegen den Vertrag, den er als »Aussperrung Deutschlands« interpretierte.

Inzwischen hat der NPT 191 Vertragsstaaten, darunter die fünf »offiziellen« Atomwaffenmächte mit ständigem Sitz im UNO-Sicherheitsrat. Lediglich die drei »inoffiziellen« Atomwaffenmächte Indien, Israel, Pakistan sowie der 2011 neu gegründete Staat Südsudan sind nicht beigetreten. Nordkorea erklärte im Januar 2003 seinen Austritt. Wegen Differenzen über die bei einem Austritt einzuhaltenden Verfahrensregeln ist der Status Nordkoreas mit Blick auf den NPT aber bislang nicht endgültig geklärt.

Seit 1975 führen die Vertragsstaaten alle fünf Jahre eine Konferenz zur Überprüfung des Vertrags und seiner Einhaltung durch. Die neunte Überprüfungskonferenz im Mai 2015 in der New Yorker UNO-Zentrale scheiterte am mangelnden Abrüstungswillen der fünf offiziellen Atommächte und wegen der Konflikteskalation im Nahen Osten. Es gab keine gemeinsame Abschlusserklärung. Die ursprünglich für Mai 2020 anberaumte zehnte Überprüfungskonferenz wurde wegen der Corona-Pandemie zunächst auf Mai 2021 verschoben.

Das fragwürdige Privileg der fünf »offiziellen« und »legitimen« Atomwaffenmächte

Internationale Verträge zwischen Staaten sind immer Kompromisse und politische Gegengeschäfte. Für den zwischen 1963 und 1968 ausgehandelten Atomwaffensperrvertrag gilt dies in besonderem Maße. Denn der NPT ist das einzige seit Gründung der UNO 1945 vereinbarte völkerrechtliche Abkommen, bei dem die Rechte und Verpflichtungen seiner Unterzeichnerstaaten ausdrücklich unterschiedlich geregelt sind. Das Privileg eines ständigen und mit Vetorecht ausgestatteten Sitzes im UNO-Sicherheitsrat, das sich die vier Siegermächte des Zweiten Weltkrieges, USA, Sowjetunion, Frankreich und Großbritannien, in der UNO-Gründungscharta sicherten und dann auch China als dem bevölkerungsreichsten Land der damals so genannten »Dritten Welt« zugestanden, wurden mit dem NPT noch erweitert. Seit Inkrafttreten des NPT gelten die fünf ständigen Mitglieder des UNO-Sicherheitsrats (P5 für »Permanent Members«) auch als die »offiziellen« Atomwaffenmächte. Denn nur diese fünf Staaten hatten bereits vor dem 1. Januar 1967, der auf ihr Drängen im NPT als Ausschlussdatum festgelegt wurde, Kernsprengköpfe entwickelt und gezündet. Allerdings verpflichteten sich die fünf Atomwaffenmächte im NPT, »in redlicher Absicht Verhandlungen zu führen [...] über einen Vertrag zur allgemeinen und vollständigen Abrüstung unter strenger und wirksamer internationaler Kontrolle« (Artikel VI). Nur aufgrund dieser Zusicherung der P5 verzichteten die inzwischen 186 anderen Unterzeichnerstaaten des NPT darauf, Atomwaffen herzustellen oder von anderen Staaten zu erwerben (Artikel II).

Mit 191 Vertragsstaaten ist der NPT das multilaterale Rüstungskontrollabkommen mit der größten Zahl an Unterzeichnern. Wesentliche Voraussetzung für den Verzicht auf Atomwaffen war für viele Unterzeichnerstaaten aus der »Dritten Welt« auch die NPT-Bestimmung, mit der das »unveräußerliche Recht aller Vertragsparteien« garantiert wird, »unter Wahrung der Gleichbehandlung [...] die Erforschung, Erzeugung und Verwendung der Kernenergie für friedliche Zwecke zu entwickeln« (Artikel IV).

Der Club der Atomwaffenmächte wächst auf acht Mitglieder

Die fünf »offiziellen« Atomwaffenmächte galten zunächst auch als die einzig »legitimen«. Bis in den siebziger und achtziger Jahren die beiden verfeindeten asiatischen Regionalmächte Indien und Pakistan nach zunächst geheimen Atomwaffentests offiziell bestätigten, dass sie nun ebenfalls über atomare Massenvernichtungsmittel verfügten. Israel hat den Besitz von Atomwaffen bis heute weder ausdrücklich bestätigt noch dementiert. Doch übereinstimmende Erkenntnisse der Geheimdienste in mehreren westlichen Ländern und in Russland belegen, dass Israel über Atomwaffen verfügt. Nach der jüngsten Statistik vom Januar 2020 des angesehenen Internationalen Stockholmer Friedensforschungsinstituts (Stockholm International Peace Research Institute, SIPRI) verfügt Israel über neunzig Atomsprengköpfe (Indien 150, Pakistan 160, China 320, Frankreich 290, Großbritannien 215, USA 5800, Russland 6375).

Allerdings haben Indien, Pakistan und Israel mit der Entwicklung oder dem Erwerb von Atomwaffen nicht gegen den NPT verstoßen. Denn alle drei Staaten haben das Abkommen bis heute nicht unterzeichnet. Dennoch war bereits die Erweiterung des Clubs der Atomwaffenmächte von den fünf »offiziellen« und »legitimen« auf acht Mitglieder Anlass für Kritiker in westlichen Hauptstädten und Medien, den NPT für unzureichend oder gar für gescheitert zu erklären. Bei dieser Kritik fällt allerdings zumindest mit Blick auf Israel zumeist die Frage unter den Tisch, wie das Land eigene Atomwaffen entwickeln konnte. Nach allen bis heute vorliegenden Beweisen war das nur möglich dank kräftiger technologischer Hilfe durch die beiden offiziellen Atomwaffenmächte USA und Frankreich. Sollte diese Hilfe auch noch nach Inkrafttreten des NPT im März 1970 erfolgt sein, hätten Washington und Paris damit gegen den ersten Artikel des Abkommens verstoßen. Denn nach diesem Artikel »verpflichtet sich jeder Kernwaffenstaat, der Vertragspartei ist, Kernwaffen und sonstige Kernsprengkörper oder die Verfügungsgewalt darüber an niemanden unmittelbar oder mittelbar weiterzugeben und einen Nichtkernwaffenstaat weder zu unterstützen noch zu ermutigen noch zu veranlassen, Kernwaffen oder sonstige Kernsprengkörper herzustellen oder sonstwie zu erwerben oder die Verfügungsgewalt darüber zu erlangen«.

Im Fall der Atomwaffenbeschaffung durch Pakistan haben zumindest unzureichende Kontrollen im NPT-Vertragsstaat Niederlande dazu beigetragen, dass der Wissenschaftler Abdul Qadeer Khan, der »Vater der pakistanischen Atombombe«, geheime Informationen und Dokumente über die Entwicklung dieser Waffe an sein Heimatland weitergeben konnte. An diese Informationen und Dokumente war Khan während seiner Beschäftigung in einem niederländischen Urananreicherungsunternehmen gelangt.

Verstöße gegen den Sperrvertrag

Später verkaufte Khan sein gestohlenes Wissen auch an den Iran. Mit dem Kauf verstieß Iran, das den NPT bereits 1970 ratifiziert hatte, gegen das Abkommen.

Im Jahr 1977 wurde durch eine Veröffentlichung der westdeutschen Anti-Apartheid-Bewegung bekannt, dass auch die Bundesrepublik Deutschland durch eine enge atomare Zusammenarbeit mit Südafrika den Sperrvertrag verletzt hatte. Dank dieser Kooperation sowie mit sehr weit gehender technologischer Hilfe durch Israel konnte Südafrika sechs atomare Sprengköpfe entwickeln. Nach der Überwindung des Apartheidregimes im Jahre 1994 stellte Südafrika seine Atomwaffenbestrebungen ein und unterwarf sich ohne Einschränkung den im NPT vorgesehenen Kontrollen seines zivilen Nuklearprogramms durch die Internationale Atomenergie-Organisation (IAEO) in Wien.

Auch andere Vertragsstaaten haben seit 1970 gegen das Abkommen verstoßen. Irak betrieb bis zum Golfkrieg 1991 ein – ursprünglich auch durch technologische Unterstützung aus Frankreich und den USA ermöglichtes – Programm zur Entwicklung von Atomwaffen. Nach dem Golfkrieg wurde das Programm von der IAEO eliminiert. Auch Ägypten, Südkorea, Iran und Libyen wurden Unregelmäßigkeiten nachgewiesen. Libyen gab 2004 sein bis dato geheimes militärisches Nuklearprogramm auf und unterstellte sich der Überwachung durch die IAEO. Weiterhin unerledigt war Anfang 2021 der Konflikt um das iranische Nuklearprogramm – trotz zwischenzeitlicher Entspannung durch das Nuklearabkommen vom Juli 2015.

Der kriegsträchtige Konflikt um das iranische Nuklearprogramm

Iran war an den Verhandlungen über den NPT beteiligt, hatte ihn Anfang Juli 1968 unterzeichnet und zu einem im internationalen Vergleich sehr frühen Zeitpunkt – Anfang Februar 1970 – auch ratifiziert. Damals, neun Jahre vor der Revolution von 1979, aus der die »Islamische Republik« hervorging, herrschte in Teheran noch der Schah, ein eng mit dem Westen und mit Israel verbündeter Autokrat.

Ab 1986 verstieß Teheran mit der Anreicherung von Uran in unterirdischen Anlagen, die vor der IAEO geheim gehalten wurden, zumindest gegen die Überwachungs- und Kontrollbestimmungen des NPT, die sogenannten *»safeguards«*. Seit Bekanntwerden dieser Verstöße im Jahr 2003 stand die Regierung in Teheran vor allem bei westlichen Regierungen unter dem Verdacht, sie betreibe ein verbotenes Programm zur Entwicklung von Atomwaffen. Die iranische Führung hat dies immer entschieden dementiert. Zugleich jedoch lieferte Teheran in den Amtsjahren des Hardliner-Präsidenten Mahmud Ahmadinedschad neue Nahrung für diesen Verdacht, unter anderem mit dem Bau einer neuen unterirdischen und tief verbunkerten Urananreicherungsanlage, mit Sprengkörpertests und mit der Verweigerung einer uneingeschränkten Kooperation mit der IAEO.

Seit 2006 verhängten zunächst die USA und die EU und dann auch der UNO-Sicherheitsrat Sanktionen gegen Iran, um das Land zur Einstellung aller etwaigen, nach dem NPT verbotenen militärischen Teile seines Nuklearprogramms und zur vollen Zusammenarbeit mit der IAEO zu zwingen. 2011 nahm die Obama-Administration in Washington zunächst hochgeheime Konsultationen mit der Regierung in Teheran auf, um die Möglichkeiten von Verhandlungen über das umstrittene Nuklearprogramm auszuloten. Nach der Wahl des Reformers Hassan Rohani zum neuen iranischen Präsidenten verhandelte Teheran ab

Oktober 2013 dann offiziell mit den fünf Vetomächten des UNO-Sicherheitsrats und Deutschland – im Diplomatenjargon als Ländergruppe P5+1 bezeichnet – über ein Abkommen, das den Verzicht Teherans auf die Entwicklung von Atomwaffen überprüfbar und verlässlich machen, zugleich aber Iran das Recht auf uneingeschränkte Nutzung der nuklearen Technologie für zivile Zwecke garantieren sollte.

Die israelische Regierung von Premierminister Benjamin Netanjahu, das islamistische Wahabiten-Regime in Saudi-Arabien, die Hardliner in Teheran sowie die Republikaner im US-Kongress versuchten vergeblich, die Verhandlungen zum Scheitern zu bringen. Im Juli 2015 wurde das hundertseitige Abkommen mit fünf technischen Anhängen unterzeichnet. Das Abkommen untersagt Iran den Bau und Betrieb von Anlagen, in denen Plutonium anfällt, das zur Herstellung von Atomwaffen benutzt werden könnte. Der im Bau befindliche Schwerwasserreaktor Arak musste zerstört werden.

Für die Anreicherung von Uran zu zivilen Zwecken wurden Einschränkungen festgelegt, die weitreichender als die für alle anderen Vertragsstaaten des NPT gültigen Bestimmungen sind. Die Zahl einsatzbereiter Zentrifugen zur Anreicherung von Uran in den iranischen Nuklearanlagen wurde von knapp 20 000 auf die Obergrenze von 6000 reduziert. 98 Prozent der zum Zeitpunkt der Vereinbarung des Abkommens im Juli bereits vorhandenen Vorräte von 12 000 Tonnen leicht angereicherten Urans mussten vernichtet oder ins Ausland gebracht werden. Unter dem Abkommen darf Iran nie mehr als 220 Kilogramm niedrig angereichertes Uran auf dem eigenen Staatsgebiet lagern. Mit diesen Maßnahmen soll sichergestellt werden, dass Iran selbst bei einem unerlaubten Hochfahren der Urananreicherung mindestens ein Jahr benötigte, um eine ausreichende Menge hochangereichertes Uran für die Herstellung von Atomwaffen zu produzieren. Damit bliebe der internationalen Gemeinschaft ausreichend Zeit für Gegenmaßnahmen. Und auch die einschneidenden Kontrollen und Überwachungsmaßnahmen durch die IAEO, denen Iran mit dem Abkommen unterworfen wurde, gehen weiter als die entsprechenden Bestimmungen des NPT. Die IAEO muss alle drei Monate darüber berichten, ob sich Teheran an die Bestimmungen hält. Bei der Ratifikation des Abkommens im US-

Senat setzten die Republikaner eine Bestimmung durch, die den Präsidenten verpflichtet, alle drei Monate gegenüber dem Kongress in Washington die Vertragstreue Irans zu bestätigen. Ohne einen positiven Bescheid des Präsidenten könnte der Kongress neue Sanktionen gegen Teheran beschließen.

Nach den ersten beiden positiven Berichten der IAEO hoben die USA, die EU und die UNO ab Januar 2016 ihre Wirtschaftssanktionen auf, die sie im Zusammenhang mit dem Konflikt um das Nuklearprogroam seit Anfang des Jahrtausends gegen Iran verhängt hatten.

Die wichtigsten Akteure bei der Aushandlung des Abkommens vom Juli 2015 waren US-Außenminister John Kerry und sein iranischer Amtskollege Mohammed Dschawad Sarif. Mit dem Abkommen wurde ein seit über zwölf Jahren schwelender internationaler Konflikt zunächst beigelegt, bei dem mehrfach die Gefahr einer militärischen Konfrontation zwischen den USA und Iran bestand, wahrscheinlich unter Beteiligung Israels, Saudi-Arabiens und anderer Staaten. Es drohte ein vierter Golfkrieg mit noch verheerenderen Auswirkungen für die Menschen und die Stabilität in der Region des Nahen und Mittleren Ostens als bei den drei vorangegangenen Kriegen 1980 bis 1988, 1991 und 2003. Zudem bestand die Hoffnung, dass das Abkommen zu einer Schwächung der Hardliner im Iran führen könne und damit zu mehr politischen Spielräumen und Freiheiten für die Reformer und für die demokratischen Opposition des Landes. Das Abkommen war der größte außenpolitische Erfolg der Obama-Administration.

Weil er diesen Erfolg seines verhassten Vorgängers zerstören wollte, diffamierte Donald Trump das Abkommen bereits in seinem Präsidentschaftswahlkampf 2016 als »den schlechtesten außenpolitischen Vertrag, den ein Präsident in der gesamten Geschichte der USA unterzeichnet hat«. Trump machte sich die Propagandabehauptung von Netanjahu zu eigen, dieses Abkommen werde »Iran den Weg zur Atombombe ebnen«. Für den Fall seines Wahlsieges kündigte Trump den Austritt der USA aus dem Abkommen an. Im Mai 2018 machte Präsident Trump diese Ankündigung wahr, und dies, obwohl bis dahin die IAEO in ausnahmslos allen ihren Vierteljahresberichten bescheinigt hatte, dass Teheran sich strikt an das Abkommen halte. Genau diese Feststellung hatte Trump sogar selbst – ebenso wie sein Vorgänger Obama – in allen Dreimonatsberichten getroffen, die die beiden Präsidenten dem Kongress seit Herbst 2015 vorlegen mussten.

Seit dem Austritt aus dem Abkommen verkündete die Trump-Administration eine »Strategie des maximalen Drucks« gegen Teheran und verhängte in mehreren Schritten bis Dezember 2020 immer schärfere Sanktionen gegen Iran sowie gegen Unternehmen und Banken aus Drittländern, um diese von Investitionen, Handel und sonstigen Wirtschaftsbeziehungen mit Iran abzuhalten. Die US-Sanktionen haben die hausgemachten wirtschaftlichen Probleme im Iran zu einer dramatischen Wirtschafts- und Versorgungskrise verschärft. Politisch führt das zu einer Stärkung der Hardliner und Gegner des Nuklearabkommens. Sollte die Biden-Administration nach ihrem Amtsantritt Ende Januar 2021 die von Trump praktizierte Konfrontationspolitik der USA gegenüber Teheran nicht substanziell korrigieren, könnte bei den für Mitte Juni 2021 anberaumten Präsidentschaftswahlen im Iran nach den zwei Amstzeiten des Reformers Rohani wieder ein Hardliner die Macht übernehmen. General Hossein Dehghan, ehemals Kommandeur bei den Iranischen Revolutionären Garden, hat bereits seine Kandidatur angemeldet. Auch der ehemalige Hardliner-Präsident Ahmadinedschad erwog eine erneute Bewerbung.

Eine fortgesetzte Konfrontationspolitik Washingtons gegenüber Teheran würde auch die für Mai 2021 anberaumte NPT-Überprüfungskonferenz zusätzlich belasten.

Der Austritt Nordkoreas aus dem NPT

Der NPT enthält – wie jedes andere internationale Abkommen – eine Vertragsklausel, die die Möglichkeit eines Austritts aus dem Vertrag regelt. Von dieser Option hat bislang einzig Nordkorea Gebrauch gemacht. Seit dem Austritt im Januar 2003 führte Nordkorea mehrere atomare Testsprengungen durch. Inzwischen verfügt das Land nach Einschätzung von SIPRI über Spaltmaterial (Plutonium und auf einen Grad von über 90 Prozent hochangereichertes Uran) für mindestens acht Atomsprengköpfe. Wegen dieser Aktivitäten verhängte der UNO-Sicherheitsrat ab 2003 immer schärfere Sanktionen gegen Nordkorea.

Ihren Austritt aus dem NPT rechtfertigte die Regierung in Pjöngjang damit, dass sich die USA nicht mehr an ein 1994 in Genf vereinbartes Abkommen hielten. In diesem Abkommen hatte Nordkorea allen Atomwaffenambitionen abgeschworen. Im Gegenzug versprach die Clinton-Administration die Lieferung von für militärische Zwecke nicht nutzbaren Leichtwasserreaktoren zur Energieerzeugung sowie von verbilligtem Heizöl. Ein lange Zeit geheim gehaltenes Zusatzprotokoll zum Genfer Abkommen enthält eine Nichtangriffsgarantie der Clinton-Administration gegenüber Nordkorea. Diese Garantie kündigte Clintons Nachfolger George W. Bush auf, als er Anfang 2002 Nordkorea gemeinsam mit Irak und Iran zur »Achse des Bösen« erklärte und das Pentagon Szenarien für militärische Angriffe gegen Nordkorea auch mit Atomwaffen ausarbeiten ließ.

Nach dem Austritt Nordkoreas aus dem NPT im Jahr 2003 wurde zur Lösung des Konflikts über Nordkoreas Atomprogramm das Format der Sechsergespräche etabliert unter Beteiligung der USA, Chinas, Russlands, Japans und der beiden Koreas. Vergeblich beharrte Nordkorea aber weiterhin auf parallelen bilateralen Verhandlungen mit den USA. Wegen der unvereinbaren Positionen zwischen Washington und Pjöngjang erbrachten die Sechsergespräche keine Fortschritte. 2009 beendete die nordkoreanische Regierung ihre Teilnahme.

Während der acht Jahre der Obama-Administration verstärkte Nordkorea seine Aktivitäten zum Test sowohl von konventionellen Raketen verschiedener Reichweiten als auch von atomaren Sprengkörpern. Das mit diesen Tests verbundene politische Ziel direkter bilateraler Gespräche und Verhandlungen mit den USA erfüllte sich jedoch nicht. Obamas Nachfolger Trump drohte Nordkorea in seiner ersten Rede vor der UNO-Generalversammlung im September 2017 sogar mit dem »Feuer einer nuklearen Vernichtung«. Doch dann traf Trump zweimal zu direkten Verhandlungen mit Nordkoreas Machthaber Kim Jong-un zusammen und bescherte diesem die langersehnte Anerkennung durch die USA. Trumps Behauptungen über die bei diesen beiden Treffen angeblich erzielten Ergebnisse und Zusagen Kim Jong-uns zur Einstellung des Atomprogramms erwiesen sich im Nachhinein als unseriös. Trumps Nachfolger Biden kündigte im Präsidentschaftswahlkampf eine »harte Hand« im Umgang mit Nordkorea an. Was genau Präsident Biden anders machen will als seine drei im Umgang mit Nordkorea erfolglosen Vorgänger Trump, Obama und Bush, teilte er auch in seinen ersten außenpolitischen Reden zunächst nicht mit.

Mangelnde Vertragstreue der fünf »offiziellen« Atomwaffenmächte ist die größte Gefahr für den NPT

Doch trotz des Austritts Nordkoreas, trotz aller bewiesenen oder mutmaßlichen Vertragsverstöße seit Inkrafttreten des NPT vor 51 Jahren und trotz der Erweiterung des ursprünglichen Clubs der Atomwaffenmächte von fünf auf acht bis neun Mitglieder: ohne den NPT gäbe es heute zwanzig bis dreißig Atomwaffenmächte. Darüber sind sich die Rüstungskontrollexperten in Nord und Süd weitgehend einig.

Die größte Gefahr droht dem ursprünglich nur für eine Laufzeit von 25 Jahren abgeschlossenen Abkommen, weil die fünf »offiziellen« Atomwaffenmächte bis heute ihre vertragliche Verpflichtung verweigern, »Verhandlungen zu führen [...] über ein Abkommen zur allgemeinen und vollständigen Abrüstung unter strenger und wirksamer internationaler Kontrolle« (Artikel VI). Nur mit dem Versprechen, diese Verhandlungen endlich aufzunehmen, konnten die P5 auf der NPT-Überprüfungskonferenz 1995 die Verlängerung des Abkommens auf unbefristete Zeit durchsetzen. Bis dahin erfolgte immer nur eine Verlängerung um fünf Jahre bis zur jeweils nächsten Überprüfungskonferenz. Im Jahr 2000 verabschiedete die Überprüfungskonferenz einen gemeinsamen Antrag von Brasilien, Ägypten, Irland, Mexiko, Neuseeland und Südafrika mit dreizehn Schritten zur vollständigen atomaren Abrüstung. Weil die USA in der Folge jedoch konkrete Maßnahmen zur Umsetzung dieser dreizehn Schritte blockierten, scheiterte die Überprüfungskonferenz 2005 und ging erstmals in der Geschichte des NPT ohne gemeinsames Abschlussdokument zu Ende.

Kurz vor der Überprüfungskonferenz im Mai 2010 einigten sich die USA und Russland im Strategic Arms Reduction Treaty (START) darauf, ihre Bestände an strategischen Atomsprengköpfen und Trägersystemen (Raketen, Kampfflugzeuge und U-Boote) zu verringern. Seitdem haben Washington und Moskau ihre Arsenale an einsatzbereiten Atomsprengköpfen zwar um jeweils rund 300 reduziert. Zugleich aber betreiben die USA und Russland ein umfangreiches und kostspieliges Programm zur »Modernisierung« ihrer Atomwaffen mit dem Ziel, »Effektivität«, Zielgenauigkeit und Zerstörungskraft dieser Waffen zu erhöhen. Allein die USA wollen für dieses unter Obama angekündigte und unter Trump noch einmal aufgestockte Modernisierungsprogramm mindestens 350 Milliarden Dollar ausgeben. Auch Frankreich, Großbritannien und China modernisieren ihre Arsenale. »Die Atommächte zeigen bis jetzt nur rhetorisch Willen zur Aufgabe ihrer Waffenarsenale«, heißt es im jüngsten SIPRI-Bericht. Die laufende Modernisierung zeige, dass »Atomwaffen nach wie vor eine harte Währung für internationalen Status und Macht sind«.

Im Abschlussdokument der NPT-Überprüfungskonferenz 2010 setzten die P5 gemeinsam durch, dass alle im ursprünglichen Entwurf für das Dokument vorgesehenen Fristen für konkrete Schritte zur atomaren Abrüstung gestrichen wurden. Ebenso fehlen Hinweise zum Abzug taktischer Atomwaffen der USA aus Deutschland und anderen westeuropäischen Staaten und eine Kritik an der »nuklearen Teilhabe« dieser NATO-Staaten, in der die meisten der 191 Vertragsstaaten einen Verstoß gegen den NPT sehen. Die ebenfalls von einer großen Mehrheit der 191 Vertragsstaaten geforderte »Internationale Konvention zum Verbot von Atomwaffen« wird im Abschlussdokument lediglich erwähnt als »Vorschlag« des damaligen UN-Generalsekretärs Ban Ki-moon.

Russisch-amerikanische Rückschritte und Chinas Verweigerung

Die beiden Staaten USA und Russland verfügen über 90 Prozent der weltweit existierenden Atomwaffen. Kritik, dass sie ihre mit dem NPT vereinbarten Abrüstungsverpflichtungen nicht erfüllen, weisen die Regierungen in Washington und Moskau gerne unter Verweis auf die bilateralen Verträge zurück, die sie seit den siebziger Jahren in Bezug auf Atomwaffen miteinander geschlossen haben.

Doch auch hier gibt es Rückschritte. 2019 kündigte die Trump-Regierung den 1987 zwischen den USA und der damaligen Sowjetunion vereinbarten INF-Vertrag zum vollständigen Verbot landgestützter, mit Atomsprengköpfen ausrüstbarer Raketen und Marschflugkörper mit Reichweiten zwischen 500 und 5500 Kilometern (Intermediate Nuclear Forces, INF). Es ist das einzige Abkommen, durch das nicht nur die Zahl atomarer Sprengköpfe und ihrer Trägersysteme, Raketen, U-Boote, Kampfbomber reduziert wurde, sondern eine ganze Kategorie von Atomwaffen komplett verboten wurde. Bis Ende 1991 hatten die USA und die Sowjetunion landgestützte Mittelstreckenraketen dann auch vertragsgemäß aus ihren Stellungen in Europa vollständig abgezogen und verschrottet.

Die Trump-Administration rechtfertigte die Kündigung des INF-Abkommens mit angeblichen Vertragsverletzungen Russlands. Moskau habe eine neue, landgestützte Mittelstreckenrakete mit einer Reichweite von 2600 Kilometern entwickelt. Umgekehrt bezeichnete Russland die in Rumänien und Polen stationierten Raketenabwehrsysteme der USA als Vertragsverstoß, da diese Systeme geeignet seien, auch Marschflugkörper abzufeuern. Die gegenseitigen Vorwürfe wurden bis zuletzt weder eindeutig belegt noch widerlegt.

Der nun drohende Raketenwettlauf in Europa könnte noch weit gefährlicher werden als der in den siebziger und achtziger Jahren. Besondere Sorge erweckte damals die neue, mit Atomsprengköpfen ausgerüstete Pershing-II-Rakete der USA, offiziell präsentiert als Reaktion auf die Aufstellung der auf Westeuropa zielenden sowjetischen SS-20-Raketen. Die Pershing II hätte acht Minuten nach Abschuss von ihren drei Stationierungsorten in Baden-Württemberg Ziele bei Moskau erreichen und zerstören können.

Mit einer ausreichenden Zahl an Pershing-II-Raketen hätten die USA einen Enthauptungsschlag gegen sowjetische Raketenstellungen führen können. Entsprechende Befürchtungen wurden durch Strategiekonzepte aus der damaligen US-Administration bestärkt, die einen solchen Enthauptungsschlag und das Szenario eines auf Europa begrenzten Atomkrieges befürworteten.

In den achtziger Jahren demonstrierten in der größten Friedensbewegung seit dem Zweiten Weltkrieg Millionen von Menschen in Europa und auch in den USA gegen »Geist, Logik und Politik der atomaren Aufrüstung und Abschreckung« und blockierten die Stationierungsorte für Atomraketen. Diese Friedensbewegung trug wesentlich zur Vereinbarung des INF-Vertrages im Dezember 1987 bei.

Die Waffensysteme, die heute in den USA und Russland in der Pipeline sind, lassen die Pershing II und die SS-20 alt aussehen. Der US-Kongress bewilligte der Trump-Administration bereits für das Haushaltsjahr 2018 eine erste Tranche von 500 Millionen Dollar zur Entwicklung einer neuen landgestützten Mittelstreckenrakete, die die technologischen Fähigkeiten der Pershing II deutlich übertreffen soll – auch hinsichtlich der Möglichkeit, nicht nur feste, sondern auch bewegliche Ziele zu treffen. Denselben »Fortschritt« bringen auch die bereits in der Produktion befindlichen Nachfolgemodelle für die atomaren Fallbomben vom Typ B61-12, die die USA auf ihren Militärbasen im deutschen Büchel in der Eifel sowie in den Niederlanden und Belgien stationieren wollen.

Diese »Modernisierungsmaßnahme« wird von allen Nato-Bündnispartnern der USA ausdrücklich unterstützt. Hinzu kommen neue Atomwaffen mit niedrigerer Sprengkraft, die nach Darstellung Washingtons Moskau davon überzeugen sollen, dass die USA selbst bei einem rein konventionellen Angriff Russlands – etwa auf die baltischen Staaten, wie es die Nato seit der völkerrechtswidrigen russischen Annexion der Krim vor fünf Jahren für denkbar hält – bereit und in der Lage wären, atomar zu reagieren.

Der russische Präsident Putin kündigte seinerseits Anfang Februar 2019 die Entwicklung und Stationierung neuer landgestützter Mittelstreckenraketen an sowie von Abschussgeräten für Kalibr-Raketen, die bislang auf Schiffen stationiert sind und daher nicht unter das Verbot des INF-Vertrages fielen. Sie sollen bis Ende 2021 einsatzbereit sein. Außerdem betreibt Russland laut Putin die Entwicklung von Hyperschallraketen mit größerer Reichweite und mindestens fünffacher Schallgeschwindigkeit.

Nach Ende des INF-Vertrages sinken auch die Chancen, dass sich Washington und Moskau noch rechtzeitig auf ein Nachfolgeabkommen für den im Februar 2021 auslaufenden START-Vertrag mit zahlenmäßigen Obergrenzen für strategische Atomsprengköpfe und ihre Trägersysteme, Interkontinentalraketen, U-Boote und Langstreckenbomber einigen.

Eine neue Aufrüstung in den USA und Russland könnte zudem zu entsprechenden Anstrengungen in China führen sowie in den beiden inoffiziellen Atomwaffenstaaten Indien und Pakistan.

Als US-Präsident Trump den Austritt aus dem INF-Abkommen im Oktober 2018 erstmals androhte, verwies er zur Rechtfertigung neben angeblichen Vertragsverstößen Russlands auf die Tatsache, dass inzwischen anders als bei Abschluss des INF-Vertrages im Jahre 1987 auch weitere Staaten über landgestützte Mittelstreckenraketen verfügen. Daher sei der bilaterale INF-Vertrag historisch überholt und müsse erweitert werden. Konkret nannte Trump dann allerdings nur die drei China, Iran und Nordkorea – aus seiner Sicht Feind- und Schurkenstaaten. Die mehr oder weniger eng mit den USA verbündeten vier Staaten Israel, Südkorea, Indien und Pakistan unterschlug der Präsident.

Die Weiterverbreitung von landgestützten Mittelstreckenraketen seit Ende des Kalten Krieges ist auch aus Wahrnehmung der russischen Regierung ein Problem. Zumal die Mittelstreckenraketen der genannten sieben Staaten sämtlich russisches Territorium erreichen können, nicht aber das Territorium der USA. Präsident Putin hatte bereits 2007 in seiner Rede vor der Münchner Sicherheitskonferenz auf das »Problem« hingewiesen, dass der INF-Vertrag nur die USA und Russland binde.

Aus friedens- und rüstungskontrollpolitischer Sicht wäre ein multilateraler Vertrag zum Verbot von landgestützten Mittelstreckenraketen, im besten Fall ein sogar von der UNO-Generalversammlung vereinbartes Abkommen mit weltweiter Gültigkeit, äußerst wünschenswert. Die Aufkündigung des bilateralen INF-Vertrages ist allerdings ein unglaubwürdiger und kaum aussichtsreicher Weg, um dieses Ziel zu erreichen.

China verfügte 2020 bereits über rund 2000 Mittelstreckenraketen, die mit Reichweiten von über 2000 Kilometern zwar nicht das Festland der USA erreichen können, aber doch US-amerikanische Schiffe und Militärbasen im Pazifik und im asiatischen Meer. Eine Einbeziehung dieser Arsenale in multilaterale Rüstungskontroll- und Abrüstungsverhandlungen lehnt die Regierung in Peking bislang mit der Begründung ausdrücklich ab, von China gehe »keine Gefahr oder Bedrohung für andere Staaten aus«. Auch die Regierungen der anderen sechs Besitzerstaaten von Mittelstreckenraketen haben bislang keine Bereitschaft zur Teilnahme an multilateralen Verhandlungen gezeigt.

Wenig Chancen für Reformen des Sperrvertrags

Wegen der zunehmend wachsenden Spannung zwischen den fünf »offiziellen« Atomwaffenmächten und der großen Mehrheit der übrigen 185 Vertragsstaaten hatten auch die Reformvorschläge zur Stärkung des NPT auf der Überprüfungskonferenz 2010 kaum eine Chance. Die IAEO hatte – vor allem vor dem Hintergrund des aktuellen Konflikts um das iranische Nuklearprogramm – angeregt, dass die Urananreicherung für zivile Zwecke künftig nicht mehr in nationalen Anlagen erfolgen solle, sondern in internationalen, von der IAEO betriebenen Einrichtungen. Zudem schlug die IAEO vor, durch Zusatzprotokolle zum NPT die Zugangs- und Kontrollmöglichkeiten für ihre Inspekteure zu verbessern, die Exportrestriktionen für nukleare Technologie zu verschärfen und die Möglichkeit zum Austritt aus dem Sperrvertrag zu erschweren. Die Forderung vieler kernwaffenfreier Staaten nach völkerrechtlich verbindlichen atomaren Nichtangriffsgarantien der P5 scheiterte am Widerstand der USA. Umgekehrt erregte die Obama-Administration in Washington großes Misstrauen mit ihrer Ankündigung, die Zusammenarbeit mit anderen Staaten im Bereich der zivilen Nutzung der Kerntechnologie künftig einseitig zu begrenzen. Viele Teilnehmerstaaten der Überprüfungskonferenz befürchteten einen Verstoß der USA gegen Artikel 4.2 des NPT, wonach »alle Vertragsparteien sich verpflichten, den weitestmöglichen Austausch von Ausrüstungen, Material und wissenschaftlichen und technologischen Informationen zur friedlichen Nutzung der Kernenergie zu erleichtern, und berechtigt sind, daran teilzunehmen«. Die Überprüfungskonferenz 2015 erbrachte zu den Fragen einer Reform des NPT keine greifbaren Fortschritte.

Israels Atomwaffen und der Nahostkonflikt belasten den NPT

Die Spannungen unter den NPT-Staaten werden noch verschärft durch die eskalierenden Konflikte im Nahen und Mittleren Osten. Bereits auf der Überprüfungskonferenz 2010 gelang die Einigung auf ein gemeinsames Abschlussdokument schließlich nur, weil in dem Dokument auf Antrag Ägyptens für das Jahr 2012 eine internationale Konferenz beschlossen wurde über »die Möglichkeit eines grundsätzlichen Verbots von atomaren, chemischen und biologischen Massenvernichtungswaffen im Nahen Osten«.

Der UNO-Generalsekretär wurde beauftragt, diese Konferenz unter Einschluss aller Staaten der Region – ausdrücklich auch Israels und Irans – zu organisieren. Doch diese Konferenz fand bis heute nicht statt, weil Israel eine Teilnahme prinzipiell verweigert und weil auch die USA unter Präsident Obama sowie Deutschland und andere NATO-Staaten kein Interesse zeigen. Aus diesem Grund verließ Ägypten die zweite Vorbereitungstagung für die Überprüfungskonferenz 2015. Der Streit in dieser Frage war der wesentliche Grund für das Scheitern der Konferenz. Bei Vorbereitungstagungen für die ursprünglich für Mai 2020 anberaumte zehnte Überprüfungskonferenz gab es angesichts der Nahostpolitik der Trump-Administration nicht die geringste Chance für Fortschritte. Und es gibt bislang keine Anzeichen, die Biden-Administration werde in Bezug auf Vorgaben einer UNO-Konferenz zu Massenvernichtungswaffen im Nahen Osten eine andere, positivere Haltung einnehmen als vormals die Obama-Regierung.

Atomarer Teststopp – was lange währt, ist immer noch nicht gut

Nach zahlreichen Aufrufen und Resolutionen der UNO-Generalversammlung in New York für ein umfassendes Verbot aller Arten von Atomwaffentests handelte die Abrüstungskonferenz in Genf zwischen 1994 und 1996 ein entsprechendes Abkommen aus, den »Comprehensive Test Ban Treaty« (CTBT). Bis dahin existierte lediglich ein 1963 vereinbartes Abkommen, mit dem atomare Tests in der Atmosphäre, im Weltraum und unter Wasser verboten wurden (Partial Test Ban Treaty, PTBT). Das Abkommen zum umfassenden Testverbot sollte nicht nur den Atomwaffensperrvertrag ergänzen und die horizontale Proliferation und damit eine Erweiterung der Zahl der Atomwaffenmächte verhindern. In erster Linie zielte der CTBT darauf ab, die vertikale Proliferation zu beenden, also die Modernisierung der Atomwaffenarsenale in den Besitzerstaaten, welche ohne Testsprengungen kaum möglich ist.

Bereits im September 1996 verabschiedete die UNO-Generalversammlung den CTBT mit großer Mehrheit. Der damalige UNO-Generalsekretär Kofi Annan bezeichnete das Abkommen als einen der 25 wichtigsten multilateralen Verträge seit Gründung der Weltorganisation. Dennoch ist der CTBT bis heute nicht in Kraft getreten. Zwar haben 183 Staaten das Abkommen unterzeichnet und 159 ratifiziert. Darunter sind allerdings erst 36 der im Annex des Vertrages aufgeführten 44 Staaten mit eigenen Nuklearanlagen. Deren Ratifikation des CTBT ist Vorbedingung für das Inkrafttreten des Vertrages. Es fehlt weiterhin die Ratifikation durch die USA, China, Israel, Iran und Ägypten sowie von Indien, Pakistan und Nordkorea. Die drei letztgenannten Staaten haben den CTBT noch nicht einmal unterzeichnet. Dennoch wurde die im CTBT vorgesehene Organisation zu seiner Überwachung und Umsetzung bereits vorläufig etabliert (CTBTO Preparatory Commission). Sie errichtete ein globales Verifikationssystem (International Monitoring System, SMS) aus über 321 Messstationen und sechzehn Labors, mit dem nukleare Explosionen in der Atmosphäre, unter der Erde oder unter Wasser registriert werden können. Die Daten werden an ein internationales Datenzentrum (International Data Centre) übermittelt. Seit dem Jahr 2000 besteht ein Kooperationsabkommen zwischen der CTBTO Preparatory Commission und der UNO, das in erster Linie den Informationsaustausch unter den Mitgliedstaaten sicherstellen soll.

Diese vorläufige Einrichtung reicht vielleicht aus, um die horizontale Proliferation von Atomwaffen zu verhindern. Die vertikale Proliferation durch die »Modernisierung« bestehender Arsenale geht jedoch ungehindert weiter. Indien und Pakistan haben 1998 Atomtests durchgeführt. Nordkorea testete in den Jahren 2006, 2009 und 2013. Sowohl die USA wie Russland betreiben erklärtermaßen eine »Modernisierung« ihrer Atomwaffensysteme. Im Fall der USA gilt das auch für die Atombomben, die auf dem Territorium der europäischen NATO-Partner Deutschland, Niederlande und Belgien stationiert sind.

Chemiewaffen – Verbotsbemühungen seit 1899

Bei keiner Waffengattung waren die Bemühungen um wirksame Kontrolle und Abrüstung so langwierig wie bei chemischen Waffen. Und dies, obwohl keine andere Massenvernichtungswaffe in den letzten 125 Jahren so häufig und mit so verheerenden Wirkungen eingesetzt wurde. Bereits die Haager Landkriegsordnung von 1899 – nach der von Rotkreuz-Gründer Henry Dunant initiierten Ersten Genfer Konvention von 1864 das zweite wichtige Abkommen in der Geschichte des humanitären Völkerrechts – verbot den »Einsatz von Geschossen, deren Zweck die Freisetzung von Giftgas war«. Doch im Ersten Weltkrieg wurde dieses Verbot massiv missachtet. Giftgas wurde häufig und mit grausamer Wirkung eingesetzt. Das führte zur Verabschiedung des Genfer Protokolls von 1925, mit dem der Einsatz von chemischen und bakteriologischen Kampfmitteln verboten wurde. Aber auch dieses Verbot hatte nur sehr begrenzte Wirkung. Die am Zweiten Weltkrieg beteiligten Mächte setzten zwar zumindest in Europa keine chemischen und bakteriologischen Kampfmittel im Rahmen militärischer Auseinandersetzungen ein. Doch in den Konzentrationslagern Nazideutschlands wurden über sechs Millionen Juden mit Giftgasen ermordet. In den sechziger Jahren setzte Ägypten Giftgas gegen Nordjemen ein. Die USA richteten im Vietnamkrieg bis Mitte der siebziger Jahre durch den massenhaften Einsatz von Agent Orange und CS-Gas verheerende Schäden an Menschen und Umwelt an, die bis heute zur Geburt von missgebildeten Kindern in Vietnam, Laos und Kambodscha führen.

UNO-Sicherheitsrat ignoriert die verheerenden Chemiewaffeneinsätze Iraks

Ab Ende der siebziger Jahre lieferten westdeutsche Unternehmen dem irakischen Diktator Saddam Hussein die Grundsubstanzen, Produktionsanlagen und alle erforderliche Technologien für die Herstellung von Chemiewaffen. Diese Waffen setzte das irakische Regime dann im Ersten Golfkrieg (1980–1988) mit ebenfalls verheerender Wirkung gegen Iran ein – sowohl gegen Teherans Soldaten wie gegen die Zivilbevölkerung. Die Zieldaten für die C-Waffen-Angriffe erhielt Saddam Hussein damals vom Pentagon. Zudem lieferten die USA und die beiden anderen westlichen Vetomächte des UNO-Sicherheitsrats dem irakischen Regime für seinen Krieg gegen den islamischen Gottesstaat (seit 1979) Iran Kampfflugzeuge, Panzer und andere konventionelle Waffen. Von der Sowjetunion erhielt Saddam Hussein Scud-Raketen, die die irakischen Streitkräfte – zum Teil mit chemischen Sprengköpfen bestückt – nicht nur gegen iranische Ziele verschossen, sondern im Zweiten Golfkrieg von 1991 auch gegen Israel. Denn die sowjetische Führung befürchtete nach der islamischen Revolution in Teheran ein Übergreifen des Islam auf die an Iran angrenzenden zentralasiatischen Republiken der UdSSR. Wegen der gemeinsamen Unterstützung von West und Ost für Irak – ein einmaliger Fall in der Geschichte des Kalten Krieges – verhallten auch alle Appelle Teherans an den UNO-Sicherheitsrat ungehört, die völkerrechtswidrigen Chemiewaffenangriffe Iraks zu stoppen. Selbst nachdem Saddam Hussein im März 1988 im nordirakischen Hallabja 5000 Kurden mit Chemiewaffen ermordete, verbreiteten die US-Geheimdienste noch jahrelang die Lüge, die iranische Luftwaffe sei für dieses Massaker verantwortlich gewesen. Die Erfahrung, sich im Zweifelsfall nicht auf die UNO verlassen zu können, hat zumindest in Teilen der militärischen Führung und sicherheitspolitischen Eliten Irans die Einschätzung befördert, nur eigene Atomwaffen könnten einen verlässlichen Schutz bieten gegen künftige Aggressoren.

UNO-Abrüstungskonferenz verhandelt 24 Jahre über Chemiewaffenverbot

Das Massaker von Hallabja löste weltweit Empörung aus und schuf einen neuen Impuls für die Verhandlungen der Genfer UNO-Abrüstungskonferenz über ein weltweites Chemiewaffenverbot. Diese Verhandlungen liefen bereits seit 1969. Doch sie traten auf der Stelle, weil die USA und die Sowjetunion, die Führungsmächte von NATO und Warschauer Pakt, ihre Chemiewaffenarsenale für unverzichtbar hielten. Erst nach Ende des Kalten Krieges und nachdem die Bush-Administration schließlich ihr Ansinnen aufgab, als einzige Nation der Welt auch nach einem Verbotsabkommen weiterhin sogenannte binäre Chemiewaffen zu behalten (bei denen sich zwei harmlose chemische Substanzen erst nach Abschuss der Trägerwaffe zu einem tödlichen Giftgas mischen), wurde der Durchbruch in der UNO-Abrüstungskonferenz möglich. 1992 verabschiedeten die 61 Mitgliedstaaten der Konferenz im Konsens die Konvention, mit der die Entwicklung, Produktion, Lagerung und der Einsatz von Chemiewaffen verboten und die Vernichtung aller damals noch bestehenden Arsenale bis spätestens 2007 vereinbart wurde. Nach der Ratifikation durch 65 Staaten trat das Abkommen 1997 in Kraft.

Die Chemiewaffen-Verbotskonvention (Chemical Weapons Convention, CWC) enthält das weitestgehende und konsequenteste Überwachungs- und Durchsetzungsregime aller seit 1945 vereinbarten multilateralen oder bilateralen Rüstungskontroll- und Abrüstungsverträge. Für die Durchführung verantwortlich ist die mit der Konvention etablierte Organisation für das Verbot chemischer Waffen (OPCW) mit Sitz in Den Haag. Sie führt in allen nach dem Beitritt Syriens im Herbst 2013 inzwischen 189 Vertragsstaaten der Chemiewaffen Konvention regelmäßige Inspektionen sowie unangekündigte Verdachtskontrollen durch. Die heimliche Entwicklung von Chemiewaffen in einem der Unterzeichnerstaaten ist damit so gut wie ausgeschlossen. Die OPCW war auch verantwortlich für die Kontrolle und den Abtransport aller deklarierten syrischen Chemiewaffen nach den dortigen Giftgaseinsätzen vom 21. August 2013. Die deklarierten syrischen Chemiewaffen wurden von den USA und Russland vernichtet. Allerdings wurden auch nach 2013 im syrischen Bürgerkrieg mehrfach chemische Waffen eingesetzt, deren Herkunft bislang nicht eindeutig geklärt werden konnte. Daher besteht zumindest der Verdacht, dass möglicherweise nicht sämtliche C-Waffenvorräte, die vor dem Beitritt Syriens zu der Verbotskonvention auf dem Territorium des Landes lagerten, auch deklariert und abgezogen wurden.

Biowaffen – Verbot ohne ausreichende Überwachung

Deutlich weniger erfolgreich als die Anstrengungen zum Verbot chemischer Massenvernichtungsmittel verliefen bislang die Bemühungen im UNO-Rahmen zur Ächtung bakteriologischer oder biologischer Waffen. Das mag daran liegen, dass Biowaffen in den Kriegen seit Ende des 19. Jahrhunderts sehr viel seltener und mit weniger verheerender Wirkung eingesetzt wurden als Chemiewaffen. Und auch die – verstärkt seit den Anschlägen vom 11. September 2001 geäußerten – Befürchtungen, terroristische Gruppen oder andere nichtstaatliche Gewaltakteure könnten künftig biologische Kampfstoffe einsetzen, die im Vergleich zu A- und C-Waffen viel einfacher herzustellen und zu beschaffen sind, haben sich bislang nicht bewahrheitet.

So bleibt es zunächst bei der bereits 1972 von der UNO-Abrüstungskonferenz verabschiedeten Biowaffenkonvention. Anders als das Chemiewaffenabkommen von 1992 verbietet die B-Waffenkonvention allerdings lediglich die Entwicklung, Herstellung und Lagerung biologischer Waffen, nicht aber deren Einsatz. Ein Einsatzverbot ließe sich lediglich indirekt aus dem Lagerungsverbot ableiten. Und mit der Ratifikation durch bislang lediglich 170 Staaten ist die Biowaffenkonvention in deutlich geringerem Maße universell gültig als der Atomwaffensperrvertrag und das Abkommen zum Chemiewaffenverbot.

Im Unterschied zu diesen beiden Verträgen wurde die Biowaffenkonvention zunächst auch ohne ein Überwachungs- und Durchsetzungsregime vereinbart. Alle Bemühungen, die Konvention nachträglich um ein solches Regime zu erweitern, sind bislang gescheitert. Zuletzt 2002 überraschenderweise an den USA. Bis dahin hatten die Regierungen in Washington immer am lautstärksten ein möglichst wasserdichtes Überwachungs- und Durchsetzungsregime gefordert. Doch als sich sechzig der 61 Mitgliedstaaten der UNO-Abrüstungskonferenz nach jahrelangen Verhandlungen im Jahr 2001 schließlich auf den Vertragsentwurf für ein solches Regime sowie auf die Einrichtung einer B-Waffen-Organisation ähnlich der OPCW im Chemiewaffenabkommen geeinigt hatten, lehnte die Administration von Präsident George W. Bush diesen Entwurf ab. Nicht etwa, weil ihr die vorgesehenen Kontroll- und Überwachungsmaßnahmen nicht weit genug gingen. Stattdessen äußerte die Bush-Administration plötzlich die Befürchtung, ausländische Biowaffeninspekteure könnten auf US-Territorium Militär- und Industriespionage betreiben.

Da für Beschlüsse der UNO-Abrüstungskonferenz das Konsensprinzip gilt, war der Vertragsentwurf für ein Überwachungs- und Durchsetzungsregime zur Biowaffenkonvention mit der Ablehnung aus Washington gescheitert. Seitdem verständigten sich die Vertragsstaaten der Biowaffenkonvention lediglich darauf, dass der UNO-Generalsekretär beim Verdacht auf vertragswidrige Aktivitäten eines Landes Ermittlungen aufnehmen kann.

Konventionelle Waffen – weitgehend außer Kontrolle der UNO

Mit Blick auf die Kontrolle und Abrüstung konventioneller Waffen wurde im UNO-Rahmen bisher am wenigsten erreicht. Anders als bei den atomaren, chemischen und biologischen Massenvernichtungsmitteln gibt es mit Blick auf konventionelle Waffen bei einer Mehrheit der 193 Mitgliedstaaten diverse Widerstände gegen verbindliche Verträge zur Rüstungskontrolle und Abrüstung. Wobei die sechs größten Produzenten und Exporteure konventioneller Rüstung – in der Reihenfolge USA, Russland, Deutschland, Frankreich, China und Großbritannien – hauptverantwortlich dafür sind, dass bis heute keine effektiven multilateralen Abkommen zur Kontrolle und Abrüstung existieren.

Zwar vereinbarte 1980 eine wesentlich auf Initiative des Internationalen Komitees vom Roten Kreuz (IKRK) einberufene Konferenz der UNO-Generalversammlung die »Konvention zum Verbot des Einsatzes besonders grausamer konventioneller Waffen« (Convention on Certain Conventional Weapons, CCW). Neben allgemeinen humanitären Bestimmungen für den Einsatz von Waffen und Munition enthält die Konvention inzwischen fünf spezifische Protokolle. Sie verbieten den Einsatz von Brandwaffen gegen die Zivilbevölkerung und zivile Ziele sowie den Einsatz von Waffen, die – wie zum Beispiel Plastiklandminen – Splitter produzieren, die im menschlichen Körper kaum entdeckt werden können. Weiterhin wird verboten, Laserwaffen mit dem Ziel einer dauerhaften Erblindung des Gegners einzusetzen. Schließlich enthalten die Protokolle einschränkende Vorschriften für den Einsatz von Landminen sowie die Verpflichtung, explosive Munitionsrückstände in ehemaligen Kampfgebieten zu kennzeichnen und sie zu beseitigen.

Allerdings enthalten die UNO-Konvention zum Einsatzverbot besonders grausamer Waffen und ihre fünf Protokolle – ähnlich wie die Zusatzprotokolle zu den Genfer Konventionen von 1977 – keinerlei Überwachungs- und Durchsetzungsmechanismen. Rüstungskontrollexperten gehen davon aus, dass selbst viele der 115 Vertragsstaaten der ursprünglichen Konvention sowie der zwischen 81 und 110 Unterzeichnerstaaten der fünf Protokolle gegen diese vereinbarten Bestimmungen verstoßen. Jüngstes Beispiel für einen solchen Verstoß ist die Weigerung Deutschlands und anderer NATO-Staaten, die bis Ende 2014 an der ISAF-Truppe in Afghanistan beteiligt waren, die dort zurückgelassenen explosiven Munitionsrückstände zu kennzeichnen und zu beseitigen.

Erfolgreiche Rüstungskontrolle außerhalb der UNO – die Abkommen zum Verbot von Antipersonenminen und von Streumunition

Da die Vertragsstaaten der 1983 in Kraft getretenen UNO-Konvention auf den regelmäßigen Überprüfungskonferenzen nicht bereit waren, das Protokoll zur Einschränkung des Einsatzes von Landminen zu verschärfen sowie das Protokoll über explosive Munitionsrückstände um ein Verbot von Streumunition zu erweitern, formierte sich ab 1992 zunächst eine weltweite Koalition von Nichtregierungsorganisationen für das vollständige Verbot von Landminen (International Campaign to Ban Landmines, ICBL). Mithilfe Kanadas und anderer williger Staaten wurde 1997 in Ottawa von 122 Ländern ein Abkommen unterzeichnet, das zumindest den Einsatz, die Lagerung, Produktion und Weitergabe der für die Zivilbevölkerung besonders gefährlichen Antipersonenminen verbietet und die Unterzeichnerstaaten zur vollständigen Vernichtung vorhandener Bestände verpflichtet. Landminen für den Einsatz gegen feindliche Militärfahrzeuge werden von dem Ottawa-Abkommen allerdings nicht erfasst.

Inzwischen sind 161 Staaten dem Abkommen beigetreten. Die Internationale Koalition der Nichtregierungsorganisationen wurde 1997 für ihr Verdienst mit dem Friedensnobelpreis ausgezeichnet. Ende 2008 wurde ebenfalls auf Druck einer internationalen NGO-Kampagne das Oslo-Abkommen zum vollständigen Verbot von Streumunition verabschiedet, das seitdem von 112 Staaten unterzeichnet und von 83 Ländern auch ratifiziert wurde. Die Abkommen von Ottawa und Oslo sind die größten Rüstungskontroll- und Abrüstungserfolge seit Ende des Kalten Krieges. Errungen wurden diese Erfolge zwar außerhalb der Institution der UNO. Doch diese Abkommen haben eine ähnlich hohe Mitgliedschaft und entwickeln eine vergleichbar starke Bindungswirkung wie Verträge, die innerhalb der UNO vereinbart wurden.

Beim Oslo-Abkommen über Streumunition nicht dabei sind bislang allerdings unter anderem so gewichtige Produzenten und Exporteure wie die USA, Russland, China und Israel. Unter dem Druck des Abkommens haben sich die Regierungen in Washington, Moskau und Peking inzwischen jedoch bereit erklärt, im Rahmen der UNO-

Konvention über besonders grausame konventionelle Waffen zumindest über Einschränkungen für den Einsatz von Streumunition zu verhandeln.

UNO-Waffenregister schafft zu wenig Transparenz

Bereits seit 1991 sind die Mitgliedstaaten der UNO durch eine Resolution der Generalversammlung aufgerufen, in jährlichen Berichten an die New Yorker Zentrale ihre Exporte und Importe von sieben Kategorien schwerer Waffen zu deklarieren. Das UNO-Waffenregister (United Nations Register of Conventional Arms, UNROCA) sollte als vertrauensbildende Maßnahme zwischen den Mitgliedstaaten wirken und damit die Bereitschaft zu Abrüstungsmaßnahmen erhöhen. Das Ziel war, die Anhäufung größerer Waffenbestände zu verhindern, den internationalen Waffenhandel zu überwachen und im Umfang zu reduzieren. Doch viele UNO-Mitgliedstaaten erfüllen ihre Berichtspflicht an das Waffenregister bislang überhaupt nicht oder nur sehr lückenhaft.

Ein erster unzureichender Schritt – der Waffenhandelsvertrag der UNO

Am 24. Dezember 2014 trat der UNO-Vertrag zur Begrenzung des Waffenhandels (Arms Trade Treaty, ATT) in Kraft, über den die Generalversammlung parallel zur Einrichtung des UNO-Waffenregisters seit 2006 verhandelt hatte. Der Anstoß für die Verhandlungen in der Generalversammlung kam von der internationalen Kampagne »Control Arms«, die 2003 durch Amnesty International, Oxfam und andere Nichtregierungsorganisationen initiiert wurde.

Der ATT der UNO soll verhindern, dass Kriegswaffen zu Verstößen gegen die Menschenrechte benutzt werden. Konventionelle Waffen dürften nicht mehr in Staaten exportiert werden, in denen Völkermord, Kriegsverbrechen oder Verbrechen gegen die Menschlichkeit drohen. Künftig müssen Exporteure prüfen, ob Waffen in den Zielländern zu derartigen Menschenrechtsverletzungen eingesetzt werden. Der Vertragstext enthält allerdings zahlreiche Defizite, Ausnahmeregeln und rechtlich unverbindliche Kann-Bestimmungen. Diese Schwächen betreffen die Artikel zum Geltungsbereich des Vertrages, die Kriterien für die Genehmigung beziehungsweise das Verbot von Rüstungsexporten sowie die Vorschriften zur Umsetzung und Überwachung des Abkommens.

Bis Ende 2020 wurde der ATT von 141 der 193 UNO-Mitgliedstaaten unterzeichnet und darunter von 110 Ländern auch ratifiziert. Von den fünf ständigen, vetoberechtigten Mitgliedern des Sicherheitsrats, die zusammen mit Deutschland auch die sechs größten Rüstungsexporteure sind, haben lediglich Frankreich, Großbritannien und China den ATT ratifiziert. Russland hat den Vertrag noch nicht einmal unterzeichnet. Die USA hatten zwar ursprünglich unterzeichnet, die Trump-Administration hat diese Unterschrift aber wieder zurückgezogen. Ob Präsident Biden diese Entscheidung wieder korrigieren wird, war Anfang 2021 noch ungewiß.

Von Rom nach New York – kleine Geschichte der UNO

Die 1945 gegründete Organisation der Vereinten Nationen (United Nations Organization, UNO) ist die erste auf universell gültigem Völkerrecht gegründete zwischenstaatliche Institution mit globaler Mitgliedschaft und dem zentralen Auftrag zur Erhaltung des Friedens. Ihrem 1919 gegründeten Vorläufer Völkerbund gehörten lediglich 34 Staaten an. Den damals noch existierenden zahlreichen europäischen Kolonien in Afrika, Asien und Lateinamerika war eine Mitgliedschaft im Völkerbund verwehrt. Und im Unterschied zur Satzung des Völkerbunds enthält die Charta der UNO ein zwischenstaatliches Gewaltverbot sowie den Bezug auf individuelle Menschenrechte. Konkretisiert wurden diese Rechte 1948 mit der von allen UNO-Mitgliedstaaten ratifizierten »Allgemeinen Erklärung der Menschenrechte« und den beiden darauf gründenden UNO-Pakten über zivile und politische sowie wirtschaftliche, soziale und kulturelle Rechte von 1966.

Die ideengeschichtlichen Vorläufer der UNO reichen zurück bis ins Mittelalter. Die Geschichte des modernen Völkerrechts, das mit der UNO-Charta universell gültig vereinbart wurde, begann 1648 mit den westfälischen Friedensschlüssen zum Abschluss des Dreißigjährigen Kriegs. Viele der zahlreichen Sonderorganisationen des heutigen UNO-Systems – wie zum Beispiel der Weltpostverein mit Sitz in Bern – entstanden bereits im 19. Jahrhundert, als der zunehmende grenzüberschreitende Handel, Verkehr und die Kommunikation per Post oder

Telegramm auch zwischenstaatliche Kooperation mit festen Regeln erforderten.

Ideengeschichtliche Vorläufer des Völkerbundes

Unmittelbarer organisatorischer Vorgänger der Vereinten Nationen war der 1919 gegründete Völkerbund. Zwar wurde er bis zu seiner Auflösung 1946 von den Staaten Europas dominiert und war überwiegend mit innereuropäischen Problemen befasst. Doch war der Völkerbund die erste weltweite Institution auf der Basis gemeinsamer Rechtsprinzipien, später Völkerrecht genannt.

Die ideengeschichtlichen Vorläufer des Völkerbundes reichen zurück bis ins Mittelalter. Bis dahin hatte das Heilige Römische Reich die für weite Teile der damals bekannten Welt gültigen Ordnungsprinzipien bestimmt. Mit der Auflösung des Römischen Reiches und der Entstehung souveräner Nationalstaaten erwuchs auch die Notwendigkeit, die Beziehungen zwischen diesen Nationalstaaten durch allgemein anerkannte Vereinbarungen zu organisieren. Die ersten völkerrechtlichen Regeln entwickelten sich Anfang des zweiten Jahrtausends im Bereich des Land- und Seekriegsrechts, zwischenstaatlicher Handelsverträge und des Austauschs von Diplomaten. Zumeist waren diese Regeln ungeschriebenes Gewohnheitsrecht und galten zunächst nur auf dem Territorium des ehemaligen Römischen Reiches – also in Europa, Kleinasien und Nordafrika. Doch mit der Kolonialisierung fast ganz Asiens, Afrikas sowie Nord- und Südamerikas durch europäische Staaten begann die Diskussion, ob und wieweit völkerrechtliche Prinzipien auch für diese Kolonien und die Beziehung zu ihren »Mutterländern« Anwendung finden sollten. Endgültig entschieden im Sinne einer globalen Gültigkeit des Völkerrechts wurde diese Frage erst in der Phase der Entkolonialisierung zwischen 1947 und 1975.

Die ersten Entwürfe für einen Staatenbund

Ab dem 17. Jahrhundert setzte sich in Europa langsam die Einsicht durch, dass ein gemeinsames Völkerrecht zur Sicherung einer Friedensordnung allein nicht ausreicht, sondern dass es institutioneller Verbindungen zwischen den souveränen Nationalstaaten bedarf. Damals entstanden zahlreiche Entwürfe für einen Staatenbund. Am meisten Beachtung fanden vier Vorschläge aus Frankreich, England und Deutschland.

Der französische Herzog von Sully (1560–1641) veröffentlichte 1640 seinen »Großen Plan« für eine europäische Föderation christlicher Staaten unter Frankreichs Führung. Der Abbé von Saint-Pierre, Charles-Irénée Castel (1658–1743), schlug die Gründung eines Staatenbundes auf Basis des Friedensvertrags vor, den die europäischen Staaten 1712 in Utrecht geschlossen hatten.

Den größten Einfluss im angelsächsischen Sprachraum bis hin nach Amerika hatte der 1693 erschienene »Entwurf zum gegenwärtigen und zukünftigen Frieden von Europa durch Schaffung eines europäischen Reichstages, Parlaments oder von Reichsständen« des englischen Quäkers William Penn (1644–1718). Der bei Veröffentlichung seines Entwurfs bereits in Amerika lebendende Penn, Namensgeber des späteren US-Bundesstaats Pennsylvania, regte die Schaffung einer »Gesellschaft der Nationen« (Society of Nations) an in Form eines europäischen Staatenkongresses mit verbindlichem Entscheidungsrecht in allen zwischenstaatlichen Streitfragen.

Den bis dato konsequentesten Vorschlag machte 1795 der deutsche Philosoph Immanuel Kant (1724–1804) in seiner Schrift *Zum ewigen Frieden*. Darin kommt der deutsche Begriff »Völkerbund« zum ersten Mal vor. Als Basis für den Völkerbund regte Kant einen allgemeinen Friedensvertrag an mit Grundsätzen sowohl für die Ordnung in den souveränen Staaten wie für ihre Beziehungen untereinander.

»Gerechter Krieg« und Wiener Kongress

Anfang des 19. Jahrhunderts gerieten die Konzeptionen für eine auf Völkerrecht und zwischenstaatliche Institutionen gegründete europäische Friedensordnung zunächst einmal in die Defensive. Im Zuge der Befreiungskriege gegen Napoleon kam es zur Restauration der These vom »gerechten Krieg« zum Zwecke der Vaterlandsverteidigung sowie alter Ordnungsvorstellungen von innereuropäischen Machtgleichgewichten.

Der Wiener Kongress von 1815 war noch einmal ein Versuch, die Beziehungen der Staaten untereinander nach diesen alten Ordnungsvorstellungen zu regeln und Europa unter den größten Mächten aufzuteilen. Doch die beim Wiener Kongress getroffenen Festlegungen gerieten im Laufe des 19. Jahrhunderts zunehmend in Konflikt mit den Interessen der Freihandelsbewegung. Im Zuge der Industrialisierung wurde diese Bewegung zunächst in Großbritannien und dann auch in kontinentaleuropäischen Staaten immer stärker. Ihre Hauptziele waren Abbau von Handelshemmnissen, Öffnung der Grenzen und zwischenstaatliche Kooperation zumindest in Europa.

Freihandelsbewegung und erste internationale Institutionen

Als Folge der Freihandelsbewegung kam es in der zweiten Hälfte des 19. Jahrhunderts im Bereich von Handel, Verkehr und Technik zur Gründung der ersten internationalen Institutionen überhaupt: 1856 wurde auf der Pariser Staatenkonferenz die Internationale Donau-Kommission etabliert. Diese Einrichtung sollte unabhängig von Regierungen die Schifffahrt auf der gesamten Donau regeln. 1856 folgte die Internationale Telegraphen-Union, 1873 die Internationale Meteorologische Organisation, 1875 der Weltpostverein, 1883 der Internationale Verband zum Schutz des gewerblichen Eigentums, 1905 das Internationale Agrarinstitut und 1907 die Internationale Gesundheitskommission.

Zu Beginn des Ersten Weltkrieges 1914 existierten bereits 34 zwischenstaatliche Institutionen. Sie waren sämtlich Vorläufer entsprechender Sonderorganisationen und Spezialprogramme des Völkerbundes (beziehungsweise ab 1945 der UNO).

Haager Friedenskonferenzen – Beginn des humanitären Völkerrechts

Von Bedeutung für den späteren Völkerbund waren auch die beiden Haager Friedenskonferenzen, an denen 1899 26 und 1907 44 Staaten teilnahmen. Russland hatte die Initiative ergriffen, da es eine Vereinbarung von völkerrechtlich verbindlichen Rüstungsbeschränkungen sowie von obligatorischen Streitschlichtungsverfahren anstrebte. Das sind Verfahren, denen sich an einem Konflikt beteiligte Staaten unterwerfen müssen. Beide Vorhaben scheiterten in erster Linie am Widerstand des Deutschen Reiches. Die Berliner Regierung war damals nicht bereit, von ihr als »vital« definierte nationale Interessen einer internationalen Kontrolle oder Einschränkung zu unterwerfen. Die Teilnehmer der Haager Konferenz konnten sich daher lediglich auf Maßnahmen zur »Humanisierung« von Kriegen verständigen. Die Haager Landkriegsordnung sieht das Verbot von Gift- und Erstickungsgasen und des Einsatzes von Dum-Dum-Geschossen vor. Auch die Einsetzung des Haager Schiedsgerichtshofs wurde vereinbart, der im Falle zwischenstaatlicher Konflikte – allerdings nur auf freiwilliger Basis – vermitteln kann. In der Öffentlichkeit galten die Haager Konferenzen seinerzeit überwiegend als gescheitert, da sich die dort vertretenen Regierungen nicht auf Maßnahmen zur Rüstungsbeschränkung und Kriegsverhinderung einigen konnten. Forderungen nach derartigen Maßnahmen fanden um die Jahrhundertwende vor allem in den europäischen Industriestaaten große Unterstützung in weiten Teilen der Bevölkerung. Die Freihandelsbewegung trat für obligatorische zwischenstaatliche Streitschlichtungsverfahren ein und kritisierte die Politik staatlich finanzierter Rüstung. Am »Recht des souveränen Nationalstaats auf militärische Selbstverteidigung« hielt sie allerdings fest – im Unterschied zu den prinzipiellen Pazifisten, die dieses »Recht« nicht anerkannten und Militär, wenn überhaupt, nur noch als Instrument und unter Kontrolle einer zwischenstaatlichen Organisation zulassen wollten.

Kritik an Hochrüstung und nationalistischer Taumel vor dem Ersten Weltkrieg

Den breitesten Einfluss auf die öffentliche Diskussion hatte die internationale Arbeiterbewegung, die sich 1889 in Brüssel zur Zweiten Internationale zusammengeschlossen hatte. Für die Arbeiterbewegung war – neben der ungerechten Verteilung von Kapital und Produktionsmitteln – die Hochrüstung der souveränen Nationalstaaten Hauptursache für die zunehmende soziale Verelendung in den sich entwickelnden Industriegesellschaften Europas. Trotz aller Einigkeit in der Ablehnung bewaffneter Auseinandersetzungen zerbrach die Zweite Internationale schließlich jedoch an den nationalistischen Strömungen, die bis Mitte 1914 in den meisten europäischen Staaten die Politik bestimmten.

Der UNO-Vorgänger Völkerbund

Bereits während des Ersten Weltkrieges erarbeiteten Politiker, staatliche Stellen und private Vereinigungen in kriegsbeteiligten wie in neutralen Ländern zahlreiche Entwürfe für eine internationale Institution zur dauerhaften Friedenssicherung. Den stärksten Einfluss auf die Satzung des späteren Völkerbundes hatten die »14 Punkte«, die US-Präsident Woodrow Wilson am 8. Januar 1918 vor dem Kongress in Washington vortrug, sowie der nach dem Vorsitzenden einer britischen Regierungskommission benannte Phillimore-Bericht vom März 1918. Präsident Wilson griff diesen Bericht dann auf und entwickelte ihn weiter.

Die USA trugen am Ausbruch des Ersten Weltkrieges keine Schuld. Durch ihren Kriegseintritt 1917 ermöglichten sie das Ende des Schlachtens. Deshalb wurde Washingtons führende Rolle bei der Formulierung der Völkerbundsatzung von keiner Seite infrage gestellt. Formal beraten wurde die Satzung von den 32 Siegerstaaten des Ersten Weltkrieges ab Dezember 1918 auf der Pariser Friedenskonferenz. Dort wurden die Friedensverträge mit den besiegten Mittelmächten Deutschland, Österreich, Ungarn und Bulgarien ausgehandelt. Wilson hatte auf einer Verknüpfung der Völkerbundsatzung mit den Friedensverträgen bestanden, um die Chancen für eine Ratifizierung der Satzung durch den US-Senat in Washington zu erhöhen. Die fünf damaligen Großmächte USA, Großbritannien, Frankreich, Italien und Japan stellten sicher, dass sie in der Völkerbundkommission, die den Satzungstext auszuarbeiten hatte, über die Stimmenmehrheit verfügten. Mit Japan, China und Brasilien waren an den Verhandlungen neben den USA lediglich drei nichteuropäische Staaten beteiligt.

Am 28. April 1919 wurde die Völkerbundsatzung von den 32 Teilnehmerstaaten der Pariser Konferenz einstimmig beschlossen. Als Teil des Friedensvertrags mit Deutschland wurde sie am 28. Juni 1919 in Versailles von diesen 32 Staaten sowie von weiteren 13 Ländern mit neutralem Status unterzeichnet. Die Satzung trat am 10. Januar 1920 in Kraft. Zwischen den Angeboten aus Brüssel und Genf für den Sitz des Völkerbundes (engl.: League of Nations; franz.: Société des Nations) entschied die Pariser Konferenz für die Westschweizer Stadt an der Rhone. Dort hatte bereits das 1863 gegründete Internationale Komitee vom Roten Kreuz (IKRK) seinen Sitz.

Anders als der Name Völkerbund vermuten lassen könnte, enthalten die 26 Artikel der Satzung nicht Vereinbarungen zwischen Völkern, sondern zwischen Staaten, vertreten durch ihre Regierungen. Wichtigste Organe waren die Bundesversammlung, in der jeder Mitgliedstaat eine Stimme hatte, und der Rat. Im Rat hatten die damaligen fünf Großmächte einen ständigen Sitz (allerdings ohne Vetorecht wie später im UNO-Sicherheitsrat). Dazu kamen vier weitere Mitgliedstaaten des Völkerbundes, die jeweils für eine befristete Zeit von der Versammlung in den Rat gewählt wurden. Die Ziele des Völkerbundes wurden in der Präambel der Satzung formuliert.

Streitschlichtungsverfahren, aber noch kein absolutes Kriegsverbot

In der Satzung verpflichten sich die Unterzeichnerstaaten, »die Unversehrtheit des Gebietes und die politische Unabhängigkeit aller Bundesmitglieder zu achten und gegen jeden äußeren Angriff zu wahren« (Artikel 10). Konflikte sollten künftig mit friedlichen, nicht militärischen Mitteln beigelegt werden. Dafür wurden Verfahren vereinbart vor dem neu zu gründenden Internationalen Gerichtshof in Den Haag oder vor Schiedsgerichten, die jeweils von Fall zu Fall eingesetzt werden sollten. Brachten diese Verfahren keine Beilegung, sollte der Konflikt dem Rat des Völkerbundes vorgelegt werden. Allerdings enthielt die Völkerbundsatzung kein uneingeschränktes Kriegsverbot. Nur solange die in der Satzung vereinbarten Verfahren zur friedlichen Konfliktbeilegung nicht ausgeschöpft waren, galt Kriegsführung als Verstoß gegen die Satzung.

Erstmals völkerrechtlich festgeschrieben wurde das Prinzip der kollektiven Sicherheit. Nach diesem Prinzip verpflichten sich die Mitgliedstaaten, im Falle von Verletzungen des Friedens durch eines oder mehrere Länder gemeinsame (kollektive) Gegenmaßnahmen zu ergreifen. In Artikel 8 der Völkerbundsatzung wurden konkrete Maßnahmen zur Begrenzung nationaler Rüstungen vereinbart.

Rüstungsbegrenzungsziele scheitern an Deutschland

In den 26 Jahren seiner Existenz konnte der Völkerbund zwar die zwischenstaatliche Zusammenarbeit auf humanitärem, sozialem und wirtschaftlichem Gebiet fördern. Doch die Umsetzung der Satzungsziele Rüstungsbegrenzung, friedliche Konfliktbeilegung und vor allem die Verhinderung von Kriegen scheiterte am nationalstaatlichen Egoismus der Mitgliedstaaten. Für das Scheitern der Bemühungen zur Rüstungsbegrenzung war in erster Linie das Deutsche Reich verantwortlich. Deutschland hatte die in den Versailler Friedensverträgen unterzeichneten Verpflichtungen zu Rüstungsbeschränkungen nie wirklich akzeptiert. Bei allen innerhalb wie außerhalb des Völkerbundes geführten Rüstungskontrollverhandlungen der zwanziger Jahre war Deutschland unter dem Vorwand der »Gleichbehandlung« mit den anderen europäischen Mächten vorrangig um eine Aufhebung dieser Beschränkungen bemüht. Wenige Monate nach Hitlers »Machtergreifung« am 30. Januar 1933 trat Deutschland zunächst aus der Abrüstungskonferenz des Völkerbundes und dann aus dem Völkerbund selbst aus.

Der Austritt der wichtigen europäischen Mittelmacht Deutschland, die als Hauptverliererin des Ersten Weltkrieges erst 1926 als Mitglied zugelassen worden war (nach Österreich und Bulgarien 1920 sowie

Ungarn 1922), bedeutete eine weitere Schwächung des Völkerbundes, der zu diesem Zeitpunkt bereits erheblich angeschlagen und in seiner Glaubwürdigkeit beschädigt war. Ohnehin gehörten dem 1919 von 45 Staaten gegründeten Völkerbund bis zu seiner Auflösung 1946 gleichzeitig nie mehr als 57 überwiegend europäische Staaten an.

Trotz ihrer entscheidenden Initiative in der Gründungsphase traten die USA dem Völkerbund nie bei. Bei zwei Abstimmungen im Jahr 1920 verfehlte der Senat in Washington die notwendige Zweidrittelmehrheit zur Ratifizierung der Völkerbundsatzung. Die 1917 gegründete Sowjetunion, erste sozialistische Großmacht der Geschichte, wurde erst 1934 Mitglied des Völkerbundes und nach ihrem Überfall auf Finnland 1939 wieder ausgeschlossen. Dem Austritt Deutschlands 1933 folgten noch im selben Jahr Japan und 1937 Italien. Damit waren im Völkerbundrat mit Großbritannien und Frankreich nur noch zwei der ursprünglich vorgesehenen fünf Großmächte mit ständigem Sitz vertreten. Die Politik des Völkerbundes wurde fortan weitgehend von London und Paris bestimmt.

Die doppelbödige Politik Frankreichs und Großbritanniens

Der erste bewaffnete Konflikt, mit dem sich der Völkerbund befasste, war die völkerrechtswidrige Besetzung der chinesischen Provinz Mandschurei durch japanische Truppen 1931. Bereits in diesem Fall hatten Frankreich und Großbritannien die Verhängung von Sanktionen entsprechend Artikel 16 der Völkerbundsatzung gegen den Aggressor Japan verhindert. Nach dem Überfall Italiens auf Äthiopien im Oktober 1935 – ebenfalls eindeutig ein Bruch der Völkerbundsatzung – verhinderten wiederum Franzosen und Briten wirksame Sanktionen. In einem Geheimabkommen verständigten sie sich schließlich sogar darauf, dass Italien seine militärischen Eroberungen in Äthiopien fast vollständig behalten sollte. Auch im Spanischen Bürgerkrieg blockierten Paris und London ein Eingreifen des Völkerbundes zugunsten der demokratisch gewählten Regierung, während die faschistische Erhebung des Generals Franco von Deutschland, Italien und Portugal massiv unterstützt wurde.

Die doppelbödige Politik Frankreichs und Großbritanniens im Völkerbundrat hatte schwerwiegende Folgen: Mit ihrem Verhalten im Äthiopienkonflikt schufen sie einen Präzedenzfall für das Münchner Abkommen von 1938 – ein Diktat an Prag, das Sudetenland an das Deutsche Reich abzutreten. Spätestens nach diesem Abkommen war der Völkerbund für Hitler kein ernst zu nehmender Faktor mehr. Seinen weiteren Verstößen gegen das Völkerrecht – Besetzung des Rheinlandes, »Anschluss« Österreichs, Zerschlagung des tschechischen Reststaats, Einverleibung Danzigs – folgte schließlich am 1. September 1939 der Angriff Deutschlands auf Polen. Mit dem Beginn des Zweiten Weltkrieges existierte der Völkerbund nur noch auf dem Papier.

1945 – der Neubeginn

Der aus den bitteren Erfahrungen des Ersten Weltkrieges begründete Völkerbund hatte weder die bewaffneten Auseinandersetzungen der zwanziger und dreißiger Jahre noch den Zweiten Weltkrieg verhindern können. Damit wurden zwar die Hoffnungen von Millionen Menschen in aller Welt bitter enttäuscht. Den Glauben an die Notwendigkeit internationaler Institutionen zur Kriegsverhütung und friedlichen Konfliktregelung konnte diese Erfahrung allerdings nicht zerstören. Am 19. April 1946 wurde der Völkerbund durch einen Beschluss seiner Bundesversammlung zwar offiziell aufgelöst. Doch schon ein knappes Jahr zuvor und nur wenige Wochen nach der Kapitulation Hitler-Deutschlands am 8. Mai 1945 war eine neue kollektive Staatenorganisation gegründet worden: Die Vertreter von 50 Staaten unterzeichneten am 26. Juni 1945 in San Francisco die Charta der »Vereinten Nationen« sowie das Statut des Internationalen Gerichtshofs. Polen, dessen nationale Souveränität damals noch von der Sowjetunion bestritten wurde, kam später als 51. Gründungsmitglied der UNO hinzu. Am 24. Oktober 1945 trat die Charta der Vereinten Nationen in Kraft.

Der Gründungskonferenz von San Francisco waren bereits knapp achtjährige Vorbereitungen und Verhandlungen vorausgegangen. Sie wurden vornehmlich von den USA geprägt, in zweiter Linie von den anderen beiden Siegermächten des Zweiten Weltkrieges Großbritannien und Sowjetunion. Den ersten Anstoß für eine neue internationale Organisation gab US-Präsident Franklin D. Roosevelt. In seiner berühmten »Quarantäne«-Rede rief Roosevelt am 5. Oktober 1937 zu »gemeinsamen Anstrengungen der friedliebenden Nationen« gegen die zunehmend aggressivere Politik der drei Achsenmächte Deutschland, Italien und Japan auf.

In einem vom Kongress in Washington beschlossenen Gesetz, das von einer großen Bevölkerungsmehrheit unterstützt wurde, hatten sich die USA allerdings 1935 zur strikten Neutralität in sämtlichen kriegerischen Konflikten verpflichtet. Erst das Münchner Abkommen von 1938 und die Sudetenkrise, Japans immer unverhüllter verfolgte Expansionsziele in Asien, Deutschlands Überfall auf Polen 1939 sowie schließlich Italiens Angriff gegen Albanien 1940 bewirkten eine Wende der US-Politik. Zunächst wurde das Verbot des Waffenexports an Konfliktparteien aus dem Neutralitätsgesetz von 1935 gestrichen. 1940 sicherten die USA Großbritannien vertraglich logistische Unterstützung im Krieg gegen Deutschland zu. Nach Japans Angriff auf Pearl Harbour am 7. Dezember 1941 traten die USA dann selbst aktiv in den Krieg ein.

Bestimmende Rolle der USA bei der Gründung der UNO

Mit der Parteinahme gegen die Achsenmächte verband die Roosevelt-Administration auch das Kalkül, den USA für die Zeit nach Kriegsende eine Hauptrolle bei der Organisation einer dauerhaften Friedensordnung zu sichern. Erste Konzeptionen des State Departments (Außenministerium) in Washington vom Januar 1940 sahen eine von den »beiden englischsprachigen Demokratien« USA und Großbritannien geführte internationale Organisation auf drei Grundlagen vor:

1. Das bereits durch den Völkerbund entwickelte Völkerrecht;
2. Neuordnung der Weltwirtschaft mit dem Ziel des Abbaus diskriminierender Handelspraktiken, des freien Zugangs für alle Staaten zu den Rohstoffmärkten sowie der Einführung freier und stabiler Wechselkurse;

3. Abrüstung der »schuldigen Nationen«. Zu dieser Kategorie zählte Washington damals nicht nur die drei Achsenmächte, sondern auch all die mittleren und kleineren Staaten, die den faschistischen Diktaturen keinen Widerstand entgegengesetzt hatten.

Alle Entscheidungen der neuen internationalen Organisation sollten nach Vorstellung der Roosevelt-Administration nur mit Zustimmung der USA und Großbritanniens erfolgen können. Zur Wahrung des Weltfriedens sollten diese beiden Staaten eine gemeinsame Streitmacht für internationale Einsätze aufstellen. Großbritannien hatte wegen seiner wirtschaftlichen Interessen in den im Commonwealth zusammengeschlossenen Kolonien allerdings Bedenken gegen Washingtons Vorschlag einer Neuordnung der Weltwirtschaft. Auch forderte London die regionale Untergliederung eines künftigen globalen Sicherheitssytems und starke Kompetenzen für das Commonwealth. Eine solche Regelung hätte die USA von der Mitsprache in europäischen, asiatischen und afrikanischen Angelegenheiten praktisch ausgeschlossen. Angewiesen auf die Unterstützung der USA im Krieg gegen Deutschland, stellte Premierminister Winston Churchill seine Einwände jedoch zunächst zurück.

Bei einem Treffen mit Präsident Roosevelt auf den Bermudas am 14. August 1941 unterzeichnete Churchill die wesentlich auf Basis der US-amerikanischen Vorstellung beruhende »Atlantik-Charta«. Die Ziele der Charta: Zerschlagung der Nazidiktatur, Wiederherstellung des territorialen Status quo vor Beginn des Zweiten Weltkrieges, Freiheit aller Menschen und Selbstbestimmungsrecht der Völker innerhalb gesicherter Grenzen, weitgehende Abrüstung, Freiheit des Handels, gerechte Verteilung von Rohstoffen sowie Freiheit der Meere. 26 Staaten versprachen am 1. Januar 1942 in einer Erklärung der Vereinten Nationen ihre Unterstützung für diese Ziele. Bis zum März 1945 wurde die Erklärung von weiteren 21 Staaten unterschrieben.

Beteiligung der Sowjetunion an der Planungen für die Organisation der Vereinten Nationen

Durch Deutschlands Überfall auf die Sowjetunion im Juni 1941 und den nachfolgenden Allianzvertrag zwischen London und Moskau war das Konzept einer lediglich auf die beiden Pfeiler USA und Großbritannien gestützten und von diesen beiden Staaten kontrollierten internationalen Nachkriegsordnung zum Zeitpunkt des Bermuda-Treffens von Roosevelt und Churchill jedoch eigentlich bereits überholt.

Zwar herrschten sowohl in Washington wie in London zunächst noch Bedenken, der Sowjetunion ebenfalls eine zentrale Rolle zuzuweisen. Hauptgrund war der Hitler-Stalin-Pakt von 1939 und der daraus abgeleitete sowjetische Gebietsanspruch auf Ostpolen auch für die Zeit nach Ende des Zweiten Weltkrieges. Nach dem Angriff Japans auf Pearl Harbour Anfang Dezember 1941 und dem aktiven Kriegseintritt der USA verloren diese Bedenken jedoch zunehmend an Gewicht. Roosevelt änderte seine ursprüngliche Konzeption. Im Mai 1942 schlug er dem sowjetischen Außenminister Molotow bei einem Treffen in Washington vor, die Sowjetunion und auch China (Taiwan) gleichberechtigt mit den USA und Großbritannien an der Führung der neuen internationalen Ordnung und an der Sicherung des Weltfriedens mit eigenen Streitkräften zu beteiligen. Damit war die Idee für den späteren UNO-Sicherheitsrat geboren. An eine Beteiligung Frankreichs dachte Roosevelt damals noch nicht. Denn in den Augen des US-Präsidenten war der Waffenstillstand, den das Vichy-Regime im Sommer 1940 mit den deutschen Besatzern schloss, ein Akt der Kollaboration mit den Nazis. In einer gemeinsamen Erklärung vereinbarten die Außenminister der Sowjetunion, der USA und Großbritanniens am 30. Oktober 1943 in Moskau die baldige Schaffung einer internationalen Organisation entsprechend den Roosevelt'schen Vorschlägen sowie die Einbeziehung Chinas als vierter Führungsmacht. Nach einem Treffen Roosevelts, Stalins und Churchills im November 1943 in Teheran wurden die Ergebnisse der Moskauer Außenministerkonferenz bestätigt. Danach begannen die konkreten Vorarbeiten zur Schaffung der »Organisation der Vereinten Nationen«. Treibende Kraft waren weiterhin die USA. Washingtons Vorstellungen über die neue Organisation setzten sich schließlich in der 1945 in San Francisco beschlossenen Charta fast vollständig durch.

Wichtigstes Organ der Vereinten Nationen sollte nach diesen Vorstellungen der mit allen Kompetenzen ausgestattete Exekutivrat sein (später in Sicherheitsrat umbenannt). Für die Generalkonferenz (heute Generalversammlung), in der alle Mitgliedstaaten der Vereinten Nationen mit Sitz und Stimme vertreten sind, sahen die Vorschläge der Roosevelt-Administration lediglich eine Beratungs- und Empfehlungsfunktion vor. Der US-Präsident vertrat zunächst sogar die Position, der Exekutivrat solle ausschließlich aus den vier Führungsmächten bestehen. Später schloss sich der US-Präsident dem Vorschlag des State Department an, zwecks breiterer politischer Abstützung künftiger Friedenssicherungsmaßnahmen des Exekutivrats einige mittlere und kleinere Staaten mit nichtständigem Sitz in das Gremium aufzunehmen. Allerdings unter der Bedingung, dass die fünf Führungsmächte (1945 bekam auch Frankreich einen ständigen Sitz im Sicherheitsrat) das Vetorecht erhalten und damit auch einzeln nicht überstimmt werden können.

Roosevelts gescheiterte Idee zu weitgehender Abrüstung der Nationalstaaten und zum Aufbau einer ständigen UNO-Truppe

Nach Roosevelts Überzeugung waren der hohe Rüstungsstand vieler Staaten auch nach Ende des Ersten Weltkrieges und das anhaltende Wettrüsten eine wesentliche Ursache für das Scheitern des Völkerbundes und den Ausbruch des Zweiten Weltkrieges. Zu seinen Vorstellungen für eine neue internationale Ordnung gehörte daher ursprünglich die Zielsetzung einer vollständigen Abrüstung aller Staaten mit Ausnahme der Führungsmächte.

Die Abrüstung eines Staates sollte sogar Vorbedingung für seinen Beitritt zu der Organisation der Vereinten Nationen sein. Doch die Abrüstungszielsetzung wurde bei den Beratungen im Vorfeld der Charta-Konferenz von San Francisco aufgegeben. Dahinter stand die Frage, wie und von wem künftige Entscheidungen des Sicherheitsrats über die Anwendung militärischer Zwangsmaßnahmen zur Friedenssicherung durchgesetzt werden sollten. Roosevelt plädierte zunächst für eine ständige UNO-Streitmacht unter direkter Verfügung des Sicherheitsrats. Diese Streitmacht sollte aus nationalen Streitkräften (vorrangig Luftwaffen) der Führungsmächte gebildet werden und sich auf ein weltweites Netz von Luftwaffenstützpunkten und logistischen Einrichtungen stützen. Gegen dieses Modell gab es jedoch Einwände sowohl innerhalb der US-Administration wie bei anderen Regierungen. Es galt als völkerrechtlich und politisch unrealistisch und als zu kostspielig. Deshalb wurde schließlich das bis heute gültige Verfahren beschlossen, wonach der Sicherheitsrat in jedem Einzelfall einer Entscheidung über militärische Maßnahmen die benötigten Soldaten, Waffen und Ausrüstung bei den UNO-Mitgliedstaaten anfordern muss.

Die Forderung nach vollständiger Abrüstung wurde abgeschwächt auf die unverbindliche Empfehlung, die Staaten sollten ihre Rüstungen und Truppenstärken auf einen Umfang begrenzen, den sie zur Verteidigung und Friedenssicherung als notwendig erachten. Die Generalversammlung der UNO erhielt den ebenfalls unverbindlichen Auftrag zur »Beratung« über künftige Maßnahmen der Rüstungskontrolle und -begrenzung (Artikel 11 der Charta).

Die seit Anfang der neunziger Jahre zahlreichen Aktivitäten der UNO im Bereich des Peacekeeping haben für viele Menschen das Image der Weltorganisation entscheidend geprägt. Vielfach ist der falsche Eindruck entstanden, als sei die »Wahrung des Weltfriedens und der internationalen Sicherheit« Hauptaufgabe oder gar einzige Zweckbestimmung der Vereinten Nationen. In Kapitel I, Artikel 1 der Charta wird jedoch als gleichberechtigtes »Ziel« der UNO festgelegt, »eine internationale Zusammenarbeit herbeizuführen, um internationale Probleme wirtschaftlicher, sozialer, kultureller und humanitärer Art zu lösen und die Achtung vor den Menschenrechten und Grundfreiheiten für alle ohne Unterschied der Rasse, des Geschlechts, der Sprache oder der Religion zu fördern und zu festigen«.

Ost-West-Blockade

Insbesondere der Charta-Auftrag der kollektiven Friedenssicherung basierte auf der Annahme, die Siegerkoalition des Zweiten Weltkrieges bleibe über 1945 hinaus bestehen. Doch schon in den ersten acht Jahren nach Gründung der UNO führte der ideologische Konflikt zwischen den USA und der Sowjetunion zur fast völligen Lähmung der Weltorganisation. In der Generalversammlung dominierten in den Anfangsjahren zwar eindeutig die USA. Lediglich fünf Staaten gehörten zum Lager der Sowjetunion, zehn weitere galten als blockfrei. Aber mit ihrem Vetorecht im Sicherheitsrat konnten sich die beiden Großmächte gegenseitig blockieren.

Der Kalte Krieg (ein 1947 von US-amerikanischen Journalisten geprägter Begriff) verhinderte gemeinsames Handeln in all jenen Regionen und Problembereichen, in denen Washington und/oder Moskau eigene Interessen verfolgten. Von den 49 Vetos, die zwischen 1946 und 1949 im Sicherheitsrat eingelegt wurden, kamen allein 47 von der Sowjetunion – nicht selten provoziert durch die USA. Viele dieser sowjetischen Vetos richteten sich gegen die Aufnahme neuer westlicher Staaten in die UNO (unter anderem Irlands, Italiens, Portugals). Die USA und ihre Verbündeten im Sicherheitsrat verhinderten im Gegenzug zum Beispiel den Beitritt Bulgariens und Albaniens. Schließlich verhängte der Sicherheitsrat 1950 einen totalen Aufnahmestopp bis 1955. Sitzungen des obersten UNO-Gremiums wurden in dieser Phase immer seltener: Im Jahr 1948 tagte der Rat 168-mal, 1955 gab es nur noch 23 Sitzungen. Infolge der Handlungsunfähigkeit des Sicherheitsrats wurden Fragen von Frieden und Sicherheit immer häufiger vor der Generalversammlung behandelt.

Nach dem Tod Josef Stalins 1953, dem Ende des Koreakriegs ein Jahr später und dem Amtsantritt Nikita Chruschtschows 1955 kam es zu einer leichten Entspannung im Verhältnis der beiden Großmächte. Sie konnten sich auf die Aufnahme von sechzehn neuen UNO-Mitgliedern einigen. Und ab Mitte der fünfziger Jahre begannen die Sowjetunion und ihre osteuropäischen Bündnispartner, in einigen der bis dahin von ihnen boykottierten Sonderorganisationen und Spezialprogrammen der UNO mitzuarbeiten.

Ab Mitte der fünfziger Jahre veränderten sich das innere Gefüge der UNO und die in ihrem Rahmen behandelten Probleme erheblich. Infolge der Entkolonialisierung Afrikas und Asiens verdoppelte sich die

Zahl der UNO-Mitgliedstaaten bis 1960 auf hundert. Bis 1980 kamen weitere 53 Staaten hinzu. Als neun Jahre später mit der Berliner Mauer auch der Ost-West-Konflikt zu Ende ging, waren es 160, davon 80 Prozent aus der südlichen Hemisphäre. Vor allem der Zerfall der Sowjetunion und einiger anderer osteuropäischer Staaten führte noch einmal zu einem erheblichen Zuwachs auf jetzt 193 UNO-Mitgliedstaaten. Davon stammen 75 Prozent aus dem Globalen Süden.

Der Sicherheitsrat, das zentrale Entscheidungsorgan der UNO, blieb unberührt von den Verschiebungen in der Mitgliedschaft der Vereinten Nationen. Zwar wurde der Rat 1965 durch Änderung von Artikel 23 der Charta von zunächst elf Mitgliedern um vier nichtständige Sitze auf fünfzehn Mitglieder erweitert. Seit 1966 gilt auch ein verbindlicher geografischer Verteilschlüssel für die zehn nichtständigen Sitze. Doch an den Machtkonstellationen innerhalb des Sicherheitsrats änderte sich in den letzten siebzig Jahren überhaupt nichts. Nach wie vor gilt die 1945 von Roosevelt, Stalin und Churchill beschlossene Jalta-Formel, die in Artikel 27 der Charta festgeschrieben wurde. Danach bedarf es für Entscheidungen des Sicherheitsrats der Zustimmung von neun Mitgliedern. Zugleich darf keines der fünf ständigen Mitglieder USA, Russland, China, Großbritannien und Frankreich mit Nein stimmen, sondern sich höchstens enthalten.

Friedliche Koexistenz von Washington und Moskau garantiert freie Hand in der »Dritten Welt«

Moskau und Washington begannen ab Ende der fünfziger Jahre zwar offiziell die Phase der »friedlichen Koexistenz«. Dennoch beschränkten die Interessengegensätze zwischen Ost und West die Handlungsspielräume der UNO erheblich. In Regionalkonflikten und Bürgerkriegen in Afrika (Angola, Mosambik, Namibia, Äthiopien u. a.) oder Lateinamerika (z. B. in Kuba, Nicaragua, El Salvador), in denen die USA und die Sowjetunion eigene Großmachtinteressen verfolgten, ließen sie sich gegenseitig weitgehend freie Hand. Für den Sicherheitsrat bedeutete das in der Regel Handlungsunfähigkeit. Initiativen, die andere Ratsmitglieder zur Lösung von Konflikten ergriffen, wurden häufig gestoppt. Bis Anfang 1983 legte die Sowjetunion 113-mal ein Veto ein, die USA 35-

mal. Das erste Veto der USA überhaupt erfolgte 1970, nachdem sie ihre Mehrheit und Führungsrolle in der Generalversammlung verloren hatten. Die Verbündeten Washingtons und Moskaus in NATO und Warschauer Pakt stimmten in der Generalversammlung sowie in anderen Organen und Gremien der UNO zumeist geschlossen mit ihren Vormächten.

Unter diesen Bedingungen konnte der Sicherheitsrat seine Aufgabe der friedlichen Konfliktregelung in den ersten vierzig UNO-Jahren nur in wenigen Fällen und zumeist nur mit begrenztem Erfolg wahrnehmen. Im Konflikt zwischen der Sowjetunion und Iran bewirkte der Rat 1946 eine Verhandlungslösung. Ein Jahr später vermittelte er die Loslösung Indonesiens von der Kolonialmacht Niederlande. Im Kaschmirkonflikt zwischen Indien und Pakistan erreichte der Sicherheitsrat zwar einen Waffenstillstand, aber keine dauerhafte politische Lösung. Nach wie vor sind UNO-Blauhelmtruppen an der Grenze zwischen beiden Staaten stationiert. Auch die zunächst von der Generalversammlung autorisierte und später vom Sicherheitsrat abgesegnete kollektive Militäroperation auf der koreanischen Halbinsel führte lediglich zu einem Waffenstillstand.

Erfolgreicher war die erste militärische Maßnahme der UNO zur Friedenserhaltung (Peacekeeping) 1956/57 auf der Suez-Halbinsel. Da die USA und die Sowjetunion dieser Maßnahme zwar zustimmten, Frankreich und Großbritannien aber ein Veto im Sicherheitsrat einlegten, wurde auch diese Operation von der Generalversammlung autorisiert. Im Kongokonflikt (1960–1963) entsandte die UNO eine zeitweise bis zu 20 000 Mann starke Streitmacht und gab erstmals das Prinzip der Nichteinmischung in die inneren Angelegenheiten eines Staates auf. Am Einspruch der USA scheiterte in den sechziger Jahren (und erneut 1977) die Verhängung umfassender Wirtschaftssanktionen gegen das Apartheidregime in Südafrika – obwohl mehr als drei Viertel der UNO-Mitgliedstaaten diese forderten.

Washington verhinderte auch wirksame Maßnahmen zur Durchsetzung der Resolution 242 des Sicherheitsrats, in der Israel nach dem Sechstagekrieg im Juni 1967 zum Rückzug aus den besetzten Gebieten aufgefordert wurde. Vergeblich fordert die Generalversammlung auf ihrer jährlichen Herbstsitzung regelmäßig mit großer Mehrheit Druckmaßnahmen, um Israel zur Umsetzung der Resolution zu bewegen.

Am Veto der Sowjetunion scheiterte eine Resolution des Sicherheitsrats, mit der die Invasion der Tschechoslowakei durch die Truppen des Warschauer Pakts im August 1968 verurteilt werden sollte. 1970 blockierten die USA mit ihrem ersten Veto in der UNO-Geschichte eine Entscheidung des Sicherheitsrats zur Anwendung von militärischer Gewalt gegen das weiße Minderheitenregime im damaligen Rhodesien (seit 1981 Simbabwe).

Nachdem 1971 die Volksrepublik China den Platz Taiwans im Sicherheitsrat eingenommen hatte, wurde das oberste UNO-Gremium mehrfach durch Gegensätze zwischen Moskau und Peking blockiert. Zum Beispiel im indisch-pakistanischen Krieg von 1971, als China Pakistan und die Sowjetunion Indien unterstützte. Bis auf einige Finanzierungsfragen völlig unumstritten sind die Peacekeeping-Truppen, die der Sicherheitsrat nach dem türkisch-griechischen Krieg 1974 auf Zypern stationierte. Ihr Mandat wurde seitdem alle sechs Monate im Konsens verlängert. Dasselbe gilt für mehrere Peacekeeping-Missionen, die seit dem Jom-Kippur-Krieg 1973 im Nahen Osten durchgeführt wurden. Am Veto Moskaus scheiterten 1979 Resolutionen des Rats zur Verurteilung der Invasionen der Sowjetunion in Afghanistan und Vietnams in Kambodscha.

Auf Basis einstimmiger Entscheidungen des Sicherheitsrats konnte 1988 unter Vermittlung von UNO-Generalsekretär Pérez de Cuéllar der Abzug der sowjetischen Besatzungstruppen aus Afghanistan ausgehandelt werden. Möglich wurde dieser Vermittlungserfolg durch den Amtsantritt Michail Gorbatschows in der Sowjetunion 1985. Schon bald danach kam es zu einer deutlichen Auflockerung der beiden Lagerblöcke in der UNO. Der Sicherheitsrat gewann wieder erheblich an Bedeutung.

Der Fall der Berliner Mauer im November 1989 und das nachfolgende Ende der Ost-West-Konfrontation erweckten große Hoffnungen: Jetzt werde die UNO endlich die ihr in der Charta zugewiesene Rolle spielen bei der friedlichen Konfliktregelung, der wirtschaftlichen und sozialen Entwicklung vieler ihrer Mitgliedstaaten sowie bei der Bewältigung globaler Probleme.

Fünf Schritte zur Reform der globalen Gesundheitspolitik

Von medico international

Die Ebola-Epidemie legt nicht nur die Schwächen der Gesundheitssysteme Westafrikas bloß, auch die Probleme der aktuellen internationalen Gesundheitspolitik werden uns vor Augen geführt. Ein Paradigmenwechsel ist nötig. Fünf Ansatzpunkte für die Neugestaltung globaler Gesundheitspolitik.

Die Zurückweisung neoliberaler Marktdominanz

Der Ausbruch der Ebola-Epidemie in Westafrika ist Ausdruck der immer deutlicher zutage tretenden Gesundheitskrise, die mit der globalen Entfesselung des Kapitalismus entstanden ist. Die Zerstörung von menschenwürdigen Lebensräumen, die Zunahme prekärer Arbeitsverhältnisse, die Aushöhlung von öffentlichen Gesundheitsdiensten, das Fehlen von Arzneimitteln für die Krankheiten der Armen – all das ist Ergebnis einer Politik, die das ökonomische Interesse am Profit über die Rechte der Menschen stellt. Um die Gefahren einzudämmen, die von Ebola heute für die Menschen in Westafrika ausgehen, ist unbedingt medizinische Hilfe notwendig. Eine nachhaltige Lösung der Krise aber gelingt nur über die Schaffung gesundheitsfördernder Lebensumstände sowie die Stärkung öffentlicher Daseinsvorsorge. Ausgangspunkt dieses Bemühens ist die Zurückweisung der neoliberalen Marktdominanz.

Die Stärkung öffentlicher Verantwortung

Die Verwirklichung des Menschenrechts auf Gesundheit ist eine öffentliche Aufgabe, die weder der Eigenverantwortung der Leute überlassen bleiben kann noch sich an kommerzielle Akteure delegieren lässt. Es sind in erster Linie politische und soziale Determinanten, die über den Gesundheitszustand von Menschen entscheiden und nur zu einem geringen Teil das individuelle Verhalten. Weil Armut krank und Krankheit arm macht, kann der Zugang zu Gesundheit nicht an die Kaufkraft der Einzelnen gekoppelt werden. Alljährlich werden 100 Mio. Menschen in die Armut getrieben, weil sie ohne jeden finanziellen Risikoschutz »aus eigener Tasche« für Gesundheitsleistungen aufkommen müssen. In Liberia, Sierra Leone und Guinea konnte sich die Ebola-Epidemie auch deshalb so rasch ausbreiten, weil die Bevölkerungen das Vertrauen in die personell unterbesetzten und schlecht ausgestatteten öffentlichen Gesundheitseinrichtungen verloren hatten. Öffentliche Gesundheitsdienste müssen in die Lage versetzt werden, ihrer Verantwortung gerecht werden zu können.

Verpflichtung zur Regulierung

Globale Gesundheitspolitik erfordert nicht die weitere Liberalisierung von Ökonomie, sondern deren Regulierung. Über neue internationale Normen sind die weltwirtschaftlichen Verhältnisse so zu gestalten, dass sie den Bedürfnissen der Menschen entsprechen. Nicht bi- und multilaterale Handelsverträge zum Schutz der Interessen von Investoren sind notwendig, sondern Verträge, mit denen die Wirtschaft grenzüberschreitend sozial eingehegt wird. Aus menschenrechtlicher Sicht besteht eine »Verpflichtung zur Regulierung«. Dem Beispiel der »Tabakrahmenkonvention« folgend sind heute vertragliche Regelungen etwa zur Sicherstellung essenzieller Gesundheitsforschung oder zum Schutz des Zugangs zu Land als Grundlage von Ernährungssouveränität längst überfällig. So erlebte Westafrika in den letzten Jahren Land Grabbing im großen Stil, das mit Enteignungen, Abdrängung der Landbevölkerung und der Umstrukturierung der Landwirtschaft von lokaler Nahrungsmittelproduktion zu »Cash Crops« für den Weltmarkt einherging. Neben den schwachen Gesundheitssystemen tragen auch diese sozialen Faktoren dazu bei, dass die Region besonders anfällig für die Ebola-Epidemie ist.

Die Erweiterung des fiskalischen Rahmens

Wirksame Gesundheitspolitik gelingt nicht mit klammen öffentlichen Kassen. Ohne massive Erhöhung der öffentlichen Ausgaben werden sich weder die Ursachen von Ebola noch der anderen gesundheitlichen Herausforderungen der heutigen Zeit bekämpfen lassen. Die Forderung nach mehr Raum für Politik, die heute auf allen Ebenen, von Kommunen bis zu internationalen Organisationen laut wird, ist nicht zuletzt eine Forderung nach Erweiterung der fiskalischen Kapazitäten von politischen Gemeinwesen. Notwendig ist eine Steuer- und Haushaltspolitik, die den Raum für politisches Handeln erweitert. Wo Armut und prekäre Beschäftigungsverhältnisse vorherrschen, ist wirksame Daseinsvorsorge nur über eine progressive Besteuerung von Einkommen und Vermögen möglich. Eine solche solidarische Finanzierung sorgt dafür, dass diejenigen, die mehr haben, auch zur Versorgung Ärmerer, Älterer und von Kindern beitragen. Sozial- und Gesundheitspolitik bedarf der solidarischen Finanzierung über die Umverteilung von Reichtum.

Die Internationalisierung des Solidarprinzips

Mit Blick auf den erreichten Globalisierungsgrad ist es Zeit für die Ausweitung des Solidarprinzips ins Globale. Statt die internationale Gesundheitsfinanzierung dem Goodwill und den Interessen der Geber zu überlassen, ist die Schaffung eines internationalen Umverteilungsmechanismus notwendig, der die reicheren Länder dazu verpflichtet, so lange Ressourcen auch an ärmere Länder zu transferieren, wie deren fiskalische Möglichkeiten nicht ausreichen, um Gesundheit aus eigener Kraft zu garantieren. Ohne einen solchen solidarischen Ausgleich könnten Länder wie Sierra Leone oder Liberia auch dann nicht den gesundheitlichen Bedürfnissen ihrer Bevölkerungen entsprechen, wenn sie alle verfügbaren eigenen Mittel aktivierten. Die Schaffung eines solchen »Internationalen Gesundheitsfonds« scheitert nicht an fehlenden Ressourcen. Es ist alleine eine Frage der politischen Bereitschaft und des Drucks aus der Öffentlichkeit.

www.medico.de/fuenf-aufgaben-der-globalen-gesundheitspolitik-in-der-ebolakrise-14852

Wie lässt sich eine weitere Finanzkrise vermeiden?

Weiterhin hochaktuelle bis heute nicht umgesetzte Vorschläge der UN-Expertenkommission zur Reform des internationalen Finanzsystems

Von Eva-Maria Hanfstängl

Unangemessene Geld-, Steuer- und Finanzpolitik, unzureichende Finanzmarktregulierung, ungenügende Finanzaufsicht und zunehmende Einkommensdisparitäten führten 2008 und 2009 zur Hypotheken- und Immobilienkrise in den USA und sorgten für die anschließenden globalen Währungsturbulenzen. Dies führte weltweit zu Wachstumskrisen und im Norden – nach umfangreichen Konjunkturpaketen – zu nationalen Schuldenkrisen. In der Folge müssen die betroffenen Industrieländer, darunter auch Deutschland, nun einen rigiden Sparkurs einleiten mit einschneidenden sozialen Kosten. Aber auch die Menschen in Entwicklungsländern sind von den negativen Auswirkungen der Finanzkrise betroffen. Vielen von der Finanzkrise und nationalen Sparmaßnahmen betroffenen Geberorganisationen im Norden bleibt oftmals nichts anderes übrig, als ihre Entwicklungshilfeleistungen zu kürzen – mit der Folge von Reduzierung und mitunter sogar Schließung diverser Sozialprogramme im Süden.[1] Die Weltbank prognostiziert massive Rückschläge bei der Umsetzung der Millenniumsentwicklungsziele.[2] Sie fürchtet, dass bis 2015 zusätzlich 55 Millionen Menschen in Armut fallen werden, ein Großteil davon in Subsahara-Afrika.

Der Präsident der UN-Generalversammlung setzte daher 2008 eine internationale Expertenkommission unter dem Vorsitz des Nobelpreisträgers für Wirtschaftswissenschaften und ehemaligen Vizepräsidenten der Weltbank Joseph Stiglitz ein, die der internationalen Staatengemeinschaft ihre eigenen Vorschläge zur Stabilisierung und Reform des internationalen Währungs- und Finanzsystems unterbreiten sollte. Insgesamt haben achtzehn hochrangige Expertinnen und Experten aus sechzehn Ländern gemeinsam an den erbetenen Empfehlungen gearbeitet, unter ihnen die frühere deutsche Ent-

1 UN DESA Working Paper, New York, September 2010, www.un.org/esa/desa/papers/2010/wp97_2010.pdf

2 World Bank: Global Monitoring Report 2010. The MDGs after crisis, Washington, D.C., www.imf.org/external/pubs/ft/gmr/2010/eng/gmr.pdf

wicklungsministerin Heidemarie Wieczorek-Zeul. Die Kommission sollte die Mitglieder der UN-Generalversammlung auf mögliche Folgen der Wirtschafts- und Finanzkrise hinweisen und ihnen realistische Lösungen zu folgenden Themen vorstellen: Finanzmarktregulierung, internationale Institutionen, makroökonomische Aspekte und internationale Finanzarchitektur. Die Empfehlungen der Kommission wurden zunächst am UN-Gipfel zur Wirtschafts- und Finanzkrise vom 24. bis 26. Juni 2009 in New York diskutiert, dann entsprechend modifiziert und in einem 140 Seiten umfassenden Abschlussbericht am 21. September 2009 veröffentlicht.

Die Kommission hatte nicht den Ehrgeiz, in ihrem relativ kurzen Bericht zu allen relevanten Themen Stellung zu beziehen, sondern setzte sich das realistischere Ziel, der internationalen Staatengemeinschaft Wege aus der Krise zu weisen und zu erläutern, dass es nicht nur einen erheblichen Bedarf, sondern auch durchaus Spielraum für die Verbesserung von Effizienz und Stabilität in der Weltwirtschaft gibt. Bei ihrer Arbeit legte die Kommission einen besonderen Schwerpunkt auf die Auswirkungen dieser Krise auf weniger entwickelte Länder und Schwellenländer. Problemlösungsstrategien der Industrieländer dürfen nicht zulasten der Entwicklungsländer gehen. Im Gegenteil: Der gegenwärtigen Krise muss in einer Weise begegnet werden, die die aktuellen globalen Ungleichgewichte berücksichtigt und verringert. Geschieht dies nicht, besteht die Gefahr, dass Haushaltsdefizite und Schuldenkrisen zunehmen. Die Millenniumsentwicklungsziele würden nicht erreicht, Arbeitslosigkeit und Armut weltweit wachsen und soziale Konflikte sowie internationale Spannungen zunehmen. Kürzungen der Sozialausgaben würden langfristige Auswirkungen auf Bildung und Gesundheit haben und auch die jüngere Generation betreffen.

Ursachen der Krise

Die Ursachen der Krise sehen die Experten vor allem in einer übertriebenen Liberalisierung der Kapitalmärkte und einer überschüssigen Liquidität mit der Folge wachsender Krisenanfälligkeit des weltweiten Finanz- und Wirtschaftssystems. Mangelnde Regulierungsmechanismen des Finanzsystems, unzureichende Anwendung bestehender Regulierungsinstrumente, aber auch die Schwächung von progressiven Steuersystemen und sozialen Sicherungssystemen, von Arbeitslosenversicherungen und Pensionsprogrammen führten, so die Kommission, zur Destabilisierung der Volkswirtschaften. Weite Teile des Finanzsystems sind mittlerweile Selbstzweck und haben aufgehört, ein Instrument für die Entwicklung der Realwirtschaft zu sein. Die internationale Finanzpolitik müsste aus einer neuen globalen Perspektive betrachtet werden – Finanzmarkt- und makroökonomische Stabilität ist ein globales öffentliches Gut. Die bisherigen Maßnahmen zur Bekämpfung der Auswirkungen der Finanzkrise seien zwar notwendig, aber bei weitem nicht ausreichend. Es reiche nicht, so die Experten, zum Vorkrisenstatus zurückzukehren. Anders als nach der Asienkrise von 1997/98 sind heute international koordinierte Antworten notwendig, um die Volkswirtschaften wieder anzukurbeln.

Reform des Weltfinanzsystems

Die Unzulänglichkeiten der Finanzmärkte erfordern daher strukturpolitische Maßnahmen und eine umfassende Reform des Weltfinanzsystems. »Die Kosten der Regulierungen verblassen im Vergleich zu den Kosten des Marktversagens, wie diese und andere Krisen demonstriert haben«, so die Kommission. In einer Welt der Globalisierung müsse es zumindest ein gewisses Maß an Harmonisierung von Rahmenbedingungen geben. Spielräume für Marktversagen, aber auch für staatliches Versagen müssten reduziert und strengere Regeln sowie effektivere Kontrollinstanzen eingeführt werden, die für Medien und Öffentlichkeit transparent sein sollten.

Nationale Rettungspakete sollten so angelegt sein, dass makroökonomische Stabilität wiederhergestellt wird unter möglichst minimaler Belastung der öffentlichen Haushalte. Darüber hinaus sollte das Finanzsystem so umgebaut werden, dass es seine Grundaufgaben – nämlich die Lenkung der Flüsse finanzieller Mittel von den Kreditgebern zu den Kreditnehmern – erfüllen und notwendige Kreditflüsse, insbesondere auch für kleine und mittlere Betriebe, garantieren kann. International müssen Wertpapiermärkte sowie der Handel mit Kredit-Derivaten und Swaps stärker reguliert werden. Zu große und eventuell systemgefährdende Finanzinstitute sollten aufgeteilt und begrenzt werden. Ratingagenturen – private Unternehmen, die gewerbsmäßig die Kreditwürdigkeit von Unternehmen und Staaten bewerten – müssen reformiert und stärker beaufsichtigt werden, um eventuelle Interessenkonflikte zu vermeiden. Sie sollten transparenter werden, ihre Analysen offenlegen und ihre nicht nachvollziehbaren Ratingsysteme aufgeben. Stattdessen sollten nachprüfbare Beurteilungssysteme eingeführt werden, die auf quantitativen Kriterien beruhen.

Die Kommission schlägt zudem die Schaffung *zweier Regulierungsinstitutionen* vor, die eng zusammenarbeiten müssten:

1. eine neue Zentralbank »New Central Bank (NCB)«, die sich auf makroökonomische Aspekte konzentriert, und
2. eine Regulierungsbehörde »Financial Regulatory Authority (FRA)«, die auf Mikroebene u. a. für den Verbraucherschutz von Finanzprodukten zustän-

dig wäre. Einer solchen Regulierungsbehörde zuarbeiten würden verschiedene Subkommissionen zu den Themen: Wertpapierhandel, Versicherungen, Sicherheit der Finanzprodukte, Finanzaufsicht und Fragen der Finanzsystemstabilität. Alternativ zur FRA sei auch denkbar, dass Regierungen in ihre bereits bestehenden Regelmechanismen spezielle Verbraucherschutzmaßnahmen auf nationaler Ebene einführen, die sich international miteinander abstimmen.

Die Kommission sieht ein Problem in der derzeitigen Machtverteilung innerhalb der internationalen Finanzinstitutionen. Im Internationalen Währungsfonds (IWF) müssten die Stimmrechte reformiert und den Entwicklungsländern eine tatsächliche Beteiligung ermöglicht werden. Auch eine Reform der Weltbank sei unabdingbar, und die Arbeitsweise beider Institutionen müsse verbessert und transparenter werden.

Es sind umfassende und global koordinierte Strukturreformen nötig, um langfristiges Wachstum und nachhaltige Entwicklung, bessere Arbeitsbedingungen und soziale Sicherung sowie einen verantwortungsvollen Umgang mit natürlichen Ressourcen sicherzustellen und der Klimaveränderung zu begegnen. Ziel der Reform des internationalen Systems müsse es sein, dass die Weltwirtschaft den größtmöglichen Nutzen für alle hervorbringt.

Wege aus der Krise für Entwicklungsländer

Die Kommission berücksichtigte insbesondere die Auswirkungen der Krise auf die weniger entwickelten Staaten. Eine Reihe von Entwicklungsländern haben Kredite bei ausländischen Banken aufgenommen, die während der Krise ihr Kapital zurückverlangten oder hohe Zinsen erhoben. Erschwerend kommt hinzu, dass viele Entwicklungsländer Nord-Süd-Freihandelsabkommen sowie Übereinkommen mit der Welthandelsorganisation (WTO) geschlossen haben, die eigenständige politische Regulierungsmaßnahmen einschränken. Während die Industrieländer meist antizyklische Rettungspakete (Investitionszuschüsse und Senkung bestimmter Steuern) schnürten, um wirtschaftlichen Engpässen zu begegnen, wurde den Entwicklungsländern in der Regel eine prozyklische Politik (Haushaltskürzungen und Steuererhöhungen) nahegelegt, oft mit negativen sozialen Folgen. Die Kommission rät daher Entwicklungsländern, sich nicht durch eine prozyklische Finanzpolitik zusätzlichen Belastungen auszusetzen. Der Norden sollte ihnen vielmehr genügend zusätzliche finanzielle Unterstützung zu angemessenen Konditionen bereitstellen, damit auch Entwicklungsländer in der Lage sind, *antizyklisch* zu verfahren und schwere soziale Auswirkungen zu vermeiden.

Die prozyklischen Strategien, die der IWF fordert, standen einer Erholung der Wirtschaft im Weg.

Die Kommission begrüßt daher den Beschluss der G20 im April 2009 zur Ausweitung der Vergabe von IWF-Sonderziehungsrechten[3] (äquivalent zu 250 Mrd. US-Dollar) und schlägt darüber hinaus eine vorgezogene Wiederauffüllung der »Weltbank-Entwicklungsorganisation IDA«[4] vor. Alle vorhandenen Finanzierungsinstrumente müssten ausgeschöpft werden. Darüber hinaus empfehlen die Experten die möglichst schnelle Einrichtung einer *neuen Kreditfazilität* (Kreditmöglichkeit) unabhängig vom IWF für solche Entwicklungsländer, die die Instrumente des IWF nicht ausschöpfen wollen, um Konditionen, also bestimmte wirtschaftspolitische Auflagen[5], zu vermeiden. Finanziert werden könnte eine solche unabhängige Fazilität durch Währungsreserven einiger Schwellenländer, die aufgrund ihrer mangelnden Repräsentation und Mitsprache dem IWF gegenüber Vorbehalte haben. Sie könnte entweder unter dem Dach existierender Institutionen eingerichtet werden, allerdings mit repräsentativerer Struktur, oder aber in einer neu zu schaffenden Institution. Mit diesen neuen Mitteln sollten zunächst die Staatshaushalte der ärmeren Entwicklungsländer konsolidiert werden. Darüber hinaus sollten Schlüsselinvestitionen getätigt werden, die zum Beispiel die ländliche Entwicklung Afrikas fördern. Zudem könnten wichtige Handelskredite in Entwicklungsländern garantiert sowie Umwelt- und Klimaschutzmaßnahmen finanziert werden.

Um ihre Volkswirtschaften zu stabilisieren, empfiehlt die Stiglitz-Kommission Entwicklungsländern die Einrichtung progressiver Steuersysteme,

3 Ein Sonderziehungsrecht (SZR) ist eine künstliche, 1969 vom Internationalen Währungsfonds eingeführte Währungseinheit, mit dem Ziel, bei Bedarf zusätzliche Mittel für das internationale Finanzsystem zur Verfügung stellen zu können. Der Wechselkurs eines Sonderziehungsrechts ist durch einen Währungskorb der wichtigsten Weltwährungen (US-Dollar, Euro, brit. Pfund Sterling und Yen) definiert.

4 Die Internationale Entwicklungsorganisation (IDA) gehört zur Weltbankgruppe und gewährt ihre Kredite an ärmere Länder zu günstigeren Bedingungen (zinslos, Laufzeit 35 oder 40 Jahre, 10 Freijahre, Bearbeitungsgebühr von 0,75 Prozent pro Jahr). Formale Zugangsvoraussetzung zu den IDA-Krediten ist ein durchschnittliches Pro-Kopf-Einkommen von bis zu 1506 US-Dollar pro Jahr. Wegen der begrenzten IDA-Mittel gilt aber praktisch eine Obergrenze von nur 885 US-Dollar Pro-Kopf-Einkommen. Ihre Mittel für Kredite (ca. 25 Mrd. US-Dollar) füllt die IDA nach jeweils dreijähriger Laufzeit aus Beiträgen ihrer Mitgliedsländer sowie zunehmend auch aus Kreditrückzahlungen wieder auf. Die Wiederauffüllung von IDA (IDA 15: 2008–2011) veranschlagte 41,9 Milliarden US-Dollar mit einem sinkenden deutschen Anteil von 2,96 Millarden US-Dollar (von etwa 10 auf 7 Prozent).

5 Konditionen sind auflagengebundene Darlehen an Entwicklungsländer mit dem Ziel bestimmter Strukturanpassungsprogramme zur Konsolidierung des jeweiligen Staatshaushaltes. Viele Entwicklungsländer kritisieren jedoch, dass diese Konditionen nicht primär der Förderung ihres Landes dienten, sondern vielmehr den wirtschaftspolitischen Einfluss der Geberländer erhöhen.

robuster Arbeitslosenversicherungen und Pensionsprogramme. Um robuste *soziale Sicherungsprogramme,* wie Kranken- und Arbeitslosenversicherungen, langfristig finanzieren zu können, solle die internationale Staatengemeinschaft einen speziellen Fonds (als »automatic stabilizer«) einrichten, der sich langfristig selbst finanzieren würde. Die Kommission hat sich daher dem Aufruf der Vereinten Nationen und der Weltbank an die Industrienationen angeschlossen, zusätzliche Mittel für einen solchen Fonds für die Verbesserung sozialer Grundversorgung für die Betroffenen in den Entwicklungsländern bereitzustellen.

Dazu sei erforderlich, so die Experten, dass der Norden endlich seinen Verpflichtungen nachkommt, 0,7 Prozent seines Bruttoinlandprodukts (BIP) für *öffentliche Entwicklungszusammenarbeit* bereitzustellen. Trotz der Krise dürften diese Mittel auf keinen Fall reduziert werden. Im Gegenteil, die Experten fordern, dass die Industrieländer versuchen sollten, verlässliche Zeitpläne zu erstellen und darüber hinaus mindestens 1 Prozent ihrer Mittel für Konjunkturprogramme als zusätzliche Entwicklungshilfe einzuplanen. Die EU will ihr Zeitziel der Millenniumsentwicklungsziele erreichen und bis 2015 mindestens 0,7 Prozent des BIP für Entwicklungshilfe aufbringen. Für eine anhaltende Entwicklungsfinanzierung werden nach Einschätzung der Experten jedoch zusätzliche *innovative Finanzierungsinstrumente* benötigt. Sie empfehlen vor allem die Kohlendioxidsteuer und den Emissionshandel sowie die Einführung einer Finanztransaktionssteuer, die Milliardenbeiträge zur Bekämpfung von Armut, Arbeitslosigkeit und der Folgen des Klimawandels mobilisieren würde.

Steuervermeidung und Steuerflucht haben besonders negative Auswirkungen auf die Entwicklungsländer. Diese letzte Krise, so die Experten, sollte endlich Anlass geben, die Probleme von Korruption, Geldwäsche und Steuerhinterziehung zu lösen und die *Steueroasen* (Offshore-Zentren) zu *schließen,* um so staatliche Steuereinnahmen für Entwicklung zu sichern. Darüber hinaus empfiehlt die Kommission Maßnahmen zur Vermeidung von ruinösem Steuerwettbewerb. Um die zwischenstaatliche Zusammenarbeit in Steuerangelegenheiten zu verbessern, verlangt die Kommission die Umwandlung des *UN-Expertenkomitees für Steuerkooperation* in ein politisches Gremium, das heißt in eine funktionale ECOSOC-Kommission, wie es schon 2008 am Gipfel zur Entwicklungsfinanzierung beschlossen wurde.[6] Der IWF und andere relevante Institutionen sollten in beratender Funktion mitbeteiligt sein.

6 United Nations: Doha Declaration on Financing for Development 2008, New York 2009, Paragraf 16.

Langfristig sollte eine Einrichtung für internationale Steuerangelegenheiten geschaffen werden, die auf existierenden Initiativen und Programmen aufbauend die Entwicklungsländer stärker einbeziehen sollte, um deren nationale Steuersysteme zu unterstützen und zu koordinieren.

Ein wachsendes Problem für rohstoffexportierende Entwicklungsländer stellen auch die Schwankungen der Rohstoffpreise dar. Um diesem zu begegnen, sollten *Stabilisationsfonds* geschaffen und andere regulierende Maßnahmen ergriffen werden. Mitunter wird eine finanzielle Unterstützung beziehungsweise Kompensation unvermeidbar sein. Die internationalen Finanzinstitutionen sollten daher entsprechende Instrumente entwickeln, um die Risiken der Rohstoffpreis-Fluktuationen zu begrenzen. Ein möglicher Weg wäre eine spezielle Kreditfazilität, deren Rückzahlung variabel und an den Wert der jeweiligen Rohstoffpreise gekoppelt wäre. Weitere mögliche Instrumente wären BIP-gebundene Anleihen oder Rohstoffpreis-gebundene Anleihen.

Eindringlich fordern die Experten den Abschluss der internationalen *Doha-Handelsrunde,* die die Entwicklung in den Entwicklungsländern fördern und ihnen mehr wirtschaftspolitischen Handlungsspielraum einräumen soll. Die Kommission befürwortet den Ausbau des Süd-Süd-Handels und wendet sich gegen bestimmte Formen von Protektionismus, staatlichen Handelsgarantien, Subventionen und bilateralen Handelsabkommen, wenn sie globale Handelsbedingungen verzerren und wirtschaftliche Ungerechtigkeiten, insbesondere für Entwicklungsländer, verschärfen. Die jüngste Wirtschaftskrise habe deutlich gezeigt, dass es ein Irrtum war, die völlige Liberalisierung der Märkte voranzutreiben. Es müsse vielmehr auf eine sinnvoll regulierte globale Strukturpolitik (global economic governance) hin gearbeitet werden.

Globale Wirtschaftspolitik koordinieren

Dringenden Handlungsbedarf sieht die Kommission, um einen neuen Weg der internationalen Kooperation zu suchen und um die nachhaltige Gestaltung globaler Wirtschaftspolitik voranzutreiben. Ein erster Schritt sei die Einberufung einer ständigen UN-Arbeitsgruppe zu Wirtschafts- und Finanzfragen, eines »Intergovernmental Panel on Systemic Risks«, dem Experten zuarbeiten würden. Sie hätten die Aufgabe, Risiken für die finanzielle Stabilität der Staaten sowie systemische Fehlentwicklungen zu erkennen und künftige Krisen zu verhindern helfen. In einer solchen Arbeitsgruppe sollten Repräsentanten und Experten aus den verschiedenen Weltregionen und Fachbereichen, aber auch die unterschiedlichsten makroökonomischen Positionen vertreten sein. Dieses Gremium könnte sich zu einem ständigen

Weltwirtschaftsrat weiterentwickeln oder aber die fachliche Zuarbeit für diesen leisten.

Längerfristig sieht die Kommission die Notwendigkeit, einen solchen Weltwirtschaftsrat beziehungsweise *Rat für globale wirtschaftspolitische Koordination* unter dem Dach der Vereinten Nationen einzurichten. Die UNO ist eine integrative internationale Organisation und hätte die politische Legitimität und das notwendige Mandat, um in umfassender Weise drängenden globalen wirtschaftlichen, sozialen und ökologischen Herausforderungen zu begegnen. Um effizient und handlungsfähig zu sein, müsste ein solcher Rat eine begrenzte Mitgliederzahl haben und alle Regionen der Welt repräsentieren. Auch die wichtigsten internationalen Finanz- und Handelsorganisationen wie IWF, Weltbank und WTO sollten vertreten sein. Ein solcher globaler Rat böte die Möglichkeit, wirtschaftspolitische Maßnahmen in den verschiedenen Teilen der Welt abzustimmen und kohärenter zu machen.

Neue Weltreservewährung

Als eines der wichtigsten, längerfristig anzugehenden Themen identifiziert die UN-Kommission das globale System der Währungsreserven mit seiner Fokussierung auf den US-Dollar als Leitwährung. In den letzten zehn Jahren stieg der Anteil der Währungsreserven am weltweiten Bruttoinlandprodukt, also dem Wert der weltweit produzierten Güter und Dienstleistungen, von 5,6 (1997) auf 11,7 Prozent (2007) und belief sich im Oktober 2008 auf 4,5 Billionen US-Dollar. Das gegenwärtige Leitwährungssystem, gebunden an eine nationale Währung (den US-Dollar), verursacht hohe Kosten, indem notwendige Ressourcen für Entwicklung fehlen, und trägt darüber hinaus zu Schwankungen (Volatilität) der Wechselkurse bei. Derzeit beeinflussen Wechselkursschwankungen des Dollar beispielsweise die Währungsreserven und Exportchancen anderer Volkswirtschaften. Daher empfehlen die Experten in ihrer Abschlusserklärung eine Machbarkeitsstudie für ein neues Reservesystem. Dabei bezieht sich die Kommission auf den britischen Ökonomen John Maynard Keynes. Schon 1944 in Bretton Woods waren mögliche Probleme der Bindung an eine einzige nationale Währung bekannt. Der Dollar wurde damals zwar als Leitwährung festgeschrieben, war aber in ein festes Wechselkurssystem eingebunden und der Kurs wurde durch entsprechende Goldreserven abgesichert. Als 1971 diese Eintauschpflicht gegenüber Gold beendet wurde, blieb der Dollar die Leitwährung bei nun flexiblen Wechselkursen. Das aber machte Währungsspekulationen lukrativ und führte zu einer zunehmenden Instabilität. Die UN-Kommission setzt daher auf die Schaffung einer neuen globalen Weltwährung. Es geht dabei um die Ablösung des US-Dollar als Leitwährung durch eine Weltreservewährung, die an einen Währungskorb aus den Währungen aller ihrer Mitglieder gebunden ist. Sie solle ausgegeben werden entweder auf der Basis einer Formel (»quota«), die die wirtschaftliche Stellung eines Landes in der gesamten Weltwirtschaft berücksichtigt, oder auf der Basis einer Einschätzung des Bedarfs eines Landes an Währungsreserven. Dieser Vorschlag gewinnt heute an Bedeutung, da die Schwellenländer daran ein hohes Interesse zeigen.

Die Experten schlagen vor, dass eine internationale Institution wie der IWF die Rolle einer Weltzentralbank übernehmen könnte. Die IW-Sonderziehungsrechte, die ausgegeben werden, wenn dem Markt Liquidität fehlt, könnten zu einer neuen globalen Währung weiterentwickelt werden. Bevor der IWF die Rolle einer Weltzentralbank übernehmen könnte, müssten jedoch die Stimmrechte reformiert und den aufstrebenden Schwellenländern eine größere Mitsprache eingeräumt werden. Denkbar sei jedoch auch, so die Kommission, eine neue »Globale Weltreservebank« (Global Reserve Bank) zu schaffen.

Schiedsgerichtsverfahren für Staaten

In der Folge der Finanzkrise sehen die Mitglieder der Kommission die Gefahr einer Zunahme von Staatsverschuldungen. Doch die derzeit existierenden Schuldenmechanismen des Pariser Clubs, eines Gremiums von Geberstaaten, in dem staatliche Forderungen gegen zahlungsunfähige Entwicklungsländer behandelt werden, seien völlig unzureichend. Ebenso wenig ausreichend sind der freiwillige Verhaltenskodex zwischen Kreditgebern und -nehmern (Code of Conducts) sowie die Umschuldungs-Klauseln der »Collective Action Clauses«, die 2003 zwar einige Regeln zu Schuldenrestrukturierungen einführten, aber keineswegs ausreichend sind, um einen geordneten Schuldenumwandlungsprozess zu garantieren. Die Experten schlagen daher die Einführung eines internationalen Insolvenz- beziehungsweise Schiedsgerichtsverfahrens für Staaten vor. Ein solches Verfahren sollte Kreditgeber und Schuldner an einen Tisch bringen und verschuldeten Staaten einen Neuanfang ermöglichen. Es sollte umfassend und transparent und vor allem darauf ausgerichtet sein, dass möglichst wenig Kosten von der Zivilgesellschaft zu tragen sind. Die Kommission empfiehlt darüber hinaus die Schaffung eines *internationalen Umschuldungsgerichts* für Staaten (»International Debt Restructuring Court«) und als Vorstufe die Einrichtung eines internationalen Mediationsdienstes. Ein solch neues Verfahren sollte allerdings weder unter dem Dach des IWF noch unter dem der Weltbank angesiedelt werden, da beide Institutionen Kreditgeber sind und daher die notwendige Neutralität eines Mediators oder Schiedsrichters vermissen lassen. Stattdessen sollte die Welthandels- und Entwicklungskonferenz (UNCTAD) gestärkt und eine »Kommission zu Auslandsverschuldung« eingerichtet werden. Die Mitglieder dieser Kommission sollten geografisch repräsentativ sein und technische Beratung und Unterstützung durch die Bretton-Woods- und anderen Finanzinstitutionen erhalten. Die Arbeit in dieser Kommission könnte den Ansatz des Paris-Clubs ergänzen, zunächst einen Interim-Mediationsdienst einrichten und längerfristig das Schiedsgerichtsverfahren für Staaten entwickeln.

Diese Empfehlungen der Kommission sind durchaus geeignet, das weltweite Finanzsystem zu regulieren und zu stabilisieren und damit dazu beizutragen, dass die Wahrscheinlichkeit einer erneuten globalen Krise verringert wird.

Eva-Maria Hanfstängl ist entwicklungspolitische Beraterin und Mitglied in der »Global Social Economy Group« internationaler Nichtregierungsorganisationen. Von 2013 bis 2020 war sie Referentin bei »Brot für die Welt« für Entwicklungsfinanzierung und zuständig für die Bereiche internationale Finanzpolitik, öffentliche Entwicklungshilfe, neue Finanzierungsinstrumente und Entschuldung in den Ländern des Globalen Südens. Zuvor war sie Consultant der UN-DESA-Abteilung »Social Policy and Development«; Gutachterin bei Caritas Internationalis und Senior Policy Officer für UN-, IWF- und Weltbank-bezogene Themen bei CIDSE, einem internationalen Dachverband katholischer Entwicklungsorganisationen.

Nichtregierungsorganisationen bei der UNO

Über den Wirtschafts- und Sozialausschuss (ECOSOC) der UNO sind über 3500 Nichtregierungsorganisationen (NGO) mit beratendem Status bei der UNO-Zentrale in New York oder beim Europäischen Hauptquartier in Genf akkreditiert, mehrere Hundert weitere bei der UN-Konferenz für Handel und Entwicklung (UNCTAD), beim Umweltprogramm der UNO (UNEP) und bei anderen Spezialorganisationen.

Die im UNO-System akkreditierten NGOs engagieren sich zu Themenbereichen wie Menschenrechte, Rüstungskontrolle und Abrüstung, Weltwirtschaft, Flüchtlinge oder Klimawandel und Umweltpolitik. Zu Konferenzen und Beratungen der UNO über ihre jeweiligen Arbeitsfelder haben die NGOs Zugang und in einigen Fällen – zum Beispiel beim Menschenrechtsrat in Genf – auch Rederecht. Einige NGOs, wie zum Beispiel das Global Policy Forum, engagieren sich themenübergreifend für eine Reform der UNO und die Stärkung ihrer Handlungsfähigkeit.

Nachfolgend einige ausgesuchte internationale NGOs, die in den letzten dreißig Jahren seit Ende des Kalten Krieges wichtige Anstöße zur Reform der UNO gemacht oder eine führende Rolle gespielt haben in den erfolgreichen internationalen NGO-Kampagnen, die den Internationalen Strafgerichtshof sowie die Abkommen zum Verbot von Antipersonenminen und von Streumunition durchgesetzt haben.

Internationale NGOs

Global Policy Forum	Sitz in New York, Brüssel und Bonn	www.globalpolicy.org
Handicap International	Hauptsitz in Lyon, Frankreich, mit nationalen Sektionen u. a. in Deutschland und der Schweiz	www.handicap-international.ch
Amnesty International	Hauptsitz in London, mit nationalen Sektionen in 53 Ländern	www.amnesty.ch www.amnesty.de www.amnesty.at
Human Rights Watch	Hauptsitz in New York	www.hrw.org.de www.humanrights.ch/de/menschenrechte-schweiz/inneres/innenpolitik/human-rights-watch-zuerich

medico international	Hauptsitz in Frankfurt am Main	www.medico.de www.medicointernational.ch
Oxfam	Hauptsitz in London	www.oxfam.de
International Peace Bureau (IPB)	Hauptsitz in Genf	www.ipb.org
European Center for Constitutional and Human Rights (ECCHR)	Sitz in Berlin	www.ecchr.de

Internationale NGO-Koalitionen

Internationale Kampagne zur Abschaffung nuklearer Waffen (ICAN) www.icanw.org

Treaty Alliance www.treatymovement.com

Eine globale Allianz von inzwischen über 600 Nichtregierungsorganisationen für ein völkerrechtlich verbindliches Abkommen zur »Regulierung der Tätigkeiten transnationaler Unternehmen auf Basis der internationaler Menschenrechtsnormen«

People's Health Movement www.phmovement.org

Ein Netzwerk von Gesundheitsaktivisten aus 70 Ländern

Eine Liste aller NGOs, die mit beratendem Status beim ECOSOC akkreditiert sind, findet sich unter www.csonet.org/content/documents/e2013inf6.pdf

Abkürzungen

ATT	Arms Trade Treaty	Vertrag zur Kontrolle des Handels mit (konventionellen) Waffen
COVAX	Covid-19 Vaccines Global Access	Einrichtung für die weltweite Versorgung mit Covid-19-Impfstoffen
CTBP	Comprehensive Test Ban Treaty	Vertrag über ein umfassendes Testverbot (für nukleare Waffen)
CWC	Chemical Weapons Convention	Abkommen zum vollständigen Verbot chemischer Waffen
DPKO	Department for Peacekeeping Operations	Abteilung für Friedensmissionen (in der New Yorker UNO-Zentrale)
ECOSOC	Economic and Social Council	Wirtschafts- und Sozialrat der UNO
FAO	Food and Agriculture Organization	Nahrungs- und Landwirtschaftsorganisation der UNO
GATT	General Agreement on Tariffs and Trade	Allgemeines Zoll- und Handelsabkommen
HRC	Human Rights Council	Menschenrechtsrat der UNO (bis 2006: Human Rights Commission / Menschenrechtskommission)
IAEO	International Atomic Energy Organisation	Internationale Atomenergie-Organisation
ICC	International Chamber of Commerce	Internationale Handelskammer
ICSID	International Centre for Settlement of Investment Disputes	Internationales Zentrum zur Beilegung von Investitionsstreitigkeiten
ILO	International Labour Organization	Internationale Arbeitsorganisation
IMF	International Monetary Fund	Internationaler Währungfonds
ISAF	International Security Assistance Force	Internationale Sicherheitsunterstützungstruppe
IStGH	International Criminal Court	Internationaler Strafgerichtshof in Den Haag
ITO	International Trade Organization	Internationale Handelsorganisation
NPT	Non-Proliferation Treaty	Vertrag Nichtverbreitung atomarer Waffen / Atomwaffensperrvertrag
OCHA	Office for the Coordination of Humanitarian Affairs	Büro zur Koordination humanitärer Aktivitäten (der UNO)

OHCHR	Office of the High Commissioner for Human Rights	Büro des Hochkommissars für Menschenrechte
OPCW	Organization for the Prohibition of Chemical Weapons	Organisation für das Verbot chemischer Waffen
OSZE/KSZE	Organization (bis 1992 Conference) for Security and Cooperation in Europe	Organisation (bis 1992 Konferenz) für Sicherheit und Zusammenarbeit in Europa
PTBT	Partial Test Ban Treaty	Vertrag über ein teilweises Testverbot für atomare Waffen (Im Weltraum und im Meer)
PCA	Permanent Court of Arbitration	Ständiger Schiedshof in Den Haag
TNC	Transnational Corporations	Transnationale (multinationale) Unternehmen
TPNW	UN Treaty on the Prohibition of Nuclear Weapons	UN-Abkommen zum Verbot atomarer Waffen
TRIPS	Trade-Related Aspects of Intellectual Property Rights	Handelsbezogene Aspekte der Rechte des geistigen Eigentums
UNCTAD	UN Conference on Trade and Development	UNO-Konferenz für Handel und Entwicklung
UNCTC	UN Centre on Transnational Corporations	UN-Zentrum für transnationale Unternehmen
UNDP	UN Development Programme	UN-Entwicklungsprogramm
UNEP	UN Environment Programme	UN-Umweltprogramm
UNESCO	UN Educational, Scientific and Cultural Organization	UN-Organisation für Bildung, Wissenschaft und Kultur
UNHCR	UN High Commissioner for Refugees	UN-Hochkommissar für Flüchtlinge
UNICEF	United Nations International Children's Emergency Fund	Kinderhilfswerk der UNO
UNO	United Nations Organization	Organisation der Vereinten Nationen
UNRWA	UN Relief and Works Agency	UN-Hilfswerk für palästinensische Flüchtlinge im Nahen Osten
WB	World Bank	Weltbank
WEF	World Economic Forum	Weltwirtschaftsforum
WHO	World Health Organization	Weltgesundheitsorganisation
WTO	World Trade Organization	Welthandelsorganisation

Personenregister

Rudolf Bussmann

Herbst in Nordkorea

Annäherung an ein verschlossenes Land

216 Seiten, gebunden, 2021
ISBN 978-3-85869-909-1

Auf nächtlichen Satellitenfotos ist Nordkorea eine große dunkle Fläche. Der Autor Rudolf Bussmann ist 2018 in den kaum besuchten Norden des Landes gereist. Seither lässt ihn dieses vereinsamte Land nicht mehr los. Aus seinen Tagesnotizen und all seinem Hintergrundwissen ist ein bildstarker, berührender, nachdenklicher Reiseessay entstanden.

Michael Jansen

Bilder der Levante

Eine Langzeitreportage aus dem Nahen Osten

Aus dem Englischen von Sabine Wolf
340 Seiten, gebunden, 2021
ISBN 978-3-85869-907-7

Bilder der Levante ist ein Porträt des Nahen Ostens in Momentaufnahmen, in Begegnungen und Geschichten. Schauplätze sind Beirut, Jerusalem, Gaza, Kairo, Damaskus, Aleppo, Bagdad, Orte, die die Journalistin Michael Jansen seit 1961 immer wieder besucht.